图书在版编目(CIP)数据

厦门大学化学化工学院院史/宋毅,谢兆雄主编. —厦门:厦门大学出版社,2021.3
(百年院系史系列)
ISBN 978-7-5615-8120-9

Ⅰ.①厦… Ⅱ.①宋… ②谢… Ⅲ.①厦门大学化学化工学院—校史 Ⅳ.①G649.285.73

中国版本图书馆 CIP 数据核字(2021)第 045362 号

出 版 人 郑文礼
责任编辑 眭 蔚
封面设计 李嘉彬
技术编辑 许克华

出版发行 厦门大学出版社
社 址 厦门市软件园二期望海路 39 号
邮政编码 361008
总 机 0592-2181111 0592-2181406(传真)
营销中心 0592-2184458 0592-2181365
网 址 http://www.xmupress.com
邮 箱 xmup@xmupress.com
印 刷 厦门集大印刷厂

开本 720 mm×1 000 mm 1/16
印张 27.75
插页 2
字数 480 千字
版次 2021 年 3 月第 1 版
印次 2021 年 3 月第 1 次印刷
定价 90.00 元

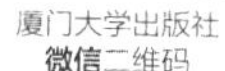
厦门大学出版社
微信二维码

厦门大学出版社
微博二维码

本书编委会

总　序

厦门大学｜党委书记　张　彦
校　　长　张　荣

2021年4月6日，厦门大学百年华诞。百载风雨，十秩辉煌，这是厦门大学发展的里程碑，继往开来的新起点。全校师生员工和海内外校友满怀深情地期盼这一荣耀时刻的到来。

为迎接百年校庆，学校在三年前就启动了“百年校庆系列出版工程”的筹备工作，专门成立“厦门大学百年校庆系列出版物编委会”，加强领导，统一部署。各院系、部门通力合作，众多专家学者和相关单位的工作人员全身心地参与到这项工作之中。同志们满怀高度的责任感和紧迫感，以“提升质量，确保进度，打造精品”为目标，争分夺秒，全力以赴，使这项出版工程得以快速顺利地进行。在这个重要的历史时刻，总结厦大百年奋斗历史，阐扬百年厦大“四种精神”，抒写厦大为伟大祖国所做出的突出贡献，激发厦大人的自豪感和使命感，无疑是献给百岁厦大最好的生日礼物。

“百年校庆系列出版工程”包括组织编撰百年校史、百年组织机构史、百年院系史、百年精神文化、百年学术论著选刊、校史资料与学生名录……有多个系列近150种图书将与广大读者见面。从图书规模、涉及领域、参编人员等角度看，此项出版工程极为浩大。这些出版物的问世，将为学校留下大量珍贵的历史资料，为学校深入开展校史教育提供丰富生动的素材，也将为弘扬厦门大学“自强不息，止于至善”校训精神注入时代的新鲜血液，帮助人们透过“中国最美大学校园”

的山海空间和历史回响，更加清晰地理解厦门大学在中国发展进程中发挥的独特作用、扮演的重要角色，领略“南方之强”的文化与精神魅力。

百年校庆系列出版物将多方呈现百年厦大的精彩历史画卷。这些凝聚全校师生员工心血的出版物，让我们感受到厦大人弦歌不辍的精神风貌。图文并茂的《厦门大学百年校史》，穿越历史长廊，带领我们聆听厦大不平凡百年岁月的历史足音。《为吾国放一异彩——厦门大学与伟大祖国》浓墨重彩地记述厦门大学与全国34个省级行政区以及福建省九市一区一县血浓于水的校地情缘，从中可以读出厦门大学在中华民族伟大复兴征程中留下的深深烙印。参与面最广的“厦门大学百年院系史系列”、《厦门大学百年组织机构史》，共有30多个学院和直属单位参与编写，通过对厦门大学各学院和组织机构发展脉络、演变轨迹的细致梳理，深入介绍厦门大学的党建工作、学科建设、人才培养、组织管理、社会服务等方面的发展历程，展示办学成就，彰显办学特色。《厦门大学校史资料选编（1992—2017）》和《南强之星——厦门大学学生名录（2010—2019）》，连同已经出版的同类史料，将较完整、翔实地展现学校发展轨迹，记录下每位厦大学子的荣耀。“厦门大学百年精神文化系列”涵盖人物传记和校园风采两大主题，其中《陈嘉庚传》在搜集大量史料的基础上，以时代精神和崭新视角，生动展现了校主陈嘉庚先生的丰功伟绩。此次推出《林文庆传》《萨本栋传》《汪德耀传》《王亚南传》四部厦门大学老校长传记，是对他们为厦大发展所做出的突出贡献的深切缅怀。厦大校友、红军会计制度创始人、中国共产党金融事业奠基人之一高捷成的传记《我的祖父高捷成》，则是首次全面地介绍这位为中国人民解放事业做出杰出贡献的烈士的事迹。新版《陈景润传》，把这位“最美奋斗者”、“感动中国人物”、令厦大人骄傲的杰出校友、世界著名数学家不平凡的人生再次展现在我们眼前。抒写校园风采的《厦门大学百年建筑》、《厦门大学餐饮百年》、《建南大舞台》、《芙蓉园里尽芳菲》、《我的厦大老师》（百年华诞纪念专辑）、《创新创业厦大人2》、

《志愿之光》、《让建南钟声传响大山深处》、《我的厦大范儿》以及潘维廉的《我在厦大三十年》等，都从不同的角度，引领我们去品读厦门大学的真正内涵，感受厦门大学浓郁的人文精神和科学精神。

此次出版的“厦门大学百年学术论著选刊”，由专家学者精选，重刊一批厦大已故著名学者在校工作期间完成的、具有重要价值的学术论著（包括讲义、未刊印的论著稿本等），目的在于反映和宣传厦门大学百年来的学术成就和贡献，挖掘百年来厦门大学丰厚的历史积淀和传统资源，展示厦门大学的学术底蕴，重建“厦大学派”，为学校“双一流”建设提供学术传统的支撑。学校将把这项工作列入长期规划，在百年校庆时出版第一辑共40种，今后还将陆续出版。

“自强！自强！学海何洋洋！”100年前，陈嘉庚先生于民族危难之际，抱着“教育为立国之本 ，兴学乃国民天职”的信念，创办了厦门大学这所中国历史上第一所由华侨独资建设的大学。100年来，厦大人秉承“研究高深学术，养成专门人才，阐扬世界文化”的办学宗旨，在实现中华民族伟大复兴的征程上书写自己的精彩篇章。我们相信，当百年校庆的欢庆浪潮归于平静时，这些出版物将会是一串串熠熠生辉的耀眼珍珠，成为记录厦门大学百年奋斗之旅的永恒坐标，成为流淌在人们心中的美好记忆，并将不断激励我们不忘初心继承传统，牢记使命乘风破浪，向着中国特色世界一流大学目标奋勇前行！

张彦　张荣

2020年12月

厦门大学百年院系发展概述

朱水涌

100年在历史长河中只是短暂的一瞬,但对于一所中国现代大学以及这所大学的学院科系来说,则意味着经历过极不平凡的历程。百年学府沧桑、十秩院系辉煌,为迎接厦门大学建校百年华诞,学校决定编撰出版"厦门大学百年院系史"系列,梳理淬炼院系的建设发展历程,以史为鉴,彰往考来,将院系的昨天、今天与明天联系在一起,发扬踔厉,这是一件极富建设意义与厦大特色的历史性工程。

一

20世纪初的中国,正如校主陈嘉庚所言:"吾国今处在列强肘腋之下,成败存亡千钧一发。"就在这千钧一发之际,为救国而创办大学成为一道时代的特别风景。马相伯因"慨自清廷外交凌智"而创办震旦学院(复旦前身)[①],南开大学的创办者因国家的"贫弱"是因为"教育未能发展"而创立南开[②],唐文治执掌交通大学砥砺第一等人才,目的就是"宏济艰难,救我中国"[③]。厦门大学校主陈嘉庚则在《筹办厦门大学演讲词》中直截了当地指出:"今日国势危如累卵,所赖以维持者,惟此方兴之教育与未死之民心耳。"出自民族救亡而诞生的中国现代大学,在她向欧美学习现代大学的办学时,一开始便融入了民族救

① 《复旦大学百年志》编纂委员会:《复旦大学百年志(1905—2005)》,复旦大学出版社2005年版,第9页。

② 《南开大学校史资料选》,南开大学出版社1989年版,第12页。

③ 唐文治:《上海交通大学第三十届毕业典礼训词》,载《茹经堂文集》三编卷一。

亡图存的历史内涵和办学志向，民族振兴的需求与国家最需要的人才，成了中国现代大学初创时学科与专业设置的重要出发点，呈现出中国现代大学鲜明的中国特色。这里，当年的创办者与一校之长的救国思想与办学理念产生了重要作用。

厦门大学创校时期选择的教学体制沿用了近代英国大学学制，但在科系组成与学科设置上却没有完全按英国大学的体制与模式，与民国时期的各大学一样，当时并没有很强的专业观念，而依照时代与国家的急需人才设立科系。厦大建校初期，科系成型时的学科最初形态是文科设 8 个系，理科设 6 个系，工科归理科，其中的教育、工、商、新闻，都是那个危机时代国家急需人才的学科。

1930 年 2 月，在通过国民政府大学院立案后两年，厦门大学遵照国民政府教育部令，将“科”改为学院，设 5 个学院 21 个学系。至此，经过近 10 年的建设，厦门大学具备了较为完备的院系体制，开始以院系这样一种与世界接轨的基本单元建构教学科研体制，开展“研究高深学术，培养专门人才，阐扬世界文化”，厦大的多学科性业已形成。

1929 年，世界经济危机爆发，陈嘉庚公司每况愈下，1934 年 1 月公司被迫收盘。这期间虽然有厦大教职员的半年捐薪活动，有陈嘉庚的“出卖大厦办厦大”惊世壮举，厦门大学的办学经费还是难以为继。在此情况下，厦大及时调整院系结构，以系科合并的方式突围经济上的窘迫，推进学科的艰辛运转。至私立时期的最后几年，全校 5 个学院压缩成文学、理学、法商 3 个学院，21 个系经合并与撤销浓缩为 9 个学系。尽管这种合并是无奈之举，从数字上看办学规模是缩小了，但这次的学科浓缩却无意中为学科的整合、为打破欧美当年系科划分过细的弊端打下了基础。

建校时期厦门大学的院系建设与学科发展，按国民政府大学院调查专家的看法，在全国高校中有“方之他处，有过无不及”[①]的优势。这一时期，林文庆主持制定的《厦门大学校旨》(以下简称《校旨》)明确指出：“本大学之主要目的，在博集东西各国之学术及其精神，以研究一切现象之底蕴与功用，同时并阐发中国固有学艺之美质，使之融会贯通，成为一种最新最完善之文化。”《校旨》从大学文化的建构出发，鲜明地提出厦门大学办学的理念与目标。与这个理念和目标相联系，厦大初期的院系与学科、专业的建设，有如下几个特点：

---

① 《厦门大学十周年纪念刊》(1931 年 4 月)，载《厦门大学校史》第 1 卷，厦门大学出版社 1987 年版，第 94 页。

其一是注重“功用”,“切于实用”,培养国家、民族稀缺人才。《校旨》提出教学“以切于实用,造就应用科学人才为前提”。建校初期,教育学占有举足轻重的位置,原因如《校旨》所言:“我国目下师资及教育专门人才甚为缺乏,故对于教育系特加注意,以期养成良好师资及教育界领袖,因以提高一般教育之程度。”[①]陈嘉庚的信念是“国家之富强,全在乎国民,国民之发展,全在乎教育”[②],他办厦门大学一个重要的担当就是要纠正当年教育的“偏估”与“颓风”,解决中国教育缺乏新知识新思想师资的问题,以免“国粹日稀,精神日减,必至无救药之惨痛”。厦大商学与工学的较早创设与运行,也都体现了这样一种办学理念。这个特点,奠定了厦门大学从国家需要建设专业发展学科的厚重底色。

其二是博集东西精神、阐发中国学艺之美质、“研究高深学术”的学科特色。厦大成立时,《厦门大学组织大纲》明确表明厦大的三大任务之一是研究高深学术。林文庆在《校旨》中具体指出要建设科学研究机关,厦大要“成为我国南部之科学中心点”[③];院系体制形成后,厦大各学院在其“学院学则”的第一条“宗旨”中都一致性地提出“以培养专门人才,研究高深学术为宗旨”[④],这表明厦大建校初期就具备浓厚的学科建设意识。而且,在西学东渐、中西文化激烈论争与冲突的情势下,厦大独到地提出“阐发中国固有学艺之美质”和“首重国文”的主张,这也就形成了厦门大学学科建设中注重本土资源与文化精神的中国特色。文科的国学研究与理科的生物学研究是这方面的范例。1926年创建的国学研究院被认为是“大有北大南移之势”,是当年全国国学研究的中心之一。其影响不仅在于大师云集、研究规划与实际成果,更重要的是厦大国学研究体现了五四时期“重估价值”的精神,它的学科新范畴,研究问题的新方法、新史料和新观点,代表了五四之后国学研究的新趋势。植物系与动物系同样引起全国乃至世界的关注,尤其是结合本土地理优势的海洋生物研究更是锋芒毕露。1923年厦大美籍教授莱德的论文《厦门大学附近之文昌鱼渔业》在国际顶尖科学期刊 *Science* 上发表,成为中国高校最早在 *Science* 上发表的研究成果之一,引起国际学术界瞩目。鉴于海洋生物学科的成果,中央研究院及太平洋科学学会,特别委托厦门大学建立海洋生物研究室。与此同时,

---

① 《厦门大学校史》第1卷,第26页。

② 陈嘉庚:《筹办厦门大学演讲词》,载《新国民日报》1920年11月30日。

③ 《林文庆校长报告》,载《厦门大学民国十年度报告书》,1922年。

④ 《厦门大学一览》(1935—1938年度),载《厦大校史资料》第1辑,厦门大学出版社1987年版,第66页。

厦大的动植物标本的数量与丰富多样在全国领先。

其三是开放性的院系学科构成与人才培养学制。在中国高等教育滥觞时期，中国的大学虽然学的是西方体制，但中国文化原本就缺乏精确细致的分类，对事物不那么条分缕析，而且大学刚刚兴起，很多学科、专业更是因国家需要而设置而存在，大学的一切都在尝试与践行当中，这也就带来了中国现代大学院系学科设置上的开放性。厦大私立时期四次较大的院系变动与学科设置，就可以清楚地看到这个现象。院系设置与专业、学科结构的不断变动，实际上对打破学科体制的僵化是有驱动力的，它为以后厦大百年发展中院系所面临的不断调整、不断改革奠定基础。

在人才培养上，厦门大学"虽为厦门大学，实为世界之大学"①，一开始就招收大量的东南亚华侨子女和朝鲜国学生，颇具开放性。这所地处东南沿海一隅的大学却坚持要"使本校之学生虽足不出国外，而其所受之教育，能与世界各大学相颉颃"②，除不惜重金聘任国内外特别是世界名牌大学经历的名师学者外，在教学体制上，厦门大学沿用英国近代大学学制，本科修业 4 年，以修满 150 学分(绩点)并通过毕业论文及有关实验为毕业，各院各系实行课程交叉的修课计划，注重了知识结构的多元化。打破课程的专业界限，这样一种强调博集东西学术，打通院系界限学科界限的修学制度，实际上更吻合现代大学的人才培养规律。

厦门大学建校初期 16 年间，其"切于实用"的人才培养方针，"研究高深学术"的学科特色，院系学科结构与教学体制的开放性，不仅是时代的产物，也是百年厦门大学的宝贵珍藏，在百年厦大的院系建设发展中体现了一所名校的潜在发展实力，不仅为厦大创建"世界之大学"目标打下了坚实的基础，而且在学科的发展上为一流学科的发展奠定了先天优势。

二

1937 年 7 月 1 日，私立厦门大学正式改为国立厦门大学。7 月 6 日，国民政府行政院任命清华大学萨本栋教授出任厦门大学校长。7 月 7 日，抗战全面爆发。12 月，日寇兵临厦门，厦门大学内迁山城长汀，坚持在烽火硝烟中办

---

① 《林文庆先生在中华俱乐部之演说词》，载《南洋商报》1925 年 2 月 2 日。

② 《林文庆校长报告》，载《厦门大学民国十年度报告书》，1922 年。

学，“单独担负铁路线（粤汉铁路）以东国立最高学府的全付责任”[①]，成为加尔各答以东最逼近战场的学府，肩起中国高等教育的东南半壁江山。由此开始到1949年新中国成立，这是厦门大学的国立时期。

抗战时期，在极其艰难困苦的条件下，萨本栋校长抱着“在艰危中”“不负嘉庚先生毁家兴学及政府将厦大收归国立之至意”的意志[②]，以自己的未雨绸缪和身体力行，推进拓展厦门大学的院系与学科建设，赢得了战争中“国魂所托的事业”[③]的重大发展。

作为坚守在战区的最高国立学府，在战争中自觉担负起为战后的祖国建设培养与储备人才的使命，这成了厦大院系与学科建设的出发点与目的地。萨本栋说：“吾人应知此次战争，关系数千年固有文化之持续，将来永固国基之奠定者至巨。”[④]置身残酷的战争中，厦大想的是战后建设所需的大量“永固国基”的人才。据当年的新闻媒体报道，厦大筹备设立水产研究室，是为了“战后东南沿海水产研究之总框”[⑤]；增设外国文学系与法律系司法组，“以应目前全面反攻及将来建国之需要”[⑥]。

这种穿透硝烟的未雨绸缪，更体现在厦门大学工科院系的创设与发展上。厦大工科开始于1922年，在1930年科改系后，工科已悄然消失。萨本栋来自清华大学，自己又是著名的电机专家，他对工科建设既熟悉又有主见，从战后建国的急需出发，工科人才显然要比其他学科人才需求更迫切、需求量更大，萨本栋决定补齐厦大学科上的工科短板。

1938年7月，厦大创设土木工程系，到1941年秋季，萨本栋校长就很自豪地说：“现在土木系设备，固尚未达到我们理想的境地，但教师则已充实到可以与国内任何大学相颉颃。”[⑦]这个科系，为战后中国大规模的基础设施建设培养了大批人才。1940年秋季，在土木工程大力扩展的同时，萨本栋又创设机电工程系。机电工程系创立后，理学院扩充为理工学院。1944年4月，创建航空工程系，厦大成为全国最早开办航空专业本科教育的少数高校之一，培

---

① 《萨本栋开学词》，载《厦大通讯》第3卷第10期，1941年10月25日。

② 萨本栋：《勖勉同学词》，载《唯力》旬刊第3期，1938年4月3日。

③ 萨本栋：《勖勉同学词》，载《唯力》旬刊第3期，1938年4月3日。

④ 萨本栋：《“七七”二周年纪念与节约运动》，载《唯力》第2卷第7/8期合刊，1938年7月7日。

⑤ 《母校设立水产研究室》，载《厦大通讯》第6卷第1期，1944年3月31日，

⑥ 《厦大增设外语、司法等系组》，载南平《东南日报》1945年8月4日。

⑦ 《萨本栋开学词》，载《厦大通讯》第3卷第10期，1941年10月5日。

养出像中国工程院院士张启先这样一批优秀的中国早期航天航空专家。

1945年12月厦大复员厦门，汪德耀已接掌厦大。这期间院系与科建设的最大事件是1946年夏季海洋学系与中国海洋研究所的创办。海洋学科创立于天时地利人和之中：抗战胜利后海洋与海权重要性凸显，复员厦门后的东南沿海地理环境优势，校主陈嘉庚“力挽海权，培育专才”的誓言与著名海洋学家唐世凤博士的加盟，共同促成了中国第一个海洋学系诞生，同时，厦大与中英文教育基金会合办的中国第一个海洋研究所也在厦大成立，厦大的海洋观测站也获准设立。由此，厦门大学在全国率先开始了“谋中国海洋科学事业之发展”“研究与教育并重”的造就培养海洋人才的行动。

国立时期文科的发展以复办法学为主要标志。厦大的法学，最早创立于1926年6月，1937年改归国立后，法律系奉命撤销，法学学科停办。到1940年，由于国民政府教育部不同意建立福建大学，并将已经开学的福建大学法学院并入厦门大学，这样，战火中的厦大法学学科就在接收福建大学法学院的契机中复办起来。

在人才培养理念与培养模式上，萨本栋取的是美国芝加哥大学的通识教育思想和从清华带过来的通识教育理念，遵循梅贻琦的“通识为本，专识为末”[①]教育思想制定校制、设置课程，实行强化通识基础与打通学科界限的修学制度，实施教授全力上课制度。他要求即使在战争中，也要坚持“未到‘最后一课’的时候，应加紧研究学术与培养技能”[②]，他提出，“现在不是个推诿责任的时代”，“需一身肩负二人之重任，一日急二日之操作”[③]，以不辜负陈嘉庚先生的期待，不辜负国家事业所托。比如新成立的机电工程系系主任李家炘教授，据统计最高一学期每周上课达81课时，每周最高达1725人时。这时期的厦大学生则“把战区当课堂，把笔杆当枪杆”，越是艰难越是坚韧学习。在1940年与1941年国民政府教育部举行的两次专科以上学生学业竞赛中，获奖总数与获奖系数的比例评定，均名列全国第一。

从抗战全面爆发到复员厦门，在极其艰危的战争环境与艰苦的复员中，厦门大学的院系建设不仅没有停顿，而且还得以有力扩充，院系规模与学科发展都有历史性的突破，多科性大学已然向综合性大学迈进，也因此开始确立厦门

---

① 梅贻琦：《大学一解》，载《清华学报》第13卷第1期，1941年4月。

② 萨本栋：《勖勉同学词》，载《唯力》旬刊第3期，1938年4月3日。

③ 萨本栋：《“七七”二周年纪念与节约运动》，载《唯力》第2卷第7/8期合刊，1939年7月7日。

大学位居全国高等教育前列的位置。更重要的是这一时期积淀下来的办学精神，那种由战争烽火淬炼出来的自强、坚韧与艰危中担当重负的使命感，为厦门大学的发展积累了一份极宝贵的精神财富。

三

1949年10月1日，中华人民共和国成立，人民当家做主的时代开始。10月17日，厦门解放，厦门大学迎来了办学史上的新纪元。1949年10月21日，中共厦门市委在厦大建立中共厦门大学支部。不久，在原有基础上设立中共厦门大学党组。1950年5月，中华人民共和国政务院任命著名经济学家、曾任厦门大学法学院院长的王亚南为厦门大学校长。

1952年6月，中共福建省委派15名党的干部到厦大，7月，中共福建省委决定程璐任中共厦大临时党委书记，党在学校的领导得以体现与加强；1953年1月，厦门大学成立校务委员会，标志着学校由"校长负责制"开始向"党委领导下的校长负责制"过渡。这一年，符合条件的科系先后成立党支部。1955年1月召开中共厦门大学第一次代表大会，成立中共厦门大学党委会，之后，各系先后建立系党总支，直到1999年校院二级管理体制改革时，党总支、党支部为厦门大学各科系的最直接领导，保证科系建设与学科发展的正确方向和健康发展。

新中国成立后，在东西方意识形态冷战的背景下，中国大学放弃对西方欧美的学习，而强调向"苏联老大哥"学习。1952年，中央提出高等教育"发展专门学院和专科学校，整顿和加强综合大学"的方针，并学习苏联高校模式，进行大规模的院系调整。从1952年到1955年底，厦门大学在调整中从多学科大学向文理科综合大学转变，被确定为华东四所综合性大学之一。

1952年8月，一年前刚刚由省立并入厦大并改名的厦大农学院奉命与福州大学农学院合并为福建农学院；9月，厦大海洋系一分为三，厦大航海专修科与集美水产商船专科合并成立福建航海专科学校，之后再分别归入大连海运学院与上海海运学院；海洋系理化组并入山东大学，与山东大学海洋学科建立海洋系，发展为山东海洋学院，即后来的青岛海洋大学；为保存厦大发展海洋学科的力量，厦大成立海洋生物研究室，将海洋生物组的骨干教师与标本留在厦大，聘郑重教授为研究室主任。1953年7月，厦大又奉命将工学院的土木、电机、机械3个系及土木专修科调整到浙江大学、南京工学院和华东水利学院，将企业管理并入上海财经学院，法学院归入华东政法学院。1954年7

月，厦大教育系调整到福建师范学院；8月俄语专修科部分师生并入南京大学。

在此调整中，厦门大学文理科也有所壮大。1951年私立福建学院的政治、法律、经济归并到厦大。1952年福州大学财经学院的会计、贸易、财金、统计、企业管理5个系并入厦大财经学院，并增加贸易专修科。1953年，福州大学文理两院的中文、外文、历史、数学、物理化学、生物学6个系也奉命并入厦门大学。1955年，厦大奉命停办统计、会计、财金、贸易4个系，改在经济系之下设政治经济学、统计学、会计学、货币与信贷、贸易5个专业。

从历史现场上看，大规模院系调整是新中国改造旧教育制度、建立新教育体制的战略措施，这是中华人民共和国教育史上一个重要事件。这场调整既为厦大文理科综合大学模式打下基础，也一定程度上削弱了厦大综合性大学的实力，厦大一些经营多年而形成厦大特色的院系、学科被调整出去，充实其他高校乃至成为新学校成立的基础。厦大在为国家做出贡献的同时，也造成基础学科与应用学科的相互分离，综合性大学学科交叉渗透的优势也受到一定的损失。

院系调整后，苏联高等教育的专业制度也随之取代了中国大学的院系体制。新中国成立之前的大学一般只设学科不设专业，学科业务范围要比专业宽阔，但专业有利于针对性培养专门人才，培养目标十分专一。为贯彻专业人才培养目的，厦门大学院级建制最后被正式撤销，实行以系为教学单位，系内设若干专业，形成按专业培养人才的办学模式。到1958年，全校设8个系16个专业，并设16个专门化科目。

这一时期，教育部确定厦门大学发展方向为“面向东南亚华侨，面向海洋”，要求各专业各教研组加强与南洋、台湾、海洋及本地特点有关的各种问题研究。王亚南校长对厦大的综合性大学也提出新的目标定位，他说：“今天我们所在的学校是个综合性大学，不是工业大学、农业大学，而是综合性大学，不同地方是培养目标不同。工农科培养工农业所需技术人才，师范培养教师，综合性大学主要是培养研究人员，科学研究人员。”他对学生说：“你们将来就是要培养成为科学家。”①这样的办学方向与文理综合性大学的形成，明确指明科学研究是厦大办学的重要任务，学科建设水平成为办学水平的重要表现。

由此，在那个以专业为主的发展时期，厦门大学依然将研究机构建设与学科建设发展当成院系建设的重要内容。

---

① 王亚南：《怎样做一个大学生》，录自厦门大学校办档案56-11。

王亚南校长抵达厦大后，首先恢复和建立研究机构，成立了经济研究所、化学研究所和南洋研究馆（1963 年升格为教育部部属研究所）、人类博物馆，文科理科各学院普遍成立研究室。这时福建研究院社会科学研究所也奉命归并厦大，充实了厦大文科主要是经济学科的研究实力。

这一时期，经济学科开始成为全国的翘楚学科。从 1946 年王亚南的《中国经济原论》研究被誉为“中国式的《资本论》”开始，厦门大学“以中国人的资格研究政治经济学”的独特学派开始形成。1950 年王亚南执掌厦大后，建立厦大财经学院，创办全国第一个经济研究所，这是当年全国高校最新经济学教学科研建制。院系调整中财经学院被撤销。1958 年 9 月，中国经济问题研究所成立，并创办中国第一家全国性经济学刊物《中国经济问题》。这个时期，经济学各学科研究全面展开，在《资本论》研究、社会主义所有制研究、会计、统计、财政学方面的研究，成绩斐然，为全国瞩目，奠定了经济学迈向一流学科的坚实基础。

化学为厦大理科中最早的学科之一，展示着一流学科的形象。1939 年，傅鹰博士受聘厦门大学并任教务长兼理学院院长，他给厦门大学带来了化学正在从经典的统计热力学深化为理论化学、结构化学的最新发展信息与理论，从而让厦大化学学科及时捕捉到量子化学、量子力学的发展，跟上世界潮流。自此，化学学科的发展呈现云帆济海之势。新中国成立后，催化的研究与应用、海洋化学分析成果显著，电化学研究、物质结构研究、有机物电极、电分析和有机物点解制备也都在学术界崭露头角。1972 年，蔡启瑞教授与唐敖庆、卢嘉锡两教授联袂承担国家重大基础理论研究课题化学模拟生物固氮研究，与国际同步攻关世界理论难题，成果受到国际同行的赞赏。这个时期的厦大化学，已具备国内一流、国际具有重要影响的学科声望。

除此，海洋生物研究，生物系在金定鸭研究及北京鸭与金定鸭的杂交研究，半导体物理、半导体化学、植物生物学以及数学等方面的基础理论研究，都有全国性影响。理科各系与福建省其他单位联办建立的 8 个新的研究所，有效地促进了厦门大学科学研究与地方建设的紧密结合，拓宽了厦门大学科学研究的思路与途径，这也说明了成为文理综合性大学的厦门大学在学科建设上的明显进展。

从 1949 年新中国成立到 1966 年“文化大革命”爆发，厦门大学与全国高校一样，经历过“整风运动”、“教育大革命”和“大跃进”高潮，作为面对两岸对峙炮火中海防前线大学，社会主义的办学方向和党在学校中的领导地位更加明确与坚定，在人才培养与科学研究上探索前进，书写出新中国高等教育的新篇章。1963年9月12日，教育部以〔63〕教厅秘字第178号文件，将厦门大学定位全国重点大学，“这是国家对厦门大学几十年来办学成就的充分肯定，从教育体制上明确地确立了厦门大学在全国教育事业中的重要地位”[①]。

1966年到1976年“文化大革命”运动期间，厦门大学与全国高校一样，遭受空前的洗劫。这是中国高等教育发展史上一次挫折和重大教训，经历过这样的风雨，拨乱反正之后，厦门大学的院系与学科建设自有空前的发展。

四

1976年10月6日，党中央一举粉碎“四人帮”；1977年9月，全国恢复高考制度，1978年2月，教育部恢复厦门大学为全国重点大学。1981年10月，厦门被国务院确立为中国四个经济特区之一，身处中国经济特区的国家重点大学，厦门大学被历史推向了改革开放的前沿，学校逐渐顺利走向“党委领导下的校长负责制”的领导体制中，院系建设发展进入一个崭新的历史新时期。2000年之后，按照校院二级管理体制改革，各学院建立学院党委，建立并逐步完善学院党政联席会议制度，厦门大学院系建设得到空前发展。

至2020年，改革开放中的厦门大学全校已建有30个学院16个研究院，展现出门类齐全、学科强劲、专业特色明显、布局合理的整体风貌。依据院系建设与发展的历史，以1995年启动“211工程”为界，整个42年的改革开放可分为两个时期：1978年至1995年为恢复与快速发展时期；1995年之后伴随着国家“211工程”、“985工程”、创建“双一流”建设，厦门大学院系建设进入跨越式发展时期。

1978年春天，当恢复高考制度后的第一届大学生走进厦大时，厦大共设有10个系29个专业，这些系与专业还只是集中于自然科学与人文社会科学的基础理论学科，基础雄厚，但面对世界新技术革命浪潮的兴起和新时期党与国家工作中心转移到社会主义现代化建设和改革开放上，尤其是经济特区和沿海开放城市、经济开发区的设立，原本的科系已经不能很好地适应新形势的需要，于是，学校大胆突破文理结构框架，调整学科与专业设置，大力充实、改造、复办老专业，增设一批新学科，优先创办一批涉外专业、应用科学和应用技术专业，开展边缘新兴学科研究，迈步向文理渗透、多学科组成的综合性大学

---

① 厦门大学档案馆、厦门大学校史研究室编：《厦门大学校史》第2卷（1949—1991），厦门大学出版社2006年版，第142页。

方向发展。

其一，以“起点要高，起点要新”的要求，创办一批新专业，集中在涉外、经济管理、新兴交叉学科与新技术专业。到1995年，全校已发展到26个系61个专业，突破长期以来保持的文理财经综合性大学格局，形成了包括智能科学、技术科学、人文科学、社会科学、管理科学、教育科学在内的多学科、结构比较合理、内容比较先进的学科体系。

其二，开始恢复学院建制。专业增多后，科、系不断发展，从管理与学科建设出发，开始逐步恢复学院建制。在20世纪80年代初期，先后成立经济学院、政法学院、全国综合性大学的第一个艺术教育学院、技术科学学院，其中技术科学学院的成立既带有复办工科的动机，更是以为国家培养急需的大量科技人才为目标，着重造就工科与理科相结合、交叉的学科的开创性人才。学院作为学校派出机构，具有一定自主权。

其三，以长远的战略眼光，充实、更新老专业。如20世纪70年代复办海洋系。在1952年的院系调整中，厦大将海洋系一分为三，用建立海洋生物研究室的名义战略性留住了海洋生物学科的骨干师资与教学标本，这使得厦大在1962年前后依然成为我国海洋科学的重要基地之一。海洋系虽然不再存在，厦大理科其他系却增设了海洋物理、海洋化学和海洋生物等新的专业、专门化，各系与华东海洋研究所密切配合，共同进行了26项海洋科学研究，成果引起国外学术界注意，《美国科学界对中国科学的看法》一书也提到厦大海洋科学研究的情况。复办后的海洋系，采取少招本科生、多招研究生、重拳科研、提高质量的策略，开展学科建设，并增设海洋水文气象和海洋地质地貌两个专业，为海洋系成为全国一流学科打下了坚实良好的基础。

1995年，厦门大学进入国家“211工程”行列；2001年，被列入国家“985工程”重点建设高校；2017年，入选国家A类“双一流”建设高校。在中国教育从教育大国走向教育强国的历史进程中，厦门大学的院系发展与学科建设，实现了跨越式发展。

1999年3月，全校深化校内管理体制改革，开始实行校院二级管理，学院建制全面铺开，各学院按照学院办大学的发展趋势，遵循“优化结构、强化内涵、扶优促新、鼓励交叉”的原则推动学科与专业建设，从1995年到2020年，全校共设置30个学院16个研究院，新增52个专业，撤销4个专业，调整18个本科专业，最终设置本科专业99个，涵盖文学、哲学、历史学、法学、经济学、管理学、理学、工学、建筑学、医学、艺术学等11个学科门类，以学科为支撑，打造一批定位明确、管理规范、改革成效突出，师资力量雄厚、培养质量一流的院系与专业群；全校有17个国家级特色专业，2个国家级人才培养模式试验区，2个国家级专业综合改革试点，3个专业入选教育部基础学科拔尖学生培养计划，24个专业13个项目入选教育部卓越人才培养计划。

这个时期，也是厦大研究生教育的大发展时期。1986年9月，国务院批准厦大试办研究生院；1996年3月，厦大正式获准设立研究生院；2018年，厦大成为全国首批20所学位授权自主审核单位之一。至2020年，全校共设有32个博士后流动站，36个一级学科博士学位授权点，45个一级学科硕士授权点。研究生院的建设与发展，推动了厦大研究生教育的空前发展，也更紧密地将厦门大学的学科建设与学院建设融为一体。

学科作为高校实施科研、教学活动和集聚人才的最基本的单元，是学校根本性的基础建设，也是院系建设发展的基础与支撑。这个时期，凭借国家"211工程"、"985工程"建设和创建"双一流"的支持，院系以学科为支撑，以学科建设为重心，凸显了学科建设的基础性与关键性。

其一，以学科建设为支撑为龙头，整合组建符合学科发展和拓展创新学科建设的学院，优化学科布局。如整合厦大早期传播和研究马克思主义与当代马克主义教学研究的资源，成立马克思主义学院，设立"985工程"重点学科"马克思主义理论"、"211工程"三期国家重点学科"中国特色社会主义理论与实践"建设项目，与中共福建省委宣传部合作共建"厦门大学中国特色社会主义理论体系研究与培训基地"，加强学科建设，建设国内高水平的马克思主义理论学术创新基地。如整合全校电子工程、电子科学、微电子与集成电路、电磁声等相关学科，组成电子科学与技术学院，入选国家示范性微电子学院；整合软件学院、物理科学与技术学院、计算机与信息工程学院相关资源成立信息学院；将公共事务管理学院的社会学系与人文学院的人类学系组合成社会与人类学院，更准确对应国际学科范式；而像数学科学学院、国际关系学院、台湾研究院、教育研究院、萨本栋微米纳米科学技术学院，则是应对历史与国家的需求，在学校原本的优势或特色学科基础上建立起来的学院。其中数学与应用数学为国家级一流专业、国家一类特色专业、国家理科数学与应用数学基础科学研究和教学人才培养基地，入选国家基础学科拔尖学生培养试验计划；台湾研究院入选国家高端智库试点建设、培育单位。以教育部人文社科重点研究基地会计发展研究中心和国家重点学科工商管理为依托，整合MBA和EMBA、会计系、工商管理系、管理科学系与旅游管理专业组成管理学院，很快使管理学院成为中国最具竞争力的十大商学院之一。工商管理、会计学、财务管理和电子商务4个专业入选国家一流本科专业建设点，在2017年教育部公布的全国第四轮学科评估中，工商管理一级学科获评A类学科，经济学与商学进入ESI全球前1%行列。

其二，以大学科理念、通过国家人才培养基地和重点学科的依托带动，推进院系与学科的建设发展。1999年校院二级管理体制改革伊始，学校就开始推行大学科的学院建制理念，文、史、哲3个系6个一级学科，以国家文科历史学基础科学研究和教学人才培养基地与国家重点学科中国经济史为带动，组建人文学院，力图打通文史哲，“研究高深学问”和培养人文学科精英人才。以大医科理念，整合生命科学学院、医学院、药学院、公共卫生学院等力量，推进学科交叉融合，构建医、教、研有机融合的医科教育体系。2018年和中国卫生信息与健康医疗大数据学会共同建立医疗健康大数据国家研究院，汇聚理、工、医及社会科学十几个学院的教师与研究团队，通过自主创新和跨学科合作，产生一批国内外领先的具有良好产业转化价值的一流研究成果，凸显大学科整体的优势。

在大学科建设与学科协同创新中，由厦门大学牵头，与复旦大学、中国社会科学院台湾研究所、福建师范大学共同建设的国家协同创新中心“两岸关系和平发展协同创新中心”，由厦门大学、复旦大学、中国科学技术大学和中科院大连化物所为核心层，组建的国家级协同创新中心“能源材料化学协同创新中心”，都体现出大学科、跨学科与跨越部门、学校的创新优势。2018年12月，国家自然科学基金委依托厦门大学建设“国家天元数学东南中心”，该中心由数学科学学院牵头，联合5个省14所高校为共建单位，更是以大学科、大组合、大跨越的组织形态呈现出构建一流核心竞争力的重要举措。

其三，发挥优势，打造国内领先、国际一流的高峰学科，是这一时期厦大院系建设与发展水平最基本也是最重要的成果之一。目前厦门大学有理论经济学、应用经济学、工商管理、化学、海洋科学5个国家一级重点学科，另有25个国家二级重点学科，分布在经济、管理、化学化工、数理、海洋与地球、生态与环境、法学、高等教育、生命科学、人文等学院。另有化学、工程学、农学、社会科学、计算机科学、分子生物学与遗传学、微生物学、药物理与毒理学、地学、物理学、经济学与商学等18个学科在ESI全球排名前1%；17个学科在QS世界大学学科排行榜上有名，上榜数居中国大陆高校第12位；37个学科登上软科世界一流学科排行榜，上榜数居中国大陆高校第8位。2017年，化学、海洋科学、生物学、生态学、统计学入选国家“双一流”建设行列。

当我们对厦大100年的院系发展做出梳理后，我们会发现，厦大百年院系的历史脚步，实际上是伴随着100年来中华民族伟大复兴的风云变幻与中国高等教育的命运嬗变而砥砺行走的，它走的是一条从小到大、从少到多、从大到强的历史发展脉络，一条是院系建设与学科发展紧密融合的道路，一条是国际竞争力和整体实力不断提升的道路。百年院系不断调整不断演化的进程，也就是百年学科不断变革不断创新的历程，这里有成功的喜悦，也有挫折的教训，有起伏的艰辛，也有前进的欢笑，但无论在什么时候、在什么样的空间里，都向着校主陈嘉庚先生提出的“世界之大学”目标前行，都沿着“与世界各大学相颉颃”的意志行进，都朝着“中国特色，世界一流”的憧憬踔厉奋进。

五

“厦门大学百年院系史”系列的编撰出版，是各院系向厦门大学百年华诞献上的一份礼物，她以100年来各个学院、研究院的学科发展、专业建设、院系在时代中变动的脚步为主要内容，呈现不同历史时期南方之强的个性与风采。目的在于总结经验，传承命脉，弘扬自强不息、止于至善精神，激励“双一流”建设，为厦门大学与中国高等教育留下一份珍贵的历史叙述。全校共有35个院系、研究院及厦大出版社参加了这个规模空前的编写工程。每部院系史主要包含以下内容：

一、历史的脚步。这是全书最主要的叙述，它通过对院系的历史梳理，描述出在各个历史时期的发展脉络与特征，客观呈现各学院发展进程中的主要事件，重点叙述以学科建设、人才培养为重心的发展变化、主要特点和成就，以及行政管理、社会服务上的变更发展。

二、党政管理。叙述院系党的建设情况，行政机构的变更，历任党、政领导等。

三、学科发展。叙述院系学科建设发展的轨迹与特色、地位与成绩，包括博士授权点、硕士授权点介绍及其人才培养特色，研究基地、研究所、中心介绍及其工作特色，重点实验室介绍及其工作成就，对外交流成果等。

四、教学成果。阐述院系在人才培养与教学教育中的发展嬗变，包括专业设置、课程体系、精品课程与教改项目、教学成果奖、特色专业与创新试验区、教学团队、教材建设、人才培养基地、创新创业教育等内容。

五、学术成就。配合学科建设的发展，叙述学术上的做法与成就，包括获奖学术成果、主要著作与论文、主要研究课题。

六、附录：院系大事记。

这是一项具有长远意义且严肃的工作，学校要求各院系在编撰中坚持正确的政治导向，突出与中国共产党同龄的厦门大学教育救国、教育兴国、教育强国的历史步点；重点叙述与提炼各学科、各专业及人才培养的发展与成就，彰显学术大师和著名校友的贡献；历史须客观叙述，要求准确无误有根有据，尽可能追根溯源，填补漏缺，还原历史，强调学术传承。但历史的写作须经千锤百炼，百年院系历史的叙述需要长期的淬炼，今天打开的这个脚步，难免深浅不一，难免有疏漏之处，还有许多需要打磨甚至勘正的地方，还请各位读者批评指正。

全校的百年院系史系列编撰工作在2019年的春天启动，历时两年的时间，在厦门大学百年华诞到来之际，终于与厦大人、与各方读者见面了。当各院系的撰写者在各自的历史隧道中搜寻攫微、考辨记载而写出自己的院系历史的时候，实际上是在对一个学科、一个院系的过去与今天的研究梳理，也是与明天的一个重要联系与启示。相信经过这次院系史的研究编写，各学院各学科将会以史为鉴，以更宏伟的规划更准确的定位更实在的工作，在党的坚强领导下，向着“中国特色，世界一流”的建设方向，奋力推进厦门大学院系建设与学科发展。

2021年3月12日

序　言

百年沧桑，十秩辉煌。

2021年，欣逢厦门大学百年校庆，厦门大学化学化工学院也将迎来化学学科创建100周年。回首100年前，爱国侨领陈嘉庚先生抱"教育为立国之本"信念，倾资兴学，创办了厦门大学。自第一位化学教授刘树杞博士来校任教、第一门化学课程"化学讲演"开设、第一位化学(门)学生刘思职入学，发展到今天成为化学及相关学科的科研重镇和人才摇篮，一代代厦大化学人教书育人，潜心科研，竭诚报国，谱写了绚丽的篇章。

一百年学科发展，枝繁叶茂。由建校之初化学门开始，化学学科扎根沃土，茁壮成长，逐渐发展成由化学系、化学工程与生物工程系、化学生物学系组成的化学化工学院，并从这里派生出厦门大学海洋化学、药物化学、材料和能源等专业乃至院系，也从这里诞生出全国第一个化学生物学本科专业和能源化学本科专业。

百年桃李芬芳，群英荟萃。从建校之初的刘树杞，内迁长汀艰苦办学时期的傅鹰，到发展壮大时期的卢嘉锡、陈国珍、蔡启瑞等，再到新时期的田昭武、张乾二、黄本立、万惠霖、赵玉芬等，众多著名教授先后在这里任教。"优秀师资队伍乃办学之本"，厦大化学因此英才辈出，为国家培养输送了包括20位中外院士在内的各层次人才逾20000名。

一百年科研创新，成绩斐然。厦大化学注重学科交叉与创新，形成了严谨求实、厚积薄发的研究风格和相互尊重、相互支持、虚怀若谷、奖掖后学的团队精神。在优良的学术传统和科研文化的影响熏陶下，厦大化学在科研平台建设、创新群体形成、科技成果产出、国际学术影响等方面，取得了丰硕的成果。

一百年服务国家，誉满天下。一代代厦大化学人秉承教育救国、科教兴国的理念，勇挑国家重担，甚至舍家为国，21世纪以来更是主动服务国家和地方战略需求。在百年办学历程中，形成了鲜明的办学特色，取得了突出的办学成果，在海内外赢得了良好的社会声誉。

百年回首，谨修史志。这是对校主陈嘉庚先生精神的传承，是对厦门大学从无到有、在困难中成长、与国家命运同浮沉的一段记载，是对诸位先贤和一代代“化院人”刻苦钻研、诲人不倦、报效国家的见证，更是对厦大化学学科群体继往开来、再创辉煌的期待。

已铸昆仑成伟业，敢向珠峰再登攀。南方之强的化学将继续向下一个百年征程挺进。

2020 年 4 月 6 日

目录

c o n t e n t

第七章
重点建设 快速发展（2001—2010）

第八章
协同创新 力争上游（2011—2015）

第九章
筑梦百年 建设一流（2016—2019）

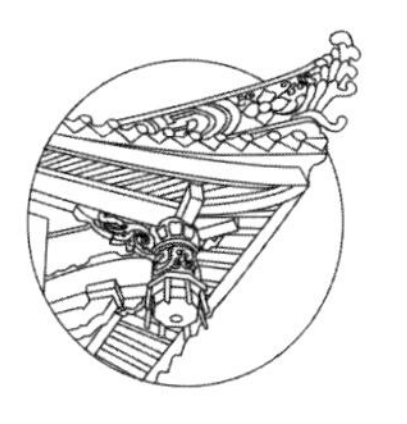

第一章
厦大初创
化院肇基
（1921—1937）

一、 陈嘉庚先生为强国立志兴学

清同治十三年（1874 年）九月十二日，陈嘉庚出生于福建省同安县集美社。这里南望厦门岛，北靠天马山，是著名的侨乡。父亲陈杞柏早年漂洋过海到新加坡经营米业，陈嘉庚九岁进私塾读书，十七岁奉父命到南洋随父经商，后来靠着自己的精明睿智成为名震南洋的实业家。在事业取得巨大成功后，陈嘉庚没有忘记祖国。当他了解到美国因重视教育而国富民强的情况后，萌生了"捐款兴学、富强祖国"的想法。1912 年他回乡创建集美小学，乡亲们纷纷把孩子送来读书。后来，他又兴建了集美中学与师范学校。因为有师范学校，才可以培养中小学师资。接着，他想兴办航海学校，要培养中国很缺乏的航海人才。校舍盖起来了，但聘请教师不容易。陈嘉庚逐渐明白，福建全省没有一所大学，无法提供中学所需要的师资。无奈民国政府腐败无能，陈嘉庚痛心疾首，只能走民间兴学的道路。

图 1-1　厦门大学创办人陈嘉庚

1919 年签订的《巴黎和约》让陈嘉庚无比愤怒，五四运动爆发，又使他看到了民族的希望。1918 年底，第一次世界大战结束，陈嘉庚对经营的橡胶、船运、黄梨等产业进行结算，实存资产已达四百万元。企业的成功使他十分高兴，感到回国创办大学的时机已成熟，他决定将实业交给胞弟陈敬贤和女婿经营，自己回国筹建大学。

回国一个多月后，陈嘉庚即发出筹办厦门大学(以下有时简称为"厦大")通告，并宣布自己认捐四百万元洋银。这笔巨额资产是他当时的全部资产。他清醒地认识到，要办好一所大学，四百万元洋银是不够的，他呼吁教育界、实业界、政治界有识之士共同来建设。他邀请蔡元培等十位教育界名流组成筹委会。

1920 年 10 月在上海召开厦门大学筹委会第一次会议。会议决定成立董事会为大学最高机构，创办人陈嘉庚为永久董事。凡捐助大学百万元以上者也推为永久董事，捐助五万元或对学校有特殊贡献者为名誉董事，大学校长为当然董事。校长之下设办公处、教务处、总务处、编译处。

筹委会推举留学日美、学习教育学的邓萃英为厦门大学首任校长。邓萃英推荐郑贞文、何公敢分别为教务长、总务长，并聘请了各科的教授，其中留美化学工程博士刘树杞为理科教授兼校长秘书。郑贞文 1918 年毕业于日本东北帝国大学，攻读理论化学，获理学士学位，1920 年 11 月来校前任商务印书馆编译所理化部主任。郑贞文除对学校筹办和校舍建设悉心办理外，还与刘树杞一道，对学科设置和师资聘任等认真谋划。按陈嘉庚意见，学校 1921 年 4 月开学，先设师范、商科二部，师范又分文、理两科。学制预科二年，本科四年。

1921 年 2 月，私立厦门大学在上海、厦门、福州、新加坡等地开始招生。报名考生 190 人，经考试录取新生 112 人，其中商学部 28 人，师范部 84 人。因考虑当时学生的程度，均为预科生。开设课程有国文、中国文学、英文会话、英文作文、英国文学、英文文法、中国史、外国史、代数、三角、经济大意、商业地理、商业尺牍、化学讲演、化学实验、生理卫生、德文、法文、日文 19 门课。后来成为中国科学院学部委员的刘思职，是当年进入厦门大学主修化学门的第一个学生。

在新校舍建成前，学校借用集美学校的即温楼开学。校训定为"自强不息"，校歌由郑贞文写词，请音乐家赵元任谱曲。交通问题则由陈嘉庚准备帆船和小汽船各一艘，来往于厦门与集美之间。

图 1-2　集美学校即温楼

由于厦大校舍还未动工建筑，1921 年 4 月 6 日，厦门大学借集美学校即温楼举行开学式。

“自强，自强，学海何洋洋！
谁欤操钥发其藏？
鹭江深且长，致吾知于无央，
吁嗟乎南方之强！吁嗟乎南方之强！
自强，自强，人生何茫茫！
谁欤普渡驾慈航？
鹭江深且长，充吾爱于无疆，
吁嗟乎南方之强！吁嗟乎南方之强！”

当激昂的校歌在操场响起，中国第一个华侨创办的大学——厦门大学诞生了。

新生事物的成长不可能一帆风顺，厦门大学建校不到一个月，邓萃英校长就提出辞职。陈嘉庚让刘树杞代理校长，并电报邀请在新加坡的同盟会挚友林文庆博士出任厦门大学校长。

林文庆校长上任后，即制定《厦门大学校旨》，并决定从 1921 年秋季，将师范学部改为教育学部，另设文、理两学部，全校共设文、理、商、教育四个学部。他将校训改为“止于至善”，还亲自绘制了大学的校徽。

图 1-3 早期厦大校徽和校训

1923 年 4 月，厦大改学部为科，秋季开始招收本科生，各科才开始分别教学。当时学生较少，全校一届才一百来人，分到各个科就只有十几个人，上公共课时有几十人，到专业课常有一对一的授课。到 1923 年春季开学，在校本科生 119 名，预科生 149 名。

1924 年 6 月，经校评议会决议，学校教学机构调整、压缩，撤部、改科、设系。学校共设文科、理科和预科三个科，文、理两科之下再设 14 个学系，其中化学系列入理科。从此，化学系建制一直保留至今。

学校实行主副修制，理科学生注册前需认定一个系为主系，还可选一辅系。学校实行学分制，学生需修满 141 个学分才可毕业。一学期每周上课 1 学时为一学分，实验课 2～3 学时才记 1 学分。每学期至少修 12 学分，至多修 21 学分。年级则按学分划分：获入学资格为一年级生，修满 36 学分为第二年级生，修满 72 学分为第三年级生，修满 108 学分为第四年级生。凡修完规定课程经考试及格者，给予毕业证书及文、理学士学位。

二、化学系首任系主任刘树杞

图 1-4 理科主任兼化学系主任刘树杞教授

理科主任刘树杞博士早年就读美国密歇根大学化工系本科，后进入哥伦比亚大学深造，1919 年获博士学位。刘树杞的博士论文《从铬酸盐废液中电解再生铬酸的连续方法》，解决了困扰美国化工业长达二十年的问题。毕业后相继被聘于培根化学实验室、法国驻美化验室、美国窦法化验室化学师和哥伦比亚大学化学讲师。在电化学与制革学方面有深入的研究,他写的《电解法制铍-铝合金》一文为欧美学界重视,是我国熔盐电解的先驱。1921年年初刘树杞教授回国到厦门大学任教,先后出任理科主任,兼化学系主任,短短几年就建成化学楼、生物楼和制革厂。化学楼内各种实验室齐全,为化学系教学和科研打下了坚实的基础。

图1-5 20世纪20年代建起的化学楼(右)、生物楼

除刘树杞教授外,化学系还聘余泽兰教授(哥伦比亚大学化学博士,在1924年学潮后离开)、物理化学讲师鲁望岩、化学教习林浩明,共同组成教学梯队。1926年秋,刘树杞教授每周讲授"无机化学"3学时,"化学讨论会"2学时,还带实习6学时,共11学时。

刘教授利用他在制革学方面的优势,创办了制革厂,配备打光机、磨里机、压花机、去水机、发动机各一台,转鼓两台,另设一台水槽、两个灰池、五个丹宁池,可供学生进行制革实验,是极好的教学科研基地。化学系还从英国进口一套设备,安装竣工后可产生5000余立方的煤气供数百学生平时实验用,同时得到的焦炭、氨水等副产品可用于各种研究。

刘树杞教授于1927年1月辞职离开厦门大学,先到湖北省任教育厅长,后任武汉大学筹委会主任、代校长,再后任北京理学院院长。行政、教学、科研多副重担,使刘树杞积劳成疾,1935年病逝于北京。中国化学会评价他:"当今化学名辈,多出其门下。"1936年厦大理学院决议设立刘树杞奖学金,以纪念他创校时期的辛劳。

1927年王箴教授出任厦大化学系教授兼系主任。他早年求学于美国,以优异成绩获麻省罗宛尔纺织工学院染化学学士学位、密歇根大学化学硕士学位,

1926年获康奈尔大学博士学位。王教授讲授普通化学、有机化学、分析化学、物理化学等多门课程。他精通多国语言,博学多才,加之循循善诱、教授有方,学生受益匪浅。

接着毕业于美国麻省理工学院化学系的张子高教授(1928年)、毕业于美国克拉克大学的邱宗岳教授(1928年),先后短暂出任化学系主任。1929年秋,耶鲁大学博士纪育沣教授接任化学系主任。他早年师从嘧啶化学权威约翰逊教授,在生化试剂研制与药物合成方面取得很大成绩,是我国知名的有机化学家,后任中科院学部委员。

截至1928年,厦大第二批建筑建成,包括理化院大楼、生物院大楼、笃行楼(女生宿舍)、兼爱楼、博学楼(教工宿舍)、医院和镇北关家属院。图书馆藏书年年增加,中、英文书籍达五万余册,其中英文图书资料就达一万四千余册。新图书馆也开始动工兴建。生物馆内存有动物标本四千余件,植物标本存满两层实验室。化学系的仪器设备和制革厂的机械设备齐全。化学系还建立了煤气厂一座,可供数百学生实验使用,副产的焦炭、氨水等可供各种研究。

鉴于厦门大学教学、科研设备齐全,生活设施如医院、浴室、灯泡厂等也一应俱全,福建省教育厅同意厦门大学立案申请,并转呈南京国民政府大学院审计处理。1928年3月厦门大学获国民政府大学院批准立案。同时获批的私立大学还有燕京、南开、沪江、复旦、大夏大学等八所,其中大夏大学就是1924年离开厦大前往上海的一批师生创办的。这批师生中包括1923年入厦门大学学习化学、离开厦门大学后转攻哲学,1938年与王亚南共同翻译出版马克思科学巨著《资本论》,1955年成为中国科学院哲学社会科学部学部委员的郭大力先生。

三、化学系延聘名师,茁壮成长

1930年2月,厦门大学遵照国民政府教育部令,将"科"改为"学院",将"预科"改为"附设高级中学"。教学机构调整后,共设文、理、法、商、教育5个学院21个系。理学院下设6个系:数学、物理、化学、动物、植物、天文。

理学院院长由著名的分析化学家张资珙教授担任,他同时兼任化学系主任。张教授开创了我国最早的分析化学理论体系,是我国的普通化学、分析化学、化学文献、化学史等诸多领域的奠基人之一。他学识渊博，通晓英、德、法、俄、日等多国语言，曾为英国科学史家李约瑟撰写《中国科学技术史》巨著提供了许多帮助。早在20世纪30年代，他就曾应邀赴英国讲学，受到欢迎，并被膺选为英国皇家学会会员、剑桥大学客座教授。

张资珙教授有一著名分子式 C_3H_3，他向学生介绍这是“化学家的分子式”，同学们深感好奇与迷惑。他迅速写出三组英文单词——Clear Head（清醒的头脑），Clever Hands（灵巧的双手），Clean Habits（洁净的习惯）。学生才恍然大悟，分子式是由三组英文单词的头一个字母组成。他说，这 C_3H_3 是化学家应该具备的品格，给学生留下深刻的影响。

张教授不仅讲课生动，而且酷爱人才。他在教学中发现一名学生卢嘉锡，虽是辅修生，但成绩出色，很有潜力。他有意引导他向化学发展，经常向他介绍欧美化学发展状况，灌输科学救国思想，而化学实用性较强，对于强国富民作用更大。在张教授引导下，卢嘉锡从第二学期起改为“主系化学，辅系数学”。

下面列出1930年学年度化学系必修课和选修课的学分。

化学系必修课及其学分（括号内数字）：

普通化学（5），定性分析（5），初等微积分（8），普通物理学（8）；初等理论化学（8），初等有机化学（5），定量分析（5），普通生物学（8）；理论化学（8），高等无机化学（3），高等定量分析（3），高等有机化学（4），有机定性分析（3），胶体化学（2），数学化学（1），化学研究（6），化学史（2），化学材料收集法（1）；工业化学（3），燃烧分析（2），热力学（3）。

选修课及其学分：

家庭化学（3），水质分析（2），爆发物质研究（2）。

1931—1937年化学系先后引进了美国麻省理工学院化学博士区嘉炜教授、美国俄亥俄大学化学工程博士杨伟教授、美国伊利诺伊大学理学士有机化学家刘椽副教授、法国南锡大学理学博士张怀朴教授、美国艾奥瓦大学化学博士方锡畴教授。

1931年至1933年，化学系由区嘉炜教授任系主任，系里还有杨伟教授、杨幼民教授、刘椽副教授、王祖舜助教、杨习镇助教任教。

区嘉炜教授、杨伟教授回国前作为中国化学工程学会的九位发起人之一，参与了学会的筹备工作和在美国麻省理工学院召开的第一届年会（1930年2月）。

当时二度赴美的刘树杞教授对学会的筹备和组织给予大力支持，后来还出任学会理事和会刊《化学工程》筹备委员会经理。杨幼民教授代表私立厦门大学出席了 1932 年 8 月在南京召开的中国化学会筹建大会。同时出席本次大会的还有曾先后在厦门大学任职的郑贞文、王箴、张资珙等。而当时出席本次大会的代表仅 45 人，在厦门大学化学系任教过的教师就达 7 人，这从一个侧面，说明了 20 世纪二三十年代厦大化学学科曾拥有的师资水平之高。紧接着，厦门大学化学会也成立了。

图 1-6　厦门大学化学会成立大会参会人员合影

当时厦门大学课程设置有几个特点：

(1)将国文与外文放在全校课程首位，连修 3～4 学年，共 40 学分，目的是给学生打好中外文基础，为以后学术研究创造条件。(当时中国各大学的共同必修课国文及外文一般只修一年，共 10～12 学分。)

(2)注重知识结构多元化，院内各系实行课程交叉。化学系的必修课除了初等微积分、普通物理学，还有热力学、普通生物学等。

(3)必修课设置注意基础理论与专业知识相结合。例如化学系开设了“理论化学”“高等无机化学”“高等有机化学”理论课外，还开设了“工业化学”“胶体化学”“燃烧分析”必修专业课与“家庭化学”“水之分析”等选修专业课。

(4)选修课开设，力求内容丰富，门类齐全，以数学系的选修课最多，达 35 门之多。

下面列出 1931 学年度化学系各年级的课程设置(括号内为学分)。

第一学年　国文、英文、英文修辞学及作文、普通物理学(8)、初等微积分

（8）、普通化学（5）、定性分析（5）；

第二学年　英文二、德文或法文、党义、普通生物学（8）、定量分析（5）；

第三学年　德文或法文二、有机化学（5）、有机定性分析（3）、理论化学（8）；

第四学年　工业化学（3）、高等无机化学（3）、胶体化学（2）、化学研究（6）、论文。

张怀朴教授 1934 年到厦门大学化学系任教并兼任系主任，讲授分析化学和物理化学。他备课认真，教学效果很好。除教课外，张教授还带领学生做一些研究工作，从定课题、查阅文献资料到搞实验设计、做实验、写研究总结报告和撰写论文都有一套科学的方法。助教蔡启瑞在张怀朴教授指导下，完成了《电位法研究硝酸锌》和《硝酸镉水解》两篇论文。

方锡畴教授早年在美国艾奥瓦大学攻读博士学位时，就先后发表了《木糖的利用》《丁醇、乙醇和丙酮三元混合物的分析方法》《分析麦梗、玉米梗组成的通用方法》等论文，受美国科学界的重视。1931 年获化学博士学位，1934 年来厦大任教，后暂代化学系系主任。他通晓英语，并能流利阅读法、德两种文字的化学文献，回国后经常与国外学术机构沟通信息。方教授讲课重视运用新资料，并讲究教学法。

刘椽副教授承担有机化学课程教学，他用英语讲课，思路敏捷，逻辑严谨，经常在讲课后半段安排课堂讨论，激发学生学习主动性。刘老师动手能力比较强，经常下了讲台就上实验台，为学生吹制各种所需的玻璃管。他批改作业也付出双倍劳动，不仅在化学专业知识方面，连英文的语法和表达也十分细心地批改。同时，他还于 1935—1937 年兼任理学院院长职务。

图 1-7　刘椽副教授（1934 年）

当时的学生卢嘉锡、蔡启瑞、陈国珍毕业后都留校任教。方锡畴教授和卢嘉锡助教编写了《普通化学实验教程》。张怀朴教授和卢嘉锡助教合编了《物理化学实验教程》。这两本讲义在很长时期一直被化学系采用。

当时卢嘉锡批改陈国珍的作业，学生用英文书写实验报告，报告做得十分认真、细致、规范，教师批改更是精益求精，被誉为“师生双绝”。图 1-8 是陈国珍 1937 年 5 月做的一份物理化学实验报告，内容是测定某些浓度银盐电池的电动势。

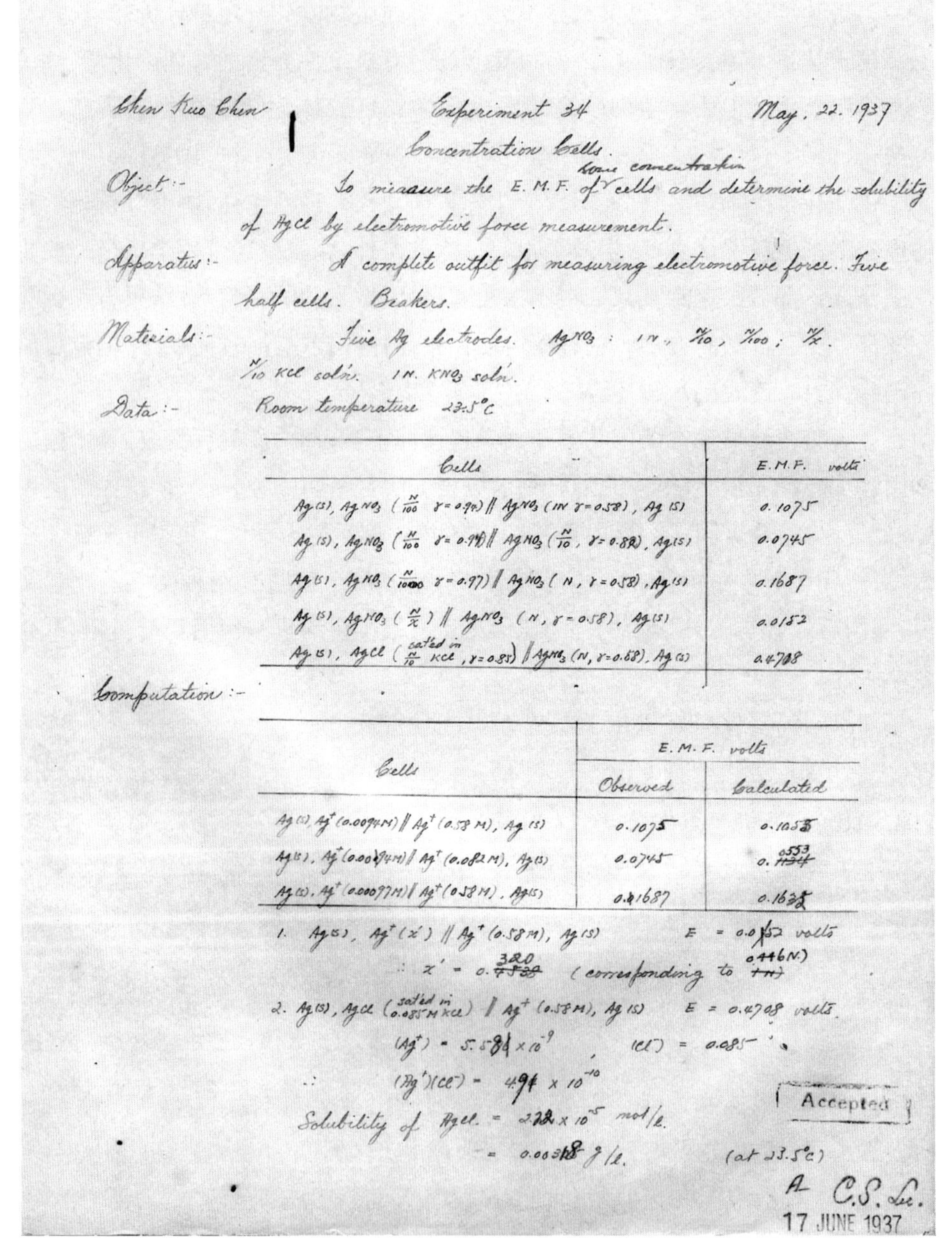

Chen Kuo Chen　　Experiment 34　　May. 22. 1937

Concentration Cells.

Object:- To measure the E.M.F. of some concentration cells and determine the solubility of AgCl by electromotive force measurement.

Apparatus:- A complete outfit for measuring electromotive force. Five half cells. Beakers.

Materials:- Five Ag electrodes. $AgNO_3$: 1N., N/10, N/100; N/x. N/10 KCl soln. 1N. KNO_3 soln.

Data:- Room temperature 23.5°C

Cells	E.M.F. volts
Ag(s), $AgNO_3$ (N/100 γ=0.94) ‖ $AgNO_3$ (1N γ=0.58), Ag(s)	0.1075
Ag(s), $AgNO_3$ (N/100 γ=0.94) ‖ $AgNO_3$ (N/10, γ=0.82), Ag(s)	0.0745
Ag(s), $AgNO_3$ (N/1000 γ=0.97) ‖ $AgNO_3$ (N, γ=0.58), Ag(s)	0.1687
Ag(s), $AgNO_3$ (N/x) ‖ $AgNO_3$ (N, γ=0.58), Ag(s)	0.0152
Ag(s), AgCl (sat'ed in N/10 KCl, γ=0.85) ‖ $AgNO_3$ (N, γ=0.58), Ag(s)	0.4708

Computation:-

Cells	E.M.F. volts	
	Observed	Calculated
Ag(s), Ag^+(0.0094M) ‖ Ag^+(0.58M), Ag(s)	0.1075	0.1055
Ag(s), Ag^+(0.0094M) ‖ Ag^+(0.082M), Ag(s)	0.0745	0.0553
Ag(s), Ag^+(0.00097M) ‖ Ag^+(0.58M), Ag(s)	0.1687	0.1635

1. Ag(s), Ag^+(x′) ‖ Ag^+(0.58M), Ag(s)　E = 0.0152 volts

∴ x′ = 0.320 (corresponding to 0.446N.)

2. Ag(s), AgCl (sat'ed in 0.085M KCl) ‖ Ag^+(0.58M), Ag(s)　E = 0.4708 volts

$(Ag^+) = 5.58 \times 10^{-9}$,　$(Cl^-) = 0.085$

∴ $(Ag^+)(Cl^-) = 4.94 \times 10^{-10}$

Solubility of AgCl = 2.22×10^{-5} mol/l.

= 0.00318 g/l.　(at 23.5°C)

Accepted

A　C.S. Lu.

17 JUNE 1937

图 1-8　卢嘉锡当年批改学生陈国珍的一份物理化学实验报告

到了 1937 年，厦门大学已拥有西南向的群贤主楼群，包括位于正中的群贤楼（办公室），向西有同安（教室）、囊萤（宿舍）、西膳厅等，向东有集美（图书馆）、映雪（宿舍）、东膳厅。穿过演武操场再往东有生物院楼与化学院楼。这些都是花岗岩建的大型建筑。旁边有医院、煤气厂。向东在白城山坡上有二十几栋教员家属宿舍。过了电灯厂，还有笃行楼（女生宿舍）、兼爱楼和博学楼（教职员宿舍）。学校内还有游泳池、自来水池等。学校图书馆有图书 68000 多册（统计截至 1934 年），其中自然科学类有 5900 多册，还订阅了中外文多种报纸和杂志，供师生阅读。

1937 年，理学院化学系实验装备完善，拥有普通化学实验室两间，理论化学实验室一间，分析化学、工业化学实验室各一间，天平室一间，化学药品供应室一间，仪器储藏室一间，共有仪器 15000 余件，化学药品 5500 余种。当时比较贵重的仪器有固体量热器、恒温器、滴定器、离心分离流质器、比色计、燃烧器和精确天平等。还有制革厂一座，煤气厂一座。因此，有关无机化学、有机化学、分析化学、工业化学、理论化学等实验都可顺利进行，学生可受到很好的训练。

20 世纪在二三十年代，读文科、师范的学生要比理科多得多。私立时期，化学系共毕业 33 人（表 1-1），刘云浦（1927 届）、陈康白（运煌）（1928 届）、卢嘉锡（1934 届）、蔡启瑞（1937 届）、陈国珍（1938 届）等为其中的杰出代表。

表 1-1　私立时期化学系历届毕业生人数

1927	1928	1929	1930	1931	1932	1933	1934	1935	1936	1937	总计
1	1	3	2	2	2	1	5	5	7	4	33

四、困境中自强不息

正当厦门大学校务蒸蒸日上时，陈嘉庚校主在新加坡的实业却江河日下。1928 年世界经济开始衰退，1929 年世界经济危机爆发。橡胶价格急剧下降，每担橡胶从七八十元一直下跌到七八元，橡胶树园与橡胶制品的价格也大跌。以经营橡胶为主业的陈嘉庚遭到惨重打击。而日商依仗其政府补贴，削价倾销橡胶制品，使陈嘉庚所办的公司货品大量积压，资金难以收回。亲人劝他削减汇给厦、集两校的经费；乡亲出于好意，力劝陈嘉庚停止支持校费，将有限资金投入企业经营,以渡过难关,陈嘉庚坚决不肯。他说“两校若关门,自己误青年之罪小,影响社会之罪大”,二十年来兴学报国将前功尽弃。因此,陈嘉庚宁肯“卖大厦,也要办厦大”!

虽然陈嘉庚竭力支撑,华侨大力支援,政府有所帮助,但要维持5个学院21个系的教学与科研,经费严重不足,学校不得不精简机构。1930年9月停办天文学系,1932年秋合并工商管理系。1933年春社会学系与史学系合并,政治学系与经济学系合并,动物学系与植物学系合并为生物系。1934年6月撤销商学院,并入法学院,撤销哲学系。1936年学校不得已撤销教育学院。中文系与外文系合并,算学系与物理系合并。全校只设文、理、法商3个学院,文学、历史社会、教育、数理、化学、生物、法律、政治经济、商业9个系以及附设高中部。

陈嘉庚企业收盘之后,他如坐针毡,经考虑再三,于1936年5月致电福建省政府和南京教育部长,请求将厦大无偿交归政府经办。厦门大学全体师生于6月集会,决议致电教育部,并派代表赴南京请求民国政府将厦门大学收归国办,但南京政府回应:要陈嘉庚再坚持一年。

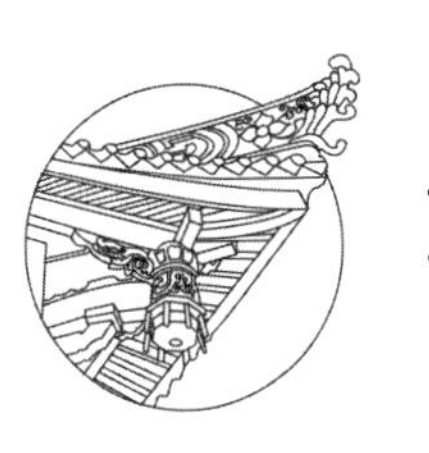

第二章
内迁长汀
艰苦办学
（1937—1949）

一、萨本栋迁校长汀苦心经营

1937 年 7 月 1 日,南京国民政府核定,私立厦门大学正式改为国立,教育部任命清华大学物理系教授萨本栋博士为厦门大学校长。萨本栋校长生于福建闽侯,长于北平,毕业于清华大学。大学毕业后赴美国斯坦福大学攻读机械,获学士学位。再赴麻省伍思德工学院获电机工程师学位,后转学物理,获博士学位。先在美国西屋公司任工程师,后回国在清华任教六年。

被委任厦门大学校长时,萨本栋刚从美国俄亥俄州立大学(任客座教授)回国不久。任命第二日,卢沟桥事变爆发,萨本栋受命于危难之际。接任时,他的话掷地有声:“现在不是推诿责任的时代”,“事无大小,我都要亲为或与闻”。

图 2-1 国立与私立校长交接(前左三萨本栋,左四林文庆)

当时,平津相继沦陷,淞沪正在激战。同年 9 月,日军袭击厦门。厦大校址濒临炮台,位于火线之中。学校决定暂时迁至鼓浪屿,借用闽南职业学校部分楼房设办公处，借用英华中学和毓德女中部分校舍上课。10 月 5 日，学校新聘美国芝加哥大学博士，原燕京大学化学系教授兼系主任蔡镏生为代理理学院院长，同时兼任化学系系主任和学校行政顾问委员会(5 人)成员。

学校地处海防前线，终非久留之地。萨本栋校长反复考虑，当机立断，决定将厦大迁往福建山区长汀，报请省政府同意。12 月 20 日，全校停课，24 日开始西迁。当年厦门到长汀要渡过鹭江、九龙江，越过多座崇山峻岭。道路崎岖，土匪出没，车辆又极少。全校师生员工分批出发，长途跋涉八百里，于 1938 年 1 月 12 日全体人员安全抵达长汀，图书仪器等设备也全部运到。

萨本栋刚接手厦大时，民国政府未及时下拨经费。为维持员工生计，校长带头减薪，薪俸按三成五领取。萨本栋校长办学坚持两条原则，一是要有大量的名教授执教，二是保证学生的学习生活环境。萨本栋靠着自己在国内学术界的影响，聘请了理工科许多著名教授来校执教。他写信为新聘来校的教授说明赴长汀路程，并绘制地图。厦门大学到长汀两年就建起成片教室、实验室、宿舍，校舍安排井井有条。萨校长主持学校自建发电厂，扩建厦大医院，监督办好食堂，让学生能安心学习。

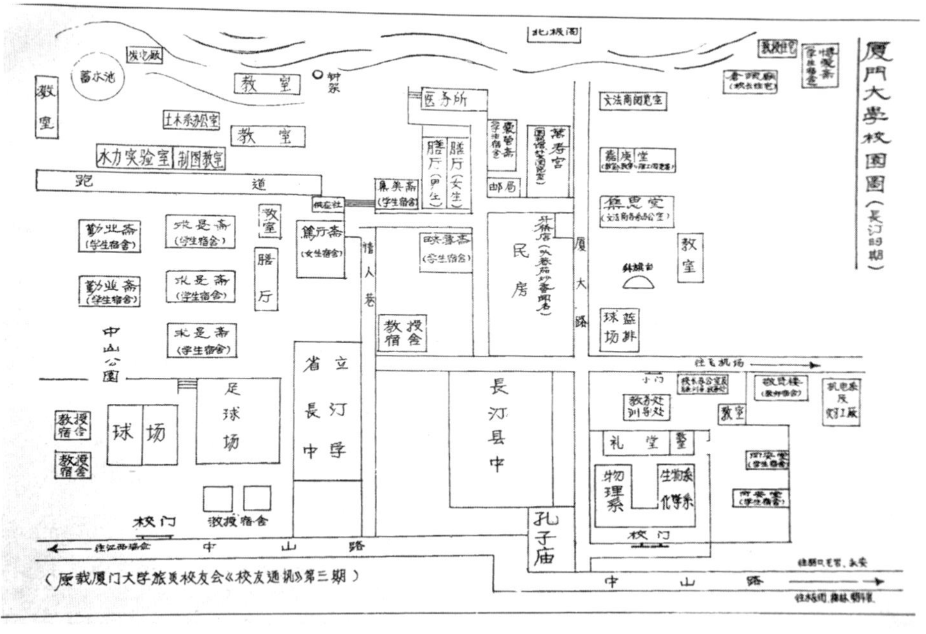

图 2-2　厦大长汀校园平面图

图 2-3 长汀校区男生宿舍博爱斋

1938 年 5 月，日军大举进攻厦门，在厦大演武场校址投下五十几颗炸弹，校舍损毁严重。辛辛苦苦建成的化学楼、生物楼都被炸毁。消息传到长汀，师生义愤填膺，痛斥日军罪行，十分挂念仍在厦的家人、朋友。全校兴起为国奋发求学的热潮。

1939 年 4 月 27 日，日寇敌机经江西绕到长汀上空，先在北边投弹两枚，学校里立即响起警报声，学生组织疏散。接着，敌机飞到太庙上空绕行多圈后，投下重磅炸弹一枚，位于校长室后边的民房被炸毁十余间。前面学生宿舍也中一枚炸弹，房屋全部炸毁，附近的理化和生物实验室受损，周围教室门窗玻璃全部震毁。投弹时萨校长及教务长等未离开，学生回来后，见他们灰尘满面在指挥善后工作。

图 2-4 萨校长在处理轰炸后现场

1941 年太平洋战争爆发，美国参战后，长汀兴建军用机场，就在厦大长汀校区旁。美国飞虎队将从这里起飞，可更快打击日本侵略者。长汀成了日寇的眼中钉，经常有空袭。北山山顶挂起空袭警报的红球。一个红球是预备警报，两个红球是紧急警报、进防空洞，三个就是敌机临空、就地隐蔽。随着空袭的增多，学校也改变了作息制度：清晨六时至上午九时上课，下午五时以后上课，其余时间学生自己选择隐蔽地方自习。

萨本栋校长上任以后，一直把提高教学质量放在第一位。厦大改国立后，虽然经费不多，但学校竭力招聘优秀师资，充实教师队伍。全校教授、副教授 1938 学年度 22 位，1939 学年度增至 30 位，1940 学年度达 40 位。讲师、助教人数也有增加。此时，化学家蔡镏生教授代理理学院院长，刘椽任化学系主任。助教有陈天佑、蔡启瑞、陈允敦、李维扬，学生 28 人。系里后来还聘张怀朴、王宗和教授等。

图 2-5　厦大改国立后第一届毕业生合影

萨校长十分重视基础课教学,他的措施是:

(一)知名教授、专家权威亲自讲授基础课。萨校长讲授“普通物理”“初等微积分”课程,并亲自编写课本,谢玉铭教授讲授“普通物理”,傅鹰教授讲授“普通化学”,陈子英教授讲授“普通生物学”,李庆云、周辨明教授英语。

(二)国文、英文、初等微积分三门基础课每周要测验一次,以保证根深蒂固。

(三)理论课重视感性体验,强调实习和动手。工程画、工厂实习、物理实验、化学实验都列为必修学分。

图 2-6 萨校长病中为学生讲课(1943 级中文朱一雄手绘)

学校注重对学生通识的培养,要求文科学生必须有一定的自然科学知识,理工科学生不能没有社会科学知识。在考试上,学校实行严进严出的原则,公费生第一学期成绩不及 80 分者,全公费改半公费;半公费生成绩不及 75 分者,取消公费资格。故每年被淘汰的学生不少。对于毕业生的考试要求也很严格,一般 3 人中至少有一人不能按时毕业。学校还实行严格的导师制,对学生的学习生活各个方面进行指导,且做记录以便更好地了解每个学生,引导学生发展。

图 2-7　萨本栋与陈嘉庚（1940 年）

学校在物资匮乏、经费紧张的情况下，采取奖学、贷金、免费及救济费等多种办法，奖掖清寒好学的学生。奖学金方面，学校设有嘉庚奖学金、林文庆奖学金、刘树杞奖学金、萨师俊奖学金、中正奖学金及省教育厅奖学金等。化学系有热心人士某君所捐的化学奖学金两名，每名奖金 200 元/年。

1940 年秋，学校已由搬迁时的三院九系，扩展到文、理工、法、商 4 个学院，13 个系，当年招生 214 人。1940 年 8 月，国民政府教育部举行全国性学业竞赛，分为甲、乙、丙三类。甲类为一年级学生国文、英文、数学三科竞赛；乙类为二、三年级学生各科系主要科目竞赛；丙类为四年级学生毕业论文竞赛。厦大选出参赛生甲类 7 名，乙类 13 名、丙类 7 名。甲类竞赛获奖者 3 名，乙类获奖者 2 名，丙类获奖者 3 名。按获奖人数与经费数评定，厦大名列第一。1941 年全国专科以上学校学业竞赛，厦大又有六人得奖，在全国最好的五个学校中，厦大再居首位，蝉联全国第一。消息传开，厦门大学声誉愈来愈好，前来投考的学生急剧增加。1938 年 1 月厦大迁抵长汀时，学生仅 196 人，1944 年招生数达 926 人。

厦门大学办学成绩斐然，许多中外人士不远万里慕名来校参观讲学。1944

年春，英国纽凯索大学雷立克教授、美国地质地理学家葛德石先后来校。他们对厦大极为赞扬，葛德石谓“厦大为加尔各答以东之第一大学”。

图 2-8　侨生欢迎陈嘉庚来汀视察

1943 年冬，因受到反对派迫害而身心遭受严重摧残的萨本栋校长，加上校务操劳，胃病、风湿症一起发作，卧床不起，不得不向教育部提出辞呈。即便如此，病重期间，萨校长还坚持为学生授课。抗战后萨本栋在中央研究院任职。因积劳成疾，加上时局艰难，忧苦加剧。1948 年冬飞美旧金山检查就医，但已太迟。1949 年 1 月 31 日，萨本栋在美逝世，享年仅 48 岁。噩耗传到厦门大学，全校师生员工极其震惊与悲痛。学校当即下半旗志哀，汪德耀校长与教工、学生团体和校友总会纷纷向萨夫人致电吊唁与慰问。

图 2-9　1989 年萨校长逝世四十周年，海内外校友向萨本栋校长纪念碑敬献花篮（前排右起周绍民、陈国珍、沈祖馨夫妇、蔡启瑞、田昭武，后排右起林永生、林祖赓、王豪杰、汪德耀）

二、傅鹰等名师执教化学系

1937 年刘椽教授担任化学系主任。内迁长汀时，他知道山区物质匮乏、交通不便，将大量的玻璃仪器和药品从厦门搬了过来。学校设立在县城的旧文庙，校舍狭窄。化学系分到三间旧房子，二小一大，小的当天平室和储藏间，大的房间也只有以前大实验室的一半，作为分析、有机、理论及普通化学的公共实验室。大房间内放置长桌三排二列，大班实验时学生近五十人，每每摩肩接踵，十分拥挤。

图 2-10 刘椽(前左)教授家庭

当时化学系只有刘椽一位教授随校到长汀。在厦门时,他只开设有机化学课。到长汀后,从普通化学、有机化学、分析化学到物质结构,都要他来开,周学时近 40,每天满负荷运转。刘老师要求学生作业、实验报告都要用英文做,测验、考试也要用英文完成,对学生是一个很好的锻炼。每天刘老师从上午到下午都有课,到晚上他还要挑灯批改作业和实验报告,忙到深夜。幸好第二年,傅鹰老师来长汀,普通化学与物理化学课程由他接手。

经过两年努力,嘉庚堂等新教室落成,化学系分得旧教室二间,一间作药品仪器供应室,一间作教员办公室。又购得长汀的一座旧监狱,师生齐动手,与工人合作,对监狱进行大规模改造。监狱旧牢房黑暗无光,师生凿开墙壁,开了多个窗户,重新粉刷墙壁,内进三排改造成了实验室。实验室宽敞,光线充足,实验桌椅齐备。大多数实验可一人一组,使每个学生能独立操作。右边一排四小间房作化学教研室。中排隔成分析化学实验室和天平室,左边隔成有机化学实验室和教员预备室。普通化学和理论化学实验室还在原处。这样再也没有拥挤的问题了。

图 2-11　新建的嘉庚堂教室

长汀没有自来水，刘椽老师带领大家在屋后堆个土墩，用陶瓷大缸储存清水，用竹管代替自来水管，土法上马解决了实验用水问题。加热源除酒精灯外，还用闽西的泥炉木炭，但炭炉温度难调节。几个月后，酒精分馏器制成，每天可从土酒提炼出 3～5 升酒精，解决了酒精灯的燃料问题。常用的酸碱，实验课消耗很厉害，当时条件很难买到，系里就自己制备。刘老师带领学生，用红糙米制备酒精和三酸。刘老师经常对学生进行节约教育，蒸馏水从储藏室里领取，使用时总是从洗瓶吹出一点细流，而不是倒出来使用；配好的药品滴出来使用，而不是直接倒出来用。

由于刘老师的精心设计和有效管理，即使在长汀这样艰苦的条件下，化学系学生仍然能得到应有的实验训练。蔡启瑞、陈允敦、陈国珍等留校的讲师、助教也做了许多协助工作。教授上完课后，一般忙于自己的工作，讲师、助教则留在实验室。学生在实验中遇到的问题，无论是定量分析、物理化学，还是无机化学、有机化学，都可以找蔡启瑞、陈国珍等老师解决。化学系学生最后一年做毕业论文，遇到问题最方便的方法，是就近找蔡启瑞老师，而且都能得到满意的答复，获得有益的启发。这来自蔡启瑞对化学各分支——有机、无机、分析、物化等的造诣和素养。1944 年英国剑桥大学李约瑟博士到长汀交流访问，蔡启瑞在大会上和嘉宾侃侃而谈，应对自如，使萨校长对蔡启瑞十分欣赏。

1938学年度燕京大学化学系理学士、美国缅因州立大学工学硕士王宗和受聘化学系教授。他曾任美国韦士达厂化学师，回国后曾任北京大学、河南大学教授。

在萨本栋校长忘我精神感召下，全校教师齐心协力争挑重担。1943年，化学系主任刘椽教授每周教课20学时。兼任理工学院院长的傅鹰教授，每周也担负16课时的教学工作。

蔡镏生教授擅长光化学和化学反应动力学研究。他讲课有条不紊，板书清清楚楚，便于学生学习。教学之余，还与谢玉铭教授合作，进行光化学理论研究。

胶体化学专家傅鹰教授1939年来校任教。傅鹰出生福建建宁，1928年获美国密歇根大学理学博士，后留校任教一段时间。留学回国后，先后任东北大学化学教授，重庆大学教授、化工系主任、教务长等。

图2-12 胶体化学专家傅鹰教授

傅鹰上课从不带课本，也不发讲义，一上讲台就口若悬河，滔滔不绝，该讲的内容详细解说清楚，必要时就将重点写在黑板上，供学生抄写。他特别重视化学中量的概念，认为在大学阶段，做习题如果不算出数据来，就不能说明你是真掌握了，因此课后布置许多习题。他的考试常常是开卷考，从不出怪题、偏题，但命题中不是所有给出的数据都要用到，锻炼学生应对实战的能力。

傅教授讲授的"理论化学"有许多重要理论与公式，需要较深的数学修养才能推导出来。傅老师举重若轻，深入浅出，解释非常透彻清晰，学生得益匪浅。他开设"胶体化学"选修课，这是傅老师的专长，有深入的研究，讲解起来材料丰富，特别精彩。同时，傅鹰教授很重视实验，无论是教材中还是课堂上，都用翔实的实验数据来论证理论产生的基础。他指导学生手脑并用，仔细观察与分析每一个实验现象。

傅鹰教授在长汀期间撰写的大学普通化学讲义(1943年厦大版)，五六十万字，旁征博引，含有许多新颖的内容。写书时，傅教授除了参考家里的常用教材外，还多次到图书馆借阅大量参考书，一次都是十几本，借了7～8次，参阅了近百本参考书。例如1943年原子弹尚未爆炸，他在教材上已经写了许多核反应和放射化学的内容。在无机化学部分，他系统给出周期表各族元素共同和特殊的反应性质，而理论部分可以说是一部微型的物理化学。普通化学是针对全校各专业开设的基本必修课，傅教授想使非化学专业学生也能获得许多有益的化学知识。该讲义在厦大一直使用到20世纪50年代。

20世纪40年代初，傅教授为化学系学生开设高等无机化学，讲课中就很有前瞻性地以结构化学为主线，讲述各族元素化合物的结构特征与性能的关系，使化学系的学生与助教都受益。

傅教授很早就认识到色谱在化学和生化研究中的重要性，40年代，他带领青年教师蔡启瑞等进行萃取方法研究，开展色谱研究和应用。蔡启瑞在他指导下撰写的《有机酸混合物萃取分析法》一文，发表在美国《分析化学杂志》上，并从理论上指出这种方法适用的限度。傅鹰教授高瞻远瞩，他预测理论化学将在化学发展中起重要作用。卢嘉锡、蔡启瑞也都选择了物质结构为研究方向，影响了化学系以后几十年的发展。

傅鹰教授的夫人张锦教授，燕京大学化学系毕业后赴美留学，1934年获伊利诺伊大学理学博士，后随傅鹰来到长汀。1940年先到距离长汀不远的沙县福建医学院任化学教授，次年来校任化学系教授。张锦教授除讲授有机化学外，还讲授生物化学课程。他们俩一边从事教学工作，一边潜心理论研究和科学实验，对艰苦的生活毫无怨言。平时，张锦只买一匹黑布和一匹蓝布，经裁制，冬季二人总穿长袖黑布长衫，而夏季张锦则只穿短袖蓝布长衫，一年到头如此，被同事们称为"一对布衣教授"，在当年学术界传为美谈。从小由张锦、傅鹰抚养的侄儿张存浩（现为中科院化学部院士、国家最高科学技术奖获得者、国家自然科学基金委员会主任原主任、中科院大连化学物理研究所原所长），也在长汀中学完成了中学学习，1943年考入厦门大学化学系。

萨本栋校长钦佩傅鹰的学识渊博和为人正直，当时正值自己有病，便多次推荐傅鹰接任厦门大学校长职务。但国民党当局却诱迫他参加国民党。傅鹰坚定地说："如果当校长一定要加入国民党，那我宁可不当校长。"这么一来，傅鹰就无法在厦门大学立足。1944年，傅鹰、张锦夫妇离开长汀到重庆任职，不久再度赴美国，分别在密歇根大学和康奈尔大学从事教学和科学研究工作。其侄张存浩也随之迁入重庆大学化学系学习。

1940年第一学期，傅鹰教授承担全校共同必修课"普通化学"、化学系基础课"初等理论化学"、专业课"高等物理化学"的教学；刘椽教授承担化学系基础课

“有机化学”、“有机分析化学”和选修课“水的分析”的教学；王宗和教授承担化学系基础课“工业化学”，专业课“高等无机”“高等定量分析”的教学；蔡启瑞教师承担基础课“定性分析化学”的教学。

1940年之后，化学系又先后聘请了巴黎大学理学博士胡嘉谟、德国明斯特大学化学博士黄兰孙教授、原福建省研究院工业研究所所长方乘等。

1941年，美国麻省理工学院化工硕士时昭涵，应聘厦门大学化学系教授。此前，他回国后曾先后在中央研究院化学研究所任研究员，在交通大学任化学教授，在广西大学任化工教授，还在一个化工厂当厂长。

陈国珍留校受聘到厦门大学化学系任讲师，先后担任过普通化学、分析化学、有机化学、有机分析化学、工业分析和化学文献等课程及相关实验的教学工作。在此期间，他还在刘椽教授指导下，完成了《土茯苓根的初步研究》的论文。1947年初，经当时的系主任卢嘉锡的推荐，他申请英国文化委员会的奖金获得批准，于1948年夏到英国伦敦大学攻读博士学位。他师从维尔奇（Welch）教授，研究用X射线分析法测定反应产物的组成，以研究各种固态金属化合物与碳酸盐在有或无催化剂存在下的烧结反应，以及某些矿物与碳酸盐的固态反应。

抗战期间，在十分艰苦的条件下，化学系师生坚持科学研究，取得不菲成果。其中，利用当地丰富的竹子资源发明的造纸技术及改良长汀酿酒工艺，影响甚广且久。

三、抗战胜利，卢嘉锡重振化学系

1944年，日军在做最后的挣扎，福州再度沦陷，长汀机场屡遭日机空袭，厦大校舍靠近机场，不得不防。本来长汀是山城，早晨浓雾密布，附近山峦起伏，飞机不容易来。于是学校决定每日五时半起床，六时至九时上课，下午则推迟到五时上课。白天学生多在防空洞周围阅读自修。情况虽然危急，但大家知道国难当头，有一日读书机会，岂能任意蹉跎。夜晚，教室里、宿舍里，同学们在一盏盏桐油灯下，埋头苦读。

1945年8月15日，日军无条件投降！这一特大喜讯，犹如平地一声雷！顷刻传遍了一向沉寂的长汀山城内外。震耳欲聋的鞭炮声、锣鼓声此起彼伏，人人扬眉吐气，喜气洋洋。整整八年，整个中国被日寇蹂躏得满目疮痍，四万万人民流离失所，家破人亡。八年来积压的感情如山崩海啸，喷涌而出。

第二天早上起来，鞭炮声、锣鼓声还是不断。长汀机场飞虎队员们开着吉普车，怀抱高空机枪对天扫射。厦大师生纷纷奔向水东街头，跳跃欢呼。真是“初闻涕泪满衣裳”，“漫卷诗书喜欲狂”。

抗战胜利后，北方来的许多教师开始准备返回家乡。化学系主任刘椽教授一家七口，要离校回山东老家。刘教授要出任山东大学化学系教授。化学系的系务由陈允敦副教授暂代。

图 2-13　学生与刘椽系主任（前排左七）、陈国珍（前排左六）、蔡启瑞（前排左八）等老师合影留念

9 月教育部批准萨校长辞职，任命汪德耀为国立厦门大学校长。全校师生迫切盼望迁回厦门，但听说厦大校舍被破坏得很厉害。1945 年 12 月，汪校长赶到厦门察看，查明原化学大楼、生物大楼、女生宿舍笃行楼、兼爱楼、白城教工宿舍（可住四十户人家）、单身教员宿舍等 26 座，还有发电厂、大膳厅、医院等，全部夷为平地，连梁木砖石都被日军运去作防御工事，校园一片废墟。只有群贤楼群做些修理还可使用，但被国军用作关押日本俘虏的场所。

学校决定二至四年级学生仍在长汀待一年，一年级招收新生先在鼓浪屿上课。这种模式一直持续到 1946 年秋天，厦大师生才全部返回厦门上课。

表 2-1　化学系在长汀时全系学生数

学年度	1937 年	1938 年	1939 年	1940 年	1941 年	1942 年	1943 年	1944 年	1945 年
学生数	17	32	34	19	18	23	29	33	44

当时读理科学生较少。读工科，特别是读机电系是许多新生的愿望，该系学生从创办时（1941 年）的 9 人，到 1945 年猛增到 165 人。理工学院还有 193 人是未分专业的一年级新生，还有相当多人会进入机电系。

长汀期间，化学系先后培养了李法西（1938 级，海洋化学家）、邓从豪（1945 届，后为量子化学家、院士）、周绍民（1945 届，后为电化学家）、黄保欣（1945 届，香港实业家、社会活动家）、林尚安（1946 届，后为高分子化学家、院士）、张存浩（1943 级，后为物理化学家、院士）、李联欢（1947 届，后为化学家）、张永巽（1947 届，后为化学家）等优秀学生。

1937 年卢嘉锡考取公费留学，赴伦敦大学化学系，师从萨格登教授，获博士学位后，因抗战爆发无法回国。卢博士转到美国，在化学大师鲍林实验室工作六年，成为早期测定晶体结构的化学家之一。

早在 1944 年，卢嘉锡就接到萨本栋校长的信，希望他回国后到母校任教。萨本栋赴美讲学时，卢嘉锡还与他见面长谈。但卢回加州后听说萨校长已辞职。1945 年夏，他收到浙江大学理学院的邀请，要他出任化学系教授兼系主任。他不知厦大情况如何，先答应了浙大聘请。几个月后，卢嘉锡回到中国上海，即被浙大理学院院长约见，应聘事基本确定。然后卢嘉锡回到厦门与家里人团聚。他到母校厦门大学，一来就走不掉了。汪德耀校长找他谈话，恳切希望他留在厦大。浙大以竺可桢校长名义来电催他“早日来杭”，厦大则天天有人来家找他。卢嘉锡陷入“情义两难”的境地：他先答应浙大，不去是不“义”，不留在厦大则是无“情”。为了争夺人才，浙大、厦大两校互不相让。最后是教育部出面调解，让卢嘉锡两面受聘。一年中一校一个学期，这种情形延续了两年，后内战加剧交通不便，才解除浙大的聘任。

卢嘉锡受聘厦大化学系教授，并出任化学系主任。此时，抗战期间不少教授离厦而去，尤其是随萨本栋校长辞职，当时任教务长兼理学院院长的傅鹰教授、蔡镏生教授相继离校返回北方。化学系师资日渐单薄，尤其缺乏名教授。同时，几经战乱，保存下来的化学设备陈旧，药品匮乏……卢嘉锡教授时刻感到身上的担子是那样沉重。但他并不气馁，抱着重整化学系的决心，竭尽全力为之奔走。

图 2-14 身兼厦门大学与浙江大学教授的卢嘉锡

该年暑假，卢嘉锡教授在厦大支持下争取到一笔经费，并亲赴台湾采购。他原希望此行能满载而归，谁知战后台湾也很不景气，样样短缺。几经周折，他总算从台北等处买到一批急需药品，聊以对付暂时的困难。化学楼被炸毁，囊萤楼被改作理化实验室，一楼是化学实验室。实验课时，学生从鼓浪屿坐船来本部做实验。

令人更为头疼的还是师资问题，当时物价飞涨，经费无着落，厦门交通又极为不便，谁愿意来自讨苦吃？此时，在遵义军医大任教的方锡畴教授，回厦门探亲。方教授原是卢嘉锡大学时的老师，于抗战中去内地。卢嘉锡闻讯后，连忙登门拜访，师生久别重逢，方教授听说萨本栋校长已辞职，原先同事也大多离校而去，热情削减了许多。没想到早年的学生已经成长起来，卢嘉锡的再三邀请，使他终于下定决心，返校任教。方教授在卢嘉锡先后两个学期赴国立浙江大学讲学期间，曾主持化学系系务。

接着，卢嘉锡教授又了解到祖籍厦门、在印度任教的有机化工专家吴思敏教授有心回国，立即同他联系，请他来校任教。不久，卢嘉锡教授又与身在美国加州理工学院钱人元博士联系，他在来信中透露了回国的意向，卢嘉锡教授立刻向他发出邀请函。钱人元教授回国后在高分子物理领域有颇多建树。

除了多方聘请名师以外，卢嘉锡也十分重视培养年轻教师。1947 年，他支持蔡启瑞赴美留学。1948 年，他推荐陈国珍赴英留学、李法西赴美留学。1949 年，卢嘉锡出任理学院院长，还兼任过物理系系主任。

图 2-15　1946 年化学系师生欢送蔡启瑞老师公费赴美留学(鼓浪屿)
(二排右五起卢嘉锡、蔡启瑞、周辨明)

1947 年化学系主任是卢嘉锡,教授有方锡畴、吴思敏、胡嘉谟,副教授有陈允敦、李博达,讲师有蔡启瑞、陈国珍、庄汉卿,助教高兴彧、程炳耀、周绍民、江培萱、张永巽。学生各年级人数分别为 21 人(一年级)、18 人(二年级)、23 人(三年级)、18 人(四年级),加上华侨特别生 4 人,全系共有学生 84 人。

当时各门专业课都没有固定的教科书。每节课后,老师会开列一大堆参考书和复习资料,必须到图书馆去找。因此,每晚自修时间未到,大家都聚集在图书馆门口,等图书馆一开,大家冲进去,抢借参考书。有些紧俏的参考书还只能借一小时,大家轮流借。整个阅览室静悄悄,没有一点声音,直到下自修的铃声响起,大家才不得不还书回宿舍。

卢嘉锡教授把自己从国外带回来的新书交给学生,创立化学系的小图书室,供师生阅览,每天下午和晚上开放。在当时旧书很少、新书极端缺乏的情况下,真是雪中送炭。卢老师讲授结构化学时,书本上只印一些基本的晶体模型,为了增强学生的立体空间感,他要求学生自制球棒结构模型,用黏土作球,用铁丝作棒。这一习惯一直延续到 20 世纪 50 年代。

先后来化学系的专家、教授都为化学系的振兴群策群力。

钱人元教授 1939 年毕业于浙江大学化学系,1943 年去美国留学,先后在加州理工大学、威斯康星大学、艾奥瓦州立大学多处就读。1948 年刚回国,就到厦门大学任教。他对新事物敏感,擅长开拓边缘学科新领域。在他影响下,田昭武等青年学者开始交叉学科的研究。卢嘉锡教授和钱人元教授在40年代末开设的现代化学、统计热力学都是国内少有的课程。

除了理论教学，化学系也重视实习。1947年2月，由方锡畴教授为团长、胡嘉谟教授李博达副教授为副团长，带领学生20余人组成"赴台化工参观团"，参观高雄、台北等地工厂及研究机构，并与他们探讨了工艺问题与技术难点，解决了一些生产难题，受到好评。第二年暑假，化学系再次选派四年级学生7人，前往台湾溶剂、肥料、制糖、造纸等工厂，进行为期两个月的实习。两届学生赴台实习，得到沈祖馨（化学系1939届，时任台湾肥料公司工程师）等在台系友的协助和安排。

图 2-16　学生在认真进行实验

卢嘉锡教授是长期坚持教学第一线的典范，他先后主讲过物理化学、高等物理化学、高等无机化学、结构化学、热力学、统计热力学、量子化学、数学晶体学、X射线晶体学等10多门课程，所讲授的课程多是当时国内新开设的，内容深奥，但讲授很有特色。凡是他讲的课总是座无虚席，听众不仅有化学系学生，也有外系学生，还有助教、讲师，甚至教授。

有机化学老师方锡畴教授除了讲课材料新颖，他还有个特长，就是吹制玻璃技术十分高明，学生都非常想学。他就专门开了一个吹制玻璃的技能课，一盏喷灯、一根玻璃管、一个小锯片，他把玻璃管锯平、焊接好，吹成小玻璃泡，做成小玻璃瓶，他还能吹制出特殊用途的小冷凝管……看着方教授把几根玻璃管吹成一套玻璃实验仪器后，学生觉得他简直是魔术师。一些学生学会了这一绝招，以后在教学与科研中都受益匪浅。

当时条件虽然艰苦，学习生活却是丰富多彩，每天下午课外活动的海报琳琅满目花花绿绿贴满布告栏。北方的名教授、名学者云集于此，他们的学术报告最具吸引力。

图 2-17 1948 年化学系师生欢送陈国珍老师赴英留学（囊萤楼前，照片部分）（第二排右四陈国珍、右六卢嘉锡）

卢嘉锡系主任邀请汪德耀校长的胞弟汪德昭博士和生化研究所王应睐教授给学生做关于原子能和生物化学的学术讲座，使学生接触到当时的科学前沿。为了培养学生各方面的能力，陈国珍老师带领学生举办化学展览，让学生总结、概括某一方面的知识，做成墙报，并与同学交流。化学系还举办演讲会，让学生练习口头表达能力。

学校迁回厦门后，厦门大学化学会积极筹划复刊《化学通讯》。第七期复刊号于 1946 年 8 月在鼓浪屿印刷出版。内容有《原子弹的研究和制造》、《分离同位素工作的新进展》、《制药学的基本工作》、《整宁丸的研究》和《盘尼西林》等文章。

1947 年学校在厦门、福州、上海、南昌和汕头五处招考新生，共报名 4476 名，经考试后，正式录取新生 374 名，备取生 91 名。其中化学系正取生 12 名，备取生 7 名。

1948 年鉴于时局较乱，招生分为三种方式，上海、福州、厦门和广州，由学校派人前往招考。江西地区则由江西一中、二中等13个学校保送30名学生，审查合格后，再来校参加国文、英文和数学的甄别考试。马尼拉与新加坡地区，学校委托领事馆代为招考。

这段时期，也培养了一批优秀学生，如1944级朱沅（后成为蛋白质结晶学家）、1945级田昭武（后成为电化学家，中科院院士）、1947级张乾二（后成为量子化学家，中科院院士）。

图2-18　新中国成立前夕的厦门大学（前景一些二层楼房为大南新村）

四、黎明前的黑暗

1948年国民党发动的内战已发生重大变化，共产党领导的解放军从防御转入进攻，取得辽沈、平津、淮海三大战役的胜利。而国统区经济崩溃，物价飞涨，民不聊生。内战全面爆发的1946年7月，厦门米价每石高达11万元，比抗战前上涨一万多倍！学生食堂从“两干一稀”变为“两稀一干”，后来三顿稀饭都维持不了，更不用谈什么鱼肉蔬菜了。1948年4月，米价已涨到每石23万元。教师薪酬也无法发放。全校师生投入“反饥饿、反内战”的洪流。

图 2-19 在地下党领导下，1948 年 5 月厦大学生，联系厦门各中学，举行“反对美国扶植日本”的大游行，人数达三千多人

那时厦大学生有两千多人，是东南沿海的学运中心。学生分为两派——地下共产党领导的学生会和以三青团为主的国民党学生组织。年轻的大学生多数对国民党政府的腐败现实不满，倾向于激进、革命，因而大多数都参加了学生会组织的示威游行。为了配合风起云涌的学生运动，几位对绘画有兴趣的同学刘正坤（化学）、李传业（化学）以及孙瀚、汪如泽（土木）等组织了“浮世画社”，并以红橙黄绿青蓝紫等颜色为每个人的代号。“浮世画社”名义上探讨绘画理论与技法，实际是共产党的地下外围组织。后与“厦大诗社”合并为“诗与画社”。画社曾请丰子恺来校对全校学生公开演讲，还举办一些画展，用漫画配诗歌，或诗歌配漫画，揭露国民党的黑暗统治。暑假时，画社在同安楼二楼借了一个房间为活动地点，室内挂些水彩画做幌子，暗中秘密传阅香港寄来的革命书籍，如《列宁文选》，斯大林的《辩证唯物主义》，艾思奇的《大众哲学》《大众经济学》等，使社友们吸取革命理论，逐步改变人生观，走上革命道路。诗与画社的集会地点经常变换，有时在海边，有时在五老峰下的南普陀，以防国民党反动派注意。1947 级化学系陈英也受党组织派遣，到厦门电话公司发展党员，建立支部，再通过电话公司党员搜集敌人情报。

图 2-20　1949 年春节前夕，诗与画社成员留影
（前排左起：林祖慰、李传业、傅锡寿、毕源、王绿枫、孙瀚、黄榛；后排左起：王学诗、刘正坤、林龚亮、林清源、李毓华、汪如泽、龚雄璋、庄炳章）

1948 年下半年到 1949 年初，国民党军队节节败退，学校地下党活动更加活跃了。学生宿舍内常暗自传阅解放区的小报和香港的亲共报刊《华商报》等，还有毛泽东的《新民主主义论》《共产党宣言》等小册子。学生用大收音机收听解放区的广播。因为解放战争进展神速，1949 年 4 月，社友中的黄榛、刘正坤、李传业等纷纷离厦，到根据地参加武装斗争或宣传活动。留校社友团结广大师生，继续与国民党反动派作斗争。

1949 年 8 月，福州、泉州相继解放，逃到厦门的警备司令毛森下令在全市进行大搜捕，亲自带领大批宪兵警察特务，包围厦大，当晚抓走了十几名地下党员和革命师生。一些革命学生听到风声，到鼓浪屿躲了起来。9 月国民党汤恩伯总部强占厦大校舍，把留校师生赶到鼓浪屿新生院。革命学生先在老师家里避难，后又躲到三丘田的一栋破烂楼房内，白天不敢露面，夜间不敢点灯。直到 10 月 17 日，解放军攻克厦、鼓两岛，才重见天日。

度过腥风血雨的黑夜，厦大师生终于迎来了解放。

在寻求民族独立和人民解放的波澜壮阔的伟大历史进程中，厦大师生从不缺席，其中不乏化学师生身影。对此，在厦门大学校史和革命史中都有详细记载，本书虽然没有重复记述，但是，我们应该永远铭记他们不朽的英名，弘扬他们英勇的革命精神，继往开来，与时俱进，努力奋斗。

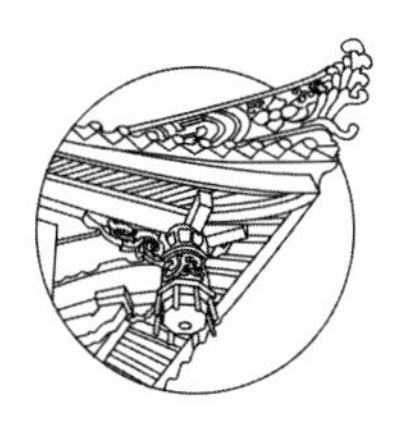

第三章 迎来解放 奋发蹈厉 (1949—1965)

一、理工两院避战火赴龙岩办学

1949年10月17日厦门解放，10月20日解放军厦门军管会主任叶飞发布教字第一号令，派军代表吴强接管厦门大学。留厦师生得知军管会接管，无不欢欣鼓舞，于23日举行盛大的欢迎大会，全校掀起建设人民新厦大的热潮。

图3-1 军代表、校务委员会与新任校长王亚南（前排左四起军代表吴强、王亚南、汪德耀、军代表肖枫）

1950年5月，中央人民政府任命王亚南为厦门大学校长。学校行政方面设校长办公室、教务处、总务处。教学机构分设文、理、工、法、商五学院。理学院设数理、化学、生物、海洋四个系。化学系内分纯粹化学、工业化学、有机化学三个组。理学院院长卢嘉锡教授继续兼任化学系系主任。

1950年春季化学系课程设置如下：

定性分析、理论化学、普通化学甲、有机化学、有机分析、高等有机化学、工业化学、纤维素工业、可塑物工业、地质学、普通化学乙、工业化学计算、普通化学丙

(实验)。

教授有卢嘉锡、方锡畴、吴思敏、钱人元、陈允敦五人,助教周绍民、田昭武、余乃梅等五人。

图 3-2 卢嘉锡(二排右五)、方锡畴(二排右六)、吴思敏(二排右九)等老师与 1950 届毕业生留影

1951 年,陈国珍教授从英国伦敦大学留学归来,接任化学系主任,卢嘉锡教授出任学校副教务长兼理学院院长。新中国成立后,化学系规模发展很快。1949 年到 1950 年,全系学生还只有 50 名,此后十年,系里在校学生数发展到五六百人。

1950 年夏,美国派兵朝鲜的同时,命令第七舰队开入台湾海峡。地处海防前线的厦门大学,不断遭到妄图"反攻大陆"蒋军的空袭和炮击,教学工作受到很大干扰。每当响起空袭警报,师生就得紧急疏散,进入南普陀后山的防空壕躲避。文科院系还能在防空洞上课,而理工院系仪器设备多,不能随时搬动,遇到空袭就无法上课。上级决定将理、工两学院暂时疏散到闽西龙岩。学校考虑到工学院大型仪器多,所以决定工学院搬到城关,理学院则到白土乡。这一内迁工作得到龙岩地区政府与人民的大力支持。

1951 年 3 月,两院师生及家眷分批向龙岩进发。先乘汽船离厦,在漳州附近上岸后,除了教授和老弱者外,均自挑行李徒步长途行军。师生 300 里负重跋涉,又逢滂沱大雨,辛苦疲惫之状可想而知。令理学院师生喜出望外的是,他们经几天的艰苦跋涉、抵达龙岩白土乡时,一切都井井有条:当地老百姓都腾出较好的房子,教室、实验室和宿舍都已准备就绪。这是得益于卢嘉锡教授先期赴龙岩,遇到当地化学系 1939 届校友林硕田(福建龙溪人),在他协助下,内迁安置工作很快就绪,两院按原计划 4 月 1 日在龙岩复课。

图 3-3　1951 年理工学院内迁龙岩,师生徒步行军中

图 3-4　龙岩白土乡龙泉村厦大教师住处

图 3-5　1952 年从龙岩回校后化学系部分教师合影(前排右二为卢嘉锡)

住宿的村子没有大房间,实验室设在邻近一个村子的大庙里,去实验室要走

好远的山路。陈国珍当时是系主任，可以想象困难有多大，但他把担子挑起来了，每天早出晚归。在很困难的情况下，陈国珍用有限的经费购买了一些很重要的仪器，包括滴定仪、误差计等。这些现在看起来很一般的仪器，在当时是非常重要的，没有这些仪器，本科教学就不能进行。陈国珍指导田昭武等助教怎么爱护仪器，怎么把仪器管理好。如果出了什么问题，怎么去修理。几个月后，情况好转，理工学院回到厦门。

解放之初，陈嘉庚从新加坡到北京参加政协大会，对新中国的厦门大学，充满憧憬：厦门大学将发展为 3 万～4 万学生的万人大学，要有医学院、农学院……他委托大女婿、星马橡胶大王李光前将自己在新加坡的剩余财产拍卖（得 800 万元），又向李光前募得 600 万元，加上南洋华侨捐款，共计 2000 多万元。利用这些从泰国源源不断汇来的资助，陈嘉庚亲自主持，先后完成厦大五大楼群及一场两池的校舍扩建工作。

图 3-6　刚解放，陈嘉庚（撑杖者）来厦大，受到军代表、时任教务长的陈朝壁（左三）、校友总会长卢嘉锡（右一）等的迎接

图 3-7　20 世纪 50 年代建成的建南楼群

这些楼群落成后，极大地改善了厦大的办学条件和实力。理科学生从龙岩回厦，化学系学生即搬进新校舍，男生在芙蓉一，女生在丰庭一。化学系实验室搬进了南安楼（化学馆），结束了从抗战开始，实验楼被毁、到处打游击的局面。

图 3-8　化学系师生在宽敞的化学楼内做实验

有了宽敞的实验室、图书资料室，可以为国家培养更多的人才，化学系招生从 1953 年 50 多人，1954 年急速上升为 90 人。化学大楼三层，南北通透，每层都有两排实验室，可满足几百学生进行实验和全系教师科研需要。站在南安化学楼，南望大海碧波万顷，海风徐徐，北望五老峰峰峦起伏，郁郁葱葱。化学楼一楼有可容上百人的阶梯教室，一楼左侧是阅览室，存有世界各国的化学文献与书籍。山坡下建有药品仓库和仪器设备加工处。此外，还建立了化工厂，为化学系的教学、科研、生产发挥了不少的作用。

二、化学研究所率先开展研究生教育

中国研究生教育的最早实践始于民国时期。北京大学首开研究生教育的先河，随后清华大学、厦门大学、中山大学等陆续跟进。厦门大学于1926年成立国学研究院并招收研究生，由于资金问题，1927年厦门大学宣布停办国学研究院。

新中国成立后，国家社会主义建设和教育科技事业发展急需各类高层次专门人才。1950年5月26日，国家教育部发布《关于高等学校一九五〇年度暑期招考新生的规定》，提出各校招考研究生应注意的事项："研究生之招考应注意与国家建设之密切联系，严格选择思想进步、学业优良、有研究能力及培养前途的青年。"据相关统计，1950年全国高校和中国科学院等科研机构共招收研究生874人，主要从应届本科毕业生中选拔留校学习或由组织分配入学，研究生招生工作由各培养单位自行负责，没有统一的招生办法。研究生的学习年限为1～3年，课程没有统一规定，主要由导师指导学习。

1950年华东教育部批复了厦门大学关于研究所招生问题的请示，厦门大学成为新中国成立后第一批招收培养研究生的大学之一。为了将厦门大学办成名副其实的教学与科研并重的高校，王亚南校长领导全校师生一手抓教学改革，一手抓科研工作。1950年厦门大学设立经济、化学和海洋三个研究所，并招收研究生。招生主要面向厦门和福州两地，当年有87人报考，最后录取10人，其中经济研究所8人，化学研究所2人。化学研究所以结构化学为主，所长卢嘉锡教授当年招收的郑作光、胡玉才成为厦门大学第一批化学学科的研究生，也是厦门大学理科第一批研究生。1951年厦门大学招收研究生7人，其中化学研究所2人，即张乾二和卢宗兰。

1953年开始，厦门大学研究生招生数量和在校研究生数量都有了一定程度的增加。1956年蔡启瑞教授回国任教，并着手招收培养研究生，随后于1958年组建催化教研室，取得的成绩不仅在国内领先，在国际上也产生较大影响。1956年起，陈国珍教授开始招收分析化学方向的研究生。1955年化学系设立电化学专门化，周绍民、田昭武分别于1959年和1961年招收研究生，培养电化学领域的科研人才。1965年李法西开始招收海洋化学方向的研究生。在化学系，研究生的培养计划由导师制订，研究生的日常管理由所属专业的教研室负责。研究生作为教研室中的一员参加各种政治活动和其他活动，除主要从事科学研究外，将根据需要承担某些教学任务或管理工作，如协助指导本科生的实验和毕业论文等。截至1966年，从厦门大学化学系毕业的研究生达41名，约占全校毕业研究生总数的三分之二，研究生毕业后被分配至高等院校或中国科学院各研究所工作，成为各单位的业务骨干。

卢嘉锡教授从1950年开始招收研究生，独自一人为研究生讲授六门专业课程——物质结构、量子化学、热力学、统计热力学、晶体学和现代晶体学，为时一年半。他为研究生系统安排了“书报讨论”、“生产实习”和“教学实践”，亲自指导毕业论文。由于行政工作和社会活动繁忙，卢教授只能在晚间备课直到深夜。但第二天一早，总是提前来到化学楼，按时拿着参考书和两张小纸片，神采奕奕地踏上讲台，滔滔不绝地连讲两节甚至三节课。每堂课内容十分扎实和精彩，其间不时穿插提问和讨论。卢教授还十分重视对青年教师的培养，他在教研室实行严格的“试讲”制度。青年教师或研究生带本科物理化学实验，卢老师必定全程听取试讲，并对每个实验细节进行提问和检查，其他教师或研究生都得旁听，以提高水平。

图3-9　卢教授和1953级研究生在一起

（后排左起陈元柱、卢嘉锡、胡盛志，前排左起庄启星、林景臻、李宋贤）

图 3-10　化学研究所欢送张乾二、卢宗兰同学毕业

（前排左起邓子基、黄良文、刘清汉、张乾二、胡体乾、王亚南、卢嘉锡、卢宗兰、潘天顺，后排左起黄衍炮、陈可焜、陈元柱、胡盛志、庄启星、林景臻、李宋贤、林克明）

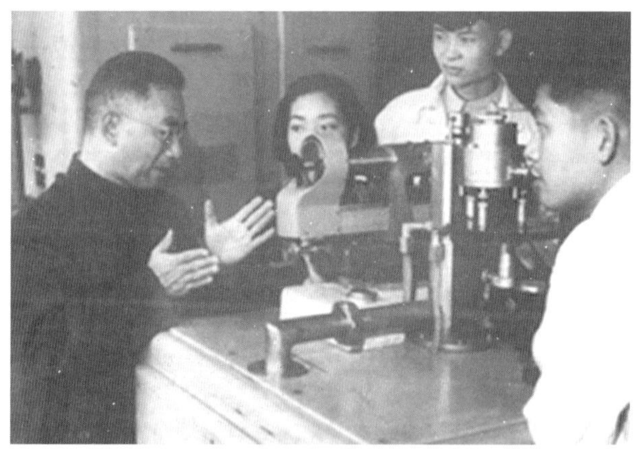

图 3-11　卢嘉锡为学生讲解实验

卢教授学术功底深厚，不仅具有扎实的理论基础，又十分重视实验技巧，是一位“能文能武”的大师。根据当时的实验条件，他设计了打孔机，让学生用小木球穿孔；搭建分子和晶体结构模型，以提高学生的空间形象思维。他要求运用现有的双圈量角器和偏光显微镜观测单晶样品，还亲自设计了大半径的转动照相机、劳埃照相机和摆动照相机等，由学校仪器厂赶工生产。这样就使研究生可利

用一台小型 VEM X 光机进行单晶衍射实验。

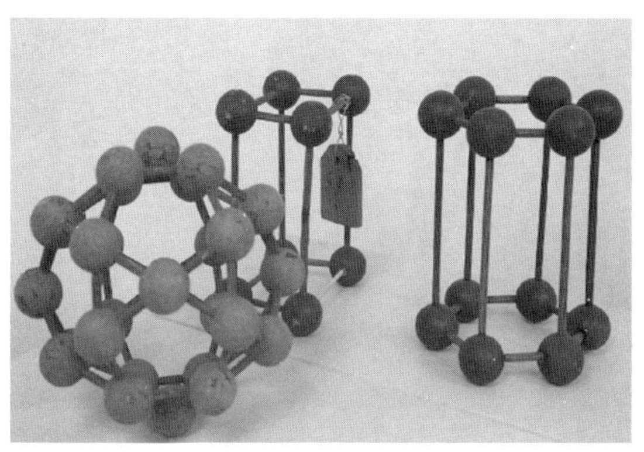

图 3-12　卢教授带领学生制作的结构模型

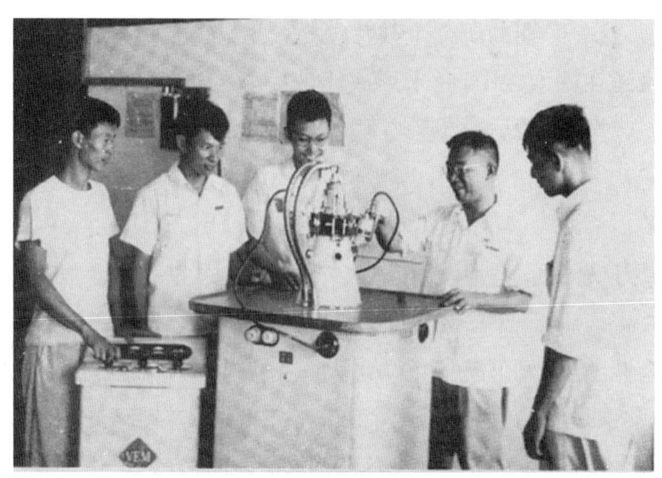

图 3-13　卢教授为研究生讲解晶体衍射实验（右一为张乾二，右二为卢嘉锡）

卢先生先后将他培养的研究生派往长春、西安、兰州、郑州和内蒙古等地高校工作，在神州大地遍撒结构化学的种子，为发展我国的科学与教育事业不遗余力。

图 3-14　欢送施彼得赴兰大任教

（前排右起蔡启瑞、卢嘉锡、施彼得，后排右起黄开辉、潘克桢、方一韦、于秀芬）

总的来说，这一时期的研究生教育规模较小，招生、培养、毕业论文答辩等方面的制度建设还在探索之中，尚未形成比较完善的规章制度体系，被称为“自由探索的研究生教育”。随后由于“文革”，研究生教育被迫中断。

三、增办无机、有机、催化、电化等专业

高校院系调整后，兄弟院校化学系大多由无机、有机、分析、物化四个方向组成，而厦大化学系只有物化、分析两个方向。1953 年方锡畴先生提出，厦大化学系学科发展不平衡，缺少无机、有机这些有创造力的方向。卢嘉锡、陈国珍等校系领导研究后，决定筹办这两个专业。从 1956 年春，先后派林硕田、潘容华、郭奇珍老师赴南开大学进修有机化学。林硕田老师主修有机合成，还兼修其他课程；潘容华老师主修有机分析；郭奇珍老师主修有机结构。1956 年在方锡畴老教授带领下，林硕田、郭奇珍、潘容华、陈文侃、庄毓奇等教师组建了有机化学专门化。进修教师学成归来后，1958 年有机化学的专业课都开设出来了。同时，许志文（复旦毕业来校）、李德娥、黄海水等本校毕业生留校，有机组形成了老中青年龄分布合理的教师队伍。1960 年有机组陈文侃、黄建全、郑思奇等老师被调去支援新建的福州大学。

表 3-1 20 世纪 50 年代化学专业各专门化开设课程一览表

<table>
<tr><th rowspan="2">专门化</th><th colspan="3">1952 年</th><th colspan="3">1953 年</th><th colspan="3">1954 年</th></tr>
<tr><th>课程名称</th><th>时数</th><th>学生数</th><th>课程名称</th><th>时数</th><th>学生数</th><th>课程名称</th><th>时数</th><th>学生数</th></tr>
<tr><td>分析化学</td><td>物化分析法
化学分析法
专门化实验</td><td>45
40
150</td><td>50</td><td>物化分析法
化学分析法
专门化实验</td><td>50
50
150</td><td>58</td><td>物化分析法
化学分析法
专门化实验</td><td>54
46</td><td>90</td></tr>
<tr><td>物理化学</td><td>化学热力学
物构与量化
专门化实验</td><td>45
88
150</td><td>38</td><td>物化 选读
化学热力学
专门化实验</td><td>50
45
150</td><td>56</td><td>量子化学
化学热力学
化学动力学
专门化实验</td><td>50
50
50
188</td><td>90</td></tr>
</table>

20 世纪 50 年代末,郭奇珍老师带领黄海水、黄建全等与生物系老师合作,研究植物生长调节素,对象为天然产物月光花黄素。化学系老师负责月光花黄素的提取、分离与鉴定;生物系老师负责月光花黄素对植物的应用与生理过程研究。80 年代,胡友川老师将其带到法国,测定了月光花黄素的结构。该成果作为成功案例,写入植物生理学的教科书。郭老师还撰写了《有机硫杀虫剂》《植物刺激剂的化学》等知识丛书,1962 年在农业出版社出版。

潘容华老师除了讲授有机化学,还积极开展科研工作。1958 年福建省下达任务,在厦门建设一个化学纤维厂。技术支持当然是厦门大学化学系。系里派潘容华老师到杭州、上海、苏州、天津、北京和辽宁等地调查,最后确定派人到天津工业实验所,学习由已二酸、已二胺缩合聚合制备尼龙 66 的工艺过程。蔡启瑞教授在厦门招收了 20 名青年学生,先在化学系实验室由两名助教负责培训实验技术后,再派到苏州一科研所学习蓖麻油试剂尼龙 11 的制备。两批人在 1959 年春节前回到厦门,在潘容华老师指导下,在厦大化工厂实验室进行尼龙的试制工作。与此同时,厦门市在杏林搞化纤厂土建,到 1959 年冬土建完成。两批技术人员进厂、安装设备,准备第二年试产。就这样,厦门开启了高分子工业时代。

图 3-15　无机教学组教师活动(1962)

尼龙 66 是杜邦公司 1939 年研制成功的一种合成纤维，能通过熔融拉丝织成聚合纤维布匹，有重量轻、强度高、耐腐蚀等优点，广泛用于降落伞、轮胎帘子线等工业用途。以后又筹建了厦门第二化纤厂，将多余的产能用于民用，如制造尼龙蚊帐等。蔡启瑞教授十分关注厦门化纤厂的建设，他提出许多建设性意见，例如要注意雷尼镍催化剂在尼龙 66 盐制备过程中会流失和活性降低，造成含氮杂环或胺基等副产物的增加等。在这过程中，化学系同时也开辟了高分子化学方向。

顾学民在美国密歇根大学获化学硕士学位，回国后任教于浙江大学化学系，1952 年调到厦门大学化学系。1956 年顾学民副教授带领江培萱、许书德、江启温、颜玉玺、王增华等老师，创办厦大化学系无机化学专业。无机组还选派李志贤、吴家陆老师赴复旦大学进修，回来后无机专门化的专业课顺利开设。无机化学教研室长期承担大量的教学任务，不仅要讲授本系的基础课、专业课，还要承担全校的普通化学课程与实验。

化工组吴思敏教授在讲授化工原理的同时，注重联系生产实际。他带领青年职工林荣基、郭志杰等，积极开展利用天然果皮、稻秆、谷壳、荔枝壳等废弃材料研制果胶、人造丝等，变废为宝，并将这些科研成果总结成多篇论文。陈允敦副教授在讲授结晶学时，为使学生容易领会，设计了一套模型与图样作教具，提高了教学效果。他将自己创建的制造计算尺的技术方法和设备贡献给国家，得到了教育部的专项奖励。

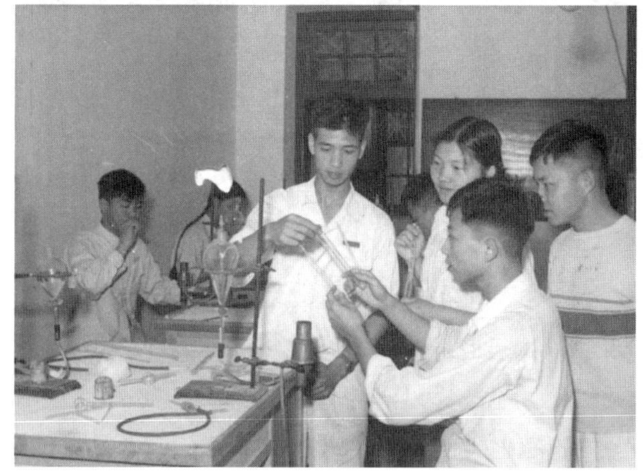

图 3-16 化学系学生实验训练一丝不苟

图 3-17 学生在集美科学馆开展实验

图 3-18　57 级一班同学在校门口合影(1958)

蔡启瑞 1947 年被选派赴美国俄亥俄大学留学,师从 E.马克(Mack Jr.)、P. M.哈里斯(Harris)和 M.S.纽曼(Newman)教授,1950 年获博士学位。鉴于结构化学在化学中的重要性,他选择以此为研究目标。1956 年回国后,蔡启瑞得知我国发现东北大油田,心情万分激动。祖国刚获新生,可是炼油工业还十分落后,催化科学基本上是一项空白,需要有人去填补。国家的需要,就是科学家的职责。蔡启瑞放弃潜心研究的离子晶体极化理论等,改行研究催化科学,一切从零开始。但为了国家利益、民族振兴,蔡启瑞义无反顾,冲在前面。

图3-19 蔡启瑞先生留美时期(1947—1955年),师从俄亥俄州立大学P. M. Harris教授(左)、E. Mack Jr教授(中)和M. S. Newman教授(右)

国家组织蔡启瑞等4人团赴苏联考察催化学科。邻国催化的活跃和进展使他很受启发,回国后,在刘正坤书记、卢嘉锡教授的支持下,1958年秋天,蔡启瑞和他的助手黄开辉、陈德安、萧漳龄等在厦门大学建立了中国高校中第一个催化教研室,主要搞教学。后来又成立催化研究所,主要搞科研,人员发展到50多人。从此厦大成为中国催化科学研究的重要基地。

蔡启瑞相继发表两篇催化方面的论文——《近代接触催化理论的介绍》(1957)和《多相催化理论的进展》(1959)。1957年蔡启瑞开始招收催化研究生,他为研究生开设的基础理论课程是"量子化学",教材采用艾琳写的英文版*Quantum Chemistry*。他要研究生先自习一章,然后给学生上课。黄开辉为学生讲授"催化原理"课程。

图 3-20 蔡启瑞和黄开辉正在进行催化实验

1949 年田昭武从厦大毕业留校任教，跟随卢嘉锡教授，从事物理化学和结构化学的教学工作。他发现，卢教授从事化学，也精通数学；钱人元教授除化学以外，物理学、电子学知识也非常丰富；蔡启瑞讲授结构化学，有机化学也很熟悉。他从中悟到：只有学科交叉，才能在科研中创出新天地。

电化学是物理化学的重要分支，经历了热力学和动力学两个发展阶段。热力学研究的是化学反应的方向和限度，电化学热力学的主要参量是电动势，该参量易准确测量，解决了电解质溶液等方面的理论问题。而电极反应是多相、多步骤的系统，化学反应在电极表面进行，既有物质的扩散与传递，又有强电场存在，因此，比一般化学反应要复杂得多。国际电化学动力学 20 世纪 40 年代才起步，我国在这领域的研究几乎是空白。

田昭武从“电化学自催化过程”入手，为了解释奇特的实验现象，学习了数理方程和热传导理论，又发现苏联科学院院士弗鲁姆金的《电极过程动力学》这本开山之作，当时还没有中文版，他边学俄文边学专著。后来，又有一本 Delahay 著的 *New Instrumental Methods in Electrochemistry Theory* 出版，这两本书为田昭武学习电化学动力学打开了新视野。

田老师带领林祖赓等青年教师研制电化学专用仪器，才清楚解释了实验现象，连续发表了《自催化电极过程的理论分析》等 3 篇论文，也揭开了厦大电化学的第一幕。卢嘉锡教授很欣赏并支持他的工作。

图 3-21 田昭武与林祖赓在做电化学实验

不久(1957 年),周绍民老师在苏联莫斯科门捷列耶夫化工学院获副博士学位归来。他在国外从事有机电合成研究,回国后,继续开展该领域的研究。

上述两支力量结合起来,1960 年建立了电化学教研室,林祖赓老师担任教研室主任。当时由周绍民副教授讲授主要的专门化课程"电极过程动力学",1959 年开始招收研究生。两年后田昭武副教授开始招收研究生,并为研究生讲授"电极过程研究方法"课程。截至 1966 年,周、田二位教授共招收 7 名研究生。

20 世纪 50 年代末,开始筹建中科院华东催化电化研究室,起先挂靠在厦门大学,后独立出去,搬到三明,室主任是乔成国。

图 3-22　厦大化学系与华东催电室召开的科学讨论会

（前排右三起刘正坤、周绍民、陈国珍，右七顾学民，二排左六起张乾二、田昭武，左八蔡启瑞）

陈国珍回国不久，卢嘉锡就推荐他接任厦门大学化学系主任。在担任系主任的八年中，他在卢嘉锡工作的基础上，为化学系发展壮大做出很大的努力。化学系在国内首批设置了仪器分析专门化，购置了当时先进的 X 光衍射仪、分光光度计、摄谱仪、荧光计和极谱仪等许多电子仪器，为开展教学和科学研究工作打下良好的基础。

陈国珍教授一直将教学工作视为第一任务。他不仅为高年级学生和研究生讲授仪器分析专业课，还为刚入学的一年级本科生讲授普通化学基础课。他备课极其认真细致，即使十分熟悉的课程，也在课前一天闭门面壁，拒不会客，将讲义内容融会贯通，烂熟于心；上课时，他坚持有教无类、因材施教的教学理念，遇到重点知识，他会特意放慢语速，一字一句讲述要点，方便学生做笔记。他讲课概念严谨，条理分明，由浅入深，引人入胜，学生普遍喜欢他讲课。当时厦大教务处还特地将陈国珍教授的讲课录音，播放给全校文理各科中青年教师收听，号召大家学习他的教学方法。

20 世纪 50 年代，分析课由陈国珍老师讲授，万桢老师负责带实验。万桢、赵景总老师带领学生去南京地质部中心实验室实习，实习阶段完成了许多课题，给南京实验室留下很好的印象。以后，南京中心实验室与化学系建立了长期合作关系,分析组学生毕业实践就到南京去。由于厦门大学分析化学研究内容、门类比较齐全,南京大学、华东师大化学系还多次邀请化学系分析化学教师去南大、华师大讲学。

图 3-23　分析组学生在南京毕业实践,到雨花台过团日(1954 年)

陈国珍教授治学严谨,要求学生爱护仪器,操作技术一定要过硬。曾有一学生操作不慎,损坏了仪器,检查了三次才过关。他带领分析组的年轻教师陈天骥、钱儿漳等,进行紫外-可见分光光度法系统研究;他还带领郑朱梓、黄贤智、王尊本等教师,先后进行多种微量金属元素荧光测定方法研究。分析组万桢、杨孙楷、张荣坤、黄会良等老师主要从事电分析研究,赵景总、黄展胜、林添明、谢国勋、苏循荣等老师主要进行光谱分析研究。陈国珍教授 1962 年调往核工业部任总工,他培养的众多分析化学人才后来不少人成为学术带头人和分析队伍的骨干力量。

1962 年,陈国珍教授调北京二机部(核工业部)任总工程师,顾学民先生接任化学系系主任工作。这时,国家已将厦门大学等一批院校下放到福建省管理。学校又对各系的专门化进行调整与规划。按学校通知,化学系专门化设置为:

无机分析化学专业:稀有元素专门化、超纯物质与半导体化学专门化、海洋化学专门化、仪器分析专门化(微量分析、超纯物质分析)。

有机化学专业:基本有机合成专门化、高分子化学专门化。

物理化学专业:电化学专门化、催化理论专门化、物质结构专门化、辐射与示踪化学专门化。

准备在 1961 年创办海洋化学专门化、半导体化学专门化、高分子化学专门化、固体化学专门化。

1965 年,由陈国珍主编并由中科院华东海洋研究所与厦门大学合作编著的《海水分析化学》一书正式出版。1979 年,国家海洋局第三海洋研究所(现为自然资源部第三海洋研究所)聘请陈国珍先生兼任研究员,他带领几个单位的年轻科技人员合作编写了《海水分析化学》的姊妹篇——《海水痕量元素分析》。

李法西老师于 1948 年赴美国俄勒冈大学化学系攻读硕士学位,后转入美国加州理工学院攻读博士学位。新中国成立后,他毅然放弃学业,排除各种阻力,于 1950 年经香港回到厦门。回校后,李法西副教授除了讲授物理化学等课程外,还进行胶体和表面化学研究。1954 年他加入了共产党,后成为校党委委员。1956 年在党委书记陆维特提议下,厦门大学确定发展方向为:面向东南亚,面向海洋。20 世纪 50 年代末,国际海洋化学学科建立,李教授以敏锐的洞察力,看准了这发展方向,与吴瑜端老师带领王隆发、黄奕普、胡明辉等青年教师组建海洋化学专门化。

1960 年在原福建海洋研究所(设于厦门大学,1962 年改称中科院华东海洋研究所)基础上,创建了海洋化学研究室。李法西教授带领年轻教师庄栋法、陈泽夏、杨春瑾与学生,开展河口化学研究。1964 年发表的论文《河口硅酸盐物理化学过程研究》,成为世界早期河口化学代表作之一,也确立了李法西教授作为我国海洋化学学术带头人的地位。1965 年在李法西和其他科学家的建议和推动下,国务院设立国家海洋局,年底中科院华东海洋研究所的建制划归国家海洋局,改称国家海洋局第三海洋研究所(现为自然资源部第三海洋研究所)。1970 年,厦大将海洋物理、海洋化学与海洋生物从各系抽出来,组建厦大海洋系。

四、登上全国舞台

(一)卢嘉锡教授受邀举办“物质结构讲习班”

物理化学教研室,教师队伍力量雄厚,有卢嘉锡、陈允敦、李法西三位教授,又有新从美国回来的蔡启瑞教授，讲师有田昭武、张乾二、周绍民、余乃梅等，加上一些助教、研究生，显出兵强马壮的态势。物理化学课由李法西、田昭武老师讲授，物质结构课由张乾二老师讲授。

新中国成立初期，我国的高等教育水平与国际的差距很大，化学系开设的课程大多限于无机化学、有机化学、分析化学、物理化学与化工等，少有开设在原子、分子水平的物质结构、量子化学、反应动力学等。为了赶上国际先进水平，1953 年夏季，教育部邀请厦门大学卢嘉锡教授和东北人民大学唐敖庆教授，在青岛举办暑期物质结构讲习班。唐敖庆讲授量子化学基础，用数理方法解释化学理论，使深奥的理论变得可亲可近；卢嘉锡讲授晶体化学，用晶体的原子、分子结构，来说明它们与性能的关系，使化学性质变得有理可循，多姿多彩。唐教授数理基础扎实，讲课纲举目张，举重若轻；卢教授理论联系实际，讲课生动活泼，深入浅出。学员听后茅塞顿开，觉得“物质结构”妙不可言。

青岛讲习班极为成功，卢嘉锡与唐敖庆在国内声望剧增。高教部认为这种讲习班的效果很好，决定第二年在北京大学再次举办。夏天的北京虽不像青岛那样清爽宜人，但是由于青岛讲习班的轰动效应，这次报名参加培训的人更加踊跃，实际人数比预计多出一倍以上，培训临时改为办两个平行的班。这回担任主讲的除了卢嘉锡和唐敖庆外，还增加了吴征铠和徐光宪。

举办“物质结构讲习班”是我国高等教育发展史上的一件盛事，两次讲学为以后我国高校化学系普遍开设“物质结构”课打下很好的基础，很多后来在该课程教学中大显身手的教师就是这两次讲习班培训出来的。

图 3-24　（从左至右）唐敖庆、吴征铠、卢嘉锡、徐光宪五十年后再聚首在院士大会

（二）参与全国科学发展规划的制定

1956年党中央向全国发出“向科学进军”的号召，身为中科院学部委员的卢嘉锡教授与刚回国的蔡启瑞教授，到北京参加为期三个月的全国十二年科学发展规划会议。这是新中国成立以来第一次制定科学远景规划，有幸参加这样重要的会议，他们心中不时涌起一股主人翁的自豪感。

图3-25　1956年召开的全国十二年科学发展规划会议

（照片部分，前排右二傅鹰，二排右六卢嘉锡，三排右五唐敖庆，四排左二钱人元）

化学组的十几位代表大多是德高望重的老一辈化学家，卢嘉锡、蔡启瑞在里面是最年轻的。杨石先先生任组长，他要卢嘉锡与唐敖庆做文字工作。卢与唐反复琢磨，认为掌握结构与性能的关系，无异于掌握一把解决化学各种问题的金钥匙。因此，他们极力提议化学学科的中心课题以“结构与性能的关系”为好。这一提议及他们雄辩的阐述得到了化学家的赞赏，一致通过他们的提议，并写在远景规划里。

回到厦门，校系领导也很支持，化学系的发展以物理化学专业为重点，以物质结构为中心。响应国家提出向科学进军的号召，刘正坤书记也积极支持，选派化学系教师和学生前往国内外留学，进行交流活动。周绍民、黄金陵、张帆、徐志固等年轻教师先后被派往苏联留学。

图 3-26 欢送张帆赴苏留学

图 3-27 1957 年卢嘉锡等老师访苏期间看望中国留学生
(前排左起:安静如、杨石先、吴学周、卢嘉锡、张帆)

(三)率先在溶液中培养单晶

1958 年,厦大一方面处于海防前线的小环境,另一方面全国正处在“大跃进”的大环境中，各地土法上马、大炼钢铁的群众运动如火如荼，工农业生产不断放卫星。身为厦门大学校长助理的卢嘉锡考虑化学系“物质结构”这个方向如何为“大跃进”添砖加瓦。根据当时条件，他想到物构组可以在水溶液中培养晶体，但目前国内还没有人进行这样的工作。卢嘉锡查阅有关文献后，拿了一本 H. E. Buckley写的专著《晶体生长》(*Crystal Growth*)，找到化学系理化所的张乾二和张炳楷两位青年教师，与他们一起讨论。晶体培养有许多方式，可以从溶液中培养，也可用水热法让晶体生长，还可从熔体中拉伸晶体，用火焰熔融法培养宝石晶体……

卢嘉锡对两位年轻教师说，我们还是先易后难，先从溶液中培养晶体。卢嘉锡让他们带领两名本科生共 4 人，一起到漳州设立“晶体生长实验室”，进行培养晶体的科学研究。当时实验室设在漳州实验小学，住在当地的天主教堂，三餐在龙溪专署(现漳州)食堂吃饭。

张乾二与张炳楷先好好读了一遍《晶体生长》的专著。晶体生长，外人看起来似乎简单，实际却很复杂。它涉及热力学中的相平衡和相变，首先要了解培养晶体的相图；其次要了解晶体生长的成核过程，它涉及相变驱动力、临界晶核的形成能、核化速率等。整个培养过程更要研究晶体生长动力学；了解晶体形态与内部结构的联系、生长环境对晶体形态的影响，还要考虑溶质在溶液中的扩散过程、晶体界面的稳定条件等。还未培养晶体前，两位年轻教师先进行了一番理论学习。

要培养什么晶体呢？他们先查看了水溶性晶体的溶解度曲线图。不同物质在水中的溶解度有明显差别，有的晶体溶解度很大，如酒石酸钾；有的则很小，如硫酸锂；大多数晶体的溶解度随温度升高而增大。张炳楷看到酒石酸钾钠的熔解曲线随着温度变化很大，心想这样可能比较容易结晶，就选择了它。当时完全是白手起家，加热水溶液要用很大面积的电炉，但那时并没有出售现成的异型电炉，大家只好采购一堆电阻丝，自己动手绕，加工成加热电炉。培养晶体需要 24 小时的连续恒温条件，但当时没有恒温槽，而且供电条件很差，经常断电，张乾二就把人员分成两班，轮流值班。

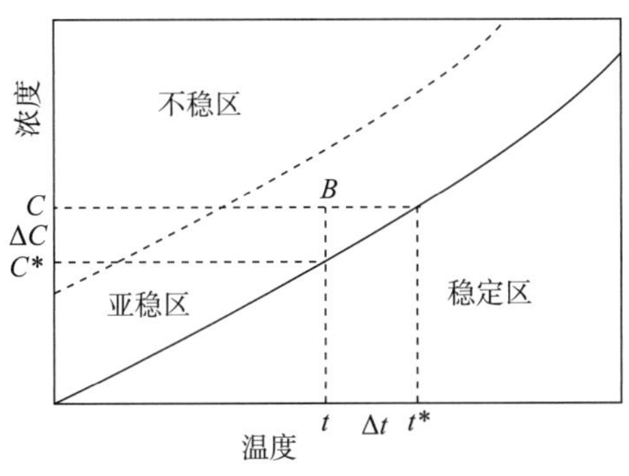

图 3-28 溶液状态图

如何培养晶体，参考书上并没有具体工艺，完全得靠自己摸索。他们先配制过饱和的酒石酸钾钠溶液，再找一颗比较好的晶种，固定在旋转棒上，让晶种以恒定速度缓慢匀速运动，随着晶体的生长，还要不断添加晶料，保持溶液处于过饱和状态。但是不知什么原因，酒石酸钾钠晶体一直长不出来，而恒温槽底部有时会有晶体析出，他们只好再去查参考书。《晶体生长》中提到，过饱和溶液在热力学上是不稳定的。W. Octwald 首先提出过饱和溶液可分为“不稳过饱和”和“亚稳过饱和”。他把无晶核存在情况下能自发析出晶体的称为“不稳过饱和”，不能自发结晶的称为“亚稳过饱和”溶液。而 H. A. Miers 对自发结晶与过饱和度之间的关系进行了广泛研究，他测量了许多盐类的浓溶液，试图找出过饱和溶液中的不稳区与亚稳区的界限，即在溶解度曲线上方还有一条过溶解度曲线，可将过饱和溶液分为亚稳区与不稳区（这观点引起很大争论）。但无论过溶解度曲线是否存在，在过饱和区、靠近溶解度曲线，确实存在亚稳区。稳定区即不饱和区，不会发生结晶现象；亚稳区不会发生自发结晶，因此若将晶种放入亚稳区，晶体会在晶种上生长；不稳区溶液会自发产生结晶现象。

于是一切从头开始，过了几天，晶种开始慢慢长大，大家感到十分兴奋，更加强了做下去的信心。大家轮班培养晶体，记录温度、浓度等数据。十几天后，晶体长成 3～4 cm 了，长大后发现晶面有缺陷，说明开始晶种没处理好。所以晶种必须严格挑选，晶种上的缺陷会引入生长的晶体。选好的晶种要进行清洁处理，要把加工过程中的表面损伤和多晶粉末先溶去。重新处理晶种后，长了二十几天，单晶长到五六厘米大。看着晶莹剔透的晶体一天天长大，大家的心里说不出地高兴。

在培养晶体中，张乾二、张炳楷发现，选好晶种对生长晶体的质量关系极大，下种前要先对晶种预热以防它炸裂，下种后要使晶种慢慢由微溶而转入生长。在晶体培养过程中，要小心控制溶液的过饱和度，尽量减少生长速度的波动性。在值班过程中，张乾二要求学生要做好溶液浓度与温度的记录。他们还探索调整溶液的 pH 值，发现也会影响晶体的生长。就这样，张乾二、张炳楷带领学生克服了一个个困难，在水溶液中培养晶体，闯出了一条路。

厦大化学系在水溶液中培养出单晶的消息传开，全国各地许多学校派人来厦大，学习培养晶体的技术。当时，山东大学的张克从、蒋民华，武汉大学魏克全，四川大学的吴守玉和西安、广州、杭州、福州等地的进修教师来厦门大学，青年教师张乾二、张炳楷等还带领颜明山，和山大、川大等教师相互切磋，一起探讨在水溶液中培养晶体的技术。

这些老师回去后，将此技术发扬光大，特别是福建物构所、山东大学化学系，在水溶液中培养出国际领先的、有各种功能的大晶体。

图 3-29　磷酸二氢钾晶体

图 3-30　早期研究培养晶体的人员

（前排左三起：卢嘉锡、张乾二、张炳楷，后排右二颜明山）

（四）蔡启瑞教授带领催化组勇挑国家重担

蔡启瑞教授参加国家科研规划会议后，考虑我国煤炭资源丰富而石油资源匮乏的国情，他提出“大化工”的能源战略思想，主张在能源化工建设中充分重视煤炭、天然气资源的开发利用，建议实行“油煤气并举，燃化塑结合”的能源化工原料技术路线。

20 世纪 60 年代，国家制定了以乙炔为原料的基本有机合成和“三大合成材料”的化工发展战略。根据蔡启瑞教授在催化方面的领军地位，国家给厦门大学下达了重点研究任务——“建设以乙炔为基础的基本有机合成，解决合成橡胶单体生产的关键技术问题”。蔡启瑞教授深深意识到肩上的重担。国家的军需民用离不开橡胶，石油的成功开发尚需时日，现实的应急措施是仿效二战期间德国发展丁苯橡胶和顺丁橡胶的做法。因而，合成苯乙烯和丁二烯单体就成关键，又以打通苯和丁二烯生产线最为迫切。上海化工研究院于 1960 年前后研发了乙炔三聚成苯的氧化铬催化剂，但寿命太短，难以工业化。另外，乙炔水合制乙醛是生产丁二烯和醋酸乙烯单体的前哨战。对此，吴淞化工厂沿用德国的剧毒硫酸汞液相催化剂；衢州化工厂则用苏联开发的固体磷酸镉钙、磷酸锌钙催化剂，但强度和活性都不高。所有这些是摆在厦大催化人面前的难题和任务。

校系领导都十分重视，组织了重点任务会战组。在蔡启瑞教授指导下，催化组黄开辉、翁玉攀等老师开展乙炔水合制乙醛的汞系催化剂研究。蔡启瑞总结：这类催化剂的金属离子都是具有 d^{10} 满壳层电子结构的ⅠB 或ⅡB 族的 Hg^{2+}、Cd^{2+}、Zn^{2+}、Cu^{2+}，其中 Hg^{2+} 的活性最高，它在 100 ℃以上液相即可使乙炔高活性、高选择转化为乙醛。而其他金属离子则需要在气相 300 ℃下才有活性，其中 Cd^{2+} 最佳。当时中科院催化电化研究室也设在厦门大学，在蔡启瑞教授指导下进行科研，其中一个组专攻磷酸镉钙催化剂研究，催化剂评价装置长期连续运作，到 20 世纪 60 年代中期已具备扩大实验的条件。

这时期，乙炔水合非汞催化剂的研究安排在化学系催化教研室进行，由两位研究生陈守正和林国栋承担，分别是“离子交换法制备磷酸镉钙催化剂”和“表面碱性对磷酸镉钙催化剂的选择性影响”。蔡启瑞教授的想法是：催化剂中活性组分是 Cd^{2+}，磷酸钙起载体作用，镉的价格远高于钙，先制备纯的磷酸钙，然后浸泡在一定浓度镉盐溶液中，可在磷酸钙表面交换一定数量磷酸镉，既减少镉的用量，又可提高催化活性。实验进展顺利，结果如原先预料。但第二个研究表明，尽可能控制沉淀 pH 接近中性，乙醛选择性确实优于偏碱性的催化剂，但用含氟试剂进一步处理，未能提高乙醛选择性。

1967 年蔡启瑞到衢州化工厂考察磷酸锌钙催化剂，回来后找到氧化锌催化剂替代镉盐，并将它担载在略带碱性的高比表面硅小球上，以增进机械强度。由此找到了有稳定活性和使用寿命的乙炔水合制乙醛催化剂 ZnO/SiO_2；考虑了水蒸气-乙炔比例、反应温度、原料气总空速对乙炔单程转化率和产率的影响，并用于乙炔水合制乙醛流化床工艺。接着，林国栋等老师到厦门醋酸厂，在年产三百吨乙醛的流化床中试放大，也告成功。

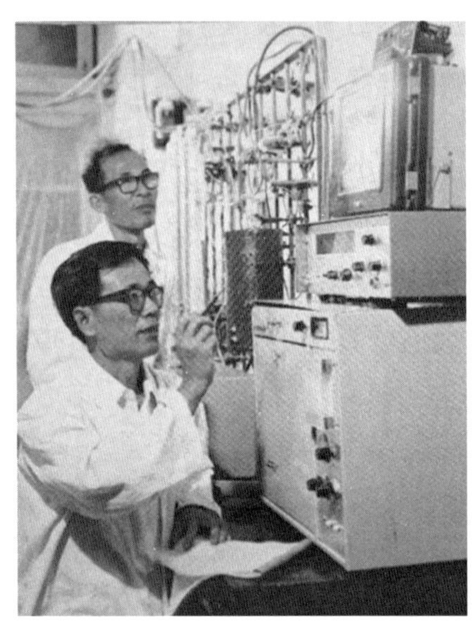

图 3-31　黄开辉(前)、李基涛老师进行催化剂吸附测试

同时，蔡启瑞教授带领陈德安、张藩贤等老师进行乙炔合成苯催化剂研究。会战攻关时，蔡启瑞和年轻教师一起睡在实验室，夜以继日做实验。那时正值困难时期，他把国家发给高级知识分子的营养品分给大家。经过多次实验，终于找到了一种活泼的、具有较好高温性能的氧化铌催化剂。在实验室获得成功后，到三明化工厂进行放大实验。1966 年，张藩贤老师等到厦门第三化工厂，建成年产百吨纯苯的实验车间。

1964 年蔡启瑞教授受教育部委托，在厦门大学举办全国性的催化研讨班。在为期一年的时间里，蔡启瑞教授为来自全国各高校与研究单位的十几位催化专门人才授课，有时还邀请国内其他专家如福州卢嘉锡教授、上海邹承鲁教授来厦讲学。白天上课，晚上带领厦大催化团队和讨论班成员，进行着乙炔合成苯，以及乙炔水合制乙醛的科学探索。蔡启瑞教授怀疑六价 Cr 的氧化能力过强，他们试以邻近的五价铌(Nb_2O_5)代替。小试表明，氧化铌催化剂活性平稳，选择性好,产品纯度高。当天晚上,观测的催化讨论班成员和催化团队欢呼雀跃,庆贺乙炔合成苯新催化剂研发的良好开端。这些学员,后来都成了全国各地催化学科的学术带头人。

图 3-32 蔡启瑞(前排左四)与全国催化研讨班学员合影

化工产品的生产,约 80%离不开催化剂的使用。催化现象十分复杂,多年来,科学家们试图从理论上加以分析总结,但都未能抓住事物的本质,或者有着较大的局限性。20 世纪 60 年代初期,蔡启瑞教授就在国际上较早提出络合催化的理论概念,并在烯、炔烃催化研究的基础上,系统总结出络合催化可能产生的"四种效应",即络合活化作用、对反应方向和产物结构的选择作用、电子传递和电子与能量偶联传递的作用,沟通了均相、多相催化和金属酶催化作用的内在联系,蔡启瑞教授成为我国在分子水平上研究催化作用和催化反应机理的奠基人之一,为我国催化学科发展做出卓越贡献。

蔡启瑞教授在科研中提倡"锐意创新,认真求实",不迷信权威。例如工业合成氨催化反应是多相催化,虽然国际上大多数学者认为,这反应机理是解离式的,但他并不这么认为,要求学生多做实验去考证它的催化机理。他与同事亲密合作,从不居功自傲,成绩总归功于集体,把后生推到前台,培养他们。

在厦大,蔡启瑞教授三次谦让职称,被传为美谈。他个人生活简朴,却热心公益,踊跃捐款,如捐给地震、水灾地区人民,捐给厦门大学萨本栋教育基金……他还把突出贡献科学家大奖奖金交到学院，用以支持人才引进。蔡启瑞教授忧国忧民的思想意识，生活上克己奉公的高风亮节，激励着一代又一代的化学系师生。

(五)陈国珍奉调进京

1962 年，身为共产党员的陈国珍教授接到一纸秘密调令，要求他赴京出任国家第二机械工业部生产局总工程师，并兼任原子能研究所研究员和研究室主任。他从国家利益出发，毅然告别生活了四十多年的故乡，投身我国制造第一颗原子弹的战斗行列。在国家使命的召唤下，陈国珍先生带领团队，争分夺秒，废寝忘食，在最短的时间里建立了各种核燃料产品的质量控制分析方法并顺利实施，最终解决了原子弹试验任务中铀-235 的质量分析任务，保证了合格核材料的生产。1964 年 10 月 16 日，我国第一颗原子弹爆炸试验成功，这其中饱含了陈国珍教授辛勤的汗水；随后钚弹、氢弹的成功爆炸，以及核潜艇反应堆的成功研制，将陈国珍教授的名字载入了我国现代核科学家的光荣行列，他为我国国防科技事业做出了杰出贡献。在第二机械工业部工作期间，陈国珍教授考虑到许多核材料都具有放射性，生产过程中可能使工作人员受到放射侵害，因而主动提出并指导建立了核燃料生产自动化流水分析线，其以人为本、关爱部属晚辈的精神堪称楷模。

图 3-33　1962 年无机组教师欢送陈国珍教授赴京

（前排左起：李志贤、陈国珍、江启温、陈再鸿，二排夏木西娅、郑淑颖、黄金玉、安丽思，三排苏文煅、王家骅、姚士冰、颜玉玺）

在二机部期间，尽管工作极为繁忙，陈国珍仍坚持指导厦大分析教研室的研究生，把钱九漳带到大西北指导直至毕业。圆满完成国家任务后，陈国珍教授又一次服从了国家的调遣——1980 年，受命出任国家海洋局副局长，分管科技和外事工作。上任后，陈国珍教授一心致力于培育我们国家自己的海洋人才队伍，增强国家海洋学科的科研实力。为了推动我国海洋科学技术的国际合作交流，陈国珍教授多次作为中方首席科学家率团赴美国、意大利、法国等参加海洋学术讨论会，开展长江口中美联合调查、中加海洋生态合作实验，并与法国国家海洋开发中心磋商，推动参与海洋二氧化碳监测国际合作。出任国家海洋局副局长，对陈国珍教授个人来说，失去了获得学部委员（后为中国科学院院士）的机会，但他始终一心扑在我国的海洋事业上。20 世纪 80 年代末，国家海洋局给领导配备了新住房，他却仍然坚持住在 60 年代的老房子里，他说："够住就好，新房子让别人去住吧。"在京工作期间，他坚持步行或乘坐公车上下班、前往图书馆，甚至连老母亲生病，也让家里人用早期竹制的儿童车推着母亲到医院，可以说是克己奉公、淡泊谦逊的光辉典范。

90 年代，陈国珍教授不顾年事已高，在远隔千里的家乡，还同时兼任国家海洋局第三海洋研究所研究员（现为自然资源部第三海洋研究所）以及厦门大学化学系教授、博士生导师，为国家培养了多位博士研究生和博士后研究人员，堪称"老而弥坚，鞠躬尽瘁"。

五、支援兄弟单位建设

1952 年，我国开始第一个五年计划。为了适应大规模经济建设需要，改变高等教育布局不均匀的状态，教育部对高校进行院系调整。厦门大学调整离开的科系很多：航空系调出，与其他学校相关系科，组成北京航空学院；工科土木系、电机系、机械系与土木专科全部调出，并入浙江大学、南京工学院及华东水利学院；海洋系调出，并入青岛海洋学院；法律系并入华东政法学院，企管系并入上海财经学院；教育系调整到福建师范学院；厦大农学院与福大农学院合并成福建农学院。至此，厦大由一个文、理、工、商、法、农、教育等门类齐全、学科众多的综合大学，调整为以文、理为主的大学。厦大工科的离去，使福建省失去工程技术人员培养的基地，影响到福建省后来的工业发展。新中国成立前，我国大学主要实行英美式的通才教育，院系调整后学习苏联的专门化教育，化学系分为分析化学与物理化学两个专门化。

院系调整后，全面进行教学改革，取消学院建制。卢嘉锡教授调任学校副教务长，化学系由陈国珍教授任系主任，秘书为赵景总，实验室主任为李法西副教授。改革后的教学大纲有两个特点：一是强调课程内容的政治性和思想性，辩证唯物主义要贯彻始终；二是尽量采用苏联的教材和参考书。学校规定，教研组为学校教学的基层组织，由一门或数门性质相近课程的全体教学人员（教授、副教授、讲师、助教和教辅人员）组成。教学计划集体拟定，加强试讲、听课制度。考试方法也向苏联学习，将百分制改成五分制。

1958 年，随着工业大发展，需要大量工程技术人员，福建省委决定借助厦门大学筹办福建工学院。先建机械、电机、化工、矿冶四个系，从上海交大、浙江大学等校调进专业教师，招收两期学生 1000 多名，化工系书记为毛振莹。后因金门炮战，改建理工科的福州大学。1960 年工学院的教职员工 118 人，数理化三系以及公共课师资中抽调 126 人（化学系 33 人），到福州大学工作。又抽调理科数学、物理、化学三个系 410 名学生去支援，作为福州大学的学生（化学系一、二、三年级分别是 60 人、46 人、45 人）。厦门大学提出口号："要人有人、要物有物，把困难留给自己，把方便让给别人。"当时化学系物构教研室有 10 名教师（包括两名提前毕业任教的助教），支援福州大学占了 6 名，分别是卢嘉锡、陈允敦、黄金陵、潘克桢、张炳楷等，这些老师都是教研室教学科研的骨干力量。有机组陈文侃、黄建全，物化组陈玉绶、戴闽光，分析组赵景总、张帆等老师也调往福州大学。在仪器方面，物构组拿出最好的资源，如在国内独一无二的 X 光衍射仪，以及《结构分析》《结晶学》等建校多年来累积的杂志。化学一所整批人马和整套仪器设备都调走了。

为了支援兄弟单位，化学系输送了许多骨干，为全国化学学科和工业的发展做出了历史性的贡献。20 世纪 50 年代，无机组江培萱、许书德老师调去支援三明化工厂，章开诚老师支援湖南大学，周荣灿老师支援北京农业大学。1960 年，为筹办福州大学与物质结构研究所，卢嘉锡教授赴榕任职（化学一所也随之迁往福州）。卢嘉锡调离厦大后，先后任中科院福建物质结构研究所所长、福州大学副校长（其间兼任福建省科委副主任、中科院福建分院副院长）、中国科协副主席

（第三届）、中科院院长和中国化学会理事长（第二十一届）等学术职务，为我国科学事业做出了杰出贡献。1962年，时任校长助理的陈国珍教授调往第二机械工业部（后改称核工业部）生产局任总工程师、副局长，其后还任国家海洋局副局长，为我国核弹氢弹研制和海洋科学做出了突出贡献。此后，中科院福建分院撤销，化学二所改属华东分院，全称为中国科学院华东分院催化、电化学研究室。该室迁址三明后，改称为中国科学院福建物质结构研究所二部。化学一所、二所和海洋研究室先后迁离厦大，分别发展为物质结构研究所和海洋三所海化室，化学系的一批优秀教师调往福大、物构所与海洋三所，许多老师成为这些单位的骨干。现在，中科院福建物构所已成为我国结构化学的重要研究基地之一。福州大学、国家海洋三所（现为自然资源部第三海洋研究所）也已发展成国内有声望的教育、研究机构。三明化工厂则已成为我省最大的化工生产基地。

六、化学系建立党组织

1952年6月，福建省委为加强高校思想政治工作，调派张玉麟等15名政工干部到厦大，设立政治辅导处，张玉麟任政治辅导长。张玉麟在抗战中曾任晋察冀抗日义勇军第一纵队政治部主任、太行专署副专员等要职，1949年率南下服务团到福建，1952年由青年团福建省工委书记调往厦大。1952年10月，经厦门市委批准，成立中共厦门大学党委会，张玉麟任书记。

省委调派来的政工干部分到各个系任政治辅导员，主要任务是在各系建立党的组织。1953年化学系成立党支部，刘正坤任党支部书记。刘正坤1946年就读厦门大学化学系，1948年6月加入中国共产党，之后担任闽西南地下党厦大党总支直属党小组组长。1951年，刘正坤同志服从组织安排，从福建省委调到厦门大学。1953年，组织考虑到刘正坤对化学系情况较为熟悉，将其从物理系调到化学系，主要进行教师的思想工作。

图 3-34 化学系党总支欢送卢嘉锡、张佐益等同志赴榕

(第一排:左二陈全、左三肖漳龄、左四俞鼎琼、左七杨华惠;第二排:左四卢嘉锡、左五刘正坤;第三排:右一陈祖炳)

1955 年中共福建省委任命陆维特为厦大党委书记,张玉麟改任第一副书记、副校长,实行党委领导下的校务委员会负责制。各系都建立党支部后,政治辅导处撤销。

培养高级知识分子,建设坚强的化学系党组织,始终是刘正坤书记的工作重心。刘正坤书记积极争取化学知名专家、教授加入中国共产党,卢嘉锡老师是第一个被培养入党的教师专家,其间经历了不少的波折。卢嘉锡回国前在美国国防部从事原子能领域的研究,由于此段经历,在进行政治审查的时候,很多同志提出了不同的意见。为此,刘书记特意向组织说明卢嘉锡保护地下党员的事迹。1949 年 8 月,厦门大学地下党 3 名工友被捕。为了保护其他地下党员,卢嘉锡自己掏钱,资助地下党同志朱木水前往香港进行避难。由此可看出卢老师对党是有深厚感情的,对党的认识也是非常深刻的。卢嘉锡老师的入党问题得到了市领导的高度重视,市委书记亲自到张玉麟书记家进行了解。刘正坤前往进行汇报,并最终得到肯定,卢嘉锡没有政治问题,批准讨论后发展入党。

刘正坤书记第二个动员入党的是陈国珍教授。陈国珍出生于贫苦家庭,留学回国后，刘正坤书记便对他进行思想动员，只有共产党才能救中国，共产党代表的是劳苦大众的利益。陈国珍教授入党后，周绍民、蔡启瑞教授等化学系知名教授、学者，先后在刘书记的介绍下加入共产党，成为化学系党组织重要的骨干力量。

图 3-35　刘正坤向校领导汇报工作（左起陆维特、张玉麟、卢嘉锡、刘正坤）

1957 年春，根据党中央通知，全党开展整风运动，发动群众提批评、建议。只过两个月，政治形势发生重大变化，由党内整风转为反击右派进攻。系里有的老师到东北进修，由于反对苏联专家的一些做法，而被进修单位上纲上线为向党进攻。有的老师负责工会工作，发动群众提意见，结果最后被定为右派。不仅在教师中抓右派，对说错话或提出尖锐批评意见的学生也定右派。但化学系总支在刘正坤书记领导下，竭力将反右斗争扩大化范围缩小，尽力保护了一批专家学者，对化学系之后的发展功不可没。

1954 年 9 月，蒋军从金门向厦门发射炮弹 38 万余发，一个月中出动飞机 1200 多架次，对厦门岛狂轰滥炸，厦大校舍多处受到燃烧弹、机枪和炮弹的袭击。9 月的一天，四颗炮弹落在厦大校园内，厦大职工和学生各有 2 人受伤，正常的教学和生活秩序遭受破坏。学校首先进行防空、防炮设施的建设。在五老峰山麓和教室、宿舍周围的地面上，师生们挖出一人多深的防空壕沟，一条条弯曲而相通的防空壕布满校园各处，中间有用石头与水泥砌成的圆形碉堡，以便师生在炮击时，从教室或宿舍向五老峰下转移疏散。学校并对五老峰下、南普陀寺后的天然洞穴进行清理、编号，形成著名的“厦大十八洞”。指挥所设在比较大的防空洞内，装有电话，日夜有人值班。较平坦的则当作教室或开会场所。

图 3-36　坑道里坚持学习、做实验

学校实行三部轮换，每部四节一贯制办法：即上午文史科，下午财经科分配在防空洞上课，晚上化学系这样的理科在靠洞的安全地带上课。每周上课时间限在 24 小时，教材力求精简，实验课和课堂讨论酌情减少，星期天作为补课时间。体育课采取分散、就近、分组的办法进行。每当空袭打炮，厦大上空响起一阵刺耳的警报声，全校师生立刻疏散，离开教室，就近进入坑道，路上不能行走，有纠察队员站岗。从坑道可抵达"十八洞"，那里有教室、防空指挥部、会场等。到 11 月中旬，在人民解放军炮火猛烈反击下，国民党飞机空袭次数减少，学校恢复了白天正常上课。

1958 年 9 月 8 日，台湾国民党军竟把厦门大学作为炮击的目标，约 60 枚炮弹打到厦大校园，化学系四年级学生谢坚固被击中胸部和腿部，造成重伤，还有其他系的师生受伤。芙蓉一三楼走廊的护栏，有几个釉瓷瓶被弹片击碎，学校长期不修复，为的是留下作为国防教育的真实材料。在激烈的炮战中，学校宣布成立"厦门大学民兵师"，王亚南、张玉麟分别任正副师长，吴立奇、未力工任正副政治委员，配有厦门大学民兵师战旗与战歌。民兵师下设三个团十三个营。化学系为第四营。化学系学生一般住在芙蓉一，而长期都有一个班住在建南大会堂，叫警卫连。警卫连每人配备武器——步枪一支，由部队派人负责训练，每天要出操。炮战时，一般同学进坑道，警卫连战士负责护校，四处巡逻。从厦大医院到白城海滨的海岸线，是厦大民兵师承担的军民联防哨。每天晚上由警卫连战士轮流去站岗放哨。一个晚上分为四段岗，一岗两小时。站岗时每人配备带刺刀步枪一支，子弹五发。每天都有不同的口令。海防哨既锻炼了厦大学生的胆量，也磨炼了学生的意志。军民海防哨一直延续到20世纪70年代末。战火中诞生的厦大民兵师及厦大学生在海防线上站岗放哨是中国高校绝无仅有的。厦大师生的对敌斗争经历赢得了极高的声誉。

图3-37　第四营（化学）1962级一民兵班

七、贯彻“高校六十条”，化学系百花齐放

20世纪60年代，根据中央负责同志和省委的指示，厦门大学发展方向要“面向东南亚、面向海洋”。厦大是爱国侨领陈嘉庚在1921年创立的，四十年来与华侨有密切联系，在海外有一定影响。1956年起，为满足东南亚等地区海外华侨子弟学习文化、谋生就业和回国参加建设的需要，应中央侨委等部门要求，厦大成立南洋研究所和华侨函授部，每年招收侨生占总招生数的三分之一。化学系是函授部开展的四大专修学科（数学、物理、化学、中文）之一。学校成立华

侨函授部。化学系抽调安丽思等老师组成化学函授组，培养化学专科海外函授生，1960 年又增设化工专科。1956—1960 年，化学专科班共招生 396 人。1960 年开办化工技术班，招生 102 人。1962 年，按照教育部的指示精神，重点高校的部分学科学制逐步由四年改为五年，化学系从 1958 级开始，少数学生实行五年制，1959、1960 级逐渐增加，1961 级以后全部实行五年制。

图 3-38 1958—1963 年厦门大学化学系首届五年制学生毕业合影
（教师二排左起：黄开辉、杨华惠、田昭武、李法西、蔡启瑞、方锡畴、顾学民、刘正坤、周绍民、林祖赓、李志贤）

60 年代全面贯彻“高校六十条”。从 1958 年以来，高校有较多的社会活动，如大炼钢铁、下乡下厂等生产劳动。“高校六十条”要求建立稳定的教学秩序，厦大安排每年教学时间要保证 39 周(包括考试 4 周)。师生社会活动严格控制，教师控制在每周 8 小时以内，学生不超过 6 小时。同时要充实教学内容，保证系统教学，配备经验丰富的教师担任主讲教师。化学系由陈国珍主讲无机化学，田昭武主讲物理化学，林硕田主讲有机化学，黄素梅主讲分析化学，林连堂主讲物质结构，方锡畴老教授则在有机教研组听课，指导年轻教师。科研方面，则围绕蔡启瑞教授的催化理论、陈国珍教授的分析化学、新提副教授张乾二的结构化学、田昭武副教授的电极过程动力学，发挥有专长的老教师的作用开展研究工作。

化学系党总支在刘书记带领下，通过每个教研室的党支部书记，发挥共产党员的先锋模范作用，团结广大教师，贯彻党的教育方针，做好教学与科研工作。

化学系全系上下拧成一股绳，心往一处想，劲往一处使，成为一个雷厉风行的战斗集体。化学系总支一直是党的优秀基层组织，这一优良传统保持了几十年。

1960 年顾学民副教授出任厦门大学化学系主任。为了贯彻“高校六十条”，提高化学系教学质量，顾老师兢兢业业，无私奉献。她把大量精力放在系务工作，仍继续主讲无机化学的部分章节，还经常抽空去听基础课，发现教师或助教教学中有什么不足，会及时指出，并想出改进与提高的办法。她还经常到基础课实验室巡查，对教辅人员也严格要求，以保证化学系教学质量。在 50 多年的时间里，无机专门化基础课教学多次受到表扬、获得奖励，科研也取得多方面成果。

图 3-39　无机化学教学小组留影

（前排左起：安丽思、夏木西娅、黄金玉、郑淑颖，中排左起：陈再鸿、江启温、苏文缎、颜玉玺，后排左起：姚士冰、黄森林、王家骅、黄家灿）

1963 年 9 月教育部决定，将厦门大学升级为全国重点大学，为教育部直属大学（1958 年厦大曾下放归福建省政府管理）。从此，厦门大学站在更高的平台，化学系师生更是精神振奋。化学系党总支注重做好教师的重点培养工作。

图 3-40 1958 年系办厂耐火材料研磨车间

20 世纪 60 年代，虽然卢嘉锡、陈国珍教授调往福州、北京，吴思敏、方锡畴老教授相继退休，但蔡启瑞教授带领催化组，多项科研获得成功，研讨班学以致用，在国内影响日增，中青年教师也成长起来。

田昭武副教授思维敏捷，讲课语言精练，他讲授的物理化学基础课，要求学生有较好的数理基础。田老师从不照本宣科，而是根据自己的见解组织教材内容，例如热力学第二定律与熵函数的引出是这门课的教学难点，相图相平衡则是物化的重点，他都总结出自己独特的讲法。田老师还十分重视学生的实验技能培养和训练，他挑选技术好、经验丰富、严于律己的教师担任实验组长，并在每年暑假为下一学年实验教学做准备。

1957 年暑假，田昭武得到一个难得的机会，北上东北长春听苏联电化学专家讲学。当年厦门交通不便，既无火车也无飞机，要通过汽车、轮船交接来到江西，再坐三天四夜火车到长春。苏联专家弗鲁姆金院士和卡巴诺夫教授是国际电化学专家，报告内容丰富，极具启发性。田昭武感到收获甚丰。

田昭武在 20 世纪 50 年代末开始研制的蓄电池是银锌电池。他带领林祖赓、陈衍珍、叶明库等研究了锌在碱溶液中的电化学行为，又研究了银电极大电流充放电的某些行为，进行了一系列自催化电极过程的理论研究。在此基础上，田昭武又带领他的科研团队，研制出蓄电池充放电试验自动控制仪，以后又研制出电解池恒电位电源装置和极化曲线快速自动记录仪。一台台仪器、一套套装置试验成功，使科研团队看到了电化学广阔的应用前景。

物构组大部分人员已赴福州，留下张乾二副教授、赖伍江、杨华惠老师与刚留校的毕业生林连堂、王南钦、王银桂，组建了新物构组。张乾二副教授讲授物质结构，条理清晰，深入浅出，并整理了《物质结构》教案。1962 年化学系增设“高等物化”课，张乾二自告奋勇承担这门课程的教学任务，原来的结构化学课则交给青年教师林连堂。张老师将自己的教案拿给林，并约定每章节一对一试讲，使林连堂老师很快成长为优秀的主讲教师。张乾二老师用此方法培养了多位年轻教师。

图 3-41　1961 年新建的物构组

（前排左起杨华惠、赖伍江、张乾二、俞鼎琼，后排右起王南钦、林连堂、王银桂、刘添良）

1964 年，张乾二、赖伍江老师赴长春，参加唐敖庆教授举办的物质结构研讨班，边学习边搞科研，主要进行配位场理论研究。这些成果，后来获国家自然科学一等奖。

图 3-42 20 世纪 60 年代物构组欢送进修教师

这期间，化学系除了每年招收结构化学、分析化学研究生外，相继还招收催化、电化专业研究生。截至 1966 年，化学系先后招收培养研究生 49 名。

表 3-2 化学系 1963—1964 学年、1965—1966 学年第一学期上课门数与周学时数

1963—1964 学年第一学期			1965—1966 学年第一学期		
年级	上课门数	周学时数	年级	上课门数	周学时数
一	6	24	一	6	21
二	5	22	二	6	21
三	5	22.5	三	5	21
四	6	23	四	5	20～21
五	5～6	18	五	4	14

电化组教师积极开展科研工作。1964 年田昭武副教授基本完成电极交流阻抗的理论研究，3 篇代表作分别发表在《中国科学》以及《高等学校自然科学学报》上；同时继续开展自催化电极过程的系统研究，从实验上求出表征自催化过程的电化学参数。在应用基础研究方面，开展了常温和低温条件下碱性溶液中锌电极阳极行为的研究和银电极的大电流充放电研究，参加这些研究工作的有林祖赓、叶明库、陈衍珍等。20 世纪 60 年代初，田老师提出测量瞬间电极交流阻抗的方法，并设计出相应的仪器，可测量毫秒级时间内的阻抗变化，同时分离

出等效电路中的电容和电阻成分。他带领研究生林祖赓、叶明库，开始研究并试制电子管的电极充电曲线使用仪。

周绍民副教授很重视教学工作，先后讲授过无机化学、普通化学、分析化学、物理化学等基础课和电极过程动力学、金属电沉积等专业课。20世纪60年代，周老师集中研究有机物电极过程、电分析和有机物电解制备，如研究醇类在铂电极上氧化的动力学机理以及铂表面氧化层的形成和特性、糠醛在二氧化铅电极上氧化的动力学机理等，发表了10多篇研究论文。糠醛电解制备顺丁烯二酸的生产工艺曾经省化工局组织鉴定，并在厦门、三明、南通等地的多家工厂进行中试。参加周老师课题的有张瀛洲、苏方腾、许书楷、许家园等。

分析组广泛开展海水中化学元素分析方法的研究。在电化学分析方面，杨孙楷、黄会良老师建立了用极谱测定海水中溴和硼酸，用汞膜电极阳极溶出法测定痕量铜和锌。张荣坤等老师建立脱膜氧电极恒电位测定溶解氧，供船上实验室使用。在催化动力学方面，刘文远老师等建立了海水中痕量钒和钼的催化分析法。在光化学方面，郑朱梓、黄贤智等老师建立了海水中镁的荧光分析法、铷和铯的发射光谱测定法，还把食盐水的分析法改进为快速滴定海水中硫酸盐的络合滴定法。

20世纪60年代，国家发出向海洋进军的号召。在陈国珍和李法西教授共同指导下，组织化学系与海洋所陈再生等30多人，查阅了20世纪以来的国内外文献，编写了《海水分析化学》一书，1965年由科学出版社出版。该书推荐了17个海水中常量元素的分析方法，并进行了推荐、验证和评论。该书对海洋调查、海水综合利用有重要意义，同时也是很好的教学参考书。此书经过近50年的应用，证明该书的质量是经得起考验，至今仍是海水分析化学指导书。

陈国珍先生调到核工业部(当时称二机部)，被誉为核战线的眼睛。他要为制造原子弹的材料把关，要研究各种材料里含的微量元素不能超越的界限。每个星期，从周一到周六，陈先生带领二机部分析组的工作人员，进行核材料的仔细研究，严把原子弹材料的质量关。到了周日，他就来到北京图书馆，查阅资料，思考厦大化学系和海洋所的一些分析化学研究课题。他知道厦大这边缺乏学术带头人，他要挑起这份担子。用这种形式，陈国珍教授带领厦大化学系与海洋所化学工作者，研究了许多课题，共撰写了18本专著。

陈国珍十分注意把写书与培养人才结合起来。他主编的书大致经历以下几个步骤:首先由他提出编写全书的宗旨、大纲和体例;与参加编写的人员仔细讨论,统一认识和方法;各人分头搜集材料,分章负责在限期内完成各自编写任务;初稿交陈国珍逐字逐句仔细审阅后提出修改意见;最后由编写者各自修改定稿。在他领导下参加编写的有许多单位的众多同志,他们回忆起在陈国珍领导下参加写作的往事,都深感在他领导下工作,不仅学到了许多业务知识,而且还从他的身上学到了严谨的治学态度和一丝不苟的工作作风。

图 3-43　陈国珍带领化学系分析组与海洋所化学工作者撰写海洋分析专著

1960—1965 年由张荣坤老师与福建海洋所(现为自然资源部第三海洋研究所)海洋化学研究室郭一飞完成“船用化学仪器”的系列研究,开创国内船用化学仪器要素测定先河。该仪器系列为“船用海水测氧仪”和“船用光电比色计”,并列入全国第一次海洋仪器会战内容。研制成功后由厦门第二分析仪器厂生产。

图 3-44　陈国珍教授对入学博士生进行复试(右为许金钩老师)

化学系教师带领学生到厦门相关工厂做毕业论文,解决了生产中重要的技术问题,真正做到"教育与生产劳动相结合"。例如,电控厂生产的开关所用弹簧,因电镀不过关,废品率高达40%~50%,9个学生在带队老师指导下,与工人一起做实验,找到原因是电镀中氢气掺入。后采用"回火去氢",使废品率下降到2%,同时试验了以镀锡代替镀银,大大降低了生产成本。另一队学生到电池厂做毕业论文,课题为"改进锌锰电池"。锌锰电池的"气涨"和"冒浆"是全国电池厂的老大难问题。下厂师生与工厂技术人员、老师傅一起研究,找出高温条件下,电池中可溶性淀粉被破坏,产生CO_2是"气涨"的原因,并试验用三氯甲烷有机硅涂碳棒,制成不透水可透气的碳棒,并用石灰加入电池吸收CO_2。

另一些课题则是科研单位或生产企业提出的,化学系师生协助他们解决。例如厦门市科委海水实验室提出"聚氯乙烯纤维溶剂的回收"课题,化学系师生与科委技术人员一起开展研究。在聚氯乙烯抽丝的工艺流程中,二硫化碳、丙酮和酒精三种性质相近的溶剂混合在一起,难以分离回收。师生与科研人员一起,夜以继日进行试验,终于取得可喜的成果。

1960年底由化学系与福建海洋研究所(现为自然资源部第三海洋研究所)合作到厦门卤化厂对盐卤综合利用进行研究,改进氯化镁($MgCl_2$)生产工艺,使其成本降低50%。KCl产量提高一倍,纯度达到95%,并从废料提取氯化锂、氯化金等稀缺副产品。1960年系、所还共同完成"九龙江水化学要素的调查研究",这是该海域的第一次水化学要素的调查。

新中国成立后17年,化学系培养的优秀学生有梁敬魁(1955届,1993年当选院士)、林祖赓(1956届,电化学家,曾任厦门大学校长)、吴新涛(1960届,1999年当选院士)、万惠霖(1962届本科/1965届研究生,1997年当选院士)、陈抗甫(1963届,曾任山东省副省长,九三学社全国委员会常务副主席、全国政协副秘书长)、洪华生(1967届,海洋生物地球化学家,曾任福建省人大常委会副主任、政协副主席)等。一大批优秀毕业生留校任教,成为化学系的新生力量。

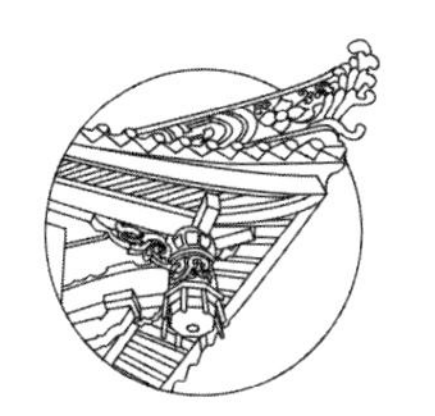

第四章 “文革”十年 凤凰涅槃（1966—1976）

1966年5月至1976年的“文化大革命”，使党、国家和人民遭到新中国成立以来最严重的挫折和损失。

发动“文化大革命”的一些主要论点既不符合马克思列宁主义，也不符合中国实际。这些论点对当时我国阶级形势以及党和国家政治状况的估计是完全错误的。

是非混淆必然导致敌我的混淆。“文化大革命”所打倒的走资派，是党和国家各级组织中的领导干部，即社会主义事业的骨干力量。“文化大革命”对所谓“反动学术权威”的批判，使许多有才能、有成就的知识分子遭到打击和迫害，也严重地混淆了敌我。还有被戴上“反革命嫌疑”“牛鬼蛇神”等莫须有罪名的同志遭到迫害打击，蒙冤受难……

在领导机构被夺权或改组，局势混乱的情况下，派工军宣队进驻学校实行“三支两军”是必要的，对稳定局势起了积极的作用，但也带来了一些消极的后果。

以上是“文化大革命”期间的化学系的概要写照，其错误已被充分揭露，本书恕不赘述。

在国家动乱不安的形势下，化学系广大师生仍然择机坚持教学科研等工作，取得不少的成绩。当然，这一切绝不是“文化大革命”的成果，如果没有“文化大革命”，我们的事业会取得大得多的成就。

一、师生下乡下厂

1966年7月，“文化大革命”进入到“斗批改”的阶段，学校安排文科学生下乡、理科学生下厂与工农结合。化学系师生到工厂，利用糖精生产过程排出的废水和排空的氨气，经过吸收塔中和，制成氯化铵化肥。有些师生到厦门电池厂，协助工人师傅进行工艺革新。电池厂原来生产电池每年需要面粉30万斤、玉米粉8万斤、氯化铵210吨、棉纱2400公斤。师生进厂后进行试验，用龙眼核粉、陶瓷粉、纸浆等代替50%面粉做糊浆，用氯化钠代替氯化铵，试验出一批电池，初步检验达到原电池生产标准。

到厦门电化厂的化学系师生奋战十几昼夜，试制成功第一批纯碱。电化厂原来生产的毒杀酚农药是液体，师生们采用闽西生产的膨润土做填充剂，使毒杀酚改为固体农药，便于包装、运输。有些师生到侨星化工厂，试验乙炔合成苯百吨生产车间的工艺流程与新催化剂。

还有些师生留在学校实验室，进行六氯苯农药试制，经过多次实验，终于用木炭和氯气直接合成出六氯苯。它本身就是一种农药，还可用氢氧化钠中和，获得五氯酚钠除草剂。另一些师生在实验室研制出银锌电池，该电池与普通1.5 V电池相比，体积是同性能的镍铬电池的二分之一，重量是三分之一。它容量大，相当于15节普通电池的安培时，可在低温下(零下40 ℃)正常使用，可长期保存(3～5年)，组配给军用电台使用。

1970年7月，1969、1970届学生被分配到各省的军垦农场，“由工农兵给他们以再教育，彻底改变旧思想”。化学系学生被分配到山东、安徽、江西、福建四个省的几个军垦农场，接受再教育。

还有一些教工被先后分两批下放到农村，户口也带下去，进行劳动改造。有的教师被下放到福建省内工厂工作，有些教师被下放到厦门中学任教。在下放劳动中，作为被教育对象的刘正坤同志仍想方设法保护顾学民等知名教授和教师。

二、招收工农兵学员

1966年“文革”一开始，全国高校即陷入瘫痪状况，招生工作全面停止。1970年6月27日，中共中央批转《北京大学、清华大学关于招生(试点)的请示报告》。根据毛主席“要从有实践经验的工人、农民中间选拔学生，到学校学习几年以后，又回到生产实践中去”的指示，全国高校陆续恢复了招生，但招生对象调整为“上山下乡和回乡知识青年；有相当于初中以上文化程度的工人、贫下中农、解放军战士和青年干部”。招生也不再采取考试的形式入学，而是以政审、推荐、选拔的方式入学。

1970 年 10 月，厦大第一批工农兵学员试点班入学。化学系设有有机合成和半导体材料两个专业，共招收 52 名学员。杨森根、王火两位老师带领周绍民、魏宝明、林清赞等老师到厦、漳有关化工厂，带领王南钦、黄森林、姚士冰老师到省内外有关半导体工厂车间调研、编写教材，后面还带领学生前去进行现场教学和实习，依托系办工厂的有机硅、半导体硅材料（包括多晶硅、单晶硅、外延片生产）车间开展教学、实践及科研。系里还指派魏光、戴深俊、蔡维平担任班主任（辅导员）工作。试点班的开办为以后全面正式招收工农兵学员起到借鉴和促进作用，也是产学研体制的粗浅探索。

1971 年 9 月，周总理多次指示要重视基础科学与理论教育。在这个形势下，学校开始招收普通班工农兵学员。部分下放劳动的干部与教师被调回学校参加教学工作。一些问题已查清的“牛鬼蛇神”也解放出来，参加教学工作。

图 4-1　1974 级学军分队（1974）

1972 年春季，开始全面招收工农兵学员，实行“自愿报名、群众推荐、领导批准、学校复审”的招生办法，毕业后回原地区原单位工作。学校从全国 20 个省市招收了368名学员。1972年秋季招收406名，1973年秋季招收934名。三届学员中，家庭成分基本为工人、贫下中农、革命军人。各专业的学制定为三年。理科各专业再另加补习半年。

图4-2　带学生下乡学农（前排左起朱海坤、王滨水，后排左二戴斗笠者为蔡维平）

虽然工农兵学员的文化水平参差不齐，给教学带来很大难度，但教师仍尽心尽力培养，在课堂上循循善诱。教师认真地从分数到三角函数、立体几何，一一进行补课。为了给工农兵学员既补习中学数学知识，又为上好高等数学打好基础，刚从牛棚出来的张乾二老师利用备课和业余时间，认真编写了一套切合学员实际情况的初等数学讲义，并亲自讲授部分内容。教材从代数、平面几何讲到三角、立体几何、解析几何，从实数讲到虚数、复数。这套讲义是从教学实践中总结出来的精华，适合于不同程度学员学习和掌握基础数学知识，具有较强的综合性和实用性。例如，讲义从一个数学问题出发，从"几何"的角度可以证明图案中某些角相等，某些三角形相似或全等。从"三角"的角度可以求它的边长、夹角，从"解析几何"可以写出图形的数学表达式。

化学系工农兵学员十分珍惜来之不易的学习机会，对老师很尊重，学习也很认真。20世纪70年代刘正坤担任化学系系主任，非常关心工农兵学员成长。刘老师亲自抓教学质量，抓学风建设，深入课堂、实验室悉心指导，严格要求。化学系坚持每门课考试，工农兵学员的课内知识学得比较扎实。

“文革”中，化学系分为有机高分子、电化、催化几个专业联队，每个联队自成“一条龙”体系，配备无机、有机、分析、物化等方面老师，也有些化学系老师上数学、物理课。化学系围绕开门办学、生产实践，设置课程。当时化学系与鱼肝油厂合作办有机硅车间，由高分子组在实验室研制乙基和苯基有机硅单体。后来研制出乙基有机硅油和苯基有机硅树脂耐高温涂料，转入化工厂试产成功后，由鱼肝油厂另建厂生产。教师就围绕有机硅的生产工艺编写教材。

1972 年，随着尼克松访华，外国的封锁开始松动，燃料化学工业部决定在国内布局建设十个维尼纶厂。由于福建永安维尼纶厂最早建成投产，燃化部决定，1973 年在福建办石油化工培训班，由厦门大学化学系承办，对来自全国十个省市的五十多位培训人员进行了半年的培训。有机组老师负责培训班教学工作，潘容华、隋乐恕老师负责编写教材，许志文老师负责讲课。

20 世纪 70 年代中期，有机高分子、电化、催化等教学联队，带领工农兵学员，先后到厦门合成苯厂、永安维尼纶厂、南平造纸厂、福州一化、福州二化、福州农药厂、南京化工厂等单位开门办学。与工人师傅同吃、同住、同劳动。根据所去工厂的典型工艺流程，编写出相关教材。工农兵学员通过这些教材，学习无机、有机、分析、物化等相关知识，分析组老师还带领学员到龙海、漳浦一带进行土壤检测，为科学种田服务。

1974 年，田昭武老师主持设计成功的电化学综合测试仪开始批量生产。他主讲的“电化学研究方法”课程和讲义也趋于成熟。对电化学尤其是电源生产方面知识有旺盛需求的四机部决定委托厦门大学举办全国“电化学研究方法短训班”。

短训班安排上午上电化学理论课，全部由田昭武老师上课，其余时间安排实验课，由电化组老师承担。当时教学条件较差，既没有投影仪，也没有电脑等一系列教学辅助设备。田老师一天要上 3 节课，全部用粉笔板书。在黑板上进行复杂的物理化学的公式推演，绘制出整版的仪器线路图。田老师讲解自己专业的理论与自己研制的仪器，十分熟练。他精神饱满，声音洪亮，时隔几十年后，当年的学员还记忆犹新。

下午实验课配合示范操作 DHZ-1 型电化学综合测试仪，做了 70 多组次实验，对一些常用电极（如铂电极、银电极、锌电极、空气电极、碳钢电极、不锈钢电极等)进行了稳态与暂态实验。通过理论与实验的紧密结合,短训班获得圆满成功,许多参加培训的青年,后来都成为所在单位的技术骨干。

1970—1976年,化学系先后招收工农兵学员六届(1971年未招收),累计726人。在师生共同努力下,学员们经过三年半的学习,也获得许多可喜成果,培养了一批人才。例如,电化学1972级学生在林仲华老师指导下,完成了《电池内阻极化测定仪及其应用》的毕业论文;分析化学1972、1973级学生在黄良会、杨孙楷老师指导下,完成了《汞膜电池在极谱分析中的应用》;施彼得、肖漳龄等老师带学生完成《温和条件下合成氨催化剂的研究》毕业论文。黄贤智老师带领两届工农兵学员反复研究、奋力攻关,在毕业论文阶段设计、调试成功荧光光度计Ⅰ型,不久就进入工厂规模生产,以后还有Ⅱ型产品。现在(21世纪)李耀群老师研制的多功能荧光分光光度计是Ⅲ型,则有更好的性能了。

系领导重视对这几届工农兵学员的培养,安排学识渊博、教学经验丰富的老师任教。学生学习刻苦用功,虽然不时受到政治运动的干扰影响,但是大部分学有所成,毕业之后成为社会有用之才,其中不少人在各自工作岗位上发挥突出作用。有的成为教授、高级工程师、研究员,其中有的还享受国务院特殊津贴,有的获得国家杰出青年基金;有的成为地方党和政府部门的主要领导干部;有的成为高校的主要负责人;有的成为工矿企业技术、管理骨干,或自主创业成就一番事业;有的旅居国外,常与国内高校、研究机构进行科研合作和学术交流。他们中有些还捐资学院设立奖学、奖教金或作其他兴学用途。

三、科研与生产相结合硕果累累

由于化学系分析化学的电分析与光谱分析在国内处于领先地位,“文革”前夕,分析组承担了国家的海洋科学规划任务,后因“文革”中断。1972年全国进行海洋调查,化学系选派了刘朝基、王尊本、胡明辉、蔡阿根等12人,从青岛出发,经江苏、上海、浙江、广东,向南一直到海南岛。以后又参加国家海洋局主持的《海洋调查规范》的制定,刘文远、张荣坤、王尊本老师在第三分册《海洋化学要素的测定》中承担活性硅酸盐、溶解氧和活性磷酸盐三章的编写。

无机组顾学民老师带领曾文臻、江启温、詹梦熊等老师,从矿物和废渣中分离、提取金和银获得成功,在邵武冶炼厂建立了金银生产车间,1976 年生产出黄金 200 两及硝酸银试剂近一吨。此外,还从重砂中提取出二氧化钛、四氯化钛、海绵钛,从辉钼矿制取氧化钼及钼酸盐,从绿柱石中提取氧化铍,并利用离子交换法制取高纯度氧化铍。

高分子组在潘容华、李德娥等老师带领下,合成出新型工程塑料,可自润滑,替代合金钢高压活塞环。高分子组与校印刷厂合作,研究出适合南方使用的液态感光树脂,能绘出细线条和独立小点的插图,解决了以往用锌版无法制出精细版的难题,且版质坚韧耐用。1976 年技术鉴定后,在厦门绝缘材料厂小批量生产。还与厦门第六塑料厂合作,研制成功高发泡钙塑材料,1978 年技术鉴定,认为具有国内先进水平、达到日本同类产品指标,在厦门塑料厂批量生产。

从 20 世纪 60 年代到 70 年代,有机组陈耀宗、李志仁等老师长期进行合成生长素的研究,用氯化碘直接生产碘代苯氧乙酸(增产灵),产率为 72%~85%;直接合成从蜂蜡中分离、提取正三十烷醇,含量 85%以上,收率为 15%~25%。经 29 个地区和单位试验,证明三十烷醇具有明显的生理活性,于 1980 年鉴定。后来在厦门大学化工厂生产,获得较好的经济效益。

20 世纪 70 年代,在田昭武老师带领下,林祖赓、郭祥康、叶世源、陈体衔、尤金跨等,开展一系列新型化学电源的研究,首先是锌-空气一次电池和二次电池的研究,这是 20 世纪 60 年代发展起来的高性价比电池,可作为一次电池使用,也可作为二次电池,反复充电放电循环使用。凭着电化组坚实的理论基础和出色的动手能力,一年多课题组就研究成功锌空蓄电池。经鉴定,性能指标达到设计要求:单元电池比锌锰电池重量轻 33%,工作时间长 4~5 倍,循环寿命达 100 多次。锌空蓄电池可直接用作部队无线电通信电源及防化部队空气污染测试仪,还可作为矿山开矿的矿灯、海上的航标灯。

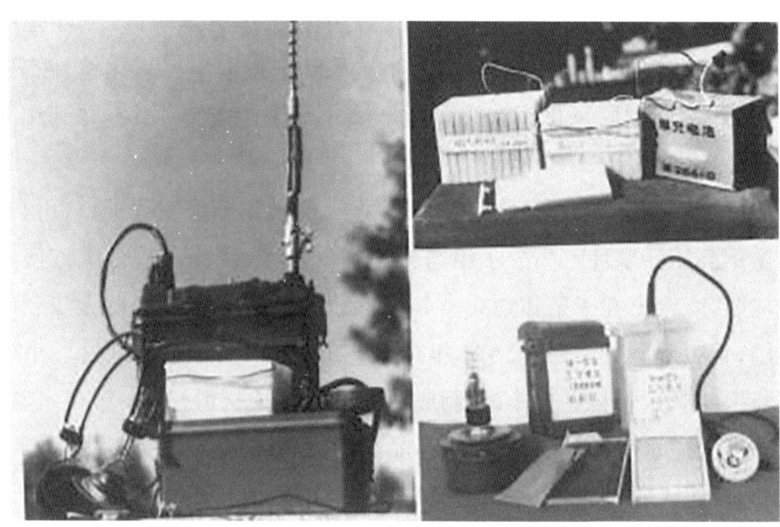

图 4-3　研制的锌空蓄电池(左:部队通信电源,右:矿灯)

1973 年,田昭武老师带领陈体衔、林仲华、穆纪千和三明无线电二厂杨鸿枢工程师,开始研究"电化学综合测试仪"。这是在十二年前真空管测试仪基础上的一个升级换代。电子器件使用当时先进的晶体管和集成电路,线路全部重新设计。科研组全体人员和三明无线电厂的技术人员全力以赴,投入攻关克难的拼搏中,问题一个个解决,难点一个个突破,DHZ-1 型电化学综合测试仪终于研制成功,并由福建三明无线电厂做出第一台样机。

测试仪采用控制精度为毫伏级、高输入阻抗、具有溶液欧姆电阻补偿的恒电位仪,输出电压、电流可最大限度满足电化学实验要求。测试仪指令部分有线性扫描的慢信号及方波、三角波、正弦波等快信号发生器,具有对数变换、积分运算等功能。特别是仪器可进行电极交流阻抗的瞬间测量,这是田昭武老师的首创,由于他精通电化学理论,并能与电子学融会贯通,才能研制出这一功能的仪器,而国内外同类仪器均无此功能。

图 4-4 DHZ-1 型电化学综合测试仪

金属的防腐蚀是关系到国家军事力量、环境保护等的重大课题。海军军舰在海水中长期浸泡,如何防止腐蚀意义重大。金属防腐蚀涉及金属表面吸附、表面膜形成、钝化、电结晶等。田昭武、黄德东、魏宝明、洪家珍等老师开展黄铜管的海水腐蚀及防护研究,以及电化学测试仪器的研制等。

“文革”中,周绍民老师的课题组一度被拆散。在开门办学的日子里,周老师目睹我国电镀工业的落后和环境污染的严重状况,他带领张瀛洲、许书楷、姚士冰、蔡加勒等,以金属电沉积作为研究方向。1973 年开始以无氰电镀为背景,先后系统研究了锌、铜、镍、铬、锡、钯和镍铁、锌镍、锌铁等合金以及化合物半导体的电沉积动力学和机理,探索络合剂和添加剂的作用。无氰电镀机理和测试方法等课题先后获国家教委科技进步二等奖、优秀奖以及福建省奖励。电化组老师还为四机部开办了电化学研究方法短训班。

图 4-5 化学系开办四机部电化学短训班(1977 年)

陈国珍先生一生注重人才培养,倾毕生精力撰写学术专著,将自己丰富的学识留传后辈。自 1961 年编写《分光光度法》一书后,30 多年中,他利用业余时间陆续撰写或主编出版了 18 部专著,可谓“高产”科学家。

“文化大革命”期间,许多单位的工作几乎陷入停顿,而肩负国家使命的陈国珍先生除了积极开展核工业方面的科研,每个星期天都会出现在空荡荡的北京图书馆里。由于“文革”科研停顿,他觉得国内与国际上分析方法的差距越来越大,而他还能看文献、搞科研,他要用加倍的时间来工作。无数个星期天的呕心沥血,诞生了他主编的《荧光分析法》一书。该书于 1975 年由科学出版社出版,是“文革”期间出版的少数几本自然科学专著之一,一经出版,便深受欢迎,影响深远。中国科学院院士、原湖南大学校长俞汝勤先生曾多次公开讲到,陈国珍先生主编的《荧光分析法》一书,影响了一代又一代的光谱分析工作者。该书问世极大促进了我国荧光分析法的研究和应用,即使是目前相关领域的前沿研究者,对该书的引领作用也都感同身受。1992 年,陈国珍先生与他的两位学生合作编写的我国第一部有关荧光分析法的博士生教材《荧光分析进展》出版,进一步传承了陈国珍先生的学术思想和教学理念,其学术传承源远流长。

图 4-6 陈国珍先生在讲课

图 4-7 陈国珍先生与他的部分著作

在撰写专著过程中，陈国珍先生表现出的严谨求实的科学态度和诲人不倦的师道精神，让参与编著的学生们都牢记在心。他们都记得，陈先生主持编书，每一篇文章，他都要逐字逐句仔细审阅修订，包括标点符号、引用文献等，书稿付梓出版前至少要经过三遍校对。他对学生谆谆教诲道：对待著书必须要做“范本”，要经得起时代的检验。

20 世纪 70 年代初，周恩来总理提出“应加强基础理论研究”。化学模拟生物固氮研究既具有重大理论意义，又富含农业实用价值。1972 年，在中科院主持下，蔡启瑞教授与唐敖庆、卢嘉锡两教授联袂进行化学模拟生物固氮的研究。当年中科院生物学部在长春主办固氮学术会议。唐敖庆做了“氮分子活化”的报告，蔡启瑞与卢嘉锡也赴长春。会后立项“化学模拟生物固氮”，并开始拨款。这样，原来“文革”中打散的唐敖庆在长春吉林大学的科研团队、蔡启瑞在厦门大学的催化团队、卢嘉锡在福建物构所的科研团队又组织起来了。

图 4-8　1972 年卢嘉锡、蔡启瑞赴长春开会，与唐敖庆合影

1973 年交流会在厦门召开。蔡启瑞用已知的酶促反应作为化学探针，并根据络合催化原理，提出二钼二铁二硫的活性中心模型，后来发展出厦门模型；卢嘉锡提出固氮酶的一钼三铁三硫原子簇模型，后来改进为福州模型。这是世界上最早提出多核原子簇结构的固氮酶活性中心模型，并提出已知固氮酶底物的多核配位活化模式。厦大化学系组织了洪满水、许志文、丁马太等老师进行合成实验，张藩贤、廖远琰等老师进行样品测试，生物系曾定老师配合进行生物活性测试。卢嘉锡在物构所开展固氮酶的合成研究。课题组另外一组人员则对现有工业合成氨的铁系催化剂进行改进。

图 4-9 1973 年唐、卢、蔡三人聚厦门讨论化学模拟生物固氮

(前排左起:王银桂、王南钦、林连堂、张惠玲,中立左起:周绍民、刘正坤、卢嘉锡、唐敖庆、蔡启瑞,后排:张乾二、江元生、赖伍江)

图 4-10 会议空闲时,卢嘉锡、唐敖庆、蔡启瑞三人愉快地交谈

图 4-11 蔡启瑞教授提出固氮酶模型

图 4-12 参加固氮酶课题的人员合影

（第一排：左四蔡启瑞，左五卢嘉锡、左七肖漳龄；第二排：左七陈祖炳）

1976 年，蔡启瑞教授在《中国科学》上发表了著名论文《固氮酶的活性中心模型和催化作用机理》。论文从催化化学角度提出了固氮酶活性中心模型和电子传递机理的设想，同时还附上详细的图形。论文发表后，在国内外引起关注。

后来，根据国际上固氮酶研究的进展，蔡先生将这一模型做了改进，为设计合成模型化合物及开展化学模拟指出方向。同时，他还提出了三磷酸腺苷驱动的电子与能量偶联传递机理及其化学模拟方法。

图 4-13 蔡启瑞与助手讨论固氮酶问题
（左起林国栋、张藩贤、陈祖炳、张鸿斌、蔡启瑞、万惠霖）

1978 年，以卢嘉锡为团长的我国固氮代表团赴美参加第三届国际固氮学术讨论会，代表中国介绍了两个固氮模型。报告受到国际同行的赞赏，了解中国国情的华裔科学家更是十分钦佩，中国科学家在这样艰难的条件下，还能进行这样的基础研究。

蔡启瑞教授很早就注意到过渡金属化合物的配位络合催化作用及其与金属酶催化作用、过渡金属催化作用之间的内在联系（如铁催化剂、固氮酶活性中心多核络合活化 N_2、稳定高位能中间态 N_2HX 的作用机理），并对过渡金属催化 CO 的缔合式加氢机理研究也有重要启发，从而形成了以他为代表的厦门大学催化研究的理论特色。

李庆水、翁玉攀、黄开辉老师根据这些实践与理论，撰写了《氨合成催化剂》一书，1978 年在化学工业出版社出版。它是我国第一部论述合成氨工业中氨合成催化剂的专著。书中全面而系统地介绍了氨合成催化剂的生产实践和若干理论问题，例如氨合成催化剂的催化性能与物理结构以及化学组成之间的关系，催化剂制备和使用的工艺过程，现用催化剂的历史沿革以及新型催化剂的发展动向等。

张乾二从牛棚解放出来后，开始为工农兵学员上课。后来看到唐敖庆、卢嘉锡、蔡启瑞联合研究“化学模拟生物固氮”，晚上回家开始思考科研问题。当他在讲解初等数学时，在几何和三角问题的备课中，曾诱发他进一步的思考：能否用初等数学的几何、三角来解析分子结构的化学问题？在理论化学中，最重要的就是求解分子体系的状态波函数和体系能量。能否用初等数学求解状态波函数？他开始对这个新问题进行潜心研究，为的是探索分子几何构型与它的状态波函数——分子轨道之间的联系。

首先张乾二观察直链多烯烃分子中 π 轨道的原子轨道系数，从丁二烯、戊二烯到己三烯……链中某个碳原子 C_r 的系数乘上某个常量，会等于左右相邻两个碳原子 C_{r-1} 与 C_{r+1} 的系数之和。以后又发现这个常量是该轨道能量本征值减去碳原子库仑积分的差除以相邻碳原子的交换积分。张乾二不停地计算、观察与琢磨，发现了分子的几何构型可能影响它的轨道系数，并与三角函数有一定的联系。

接着，张乾二研究苯环、苄基、三苯甲基等环状共轭分子的轨道系数。他发现这些分子的轨道系数是以环的中轴线左右对称或反对称。先求解轨道系数方程，再推出轨道能量，可能是一个捷径，但还要大量的验算与证明。他反复观察环状分子的 π 轨道系数，发现它们的轨道系数与某些特殊角的三角函数值相符；再观察双环、三环分子的 π 轨道系数，也与某些三角函数值相同。张乾二想，是否可用三角函数来表示轨道系数？他又回过头来观察直链多烯烃的分子轨道系数、长链多烯烃的 π 轨道系数，数据的变化有周期性，特别像正弦波，可以用正弦函数来表达轨道系数！

张乾二对三角函数十分熟悉，如果可用正弦函数表达直链多烯烃的系数，那么余弦与正弦为互补函数，三角函数中的半角公式、倍角公式等一系列关系，又可用来表示什么其他图形的分子呢？张乾二真想把这些结果与什么人一起分享，可是他虽然已从牛棚解放出来，但“牛鬼蛇神”的帽子还没有脱掉，没有资格参加科研。张乾二想，即使一个人，我也可以一步步做，先把直链多烯烃的规律研究清楚，然后研究环状烯烃的分子轨道。

图 4-14 1977 年后，张乾二带领林连堂、王南钦一起研究休克尔矩阵图形方法

早在 20 世纪 60 年代，蔡启瑞教授带领的催化课题组，就开始以乙炔为基础合成橡胶单体的技术研究。先是乙炔二聚制乙烯基乙炔，然后选择性地加氢制丁二烯。由丁二烯聚合可制成顺丁橡胶，或与苯乙烯共聚成丁苯橡胶。70 年代初，催化组教师带领工农兵学员组成科研小分队，解决生产的实际问题。先是醇醛缩合反应制丁二烯，然后丁二烯提纯、聚合为聚丁二烯。

课题组先在实验室合成，制备了数百克聚丁二烯，然后由厦门橡胶厂制作成两条自行车外胎。学校派陈祖炳携带这试制品到福建省军管会生产指挥部，申请立项，马上获批 20 万元试制经费。厦门市安排该项目在橡胶厂建试验装置。化学系派陈祖炳、王仲权、傅金印和翁玉攀组成小分队，进行现场设计、设备制造、安装，并对乙炔水合工段投料试车。以后，小分队成员陈、翁调整为林国栋和曾金龙。

首次投料表明磷酸镉钙催化剂颗粒形状与机械强度都不适合流化床反应器，后又获悉镉催化剂毒性比汞更强，所以只能用氧化锌作催化剂。将氧化锌负载于微球形硅胶上，制成乙炔水合负载型催化剂。在评价装置上，试验进展顺利。随后小分队在橡胶厂建立催化剂批量生产的装置。但过一段时间，由于经费和橡胶厂的发展方向等问题，合成橡胶项目被搁置下来。小分队就将在橡胶厂研制开发的氧化锌催化剂移植到厦门冰醋酸厂。后来，林国栋被派到厦大化工厂，建立起氧化锌催化剂的批量生产装置，产品供应厦门冰醋酸厂、沈阳化工厂、延吉和新乡电化厂。

20 世纪六七十年代，国家对石油烯烃化学产品，特别是聚乙烯、聚丙烯等有机产品的需求量剧增。蔡启瑞教授以络合催化理论为指导，带领研究团队，对 Ziegler-Natta 型烯烃定向聚合催化剂进行深入系统的改进和升级研究，先后发明了多种乙烯、丙烯定向催化剂。

络合催化机理的中心是：催化剂的活性中心与化学反应基团直接构成配位键而使其活化。络合催化中可能有四种效应，即络合活化，对反应方向和产物结构的选择，通过价态可变的活性中心和其他配体促进电子传递，以及电子和能量的偶联及传递。在烯烃聚合中可能只有前三种。

以乙烯聚合催化剂为例，首先制取氯化镁-正丁醇溶剂化物，再用 $SiCl_4$ 解醇，得到 $MgCl_2$ 和 $\begin{array}{c} C_4H_9—O—SiCl_3 \\ | \\ MgCl_2 \end{array}$ 的载体混合物。然后用 $TiCl_4$ 和所制得的混合物作用，使 Ti 化学结合到载体混合物上。其中钛质量分数为 9%～10%，乙烯聚合活性中心数目显著增加，构成含镁和钛的固体催化剂组分，配合烷基铝组分，组成乙烯聚合的催化剂体系。

该催化剂在北京石化三厂、上海高桥化工厂、辽宁石化二厂等企业进行扩大化试验，获得很好的乙烯定向聚合催化效果，达到当时国内先进水平。优点在于聚乙烯化合物中金属离子和卤素的残留量低，灰分少，产品质量高，单釜聚合的生产能力高。

1975 年，为给国内首台万吨级绝热炉提供配套催化剂，何淡云、祝以湘、肖漳龄、徐志固等老师到上海高桥化工厂，合作研制出新型乙苯脱氢制苯乙烯催化剂（11 号）。$11^{\#}$ 催化剂于 1976 年在该厂 3000 吨/年等温炉上试用成功，随后又顺利运行于绝热炉。1977 年双方再次合作研制无铬的 210 乙苯脱氢催化剂。小试完成后，在上海高桥化工厂进行了中试和催化剂的批量生产，1979 年在江苏常州化工厂成功进行工业生产，成为国内首例工业级的乙苯脱氢无铬催化剂。最先投产的 XH-11 催化剂首次引入铈助催剂，并革新了制备工艺，使工业装置苯乙烯的产量提高了 20%，优于国外壳牌 105 催化剂。随后的 XH-210 又以钙代替铬作为结构助催剂，性能未降，还消除了铬的危害。XH 系列催化剂后来成为厦门大学化工厂的拳头产品。

20 世纪 70 年代，化学系将举办短训班与教学、科研推广结合起来，获得很好的效果，如催化专业举办了“乙炔水合制乙醛”“催化原理”等短训班，不仅推广了科研成果，也培养了人才。1975—1976年，石油化工部调拨三台气相色谱仪，委托厦门大学化学系举办4期色谱应用培训班，由张藩贤、李基涛、洪碧凤、黄菊君、方钦和老师上课、训练。4期共有一百多工矿技术人员来厦大培训。

化学系的科研人员还搞废水、废气的综合利用，研究改进厦门电化厂的产品和生产流程，对厦门电池厂的生产工艺进行革新，搞乙炔合成苯，试制有机合成半导体新材料等。

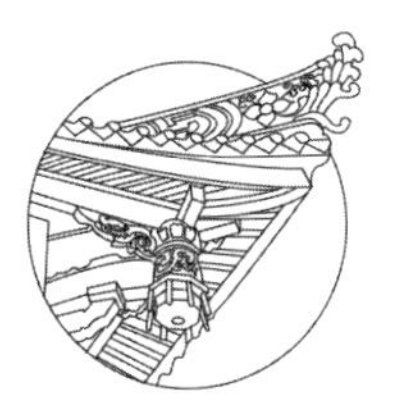

第五章
拨乱反正
续写新章
（1977—1990）

一、恢复高考，招收研究生

1976年10月粉碎“四人帮”，十年“文革”宣告结束，科技教育界成为打破禁区、拨乱反正的突破口。1977年底，开始着手全国“文革”中及以前冤假错案的平反。1978年学校党委根据上级指示，要求对“文革”中的冤案逐一进行平反。1979年6月化学系党总支恢复，在刘正坤书记的主持下，化学系的平反工作得以顺利进行。

图5-1　全国科学大会会场

1977年冬天，关闭十年之久的高考大门重新开启，以恢复高考为契机，教育界进行了全面的拨乱反正和恢复整顿。1978年2月厦门大学再度被确认为教育部部属全国重点大学，学校的工作重心转移到教学和科研两个中心上来，化学系开始进入新的发展阶段。系里的编制进行调整，恢复了“文革”中解散的一些教研组。例如物构教研组，由张乾二任组长，老物构组的林连堂、王南钦、杨华惠回来，“文革”中从外校调回的卢嘉锡早期的研究生胡盛志、施彼得、黄泰山、周牧易也加盟物构组，一时兵强马壮。

根据当年招生政策，化学系从大批考生中择优录取了 1977 级本科生 145 人，于 1978 年 2 月正式入学，同年 10 月 1978 级新生 166 人又入校，并扩招大专班 64 人，于 1979 年 5 月入学，1981 年 6 月毕业。这些渴望知识的青年迈入校门后迸发出高度的学习热情，校园内弥漫着良好的学习风气。在十几年的文化浩劫中，一般人只能看马列、毛泽东著作与鲁迅作品，看不到任何其他文学作品和科学著作，一切人类的文化遗产都被诬为“封、资、修”。入学后，学生学习热情空前高涨，学生总觉得学不够，教师总感觉教不够。图书馆的教学参考书被一扫而空，晚上教室、宿舍到处灯火通明，学生们都在埋头苦读，抓紧一切时间，要把以前的损失补回来。1977、1978 级学生中涌现出一批优秀人才，他们已成为各行各业的重要骨干。

图 5-2　1978 年，赴武汉参加全国教材研讨会时合影

（前排左起阮淑贤、俞鼎琼、周绍民、许金钧，后排左起王南钦、张乾二、郭奇珍、苏文煅）

继决定恢复高考之后，1977 年 11 月教育部与中国科学院联合发出《关于 1977 年招收研究生的通知》，因“文革”长期中断的研究生招收培养工作从此开始。化学系招收 1978 级研究生 14 人，全部在物理化学专业就读。

图 5 3　1981 年冬，校系领导与“文革”后第一届硕士毕业生合影
（前排左起：赖伍江、潘容华、刘正坤、周绍民、蔡启瑞、顾学民、田昭武、陈国金、林鸿禧；后排左起：陈慧珍、林梦海、尹维平、宋华、林昌健、王斯成、廖代伟、胡荣宗、陆维敏、陈鸿博、程文旦）

1978 年 3 月召开了全国科学大会，标志着科学春天的到来。蔡启瑞是厦门大学正式代表，田昭武、张乾二、赖伍江等是列席代表。邓小平在开幕式的讲话中郑重宣布：“总的说来，他们(指知识分子)的绝大多数已经是工人阶级和劳动人民自己的知识分子，因此也可以说已经是工人阶级自己的一部分。”话音一落，全场响起经久不息的掌声。在这次大会上举行了隆重的授奖仪式，表彰一批积淀多年的优秀科研成果，奖励先进集体和先进个人。厦门大学蔡启瑞、唐仲璋两位获先进工作者称号，化学系、生物系、海洋系被表彰为先进集体，11 项科研成

果获奖，蔡启瑞教授主持的"络合催化理论与化学模拟生物固氮"、"石油化学中新型催化剂的研究"(主要完成人：肖漳龄、陈德安、蔡启瑞等)和"乙炔催化加合聚合新型催化剂的研究"(主要完成人：傅金印、林国栋、蔡启瑞等)3个项目，田昭武教授主持的"电极过程和等效电路理论研究"等3个项目以及黄会良、杨孙楷等的"75-3A型快速极谱仪"获得全国科学大会奖，全系师生受到极大鼓舞。搞好教学与科研两个中心的工作，把"文革"耽误的时间抢回来，是全系师生的共同决心。

图5-4 20世纪80年代初期，蔡启瑞教授与催化团队(左起：张鸿斌、蔡启瑞、林国栋、张藩贤、万惠霖、陈德安、陈祖炳)

十一届三中全会后，党的知识分子政策和干部政策逐渐得到落实，被错误扣上"右派""右倾机会主义分子"等帽子的教师和干部以及"文革"中的各种冤假错案得到平反昭雪，邓小平提出的"尊重知识，尊重人才"口号深入人心，极大振奋了广大教师的政治热情和工作积极性。在这种背景下，一批在教学科研上造诣高、社会影响大的教师获得晋升，有的被选拔到学校各级行政管理部门担任主要职务，自愿申请加入中国共产党的教师不断增多。1978年田昭武、张乾二和周绍民先生首批晋升为教授，不久，顾学民晋升为教授，一批老讲师晋升为副教授。

1978年起，周绍民先生担任化学系系主任，后调任厦门大学科研处处长。1979年顾学民教授再度担任系主任直至1984年。1977年11月—1981年5月刘正坤同志再度担任化学系党总支书记。1980 年蔡启瑞和田昭武教授当选中国科学院学部委员(后来称为院士)。1978 年起蔡启瑞教授担任厦门大学副校长、校学术委员会主任(至 1982 年),1982 年田昭武院士被国务院任命为厦门大学校长(至 1989 年)。

图 5-5　1984 年,庆祝卢嘉锡、蔡启瑞从教 50 周年合影

二、整顿提高,初见成效

为了适应新形势、新情况,20 世纪 80 年代上半期化学系积极开展各方面的改革,建立起各种新的规章制度,使各项工作有章可循。在本科教学方面,虽然恢复了高考招生,但是五六十年代形成的课程体系和教学内容已经不宜继续沿用,跟随学科发展、开展教学改革势在必行。田昭武院士担任厦门大学校长期间,十分重视改造旧专业,发展边缘学科和新兴学科,大力倡导"文理渗透,理工结合"的人才培养模式,特别强调必须提高师生外语水平和使用计算机的能力,以便适应对外开放和学术交流的需要。同时,生源结构的变化也要求对教学内容和教学方法进行改革。

1980 年前入学的大学生年龄差别大，学习工作经历不尽相同，如何按照新教育方针的要求使他们真正成为“四有”人才，有许多问题值得研究。系主任顾学民教授非常重视本科教学改革，她深入各个教研室检查督促，亲自组织或参加各种专题会议，商讨各门基础课程和专业课程的课堂教学和实验教学的相关问题。

图 5-6　20 世纪 80 年代，系主任顾学民教授（左一）与无机组教师讨论教学工作

1981 年美国科学院院士、哈佛大学化学系主任多林教授发起中美化学研究生计划（简称 CGP），每年通过全国会考选拔出 40 名化学学科的中国大学生到美国深造。CGP 考试的成绩以及被录取到美国深造的学生人数，无形之中成为全国各重点综合性大学比拼本科教学质量的指标。全系任课教师非常看重 CGP 考试这项工作。由于从教学改革入手，采取了有效措施，在历年的 CGP 考试中，厦大化学系学生都取得较好成绩，每年都有多名学生入选赴美深造，有的年份入选的学生数多达 7 名，引起国内同行的关注，也扩大了厦大化学学科在国际上的影响力。

20 世纪 80 年代初我国学位制度刚刚建立，如何培养硕士生和博士生更是全新的课题。化学各专业的研究生招收办法、培养方案、教学计划、学籍管理实施细节以及专业学位课程的教学大纲等，几乎都是在这段时间内制定的，为今后继续深化研究生教学改革奠定了较好的基础。

图 5-7　周绍民教授(右一)在指导研究生

在科学研究方面,为了适应新诞生的科学基金制度的需要,必须强化科研工作的领导机制,制定出相关的条例和实施办法,加强科技项目的过程管理。随着职称评定工作的常态化,职称指标与申请晋升人数的矛盾在化学系特别突出,必须制定符合本单位情况的职称评定办法,协调教学人员与科研人员、年长教师与中青年教师的关系,以进一步发挥他们的工作积极性。

1984 年,张乾二教授接任系主任。同年 11 月,王火同志任系党总支书记(1981 年 5 月开始主持党总支工作),直至 1991 年 5 月。化学系党政领导密切配合,积极推动各方面的改革,保证了学科的持续发展。

图 5-8 1985 年化学系领导班子

（前排左起：张鸿斌、张乾二、顾学民、王火，后排左起：陈祖炳、许书楷、黄如彬、庄栋良、游泽民）

20 世纪 80 年代上半期，化学系面貌发生很大变化，主要表现在以下方面：

（一）办学层次提高，研究生教育打开局面

1980 年 2 月，全国五届人大常委会第 13 次会议审议通过了《中华人民共和国学位条例》，我国建立起包含学士、硕士和博士 3 个等级的学位制度。1980 年，无机化学、分析化学、有机化学和物理化学等专业被批准为硕士学位授权二级学科，硕士生教育同时在 4 个专业中展开。1981 年 11 月国务院批准厦门大学物理化学专业为全国首批博士学位授权二级学科，蔡启瑞、田昭武院士为全国首批博士生指导教师，化学系成为厦门大学最早可以招收培养博士生的少数教学单位之一。经过认真筹备，1982 年蔡启瑞、田昭武院士开始招收培养博士生。1982 年 2 月，陈鸿博、林昌健、廖代伟三位博士研究生入学。1984 年张乾二、周绍民教授被批准为全国第二批博士生指导教师，使招收培养博士生的力量大为增强。

(二)师资队伍素质提高,中年业务骨干加快成长

为了尽快扭转高层次人才断层的局面,国家出台选派教师出国进修和选派研究生留学的政策。经过国家的选派,尤其是在联合国教科文组织的资助下,至1985年,有20多名教学科研人员相继赴加拿大、英国、美国和德国等发达国家进修或当访问学者。选派教师出国进修这一举措,不仅促进了师资队伍水平的提高,也为开展国际合作和交流打下基础。由于职称评定工作步入正轨,化学系中的教授、副教授人数逐渐增多,增强了学科的整体竞争力。值得指出的是,时任校长的田昭武院士十分重视学科带头人和学术骨干的培养,并采取有效措施让出类拔萃的人才脱颖而出。在这种思想的主导下,一些中年教师被推到教学科研第一线独当一面地开展工作,他们踊跃承担起本科生课程或硕士生课程的主讲任务,拉开了教学队伍承上启下、有序接替的序幕。

图5-9　1983年,万惠霖老师在美国麻省理工学院进修

(三)科研摊子铺开,科学研究受到普遍重视

1982年中国科学院自然科学基金正式启动(后来改设为国家自然科学基金),科技体制的改革和科研经费拨款方式的改变,为科研工作的全面铺开提供

有力支持。借此良机，不少副高职称以上的教师踊跃进行科学基金申请并获得资助，为取得较多科研成果创造了条件。科研工作基础较好的物理化学专业获批的科学基金经费较多，申请项目大多属于国际上的前沿课题或热门课题。另外，由于培养研究生以及评定职称的需要，越来越多的教师加深了对科学研究重要性的认识。科研工作基础较弱、教学任务繁重的老师开始挤出时间寻找课题，加入科研工作的行列，研究生也成为科学研究中的重要力量。

1983 年教育部正式批准厦门大学成立物理化学研究所，蔡启瑞教授任首任所长。研究所下设催化化学、电化学以及结构与量子化学 3 个研究方向各具特色的研究室，正式科研编制 90 名。物理化学研究所的成立，为组建强大的物理化学科学研究队伍提供了保障，也为日后申报固体表面物理化学国家重点实验室奠定了基础。

继首任所长蔡启瑞教授之后，周绍民和张乾二教授依次接任物化所所长一职。他们都是德高望重的化学系老前辈，为了确保整个化学学科的长期良性发展，他们非常注重处理好物化所与化学系的关系，始终坚持两个单位分工不分家，二者的发展规划、人员调配和后勤服务统一协调安排。物化所的所长、副所长参加化学系的行政办公会议，参与研究讨论各项工作任务的部署和实施。

（四）国际学术交流日益频繁，开始探索人才培养和科学研究的国际合作途径

早在 20 世纪 70 年代末，国外专家（尤其是催化化学和电化学领域的国际顶级专家）就相继应邀来厦门大学访问讲学，师生开阔了眼界，增长了见识，有力推动了学科的发展。与此同时，越来越多的教师满怀自信地走出国门，参加各种国际学术会议，登上国际学术讲台，开启了国际化的办学方向。蔡启瑞先生选派骨干出国，几次亲自率队考察访问日美欧名校和研究机构。1981 年初，由联合国教科文组织资助，蔡先生带队访问日美，先后赴日本大阪大学、京都大学、东京大学和东京工业大学，美国加州大学伯克利分校、斯坦福大学、麻省理工学院、西北大学、哈佛大学等地考察交流，前后历时 40 天。蔡先生还邀请多位世界知名同行到访厦门大学，举办讲座，如比利时 Delmon 教授应邀于 1986 年春天在厦门举办讲习班。1987 年，蔡先生还发起举办了中日美第三届催化会议。这些举措密切了与各国同行的交往，拓展了厦大学子的视野，也向客人介绍本校的学术创

见,收到了良好效果,厦大化学的知名度和话语权得到明显提高。催化化学和电化学等教研室开始酝酿与境外联合培养研究生,开展合作研究的计划。电化学教研室还与国际上最有名气的电化学仪器制造公司之一——美国的PAR公司建立起合作关系。

图5-10　蔡启瑞和有机组教师与纽曼教授合影(1979年)

图5-11　联合国援款项目顾问、美国科学院院士加州大学伯克利分校E. L. Muetterties教授来华讲学留影

[前排坐者(左起):赖伍江、王仲权、张乾二、陈懿、蔡启瑞、缪特蒂斯、顾学民、陪同翻译人员、胡盛志、庄启星]

图 5-12　1984 年，田昭武、林祖赓教授访问英国高校

图 5-13　20 世纪 80 年代，催化团队出席国际学术会议

在基础设施建设方面,得益于教育部的支持,1979 年开始兴建化学楼,它是当时教育部批准兴建的少数几座化学大楼之一。化学楼面积 19000 多平方米,于 1984 年底落成,1985 年 1 月举行落成典礼。时任中科院院长的卢嘉锡先生亲笔为化学楼题写楼名,并与田昭武校长、蔡启瑞教授共同为化学楼剪彩。化学楼除教学科研用房外,配有报告厅、图书阅览室、仪器药品供应室、仪器装置零部件加工室等技术后勤场所。

图 5-14　1984 年化学楼剪彩启用(北门,左前起田昭武、卢嘉锡、蔡启瑞)

1985 年化学系、物化所的人部分从原来的化学楼(南安楼)和科学楼(凌峰楼)搬迁到新建的化学大楼中,教学科研等工作场所、空间大为改善,以往教学科研场所坐落分散的状况得以改观,有利于教学科研工作的进行,也方便管理。

三、学科整合,建设国家重点实验室

1986 年,化学系跨进学科建设的新年代。化学系、物理化学研究所同心合力,建立固体表面物理化学国家重点实验室的申请顺利获得立项,并于 1986 年通过国家计委、国家教委组织的论证。1987 年国家重点实验室获准建设,田昭武院士担任实验室首任主任,蔡启瑞院士担任实验室首任学术委员会主任。该国家重点实验室以固体表面、固/气界面和固/液界面的结构与功能为主要研究对象，在催化化学、电化学、结构与量子化学及相关学科交叉融合的基础上，着重从原子、分子水平和纳米尺度上，研究表面和界面的结构与反应机理，设计、合成有关催化剂和电极材料以及纳米结构体系。实验室秉承“开放、流动、联合、竞争”的宗旨，认真贯彻《国家重点实验室建设与管理暂行办法》，于1990年建成验收，向国内外开放。

图5-15　固体表面物理化学国家重点实验室第一届学术委员会第一次会议合影(1990年)

(前排左起：田昭武、王弘立、蔡启瑞、陈清龙、唐有祺、吴征凯、吴浩青、钱人元、周绍民

中排左起：王金枝、佚名、佚名、林墀昌、黄金陵、陈懿、林祖赓、蔡生民、吴越、邓景发、张鸿斌

后排左起：毛秉伟、田中群、孙世刚、傅志东、王南钦、万惠霖、方俊金、林仲华、吴辉煌、林国栋、庄栋良、陈力文)

1986年在全国学位委员会第7次会议上，分析化学专业被批准为博士学位授权二级学科，受聘厦门大学兼职教授、在国家海洋局任职的陈国珍先生被批准为该专业的博士生指导教师。同年，博士生导师黄本立先生从中国科学院长春应用化学研究所调至厦门大学化学系工作，使分析化学专业的实力大为增强，学

科特色更加鲜明。厦门大学分析化学学科在分子光谱、原子光谱和质谱分析等领域的基础研究和应用研究独树一帜,在国内和国际上具有较大影响。

图 5-16 物化方向的四位学术带头人(右边:张乾二、田昭武、蔡启瑞、万惠霖,1999 年摄)

图 5-17 20 世纪 80 年代,陈国珍教授与郑朱梓、黄贤智、王尊本、许金钧老师讨论科研工作

1985 年 12 月,经国家科委批准,建立了物理化学博士后科研流动站(国内

首批建站单位之一)。随着分析化学专业获得博士学位二级学科授权,1988 年物理化学博士后科研流动站扩展为化学博士后科研流动站。我国实行博士后制度的目的在于吸引、培养和使用高层次优秀人才,吸引留学博士回国是博士后制度产生的直接动因。然而由于经费限制,全国博士后管理协调办公室每年下达给化学博士后科研流动站的入站名额非常少,一般是每年 1 名,最多 2 名。为了缓解名额指标问题,时任校长田昭武院士亲自到相关管理部门争取指标,并提出由学校自己承担博士后全部经费的方案。这个方案得到管理部门的认同,后来自费招收博士后的做法也在全国推广。与此同时,化学系采取多种举措吸引留学博士回国,许多德高望重的老师利用出国参加学术交流的机会,想方设法与海外学子进行沟通,学校也尽力为博士后创造良好的科研环境和生活环境,从而提升了化学博士后科研流动站的吸引力和影响力。郑兰荪博士是第一个进站的博士后,他在 CGP 项目资助下于 1982 年 8 月作为首批中美联合招收的化学类研究生出国留学,师从美国莱斯大学 Smalley 教授(1996 年诺贝尔化学奖得主),1986 年 5 月获得博士学位后随即进站工作,并开展富有成效的创新研究。不久,从英国学成的田中群博士,从法国学成的孙世刚博士,从美国学成的王小如、杨芃原、袁东星博士等人相继进站,他们各自的突出表现证明了博士后制度在培养造就跨世纪人才所发挥的特殊作用。化学博士后科研流动站也成为全国博士后科研流动站的先进典型。化学博士后科研流动站自建立之日起,一直是厦门大学化学学科和相关学科吸引、招纳国内外优秀青年人才的重要窗口,切实发挥了"筑巢引凤"的作用,2005 年和 2010 年先后被评为全国优秀博士后流动站。郑兰荪和孙世刚于 2005 年入选全国 100 名优秀博士后。

图 5-18　郑兰荪 1986 年 5 月在美国获得博士学位后即进入厦大化学系博士后流动站

图 5-19　1989 年,黄本立教授与美国归来的博士后合影(左起:王小如、袁东星、黄本立、杨芃原)

图 5-20　田中群在英国南安普敦大学攻读博士学位

图 5-21　孙世刚(后排右二)在法国读博期间与访法的田昭武(后排左一)、田中群(前排左一)、黄培强(后排右一)合影

1988 年物理化学专业被批准为首批高等学校重点学科，此时该专业的博士生导师已有 6 人，他们是蔡启瑞院士、田昭武院士以及张乾二、周绍民、吴钦义和林祖赓教授。1989 年田昭武院士出任中国化学会第二十届理事长。此外，一些中青年业务骨干初露锋芒，在国内的知名度逐步提升。

材料化学本科专业始建于 1985 年的材料化学教研室(丁马太副教授任教研室主任)，1987 年由国家教委正式批准设立。这是由厦门大学提议并在全国综合性大学中率先设置的第一个材料化学本科专业。它的设立突破了学科专业目录的原有框架，促进了化学专业人才培养目标和培养模式的转变。材料化学本科专业的设立是根据 20 世纪 80 年代中期福建省国民经济建设需要提出的。当时厦门市正在筹建中外合资的大型感光材料厂，时任福建省委书记项南同志要求厦门大学予以帮助。原先提议设立“感光材料”本科专业，经过校内充分论证，最后决定拓展专业内涵，改为材料化学专业，并得到国家教委的认同。材料化学本科专业实现当年设置，当年招生。

图 5-22　1998 年，量化组讨论固体表面吸附课题
(左起：徐昕、张乾二、王南钦、吕鑫)

教学与科研紧密结合，是化学系长期坚持的方针。在学术带头人和骨干教师的努力下，20 世纪 80 年代开设了一些融入新成果、形成新体系、富有一定特色的课程，如“催化原理”“催化专题”“电化学研究方法”“现代电化学选论”“角动

量理论与原子结构”“群论的化学应用”“电子能谱与表面化学”“谱学”“现代配位化学”“仪器分析”“有机合成原理”“材料化学导论”等。这些课程深受学生欢迎，也增添了化学系的学科特色。

在基础课实验教学中，重视学生的基本操作和基本技能训练，严格掌握实验课的考核评分标准，注意培养实事求是的科学态度和一丝不苟的工作作风。在专门化实验教学中，努力引进新技术，不断更新实验内容。光谱电化学、计算机联用技术、分子荧光分析、化学发光分析以及 ICP-原子荧光分析等一些新技术被引入本科实验中，成为实验教学的亮点。

除了招收培养博士生、硕士生和本科生外，化学系多次举办全国性的讨论班、进修班和研讨班，为兄弟院校、科研单位和生产部门培养中、高级专门人才。催化化学教研室 3 次接受部委委托，举办全国性的催化进修班和研讨班，近百名在职人员接受培训。1984 年电化学教研室举办了为期 1 个月的全国电化学研讨班，邀请美、英等国的国际顶级电化学家前来授课，来自全国各高等院校和科研单位的 40 多名学员参加研讨进修。这些研讨进修班，由于专家们精心准备，研讨班授课内容丰富，系统性强，而且做到理论课和实验课结合，学员们受益匪浅，推动了我国相关学科的发展。

20 世纪 80 年代末，化学系和物理化学研究所在编教职员工共 336 人，其中教学和科研人员逾 200 人，分属无机化学、分析化学、有机化学、物理化学、高分子化学、催化化学、电化学以及物质结构与量子化学 8 个教研室。物理化学研究所中的各个研究室与相关教研室合为一体，人员工作安排统一调配。在教学科研队伍中，有中国科学院学部委员 2 人(蔡启瑞、田昭武)，博士生导师 7 人(除蔡启瑞、田昭武二位先生外，有周绍民、张乾二、黄本立、吴钦义、林祖赓)，教授 18 人(除上述 7 人外，他们是黄开辉、万惠霖、区泽棠、余乃梅、万祯、张荣坤、刘文远、杨孙楷、潘容华、郭奇珍、徐志固)，副教授 52 人，高级工程师和高级实验师 8 人。在学博士生 23 名，硕士生 110 名，本科生 600 多名。系属化工厂年产值超过百万元，产品以推广系、所的科研成果为主。系阅览室占地面积 600 多平方米，藏书 4 万册以上。建成基础课和专业课配套实验室 15 个，实验室中的大小仪器设备合计 5000 多台(件)。

图 5-23　20 世纪 80 年代的电化学教学科研群体
(左起:林昌健、吴辉煌、陈体衔、田昭武、林仲华、林祖赓、周绍民、黄德东、陈衍珍)

在 80 年代,化学系(含物化所)获得了省部级以上科研成果奖励 32 项,其中国家级奖励 6 项。张乾二、林祖赓和万惠霖教授被授予“国家级有突出贡献的中青年专家”称号。在 80 年代,出版了一批在国内产生较大影响的学术著作。

为了激励学生的学习热情,继承和发扬勤奋好学的优良传统,1985 年起化学系设立了“卢嘉锡·蔡启瑞奖学金”(出资人:菲律宾企业家、1941 届系友庄汉卿先生)、“重学奖学金”(出资人:原化学系系主任顾学民教授和原海洋系系主任郑重教授伉俪)和“吴思敏奖学金”(出资人:香港企业家、1948 级系友吴伯龄先生),以奖励优秀的本科生和研究生。根据出资人的意愿,“卢嘉锡·蔡启瑞奖学金”后来改设为卢嘉锡奖学金、蔡启瑞奖学金,并增设傅鹰奖学金,成为化学系荣誉最高的三大奖学金。

1989 年春夏之交,校园里的正常教学秩序遭受干扰和破坏。然而,在这种情况下化学系的绝大多数师生都能明辨是非,坚定立场,师生中很少出现过激情绪和行为,教学科研尚能维持基本运转。这既彰显出化学系长期以来坚持不懈的思想政治工作成效,同时,也对新时期开展师生政治思想教育提出新要求和新任务。

图 5-24　1989 年，校领导田昭武、蔡启瑞与美国催化专家在一起
（从左至右：陈德安、胡盛志、田昭武、美国催化专家、蔡启瑞、林建毅）

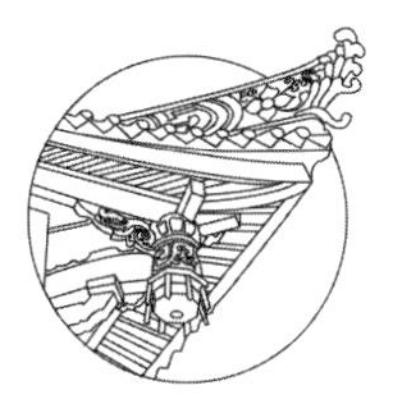

第六章
重组扩建
乘势而上
(1991—2000)

一、化工学科应时复办

厦门大学化工学科的创建历史可以追溯到1958年。随着工业大发展对工程技术人员的迫切需要,中共福建省委决定在厦门大学筹办福建工学院,设立机械、电机、化工和矿冶四个系及地质专修科。留美学者李法西任化工系系主任,毛振莹任党支部书记。为加强领导,学校成立工科办公室,统一管理各系的教学科研工作。李法西任工科办公室主任,吾惠冬为副主任,校长助理卢嘉锡教授分管工科的教学、科研等工作。后因金门炮战,中共福建省委决定于1960年在省会福州市创办理工型的福州大学,并将化工系纳入其中。

1990年国家准备引进台资在厦门海沧建立大型石油加工和石油化工企业(即901工程),时任国务院总理李鹏同志曾直接过问此事。根据中央以及福建省、厦门市有关领导的指示和校内蔡启瑞院士等专家的建议,厦门大学决定组建与石油化工直接联系的工科系和专业,以便就地培养和大批输送急需的化学化工人才。1990年5月,学校向福建省教委提交《关于1990年省联合办学增招石油加工专业40名本科生的报告》,并于当年在国家教委正式批文下达前,以化学专业名义招收石油加工方向40名新生。同年,化学系向学校提交了《厦门大学化学系关于增设石油加工专业的请示报告》,化学系与物化所联合办公会议决定组成筹备组,由物化所副所长吴辉煌教授任组长。筹备组随后进行了化工专业设置调研、教学计划编制,并提议将化学楼附属建筑物——校煤气站改造为化工基础实验室用房,还从化学系的教学经费中拨出数万元预订了七套最基本的化工原理实验设备,开始了实验室建设等筹备工作,揭开了厦门大学化工学科发展的新纪元。

1991年5月,厦门大学组建化学工程系(简称化工系),同时设立中共厦门大学化工系党总支。林国栋(主持工作)、周昭明任系副主任,并在国内外公开招聘系主任。

化工系组建伊始,当时化学系的化工基础教学小组(阮淑贤、周昭明和叶文珠)作为化工系当然成员,同时抽调与石油加工专业关系较密切的催化教研室两个课题组及相关教职工、材料化学教研室高分子化学方向的教职工以及新招聘的三位教师共同组成化工系初建时的师资队伍,开始承担专业基础课、专业实验及部分选修课的教学任务。

图 6-1　化工系前四任系主任(林国栋、李清彪、卢英华、陈晓东)合影

厦门大学是一所研究型的综合性大学,将引进和培养高水平的工科人才作为发展目标。在化工系初创时期就引进高浩其(华东理工大学博士)、李清彪(天津大学博士、南开大学博士后)、张会平(华南理工大学博士、清华大学博士后)、黎四芳(华东理工大学博士、清华大学博士后)、邓旭(浙江大学博士)和李军(华东理工大学博士)等来校任教,他们逐步成长为学术骨干。在此期间还顺利推荐卢英华公派赴德国攻读博士学位。

1991 年 10 月国家教委下文(教高〔1991〕21 号)批准厦门大学增设石油加工专业,学制四年,自 1992 年秋季开始正式招生。化工系组建后,就石油加工专业的培养目标、培养要求、课程设置、主要的实践性教学环节等走访了浙江大学、华东理工大学、南京化工学院、石油大学(华东分部、北京分部)等著名化工院校,并仔细研究和分析比对这些学校的教学计划和教学大纲。在化学系1952级校友魏宝明(时任南京化工学院院长)的支持下,顺利收集到国家教委批准印发的《高等学校工科本科部分基础课程教学基本要求目录》,以及化工基础课、专业课教学大纲和实践性教学环节(如课堂设计、认识实习、专业实习、毕业设计和毕业论文的要求)等资料,根据培养目标,结合师资队伍实际,编制了厦门大学石油加工专业四年的教学大纲。

图6-2　李军在工作中

作为工科专业,化工类实验室建设占有重要地位。化工系创建伊始,分管实验室建设的周昭明在经费和空间都很困难的情况下,四处筹款,改造煤气站厂房,带领一批刚来校任教的中青年教师日夜奔波,加班加点,终于在秋季开课之前完成了化工原理实验室建设,为化工系日后的发展做出了不可磨灭的贡献。与此同时,石油加工专业实验室在工业催化教研室老师的努力下也如期交付使用。化工系在实践性教学中,专门制定了化工系有关实习、毕业论文等补充规定,制定实习大纲,每次实习前由系党政负责人亲自组织动员,实习结束后必须提交书面总结,以保证实践教学环节的质量符合大纲要求。

二、组建化学化工学院

厦门大学化学化工学院于1991年成立。

1990年厦门大学启动校、院两级管理体制的改革，当时国内兄弟院校中已纷纷出现由系提升为学院的先例。实际上，早在20世纪80年代初期厦门大学就在原经济系的基础上建立起经济学院，经济学科的迅速发展有目共睹，因此成立学院被视为学科自身发展的需要。面对这种形势，1990年化学系党政领导组织全体教职员工围绕是否建院和如何建院等问题开展长时间的大讨论，广泛听取大家的意见和建议。

在学院成立前夕，校党委书记王洛林教授(1989年9月—1994年4月任此职)、校长林祖赓教授(1990年7月—1999年4月任此职)非常关心学院的筹备工作，多次提出指导性意见。

图6-3　1990年，田昭武院士(右)与林祖赓校长(左)在研究工作

1991年4月，中国科学院原院长、全国人大常委会副委员长卢嘉锡先生来校参加70周年校庆活动，他欣然应邀题写“厦门大学化学化工学院”牌匾。5月，学院正式挂牌成立，卢嘉锡先生与蔡启瑞、田昭武先生一起为学院揭牌。学院由化学系、化学工程系、物理化学研究所以及厦门大学化工厂组成，学院自然成为固体表面物理化学国家重点实验室的挂靠单位。

经学校考核，张乾二教授被任命为学院院长，王火为副院长，万惠霖为副院长兼化学系系主任(直至1996年),林国栋为化学工程系主持工作的副系主任(1993年起任系主任,直至1998年),吴辉煌为物理化学研究所所长。学院的党组织分设两个党总支,化学系和物理化学研究所的党员参加化学系党总支的活动,党总支书记由黄如彬同志担任(1991年5月—1996年12月任此职),蔡维平教授于1997年11月—1999年4月接任此职;化学工程系、院办公室和化工厂的党员参加化工系党总支的活动,党总支书记由许书楷同志担任(1991年5月—1991年12月任此职,后来调任学院副院长至1996年),庄栋良同志于1991年12月—1996年9月接任党总支书记一职。

尽管党的组织分为化学和化工两部分,但学院始终是一个整体,二系一所一厂的重要工作由学院统一部署,两个党总支经常联合举行活动,全院的党员经常统一部署工作和活动,同场开会,一起听报告。

三、基础与应用并举,理科与工科渗透

化学化工学院的成立是学科发展的新起点,标志着"巩固传统优势学科,发展新兴应用学科,促进理工相互渗透"的学科建设新思路的形成。

学院成立后,教学科研工作出现了新的气象。

1991年7月国家教委批准建立"化学专业理科基础科学研究和教学人才培养基地"(下简称"人才培养基地"),是全国首批建立的3个化学人才培养基地之一。化学系从实际出发,制定了"强化基础、注重能力、面向前沿、提高素质"的教学指导思想,以全面造就宽基础、高素质、具有创新精神和创新能力的一流人才为人才培养基地建设的核心任务,以实验室建设和管理体制改革为人才培养基地建设的重点项目,并将师资队伍建设作为人才培养基地可持续发展的基本保证。本着"拓宽基础,淡化专业"的原则,人才培养基地积极开展课程体系、教学内容、教学方法和手段的改革,十分重视学生动手搞科研和创新能力的培养。在教学管理上实行学分制,课程体系发生重大变化。化学专业本科生分为普通班和基地班,基地班实行滚动式管理,营造刻苦钻研、积极进取的良好学习氛围,促进优秀人才脱颖而出。70%以上的基地班毕业生被选拔继续深造,进入研究生阶段的学习。1994年10月人才培养基地通过国家教委组织的中期检查评估。

在国家教委的倡导下，1991 年成立了全国高校化学教学指导委员会，田昭武教授出任首届（1991—1995 年）指导委员会主任。

图 6-4　人才培养基地的实验室（一）

图 6-5　人才培养基地的实验室（二）

1991 年国家教委批准化学工程系设立“石油加工”专业，同年正式招收本科生 43 人，连同化学系转入的 1990 级石油加工方向本科生，化工系成立当年即有本科生 82 人。化学工程系成立伊始下设化工原理、工业催化和高分子化学 3 个教研室,后来调整为化学工程和化学工艺2个教研室以及3个教学实验室(化工原理基础课实验室、化工专业实验室和计算机仿真实验室),主要负责化工专业基础课和专业课的教学。无机化学、分析化学、有机化学和物理化学等一些必修基础课程由化学系的相关教研室承担,而化学专业开设的化工基础等课程则由化工系的相关教研室承担,初步实现学院内部的分工协作和教学资源共享。在本科教学中,化学工程系贯彻“厚基础,宽口径”的原则,以学分制进行管理。1994年,第一届石油加工本科生顺利毕业。化工系将办学四年来的教学计划、实习大纲和执行情况、教学心得等总结成《化工专业设置资料汇编(1990—1994)》,成为日后化工系办学的重要参考资料。

1993年,国家教委发文调整部分本科专业设置。在详细对照所公布的专业目录后,化工系将原先的石油加工专业调整为专业面比较宽、适应性比较强的化工工艺专业。1994年3月,国家教委同意厦门大学化工类本科专业名称为“化工工艺”,修业年限四年,工学门类。

化工系继承了化学学科教学与科研并重的优良传统,建系初期,在抓好教学工作的同时,利用化学系的科研平台和研究积累,结合教师们所具有的科研背景、化工学科的发展趋势和化工产业的技术需求,开展了科学研究与技术开发工作。首先在石油加工领域获得了一批大项目,1997年化工系的高浩其教授当年科研项目经费名列全校第一。这个时期最具代表性的科研项目有“转盘-填料复合萃取塔用于糠醛精制润滑油中试研究”(茂名石化公司、高浩其)、“酮苯脱蜡工艺研究”(茂名石化公司、高浩其)、“丙烷脱沥青工艺研究”(中国石油化工股份有限公司、茂名石化公司、高浩其)、“乙苯脱氢制苯乙烯工业催化剂的研究”(中国石化总公司,祝以湘)、“含酚废水的固定床吸附与电化学再生工艺研究”(国家自然科学基金委,张会平,这是化工系建系之后获得的第一项国家基金项目)等。在这些项目的带动下,化工系的科研与开发工作走向了滚动发展之路。随着科技的快速发展,特别是与生命、能源、环境有关的科技问题已成为研究热点,化工系结合自身学科的特点与优势,适时扩展研究领域,凝练研究方向,聚集科研力量,开展上述三个领域的交叉研究,以促进科研的发展。

图 6-6 化工系本科生在实习基地生产实习

在研究生教育方面，化学系中的无机化学、分析化学、有机化学和物理化学 4 个专业扩大招收培养硕士生规模，分析化学和物理化学 2 个专业还扩大招收培养博士生规模。1993 年在全国第 5 批学位授予学科专业评定中，许金钩、张鸿斌、吴辉煌、林仲华、郑兰荪和王小如 6 名教授被国务院学位办批准为博士生导师，至此，学院中的全国统评博士生导师达到 15 人。1994 年起，开展了博士生导师遴选制度的改革，学院中的博士生导师队伍逐渐壮大起来。

1995 年在化学系的支持下，挂靠物理化学硕士点招收了陈夷等 3 名硕士研究生，按化工相应硕士点要求来培养，自此揭开了化工系研究生教育的序幕。1998 年，化工系第一个二级学科硕士点——“化学工程”获准设立。2000 年，增设“工业催化”二级学科硕士点。

图 6-7　校、院、系、所领导、教师与化工系首届毕业生合影(1994 年 6 月)

四、启动“211 工程”重点学科建设

1993 年 2 月，党中央、国务院颁布《中国教育改革和发展纲要》，随后国家教委提出《关于重点建设一批高等学校和重点学科的意见》，开始实施“211 工程”。“211 工程”的目标是：面向 21 世纪，重点建设一批高等学校和重点学科，并在此基础上经过若干年努力，使 100 所左右的高等学校以及一批重点学科在教育质量、科学研究、管理水平和办学效益等方面有较大提高，其中部分高等学校和重点学科接近或达到国际同类学校或学科的先进水平。

厦门大学于 1993 年 10 月成立“211 工程”领导小组和工作小组，着手制定“211 工程”建设规划。在学校的统一部署下，学院同步进行迎接“211 工程”部门预审的各项准备工作。1995 年 6 月，厦门大学顺利通过国家教委和福建省人民政府、厦门市人民政府共同组织的“211 工程”部门预审。随着各项建设资金基本落实，学校按照既定计划，从 1997 年起全面实施“211 工程”项目的建设。此间，学院的工作得到校党委书记叶品樵同志(1994 年 4 月—1996 年 6 月任此职)和陈传鸿教授(1997 年 6 月—1999 年 4 月任此职)以及校长林祖赓教授的许多具体指导。1996年起，万惠霖教授担任学院院长(1997年当选中科院院士)，成为实施学院“211工程”建设项目的第一责任人，孙世刚教授任化学系系主任(至1999年)。

在厦门大学“211工程”首期建设中，“物理化学与应用化学”被列为学校重点建设的8个学科群之一。该子项目的建设任务是：进一步发挥厦门大学物理化学学科的传统优势，强化分析化学学科以原子光谱和分子光谱分析见长的特色，拓宽学科发展思路，带动和促进应用化学及相关学科的发展，争取把分析化学专业建成国家重点学科，把“材料和生命过程分析科学开放实验室”(该实验室于1995年10月由国家教委批准成立)建成国家重点开放实验室，争取增设博士学位授权专业，努力把化学学科建设成为国内一流、国际上有较大影响的科学研究和人才培养的重要基地。子项目的原计划建设经费为1000万元人民币，在学校的支持和学院的努力下，实际使用的经费为2205万元。

在20世纪90年代，张乾二教授(1991年)、黄本立教授(1993年)和万惠霖教授(1997年)先后当选中国科学院院士，学院的中科院院士增至5人。在林祖赓校长的大力推动下，学校出台了一系列有利于中青年教师脱颖而出的人事聘任政策，学院也制定了选留和引进国内外优秀人才的相应制度和具体办法，一批在国内外名校获得博士学位的优秀青年学者充实了教师队伍，使队伍的年龄结构和学历结构发生较大变化。化学系郑兰荪(1994年)，孙世刚、林昌健(1995年)，田中群、黄培强(1996年)和杨勇(1999年)6人先后入选为国家杰出青年基金获得者。

图6-8 林昌健(左)、杨勇(右)教授工作中

化学工程系一成立就把师资队伍建设放在第一位，十分重视引进人才。

1999 年底化工系已拥有一支专业基础扎实、学术水平较高、年龄结构合理的教师队伍，教师队伍中具有工学博士学位的占 35%，另有 40%具有工学硕士学位。

“211 工程”建设有力地推动了人才队伍建设。2000 年，有机化学家、中科院院士赵玉芬(1991 年当选院士)任职厦门大学化学系教授，从此物理化学、分析化学和有机化学 3 个专业都有中科院院士领衔。1998 年、1999 年和 2000 年物理化学、分析化学和无机化学 3 个学科分别获准设立教育部“长江学者”特聘教授岗位，2000 年郑兰荪教授成为学院首位“长江学者计划”特聘教授(无机化学学科)。由田中群教授领衔、13 人组成的物理化学青年研究群体入选国家自然科学基金委首批“创新研究群体”。1997 年底，全院在岗教职工总人数 261 人，其中教学科研人员 162 人，党政人员、管理人员、实验工程系列人员和技术后勤人员 99 人。教学科研人员中有教授(研究员)41 人，博士生导师 25 人，副教授(副研究员、高级实验师、高级工程师)88 人。2000 年教学科研人员中有教授 46 人，博士生导师 37 人，在国内外具有一定影响的中、青年学术带头人 16 人。获得博士学位的教师占教师总数的 51%，这一比例明显高于 1996 年的 39%。

图 6-9　固体表面物理化学青年创新群体

(前排左起：翁维正、周朝晖、王野、曹泽星、吴玮、谢兆雄、袁友珠，后排左起：毛秉伟、林昌健、杨勇、孙世刚、郑兰荪、田中群、徐昕、吕鑫)

在 20 世纪 90 年代，尤其是在“九五”期间，物理化学学科的优势和分析化学学科的特色得到进一步发挥，同时带动了应用化学学科(特别是合成化学和材料科学)的发展。

图 6-10　1996 年钱伟长(时任全国人大常委会副委员长)视察国重室

图 6-11　第八届全国催化会议期间蔡启瑞先生与国内外同行在一起
(后排左一袁友珠，左二张鸿斌，右三万惠霖)

图 6-12　1995 年校庆，林祖赓校长与学长在一起相谈甚欢
(左起：周绍民、林祖赓、蔡启瑞、江培萱)

图 6-13　国家人才培养基地负责人、福建省高等学校教学名师朱亚先教授课后答疑

固体表面物理化学国家重点实验室 1994 年获评为 A 级(优秀)实验室，1997 年被国家科委遴选为国家重点实验室试点单位，1999 年再次被评为 A 级(优秀)实验室，并在全国化学化工类国家重点实验室和部门开放实验室中名列第一。

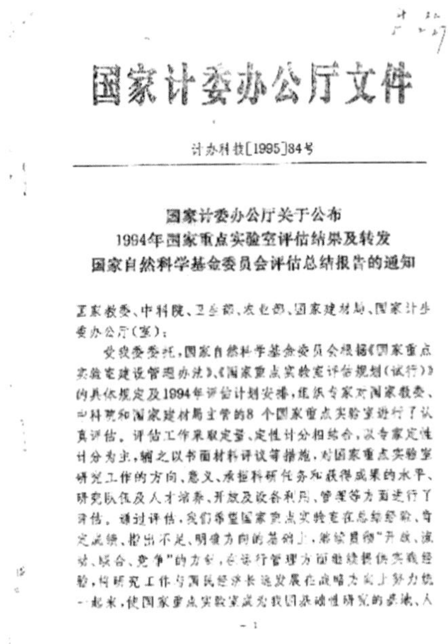

国家计委办公厅文件

计办科技[1995]84号

国家计委办公厅关于公布
1994年国家重点实验室评估结果及转发
国家自然科学基金委员会评估总结报告的通知

国家教委、中科院、卫生部、农业部、国家建材局、国家计委办公厅(室)：

受我委委托，国家自然科学基金委员会根据《国家重点实验室建设管理办法》、《国家重点实验室评估规则(试行)》的具体规定及1994年评估计划安排，组织专家对国家教委、中科院和国家建材局主管的8个国家重点实验室进行了认真评估。评估工作采取定量、定性计分相结合，以专家定性计分为主，辅之以书面材料评议等措施，对国家重点实验室研究工作的方向、意义、承担科研任务和获得成果的水平、研究队伍及人才培养、开放及设备利用、管理等方面进行了评估。通过评估，我们希望国家重点实验室在总结经验、肯定成绩、指出不足、明确方向的基础上，继续贯彻"开放、流动、联合、竞争"的方针，在运行管理方面继续提供实践经验，将研究工作与国民经济长远发展在战略方向上努力统一起来，使国家重点实验室成为我国基础性研究的基地、人

－1

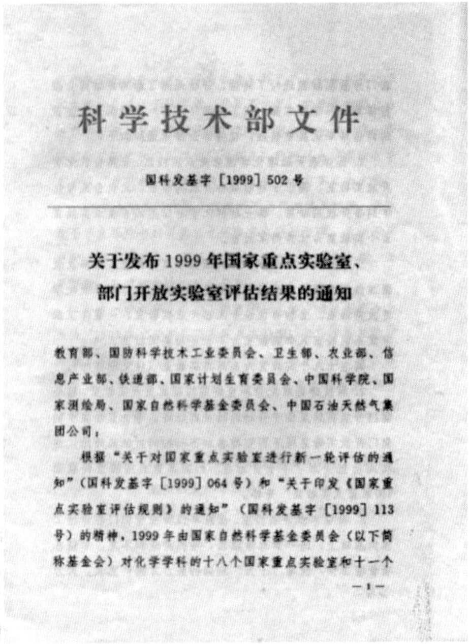

科学技术部文件

国科发基字［1999］502号

关于发布1999年国家重点实验室、
部门开放实验室评估结果的通知

教育部、国防科学技术工业委员会、卫生部、农业部、信息产业部、铁道部、国家计划生育委员会、中国科学院、国家测绘局、国家自然科学基金委员会、中国石油天然气集团公司：

根据"关于对国家重点实验室进行新一轮评估的通知"（国科发基字［1999］064号）和"关于印发《国家重点实验室评估规则》的通知"（国科发基字［1999］113号）的精神，1999年由国家自然科学基金委员会（以下简称基金会）对化学学科的十八个国家重点实验室和十一个

—1—

图6-14　固体表面物理化学国家重点实验室在1994年、1999年连续两次被评为A级(优秀)实验室

1995年"材料与生命过程分析科学国家教委开放实验室"获准建立，在1998年的评估中成绩优良，1999年获教育部批准升级为"现代分析科学教育部重点实验室"。分析化学学科被评为福建省重点学科。

1996年无机化学二级学科获批博士学位授权专业(与福建物质结构研究所联合申请)。它的获批，加上之前获批的物理化学二级学科博士点，为申请化学一级学科博士点创造了必要条件。1998年化学一级学科顺利获得博士学位一级学科的授权，此后，学科专业目录中的化学各二级学科均可招收培养博士生和硕士生，化学博士后科研人员流动站也同时覆盖化学中的各个专业。截至1999年底，结题出站的博士后科研人员有32人，在站博士后13名。

在系主任孙世刚教授的积极推动下，化学系继续加大本科生教学投入，完善教学管理规章制度，重申教授为本科生授课的要求，教学教育质量水平稳步提升。

"化学专业理科基础科学研究和教学人才培养基地"在1999年教育部组织的验收评估中被评为优秀基地，名列全国化学人才培养基地的第2名、全国首批获准建立的15个人才培养基地中的第4名。通过深化教学内容及教学方法改

革，人才培养基地培植了一批优秀课程，其中“物理化学”、“仪器分析”和“无机化学”等课程相继被评为1998年度和2000年度“国家理科基地创建名牌课程”，“分析化学”和“综合化学实验”被评为“国家理科基地创建名牌课程”优秀项目。根据社会需求和福建省教育厅的要求，曾招收过“化学商品检验班”和“化学教育”本科生。此外，还举办过“福建省中学化学教师骨干培训班”，由陈毅辉、潘宝柱任班主任。

材料和化工学科不断取得新的发展。1997年材料科学与工程系在原来材料化学专业的基础上成立，林昌健教授任系主任(1997—2001年任此职)。1998年化学工程系的“化工工艺”专业扩大了专业内涵，根据教育部规定，该本科专业更名为“化学工程与工艺专业”。新的专业目录中的“化学工程与工艺”专业覆盖了原来的“化学工程”“化工工艺”“精细化工”“工业催化”“高分子化工”“电化学工程”“工业分析”等11个专业方向，体现了厚基础、宽口径培养人才的需要。李清彪教授接任系主任(1998—2008年任此职)。1998年化学工程系的“化学工程”和“工业催化”以及材料科学与工程系的“材料学”和“材料化学与物理”4个工科二级学科获批为硕士学位授予专业，学院中的工科研究生教育取得突破。2000年起，化学工程系除招收国内本科生外，还招收国际学生，先后接收世界最大石油公司之一沙特阿美石油公司选送的15人前来攻读学士学位，已有部分学生毕业回到该公司工作。

图6-15　1997年材料系成立合影

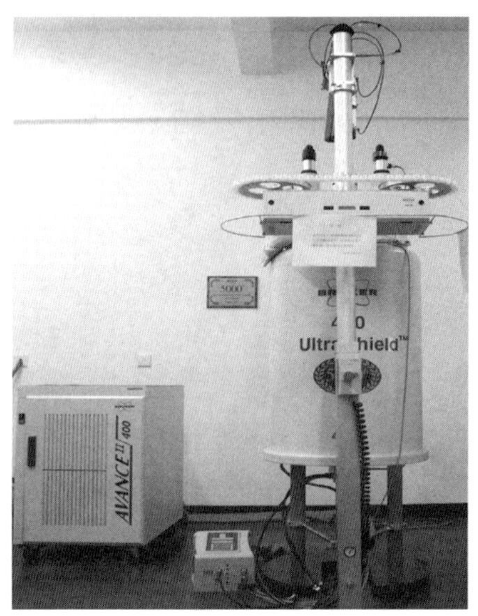

图 6-16 AvanceⅡ400 固体核磁共振波谱仪

2000 年学院共有在学博士研究生 62 人，硕士研究生 167 人。

“现代合成化学实验室”和“现代谱学实验室”是“211 工程”首期建设的重点投入项目，实际投入建设经费 1555 万，用于购置一大批高精尖仪器设备。这两个实验室的建立大大增强了学院的教学和科研实力，促进了学科的均衡发展。

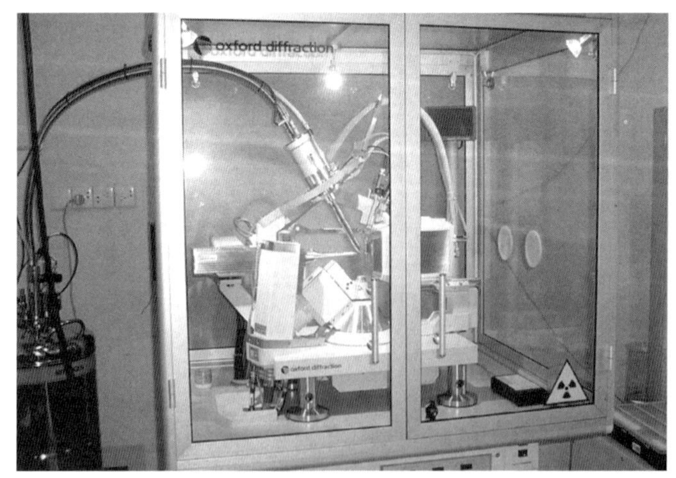

图 6-17 Gemini S Ultra X-射线衍射仪

“九五”期间,学院承担并完成了一大批科研项目,其中包括国家重大、重点科研项目,科学研究实力不断增强。科研经费从1996年的472万元增加到2000年的1493万元,年均科研经费931万元。SCI收录的论文数成倍增长,被3大检索系统(SCI、EI、ISTP)收录的论文数从1996年81篇增加到2000年的210篇。论文质量的提高主要体现在发表于影响因子2.0以上的国际学术刊物的论文数量显著增加。

1991—2000年,全院获省部级以上科学成果奖27项。张鸿斌教授和林仲华教授分别于1994年和1996年被授予“国家有突出贡献的中青年专家”称号。

在重视基础理论研究的同时,学院加强了科技成果的转化和产业化的工作。“九五”期间,获专利31项,其中发明专利23项,实用新型专利8项。首创的逆流聚焦电泳技术是“九五”期间学校中的标志性成果,曾与德国佛兰霍福工研院、厦门市签订实施产业化的合作协议。催化法制备宏量、高品质的碳纳米管技术居国内领先水平。成立了电源研究中心、膜技术应用与推广中心,尤其是与厦门宝龙集团联合成立了厦门大学宝龙电池研究所,为聚合物锂离子电池生产提供技术支撑。

学院积极开展多层次、全方位的国际学术交流活动。1994年主办中日理论化学研讨会,1995年主办第46届国际电化学会议(田昭武院士任大会主席)。“九五”期间,主办或承办国际性、区域性和全国性学术会议12次,如1996年的第八届全国催化学术会议,1999年的第5届亚洲分析科学大会(黄本立院士任主席)、第八届全国有机合成学术会议,2000年的表面拉曼光谱进展——理论技术和应用国际研讨会(第七届国际拉曼光谱会议卫星会议)、第三届世界华人青年化学家学术大会等。“九五”期间,共接待美、英、法、日、加、澳等国的学者106人次前来访问并作学术报告;183人次出国进行学术交流,参加各类国际学术会议218人次,开展国际科研合作项目12项。

图 6-18　张乾二教授在第二届中日理论化学研讨会上

图 6-19　1995 年田昭武院士任大会主席的第 46 届国际电化学会议在厦门召开

图 6-20　黄本立教授在国际光谱会上

厦门大学化学学科在国内外的影响不断扩大。田昭武院士于 1996—1999 年担任国际电化学会副主席,1996 年当选第三世界科学院院士,1991—2001 年担任国际电化学会学术刊物 *Electrochemica Acta* 副主编。黄本立院士担任 *Spectrochimica Acta Part B*、*Spectrochimica Review*、*Canadian Journal of Applied Spectroscopy* 和 *ICP Information Newsletter* 等多家国际期刊顾问编委或编委。1999 年,蔡启瑞院士荣获何梁何利奖,黄本立院士当选为中国化学会第二十五届理事长。万惠霖院士于 1998 年当选中科院化学学部常委,1999 年任教育部科技委化学学部主任。

图 6-21　黄本立教授与原子荧光光谱创始人 J. Wineifordner 教授合影

五、党的建设和学生工作频频获奖

重视党的建设和学生工作是化学系的优良传统，这方面工作基础厚实。几十年来，特别是改革开放以来，化学系党组织遵循并践行“寓领导与管理于服务之中，寓党为人民服务的根本宗旨于全心全意为师生服务、为教学科研等中心工作服务之中”的指导方针，努力做好工作。这十年期间连续获得的多项集体荣誉是长期以来工作成绩的体现。一是化学系党总支连续四次获得全国和福建省“先进基层党组织”光荣称号，即1991年7月、1993年7月和1995年7月连续三次荣获福建省“先进基层党组织”表彰；1996年7月荣获全国“先进基层党组织”表彰，每次都是全校唯一。二是1992年4月“化学系学生工作组”荣获厦门大学最高荣誉奖——“南强奖”一等奖。

《厦门日报》曾在1991年8月5日头版头条刊发题为《凝聚力在这里产生——记厦门大学化学系党总支》等系列文章报道化学系党总支的工作。

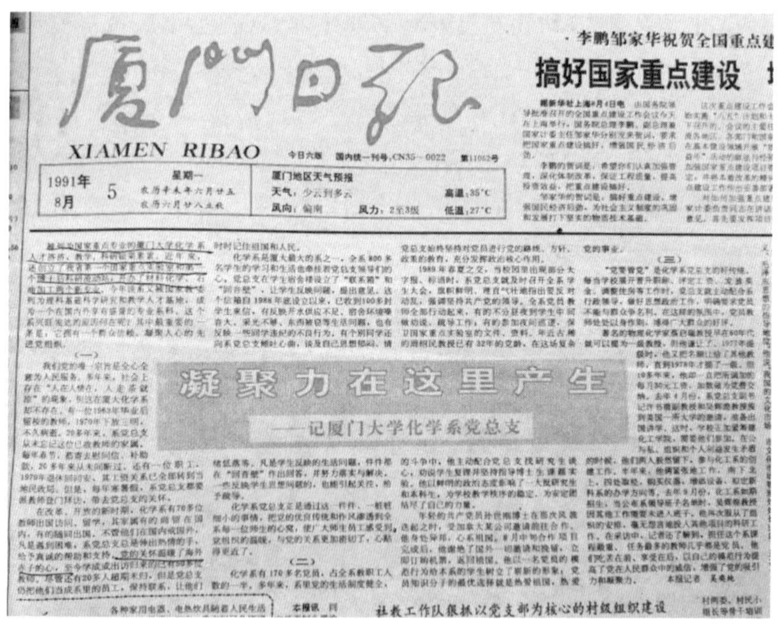

厦门日报

XIAMEN RIBAO

1991年8月5 星期一

·李鹏邹家华祝贺全国重点建

搞好国家重点建设

凝聚力在这里产生

——记厦门大学化学系党总支

社教工作队狠抓以党支部为核心的村级组织建设

图6-22　《厦门日报》(1991年8月5日头版)关于厦门大学化学系党总支工作的系列报道之一

六、谋划新世纪的发展

21 世纪,创新成为时代的主旋律,大学的功能不只限于传授知识、培养人才,还必须开展科技创新和知识应用,必须使科研成果转化为生产力,直接为经济建设和社会进步服务。1999 年 1 月国务院批转教育部《面向 21 世纪教育振兴行动计划》,指明了到 2010 年我国教育发展的目标。同年 6 月举行全国第三次教育工作会议,颁布《关于深化教育改革,全面推进素质教育的决定》。在全国科学技术创新大会之后,2000 年初教育部又召开高校技术创新大会,提出"高校产学研三者同等地位"的要求,并把科技成果转化和高新技术产业化作为高校综合评估的重要指标之一。

1999 年 4 月起,王豪杰研究员担任校党委书记,陈传鸿教授改任校长。

新的校领导班子带领全校深化改革,加快发展。为了加强领导,强化管理,1999 年学校进行校内管理体制改革,实行校、院二级管理体制,学院的职能得到加强,院、系的职责分工更加明确,校院系三级的关系更加理顺。与此相配套,党组织的建制发生变化,校党委决定撤销学院中原来的化学系党总支、化工系党总支和材料系直属党支部,建立化学化工学院党总支,统管全院的党建和思想政治工作。1999 年起,林永生副教授出任学院党总支书记,留法博士黄培强教授出任化学系系主任。

如何全面推进素质教育,振兴教育事业,如何走产学研道路,为发展高新技术产业做出贡献,切实使学院的主要工作从"两个中心"转变为"三项功能",成为发展中不可回避的问题,也是学院进入 21 世纪面临的重大挑战。

在学校新班子的领导下,厦门大学积极响应"科教兴国""科教兴省"的战略,顺应 21 世纪的时代要求。2000 年厦门大学开展各级领导班子的"三讲"教育,全院干部受到一次深刻的马克思主义教育,坚定了正确的理想信念,坚定了正确的办学方向,增强了全心全意为人民服务的意识,促进了工作作风的转变,学院的历史翻到 21 世纪崭新的一页。

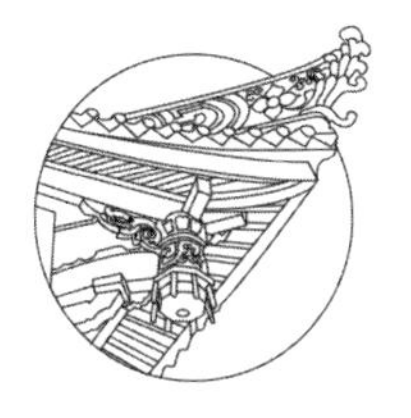

第七章
重点建设
快速发展

（2001—2010）

一、率先增设化学生物学本科专业

20 世纪末，以 1995 年美国哈佛大学化学系更名为“化学和化学生物学系”为标志，化学生物学逐渐成为一个新兴的国际研究热点。为了适应社会和科学发展需求，培养具有坚实化学基础和较好生物学基础的复合型人才，在中国科学院院士赵玉芬教授的倡导及学院领导的推动下，学院汇聚了学校化学学科和生物学学科的教学、科研力量，在 2003 年获得教育部批准，率先在全国重点高校增设化学生物学本科招生专业。同年，学院获得福建省科技厅批准成立“化学生物学福建省重点实验室”，由赵玉芬院士任学术委员会主任，黄培强教授任实验室主任。2004 年经国务院学位委员会批准，增列化学生物学硕士学位和博士学位授权点。

为了更好地开展本科生的专业学位课程教学，学院在 2006 年 4 月成立“化学生物学学科建设领导小组”，由颜晓梅教授任组长，詹庄平教授、周勇亮副教授任副组长，负责高年级本科生“化学生物学”及“化学生物学综合实验”课程的开设和“化学生物学专业实验室”的建设。2006 年，经厦门大学办公会议批准组(筹)建化学生物学系。2008 年 6 月，化学生物学系正式成立，由颜晓梅教授担任首任系主任。

图 7-1　颜晓梅教授(中)与学生们在实验室

化学生物学学科的建立与发展得到学校及学院各级领导的高度重视与大力支持,在基础建设、学科发展,特别是师资引进方面给予政策和资金的倾斜。在"985 工程"二期"嘉庚化学科技创新平台"的建设中,化学生物学与化学基础、化学材料、能源化学并列为四个分平台,获得了重要支持。与此同时,化院新大楼(卢嘉锡楼)的启用使得化学生物学平台得以高起点建设。借助十一五"211 工程"和"985 工程",由化学生物学福建省重点实验室负责管理的化学生物学平台先后购置了 400 兆核磁共振仪、流式细胞分析分选仪、共聚焦荧光显微镜、DNA/RNA 合成仪、时间分辨荧光光谱仪、半制备型液相色谱、生物信息学平台(包括计算机集群、数据存储、服务器、软件)等仪器设备。"985 三期"投资 2000 余万元建设厦门大学高场核磁中心(850 兆和 650 兆核磁共振仪),进一步推动了化学生物学的发展。福建省化学生物学重点实验室还为化学化工学院各系及化学化工学院与生命科学学院、医学院、生物医学研究院等的合作交流提供了良好的科研平台。

为了建设国内一流、国际具有一定影响力的化学生物学研究群体,化学生物学系以中科院院士赵玉芬教授为学科带头人,陆续从美国洛斯阿拉莫斯国家实验室(Los Alamos National Laboratory)、加州大学伯克利分校、斯克利普斯(Scripps)研究所、斯坦福大学、康奈尔大学等世界著名大学及研究机构引进多位青年学者。科研方向主要包括生命有机磷化学、小分子调节剂与药物化学生物学、生命体系中的分子识别与传感、生物分析化学、金属化学生物学、纳米化学生物学和结构生物学等,个别领域研究水平达到国际先进或领先水平,在学界树立了良好的声誉。

二、启动“985 工程”重点大学建设

1998 年 5 月,时任中共中央总书记、国家主席江泽民在庆祝北京大学建校一百周年大会上向全世界宣告:“为了实现现代化,中国要有若干所具有世界先进水平的一流大学。”据此,厦门大学把建成“世界知名高水平研究型大学”作为矢志不移的奋斗目标,“全力以赴,争创一流”也成为学院一切工作的着眼点。

在“面向 21 世纪教育振兴行动计划”中,教育部提出重点支持国内部分高校创建世界一流大学和高水平大学,简称“985 工程”。2001 年 2 月,教育部与福建省、厦门市签署协议,支持厦门大学进入“985 工程”一期建设。

2004 年 1 月,党中央、国务院批准厦门大学升格为“中央直属管理高校”。7 月,重新任命王豪杰同志为校党委书记,朱崇实教授为校长(自 2003 年 5 月起任此职)。在“985 工程”一期建设的同时,学校继续启动“十五”“211 工程”建设计划。

2003 年学院行政领导班子换届,由院长黄培强教授和副院长夏海平教授、江云宝教授、方维平教授和潘宝柱副教授等人组成。2003 年 6 月校党委决定学院党总支改为党委,2003 年 9 月林永生同志任学院党委书记。留美工学博士张颖教授任材料科学与工程系系主任(2001 年—2004 年任此职)。中日联合培养工学博士、留日理学博士袁友珠教授出任化学系系主任。

经过较长时间的酝酿和论证,在“十五”“211 工程”建设中化学化工学院有两个子项目列入重点建设计划,即“物理化学与分析科学”子项目和“材料与化学能源”子项目。遵照《厦门大学关于加强学科建设的若干意见》的精神,学院在新一轮学科建设中,根据形势的发展,着力于“学科平台”的建设,实行建设项目责任制,争取学科建设的多元化投入。“物理化学与分析科学”子项目由学院院长黄培强教授担任领导小组组长,成员有田中群教授(2003 年起任固体表面物理化学国家重点实验室主任)、袁友珠教授、江云宝教授、吴玮教授、王秋泉教授、王

野教授和潘宝柱副教授；“材料与化学能源”子项目由“长江学者计划”特聘教授郑兰荪院士担任领导小组组长，成员有双聘院士张立同教授、厦门大学副校长孙世刚教授（1999年起任此职）、田中群教授（2005年当选中科院院士）和张颖教授（2004年起任厦门大学副校长）。

“物理化学与分析科学”子项目的建设目标是：将物理化学和分析化学学科建设成为国内一流、国际上有较大影响、能够带动合成化学和化学生物学等学科群发展的科学研究和人才培养的重要基地。通过学科间的相互交叉，强化学科的优势和特色，重视学术梯队的建设，拓宽学科发展的思路。具体任务是：发展物理化学的先进实验方法和理论体系，加强物理化学理论、谱学分析表征方法和化学应用的结合；立足学科发展前沿，围绕国家和地方经济建设和社会进步的有关重大科技问题开展科学研究，力争主要研究成果达到国内领先、国际先进水平。面向现代分析科学研究前沿，发展新型分离、分析检测原理和技术。在超高时间和空间分辨、超高灵敏检测和超微分析系统研究中获得重大发展，争取早日进入国家重点实验室的行列。建设理论化学研究中心，使之成为我国乃至国际理论化学研究的重要基地。争取建设化学生物学省重点实验室，带动和促进高效分离技术的发展及其与检测技术的联用。在纳米分析、生物芯片和组合化学检测方法与技术、生物质谱、中药现代化和海洋环境分析等重点领域取得较大突破，进一步提高分析科学教育部重点实验室的建设水平，将有机化学建设成为省级重点学科。整合国家重点实验室及部门重点实验室的力量，朝着建立国家实验室的方向努力。进一步完善硬件设施，建设若干个拥有先进研究设备的实验室（或研究中心）；培养、引进一批开拓新学科方向所需的优秀专业人才，建设一支素质优良、结构优化的高水平师资队伍；扩大博士研究生和硕士研究生的培养规模；组织编著高水平的本科和研究生教学用书。

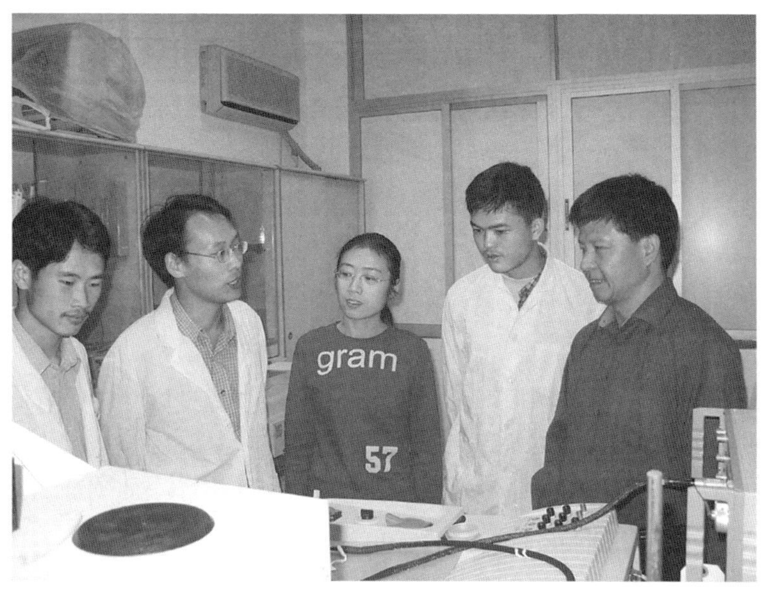

图 7-2　孙世刚教授(右一)在指导实验

图 7-3　黄培强教授(右二)在指导研究生

“材料与化学能源”子项目的建设目标是:充分发挥本学科群在材料合成、制备、表征、应用研究和理论研究等方面的特色和优势,着力于原始性创新,争取在纳米材料和纳米结构、特种先进材料以及化学能源 3 个主要研究方向取得重大突破。理论研究有所创新,能够促进相关新兴学科领域或交叉学科领域基础理论的发展;应用研究见于实用成果,尤其在关键性材料的制备与应用方面有重大突破。通过项目的实施,带动厦门大学材料与能源学科的跨越式发展。加强各分支学科的相互交叉与渗透,拓展研究方向,把实验室建设成为特色明显、达到国际先进水平的研究开发与高层次人才培养基地;在实践中促进创新型人才的迅速成长,形成一支开拓进取、团结协作、勇于攻克难关、善于原始创新的高层次学术梯队。

"十五""211 工程"建设中,学校实际投入"物理化学与分析科学"子项目建设的总资金 2003.6 万元(原计划为 2000 万元),实际投入"材料与化学能源"子项目建设的总资金为 1500.53 万元(原计划为 1500 万元)。此外,学校另投入 600 多万元新建面积 2000 平方米的特种先进材料实验楼。

围绕两大工程建设,学校深入开展包括校内管理体制改革、人事分配制度改革、教学改革、科研体制改革和后勤产业改革等的一系列重大改革。在学校领导下,"十五"期间学院的工作取得了一系列成绩:

(一)物理化学和分析化学两个学科进一步强化,并有效地带动了整个化学学科的跨越式发展

2002 年物理化学学科再次被评为国家重点学科,分析化学学科首次被评为国家重点学科。2003 年"现代分析科学教育部重点实验室"顺利通过教育部组织的专家评估。2004 年固体表面物理化学国家重点实验室在科技部组织的评估中,连续第 3 次被评为 A 级实验室,名列全国化学化工类国家重点实验室和部门开放实验室的第 2 名。2005 年化学博士后科研流动站被授予全国"优秀博士后科研流动站"称号。无机化学二级学科在学术界的影响与日俱增,于 2005 年被评为省重点学科。此外,2002 年 11 月成立厦门大学理论化学研究中心,旨在进一步加强理论化学的学科建设。

2003 年,经教育部批准,学院率先在全国重点高校中增设"化学生物学"本科专业。化学生物学是化学与生命科学交叉的前沿学科,也是当今国际研究热点。得益于本校化学化工学院和生命科学学院的雄厚师资力量和先进设备,"化学生物学"本科专业每年在化学系内招收约 40 名学生,开展跨学科的理论和实

验教学。2004 年“化学生物学”作为二级学科增列为硕士学位和博士学位授权专业,并开始招收博士后科研人员。

图 7-4 2008 年,理论化学研究中心部分成员
(左起:吴玮、张乾二、莫亦荣、曹泽星)

2002 年 4 月厦门大学纳米科技中心正式成立,它是校内各学科开展纳米尺度上研究的合作平台,起着学术纽带、人才纽带和产业纽带的作用。该中心通过整合厦门大学化学、材料、物理、机电、生物等学科的人才和资源,开展纳米科技范畴或与纳米科技相关的基础研究和应用开发工作。中心的建设目标是:争取建成我国南方纳米科技的研究基地,尽早成为国家纳米科技核心实验室,为国家、福建省、厦门市的经济发展服务。近期目标是建成厦门市纳米工程技术研究中心。

2003 年福建省科技厅批准建立“福建省化学生物学重点实验室”,其建设目标是:开展高水平的科学研究和进行高层次人才培养,使实验室成为能够承担并完成国家重大科研任务的创新基地,成为福建省医药与生物技术的研发及产业化基地,为福建省创造新的经济增长点。2006 年成立“无机化学与功能材料福建省高校重点实验室”、“福建省高校化石能源化学与化工重点实验室”和“先进陶瓷福建省高校重点实验室”。

2002 年成立厦门大学特种先进材料实验室，成为特种先进原材料的科研平台。

（二）中青年杰出人才辈出，师资队伍建设取得新进展

郑兰荪教授和田中群教授分别于 2001 年和 2005 年入选中国科学院院士，学院中的中国科学院院士增至 8 人。2002 年，中国工程院院士张立同教授应聘为厦门大学双聘院士，她为厦门大学材料学科的迅速发展发挥了重要作用。材料科学与工程系赵景泰（2000 年）和刘兴军（2004 年），化学系吴玮（2003 年），江云宝、吕鑫（2004 年），徐昕和谢素原（2005 年）7 人入选国家杰出青年基金获得者，全院杰出青年基金获得者总数达到 13 人。继郑兰荪教授之后，田中群教授（2001 年）和吴玮教授（2005 年）被聘为“长江学者计划”特聘教授，高加力教授被聘为“长江学者”讲座教授。与教育部的“长江学者特聘教授”相衔接，福建省和学校分别设立了“闽江学者特聘教授”岗位和“厦门大学特聘教授”岗位，学院一批教授先后聘任为特聘教授。学校启动人才工程，进行人事分配制度改革，实行教学科研岗位聘任制度，设立岗位津贴，引入竞争机制，为吸引优秀人才、稳定师资队伍奠定了基础。2005 年，在 138 人的教师队伍中，正教授 44 人，博士生导师 36 人，获博士学位的教师占 66.7%。在国内外有一定影响的中、青年学术带头人超过 20 人。

图 7-5　郑兰荪教授（左一）在指导研究生

图 7-6　田中群教授在实验室

图 7-7　吴玮(左上)、江云宝(右上)、吕鑫(左下)、徐昕(右下)教授工作中

(三)推行素质教育,实施优质工程,教学改革和人才培养再上新台阶

2000 年起,厦门大学开始迎接本科教学评估的准备工作,这是学校发展中至关重要的大事,也是关系到学校品牌和学校声誉的大事。学校高度重视这项工作,校党委书记王豪杰同志、校长陈传鸿教授多次进行动员,号召全校师生振奋精神,群策群力,迎接挑战,以评促建。遵照学校的部署,学院党政领导组织全院师生对照本科教学优秀评价的指标体系,认真总结经验,从严寻找差距,在学校追加拨款的支持下完善教学条件,同时举全院之力对教学文件(包括管理文件、实验室规则、教学大纲等)逐个进行检查和修订,对多年来的教学档案进行清理。由于评估时间表再三更动,迎接本科教学评估的准备工作持续多年,2005 年厦门大学获得本科教学评估的"全优"成绩,其中包含着学院师生的一份贡献。通过本科教学评估,学院广大教师进一步树立起"教学质量是学校生存和发展的生命线,提高教学质量是高校工作的永恒主题"的观念。

在教学改革中,由于学校部分权力下放,实行以学院为主的教学管理体制,学院扩大了教学管理的自主权。学院本着素质教育的原则,坚持教授上基础课,进一步优化课程体系,实施优质工程,不断探索研究型教学模式,积极稳妥地推行以学分制为主的弹性管理制度改革,成立了教学委员会并充分发挥其决策咨询作用。2003 年"分析化学"和"物理化学"课程被评为福建省精品课程;2004 年"结构化学"课程被评为福建省精品课程,同年"分析化学"和"结构化学"课程经参加全国评比,均入选国家级精品课程。"无机化学"和"物理化学"课程 2005 年入选省级精品课程。精品课程建设不仅要求教学内容和教学方法的不断更新,更重要的是组建一支团结合作、不断进取的教学梯队。在本科化学实验教学改革方面,着眼于构建以素质教育与创新精神培养为重点的新实验教学体系,重组、优化实验教学内容,从基础实验、综合实验和设计实验三个层面培养学生的动手能力和创新意识。2001 年启动"厦门大学化学实验教学示范中心"的建设,严格按照国家实验教学示范中心的标准进行硬件建设,并对实验室管理体制、实验课程体系和教学内容进行全面的改革。学校高度重视,教学实验室新增使用面积 3665 平方米,投入 2073 万元用于实验室改造和仪器设备更新。中心承担化学、化工、材料、生命、医学、海洋与环境科学等各系本科生的所有化学实验教学,年实验学生数达 2400 余人,年实验生时数超过 22 万学时。2004 年"理科化

学专业基础科学研究和教学人才培养基地”在全国评估中再次获得优秀成绩。

学院还在本科生中实行“导师制”，设立“育苗基金”，共立项50项。本科生参与国家和省级各类科技活动竞赛获奖25项，在国内外学术刊物上发表科研论文213篇(参与)。学院中教学研究蔚然成风，全院共承担国家、省、校各级教学研究项目38项，“人才培养基地教改项目”18项，正式发表教学研究论文136篇。

值得指出的是，为拓展办学空间，扩大办学规模，2001年10月学校全面启动漳州校区建设。2003年9月漳州校区一期工程完成，从此本科一、二年级的教学在漳州校区进行，而本科三、四年级的教学在校本部进行。厦门大学这种“校在海上，海在校中”举世罕见的校区布局也要求学院更加科学地安排教学计划，合理地进行人员调度。为了维持正常的教学秩序，部分老师必须早出晚归，但大家都能克服困难，服从工作安排。在新校区教学实验室的建设中，许多老师不辞辛苦，默默做出贡献。这种双校区本科生教育办学模式一直持续至2012年。

图7-8　漳州校区理化实验楼

本科教学改革的成果得到各级政府的表彰。万惠霖、王尊本、孙世刚、郭祥群与朱亚先等的“发挥学科优势，培养创新型人才”教改项目，较集中地反映了“化学专业理科基础科学研究和教学人才培养基地”的建设情况与经验，于2001年获国家级教学成果奖一等奖；郭祥群、胡荣宗、朱亚先、潘宝柱和袁友珠等的

"高素质化学人才培养的实践教学建设"教改项目反映了实验课程改革的思路和成果,于 2004 年获福建省高等教育教学成果奖一等奖并于 2005 年获国家级教学成果奖二等奖;朱亚先、陈明旦、陈毅辉和林梦海等的"化学学科立体化网络教学平台"教改项目于 2004 年获福建省高等教育教学成果奖二等奖。2003 年郭祥群教授获国家级教学名师奖。郑兰荪院士被推选为教育部化学与化工学科教学指导委员会副主任、化学类专业教学指导分委员会主任。

图 7-9　2003 年郭祥群获全国首批国家级教学名师称号

在本科生规模保持相对稳定的同时,研究生教育规模继续扩大。2005 年底,学院中的在校博士研究生 156 人,硕士研究生 488 人。为了吸纳并稳定优秀生源,学院开展研究生招生办法改革,形成了多种方式选拔和多种模式培养的人才培养格局。2003 年正式招收化学工程领域的工程专业硕士学位研究生,优化了研究生教育的结构。经教育部批准,从 2004 年起,化学一级学科面向全国招收本科生直接攻读博士学位研究生。研究生教学改革也在不断推进,"分子发光分析"、"有机合成"、"固体表面化学"、"高等无机材料化学"和"研究生综合化学实验"5 门课程获得福建省优质硕士学位课程立项。

(四)科研经费实现较快增长,研究成果质量明显提高

"十五"期间,学校出台了《厦门大学科技创新工程》《厦门大学科研业绩评价

指标体系》等一系列文件，强调全面认识现代大学的功能，准确把握基础研究与应用开发研究的关系。学院号召广大教师树立团队精神，整合科研力量，面向经济主战场，敢于争取大课题，出大成果，努力培植和创立厦大品牌的高新技术。学院在承担国家级重大科研课题(包括国家基金重点项目、科技部"973"项目、国防科工委重点项目、国防"973"项目、省重大科技专项等)方面取得突破，年均科研经费达到2357万元，约为"九五"期间年均科研经费的2.5倍，实现了较快增长。"十五"期间全院年均发表SCI论文277篇。论文质量明显提高，发表在影响因子大于3的SCI源刊物上的论文为188篇，其中31篇论文发表在*Chemical Reviews*、*Journal of the American Chemical Society*、*Angewandte Chemie International Edition*等5个最具影响力的化学一级学科刊物上。郑兰荪院士课题组有关$C_{50}Cl_{10}$研究的学术论文在*Science*上发表，实现学院学者在最具影响力的国际期刊上发表研究成果的突破。

"十五"期间全院获部省级科技成果奖励16项。2001年张乾二院士获何梁何利奖。2004年张乾二院士获"福建省杰出科技人员"称号，赵玉芬院士获第二届"新世纪巾帼发明家"称号。2005年蔡启瑞、张乾二院士获福建省科学技术重大贡献奖。

三、又好又快，科学发展

进入"十一五"，学校在党员先进性教育活动取得显著成效的基础上，继续实施"985工程"二期(2004—2008年)，并开始"211工程"三期建设(自2008年起)。2006年12月朱之文同志出任校党委书记，他和校长朱崇实教授非常关心化学化工学院的新一轮发展，多次来学院进行调查研究，对学院的工作寄予厚望并给予指导。

2007年8月起金能明同志接任学院党委书记。2008年，学院党政班子换届。2月，经过民主推荐和组织考核，黄培强教授续任学院院长，副院长为夏海平、江云宝、李清彪和张昌胜。4月，经过学院党员代表大会选举，产生新一届学院党委，金能明为书记，潘宝柱、周朝晖为副书记。2008年6月，袁友珠教授续任化学系系主任，留德博士卢英华教授任化学工程与生物工程系系主任，留美博士颜晓梅教授任化学生物学系首任系主任。2009 年 1 月，李清彪教授出任学校科技处处长，12 月卢英华教授接任学院副院长并继续主持化工系工作。

在学校的领导和支持下，学院坚持以学科建设为龙头，以队伍建设为核心，以提高教学质量和科研水平为目标的发展方针，各项事业继续呈现良好的发展势头。

在“985 工程”二期建设中，学院以建立“嘉庚化学科技创新平台”和争取建立化学国家实验室为目标，以化学基础、能源化学、功能材料化学、化学生物学、化学技术与工程 5 个领域为主攻方向，着力构建计算、合成、表征和高新技术转化 4 个公共研究和专业技术支撑平台，并借此整合厦门大学化学及相关学科的力量与资源，全面提升化学及相关学科的整体实力，使化学基础研究领域接近国际一流学科水平，显著增强承担化学、能源、材料、生命等领域的“863 计划”项目、“973 计划”项目等国家级重大、重点项目的能力。

根据“985 工程”二期建设计划，化学基础研究方向将侧重探索化学科学中的基本原理，发展表征化学体系及相关过程的理论方法、实验方法和相关技术，重点建设“理论化学”、“分子设计、识别和组装”、“化学反应调控”和“科学仪器创新”4 个基础研究平台，促进化学与相关学科的交叉融合，为建设国内一流、国际有较大影响的国家实验室提供基础支持。能源化学研究方向将根据国民经济建设和国家安全的重大需求，结合地方经济的发展需要，集中力量进行先导性的应用基础研究，其中包括开展化石能源（主要是天然气）的高效转化、燃料电池以及绿色（环境友好）高性能电池等的研究。功能化学研究方向将围绕国家航空、航天器等新型战略装备发展对高温高性能复合材料的需求，开展特种先进材料研究，以及开展纳米功能材料、生物医学材料和电化学表面工程等领域的基础研究和应用研究。化学生物学研究方向着重围绕生命有机磷化学、小分子调节剂与蛋白质/核酸的相互作用等主题，开展生物物理化学研究、药物筛选新模型及新方式研究、手性药物研究、生物芯片等研究，搭建产业化平台。“985 工程”二期建设的总投入为 20000 万元，其中中央专项资金 12000 万元，地方政府配套资金 4000 万元，学校自筹资金 4000 万元。

“211 工程”三期建设以“基础化学与能源化学”为立项名称，建设的总体目标与“985 工程”二期基本一致，即全面提升化学及相关学科的总体实力，将化学学科建设成为在国际上具有影响的科学研究和人才培养基地，其中基础化学的若干研究方向接近国际一流学科水平；显著提高承担基础科学、能源、生命等领域国家重大、重点项目的能力和解决国家重大需求的能力。“211 工程”三期建设经费总预算为 1660 万元人民币，其中中央专项经费 800 万元，地方政府共建资金 860 万元。

为了实现建设目标，学院开展了管理体制和运行机制的改革与创新。在组织建制上成立了“嘉庚化学科技创新平台”领导小组，出台了《“985 工程”嘉庚化学科技创新平台实施方案》和《嘉庚化学平台队伍建设工作实施条例》等文件，使平台建设高效有序地进行。“化学基础”、“能源化学”、“功能材料化学”和“化学生物学”四个分平台设立首席科学家和副首席科学家，负责各分平台的建设。教学上，推行并逐步完善教学课程组，遴选富有教学管理经验的教师担任课程组组长，加强理论教学和实验教学研究和管理，对年轻教师进行传帮带。科研上，大力推行科研课题组制度，倡导学科交叉和团队合作。面向全球招聘一流科学家，组建由他们领衔的创新团队或课题组。由首席科学家整合相关学科资源，公开招聘和吸纳优秀人才加盟，推动学科的交叉融合，促进新兴交叉学科的产生，开拓新的学科发展方向。与此同时，把平台建设和学院行政管理统一起来，建立“人才”、“公用仪器”与“技术成果转化”三个支撑体系，以便协调各平台在人才引进、实验室建设和产学研等方面的工作，规范实施程序，从横向为平台建设提供支持。三个支撑体系中各个管理层次和具体工作人员的责任明确，提高了平台建设的效率。成立了学院仪器分析中心，实行大型公共仪器集中管理，建立有偿使用收费制度，初步解决了大型仪器维护的经费问题，保证了大型仪器的正常运作，提高了共享度和使用效率。坚持大型仪器对外开放，规范技术服务程序，为“海西”建设提供有力的技术支持，扩大学院各学科为地方建设的影响力。随着管理体制的改变，持续数十年的教研室建制逐步消失，代之成立若干专门的研究所。通过以上改革，学院的管理水平得到进一步提高。

在基础设施建设方面，历经 2 年的施工，建筑面积 1.65 万平方米的新建化学化工大楼(命名为卢嘉锡楼)于 2006 年落成并立即投入使用。新建化学化工大楼是“985 工程”嘉庚化学科技创新平台的硬件支撑和条件保障，它的建成极大地缓解了教学科研用房紧张的局面。同时，学校自 2008 年开始，陆续对面积近 2 万平方米的化学楼及其附属设施进行修缮改造，其中化学报告厅及高场核磁中心于 2011 年改造完工。

图 7-10　2006 年，新化学楼（卢嘉锡楼）竣工典礼留影

（前排左起：王豪杰、黄本立、蔡启瑞、张乾二、张立同、万惠霖、孙世刚、翁心桥）

图 7-11　2006 年投入使用的新化学楼（卢嘉锡楼）

在“985 工程”二期和“211 工程”三期的建设中，学院在凝练学科方向、构筑学科平台、汇聚学科队伍等方面苦下功夫，学科建设取得新进展。

经过教育主管部门的考核评估，在新增无机化学国家重点学科的基础上，2007 年化学学科被评为国家重点一级学科。2006 年有机化学被评为福建省重点学科。随着化学生物学学科的壮大,2006 年校办公会议批准单独组建化学生物学系,并于 2008 年 6 月正式成立(颜晓梅教授负责该系筹建工作,2008 年 6 月起担任系主任)。福建省化学生物学重点实验室本着求真务实的精神,取得了诸多可喜的成绩,2008 年 9 月通过省科技厅专家组的验收,获得优秀等级的评价。2008 年获准建立厦门市分子纳米技术与分析科学重点实验室。

在工科学科建设方面,化工学科步入发展的快车道。2003 年化学工程系更名为化学工程与生物工程系(简称化工系)。2010 年 4 月起,引进海外高层次人才陈晓东任系主任,增补李军为系副主任,主持系行政日常工作。化工系原设三个教研室,即化工原理、工业催化和高分子,相应建立了化工原理基础实验室和化工专业实验室。2002 年,经教育部批准,设置生物工程专业(属工学门类)。2004 年,为了更好地进行实验教学,原有的教学实验室调整为化工技术基础实验室、化学工程与工艺实验室,同时增设生物工程实验室。2008 年,在化工原理和工业催化两个教研室的基础上,试点成立化学工程研究所、工业催化与能源化工研究所和生物化工研究所。此外,为了适应社会发展需要,特别是满足厦门市发展精细化工对人才的需求,化工系曾试办精细化工专业全日制大专班。1993 年首届招收 24 名学生, 1995 年第二届招收 31 名学生,他们均顺利毕业。这两届精细化工自费大专班的办班经历,丰富了化工系的办学历史和办学经验。

2003 年增设 “生物化工”二级学科硕士点。2003 年获批设立“工业催化”博士点。2004 年,国务院学位办准予厦门大学化工系开始招收“化学工程领域”工程硕士研究生。2006 年,化学工程与技术一级学科硕士点获批,并自动增设“化学工艺”和“应用化学”硕士点。2010 年 10 月,在外审单位的充分肯定下,学校学术委员会以全票通过了在厦门大学增设“化学工程与技术”一级学科博士点的自行审核,并报送教育部学位与研究生教育发展中心,这将为化工系研究生教育事业的发展注入强有力的动力。化工系研究生教育特别是博士生培养工作,同样得到化学系从事基础研究和应用研究的师资支持,也推动了理工结合,学科交叉,促进了化学学科的均衡发展。催化学科的张鸿斌、杨意泉、方维平、王野,电化学科的杨勇、林昌健等先后招收培养化工学科领域的研究生。

2007 年 5 月学校决定组建成立材料学院,9 月材料科学与工程系脱离化学化工学院,成为厦门大学材料学院的主要组成部分。

2010 年在厦门大学理论化学研究中心基础上,成立了“理论与计算化学福建省重点实验室”。2010 年 11 月，在全国博士后工作会议上，厦门大学化学博士后科研流动站再度作为优秀博士后科研流动站受到表彰。

在师资队伍建设方面，学院继续贯彻“培养与引进相结合”的方针，根据学科发展需要，重点引进新兴学科的人才，尤其是 40 岁以下的优秀人才。为此，学院修订出台了教师考核聘任办法，其中规定，凡 1969 年 1 月 1 日以后出生的现任教师应具有在国（境）外进修 1 年以上的经历，新聘教师原则上应具有国外院校 1 年以上博士后研究的经历。

2006 年以来共引进教师 43 人，派出国外进修 29 人。在学校“人才工程”的支持下，一批优秀青年学者迅速成长，王野（2006 年）、谢兆雄（2007 年）、龙腊生和任斌（2008 年）、夏海平和郑南峰（2009 年）6 人先后获得国家杰出青年科学基金。谢素原和郑南峰分别于 2008 年和 2009 年被聘为教育部“长江学者计划”特聘教授。夏海平、王野、王泉明被聘为“闽江学者”特聘教授。新增 4 人入选教育部“新世纪优秀人才支持计划”。中央第二批海外高层次人才引进计划人选陈晓东教授（同时是澳大利亚技术科学与工程院院士和新西兰皇家科学院院士）受聘化学工程学科教授（2010 年 1 月），并担任化学工程与生物工程系系主任（2010 年 4 月）。申报的第五批海外高层次人才引进计划人选 Eric Meggers（德籍）也成功获批，受聘为化学生物学系教授。团队建设成效显著，2006 年“活性有机小分子的合成化学与化学生物学”科研团队入选福建省创新团队；2007 年“团簇化学”团队入选国家基金委创新研究群体，“复杂体系的计算化学”研究团队入选教育部创新团队；2010 年“界面电化学”群体入选国家自然科学基金委创新研究群体。

图 7-12　王野(左上)、谢兆雄(右上)、龙腊生(左下)、夏海平(右下)教授

图 7-13　国家自然科学基金委“团簇化学”创新群体(摄于 2011 年 3 月)

截至2010年底，学院师资队伍总体呈现“人才梯队健全，年龄结构合理，学缘分布优化，竞争活力明显”的特点。2010年学院拥有教师166名，具有博士学位的占80%以上，45岁以下中青年教师比例达66%，72%以上具有出国出境从事科研工作一年以上的经历。教师中有教授76人，副教授71人，其中博士生导师66人。有中科院院士8人，澳大利亚技术科学与工程院院士和新西兰皇家科学院院士1人，“长江学者计划”特聘教授5人，国家“973”首席科学家1人，杰出青年科学基金获得者17人，入选“百千万人才工程”国家级人才7人，入选“教育部跨世纪人才”4人，入选教育部“新世纪优秀人才”10人，国家自然科学基金委重大研究计划专家组组长1人，“闽江学者计划”特聘教授14人，2人获“国家级教学名师”称号，3人获“福建省教学名师”称号。

学院继续优化人才培养结构，提高人才培养质量。2010年全院在学学生2283人，其中博士生288人，硕士生652人，本科生1343人。当年研究生招收规模首次超过本科生。

在研究生教育改革中，实施“研究生教育创新与优质工程”，加强质量保障体系建设；开设“启明星”研究生学术论坛，拓展研究生的学科视野，促进创新能力的共同提高；积极探索学术型和应用型研究生的培养模式，努力拓展国际合作培养途径。加强研究生创新能力的培养，鼓励研究生开展高水平的科学研究，培育全国百篇优秀博士学位论文。博士生和硕士生在学期间发表的高水平论文数量逐年增加，历年来有多位博士生的学位论文被评为福建省和厦门大学优秀博士论文。2009年匡勤博士和田娜博士的学位论文获福建省百篇优秀博士学位论文，田娜博士的学位论文《高指数晶面结构Pt、Pd纳米催化剂的电化学制备与性能》（导师孙世刚教授）2010年入选全国百篇优秀博士学位论文。博士研究生范凤茹、宫娇娇获得教育部、国务院学位委员会颁发的2010年度“博士研究生学术新人奖”。

在本科教学改革方面，加大课程体系改革力度，调整专业内涵，促使各专业形成办学特色；加大经费投入，建设实习基地；注重科研训练，培养学生创新能力；开放实验室，为开展课外科技活动提供条件，促进人才脱颖而出。

2006年化学实验教学中心成为首批“国家级实验教学示范中心”。本科教学新增国家精品课程1门，新增省级精品课程5门，共有国家级精品课程5门，省级精品课程9门。承担人才基地、国家级教学团队、国家级实验教学示范中心以及国家级特色专业建设等各种教改项目多项,“化学专业基础理论课程教学团队”被评为首批国家级团队。自 2009 年起,化学学科的“育苗基金”向全院本科生开放,为培养学科更全面、范围更广泛的研究型精英创造条件,提高了本科生的科研素养和实际工作能力。“十一五”期间,本科生获福建省“挑战杯”大学生课外学术科技作品竞赛一等奖 1 项,“挑战杯”全国大学生课外学术科技作品竞赛三等奖 4 项,全国“挑战杯”创业计划大赛金奖 1 项和铜奖 2 项,全国大学生数学建模大赛二等奖 1 项,第三届全国大学生节能减排社会实践与科技竞赛二等奖 1 项,“三井化学杯”大学生化工设计竞赛金奖和二等奖各 1 项。在两次的全国大学生化学实验竞赛中均获团体第 3 名。

“十一五”期间,科研经费继续保持快速增长态势,年均科研经费达 6700 多万元。学院与国内大中型企业的合作领域不断拓宽,横向课题经费逐年上升。据统计,2010 年到位科研经费 10232 万元,其中纵向到位经费 8373 万元,横向到位经费 1859 万元,实现历史性突破和跨越式发展。“十一五”期间承担首席科学家“973 计划”项目 1 项、课题 15 项,“863 计划”课题 6 项,国家支撑计划课题 2 项,科技部科技基础性工作专项 1 项,科技部仪器设备购置和研制 6 项,获得国家自然科学基金资助项目 174 项(其中国家杰出青年基金项目 6 项,国家自然科学基金重点项目 12 项,国家自然科学基金仪器专项 3 项),省部级重大、重点项目 29 项。

“十一五”期间获得国家和省部级科技成果奖励 13 项,科学研究取得多项标志性成果。郑兰荪院士主持的“碳原子团簇的形成研究”获国家科学技术奖自然科学奖二等奖,田中群院士主持的“表面增强拉曼散射(SERS)效应研究”和孙世刚教授主持的“电催化表面结构效应和反应机理研究”获得高等学校自然科学奖一等奖。孙世刚课题组关于具有高指数晶面的铂二十四面体单晶催化剂的新制备方法的成果引起了国际学术界和产业界的关注,入选 2007 年度“中国高等学校十大科技进展”和“中国基础研究十大新闻”。2007 年田昭武获卢嘉锡化学奖和福建省科技重大贡献奖,黄培强获有机合成创造奖。2009 年,张乾二获卢嘉锡化学奖,万惠霖获“福建省杰出人民教师”称号,孙世刚获“星源科技首届中国电化学贡献奖”,黄培强获“Asian Core Program Lectureship Award”,郭祥群获全国模范教师、宝钢优秀教师奖,任斌获福建省青年五四奖章,匡勤获 2009 年度中国化学会青年化学奖。2010 年,黄本立获原子光谱分析终身成就奖,万惠霖获中国催化成就奖，孙世刚获国际电化学会 Brian Conway 奖，王野获中国催化青年奖，谢兆雄获卢嘉锡科学教育基金会优秀导师奖，李清彪获宝钢教育基金会宝钢优秀教师奖，郑南峰获第七届“福建省青年五四奖章”和中国化学会青年化学论文奖。

提高论文质量成为各个课题组普遍追求的目标，一些创新性成果被 *Nature*、*Nature Chemistry*、*Nature Materials*、*Nature Nanotechnology*、*Nature Asia Materials*、*Nature China*、*Chem. Eng. News* 和 *Chemistry World* 等刊物作为亮点评介。“十一五”期间，年均发表在 SCI 刊物源的论文数量超过 300 篇，“一区论文”（国际排行前 5%刊物上的论文）和“二区论文”（国际排行前 15%刊物上的论文）数量稳步增长。在影响因子 6 以上的化学及相关学科领域国际顶级学术刊物上发表论文 60 篇，其中刊登在《美国化学会会志》和《德国应用化学》上的论文 39 篇。孙世刚课题组关于具有高表面能的二十四面体铂纳米晶粒催化剂的研究成果登于 2007 年 5 月的 *Science* 上。“团簇化学”研究团队关于 C_{60} 异构体的研究发表在 2008 年 10 月出版的 *Nature Materials* 上，该团队在富勒烯领域持续多年的突出研究成果引起了国际关注，应邀在 *Nature Chemistry* 2009 年第 1 期上发表综述论文“Stabilizing fused-pentagon fullerene molecules”。吴玮教授课题组长期与以色列 Hebrew 大学开展卓有成效的合作，2009 年合作团队应邀在 *Nature Chemistry* 上发表展望论文“Charge-shift bonding and its manifestations in chemistry”，其标题作为提要出现在期刊的封面上。田中群教授课题组关于壳层隔绝纳米粒子增强拉曼光谱（SHINERS）方法的合作研究成果于 2010 年 3 月登上英国 *Nature* 杂志。江云宝教授化学传感课题组的论文“Anion complexation and sensing using modified urea and thiourea based receptors”以封面论文形式发表于 *Chemical Society Reviews* 上。2010 年 11 月“团簇化学”研究群体中的郑南峰教教授在 *Nature Nanotechnology* 上发表了题为“Free-standing palladium nanosheets with plasmonic and catalytic properties”的研究论文，该成果得到高度评价。

“十五”和“十一五”期间出版了一批学术著作，如董炎明编著的《高分子分析手册》（石油化工出版社，2004 年），吴辉煌主编的《电化学》（21 世纪化学丛书）（化学工业出版社，2004 年），赵玉芬编著的《生物有机质谱》（郑州大学出版社，2005 年），许金钩、王尊本著的《荧光分析法》（第 3 版）（科学出版社，2006 年），万惠霖等著的《固体表面物理化学若干研究前沿》(厦门大学出版社,2006 年),廖代伟编著的《催化科学导论》(化学工业出版社,2006 年),田昭武著的《田昭武院士论著选集——拓宽视野的电化学》(厦门大学出版社,2007 年),孙世刚等主编的 *in-situ Spectroscopic Studies of Adsorption at the Electrode and Electrocatalysis*(Elsevier,2007),张乾二著的《多面体分子轨道》(第二版)(科学出版社,2008 年),张乾二著的《张乾二院士论文选集》(科学出版社,2008 年),黄培强主编的《有机人名反应、试剂与规则》(化学工业出版社,2008 年),赵玉芬编著的《磷与生活》(郑州大学出版社,2008 年),徐祖耀、黄本立、鄢国强主编的《材料表征与检测技术手册》(化学工业出版社,2009 年)等。此外,田中群、孙世刚、杭纬等人应国外邀请为不同系列的国际学术丛书撰写了专章。在《10000 个科学难题》(化学卷)(科学出版社,2009 年)中,学院学者有 17 个选题列入其中。

教材类的著作有:王尊本编著的《综合化学实验》(科学出版社,2003 年),黄培强、靳立人、陈安齐编著的《有机合成》(高等教育出版社,2004 年),林梦海编著的《量子化学计算方法与应用》(科学出版社,2004 年),蔡维平编著的《基础化学实验(一)》(科学出版社,2004 年),林梦海、林银钟编著的《结构化学》(科学出版社,2004 年),刘新锦、朱亚先和高飞编著的《无机元素化学》(科学出版社,2005 年),陈明旦编著的《化学信息学》(化学工业出版社,2005 年),林梦海编著的《量子化学简明教程》(化学工业出版社,2005 年),吴辉煌编著的《应用电化学基础》(厦门大学出版社,2006 年),王尊本编著的《综合化学实验》(第二版)(科学出版社,2007 年),江青茵编著的《化工过程控制》(高等教育出版社,2007 年),董全峰编著的《绿色二次电池及其新体系研究进展》(科学出版社,2007 年),物构组编著(林梦海、谢兆雄执笔)的《结构化学》(第二版)(科学出版社,2008 年),孙世刚等编著的《物理化学》(上、下册)(厦门大学出版社,2008 年),章慧编著的《配位化学——原理与应用》(化学工业出版社,2008 年),吴辉煌编著的《电化学工程基础》(化学工业出版社,2008 年),陈良坦编著的《物理化学学习指导》(厦门大学出版社,2009 年),韩国彬编著的《物理化学实验》(厦门大学出版社,2009 年),姚传义编著的《数值分析》(中国轻工业出版社,2009 年),林敏、周金梅、阮永红编著的《小量-半微量-微量有机化学实验》(高等教育出版社,2010 年)等。

随着若干系列性研究工作在国际上产生较大影响,许多教授在国际学术组织或机构任职,或担任国际学术期刊的编委。*Chemical Communications*、

Chemistry:*An Asian Journal*、*Journal of Physical Chemistry B*、*Langmuir*、*Journal of Raman Spectroscopy*、*Physical Chemistry Chemical Physics*、*Electrochemica Acta*、*Journal of Electroanalytical Chemistry*、*Journal of Theoretical and Computational Chemistry*、*Functional Materials Letters*、*International Journal of Analytical Chemistry*、*Heteroatom Chemistry*、*Phosphorus*、*Sulfur and the Related Elements*、*Photochemical & Photobiological Sciences*、*International Journal of Food Engineering*、*Critical Review of Food Science and Safety*、*Chemical Engineering Research and Design*、*International Journal of Food Properties*、*Separation and Purification Technology*、*Drying Technology*、*Journal of Food Process Engineering*,*International Journal of Postharvest Technology and Innovation*、*Asia-Pacific Journal of Chemical Engineering* 等国际学术刊物都有学院的学者担任编委,有的还担任副主编、主编。

四、服务国家战略和地方经济发展

与基础研究相比,应用开发研究一直是学院科研工作中的薄弱环节,抓好科技成果转化和开发高新技术是学院进入21世纪后力图破解的难题之一。十年来(2001—2010年),学院坚持服务国家目标的原则,以重大现实问题为主攻方向,着力加强应用开发与高新技术研究,取得一批有应用前景的成果。共申请专利200多项,一批应用成果准备或已投入中试,有的已进入工业生产和商业应用。"十五"期间的代表性应用成果有"丙氨酰谷氨酰胺(简称丙谷二肽)新合成技术""抗艾滋病药物(拉米夫定、齐多夫定)合成方法""聚乙烯基吡咯烷酮生产技术""甲硫醇合成新方法""循环流化床锅炉先进控制系统""水煤气变换催化剂的研制开发""新型甜味剂三氯蔗糖""多壁碳纳米管的制备技术"等。丙谷二肽的合成方法获得原料药及制剂两项生产证书。

图 7-14　赵玉芬院士(右一)课题组在研究丙谷二肽

图 7-15　杨意泉教授在研制 C209 型甲醇合成催化剂

“十一五”期间有多项技术和专利成果成功转让，其中代表性成果有：C209 型甲醇(联醇)合成催化剂、天然气催化合成碳纳米管、合成气制低碳醇醚燃料高效新型催化剂、油品加工系列催化剂、XH 系组合式耐硫一氧化碳变换催化剂、新手性催化体系的开发和在中试合成(*R*)-苯丙醇等八种手性芳香醇中的应用、左旋肉碱的合成等；嵌入式电化学研究电极及其制备方法、锂离子电池富锂三元正极材料生产、全钒液流电池、聚合物锂离子电池、超高耐蚀彩色镀铬膜、钢铁基体无氰预镀铜工艺、装饰性硫酸盐三价铬镀铬、纯金(硬金、纯钯、闪镀钯等)电镀技术、电铸镍、电铸铜及其复合镀技术、超级电容器研制等;丙谷二肽的开发研究、多不饱和脂肪酸系列生产技术、生物防腐剂纳他霉素(Nat)和乳酸链球菌素(Nisin)、DHA(22 碳不饱和六烯酸)生物合成技术、抗超级耐药菌抗生素万古霉素(Van)、达托霉素(Dap)、食品添加剂 L-色氨酸(Trp)、功能性食品添加剂虾青素(ASTA)、生物絮凝剂、食品中强致癌苯并(a)芘快速检测仪等;聚酯废丝生产新型增塑剂、环保型薄漆等涂层去除剂、洗涤用品与洗涤助剂等、钛及钛合金阳极氧化着色新工艺、水质快速检测试剂盒、超临界流体技术制备二氧化硅材料与香精香料微胶囊、超微细碳酸钙、高效塔萃取专利技术、废水残余有机物精馏回收技术、剩余污泥的资源化处理、污水处理技术、氟硅嵌段聚合物型低表面能海洋防污涂料及其制备方法等。卢英华课题组的"DHA 生物合成技术"及其工艺软件包以 2500 万元转让国内企业,成为学校单笔转让费最高的项目。杨意泉教授等的甲硫醇催化剂专利转让德国,黎四芳副教授等的聚乙烯吡咯烷酮专利转让印度,开创了厦门市及福建省技术出口的先河。

产业化平台建设取得重要进展,成为一大亮点。电化学技术教育部工程研究中心于 2006 年 8 月由教育部批准建设,并得到福建省科技厅和厦门市政府的大力支持,于 2010 年顺利通过教育部验收。2008 年,在厦门市发改委的支持下,经国家发改委批准建立醇醚酯化工清洁生产国家工程实验室,标志着所述领域从单纯的基础研究向构建应用研究平台的跨越。此外,2008 年经福建省经贸委批准成立了福建省电镀及表面处理行业技术开发基地,2010 年获准成立福建省纳米制备技术工程研究中心以及厦门大学-金达威食品营养工程技术研究中心。

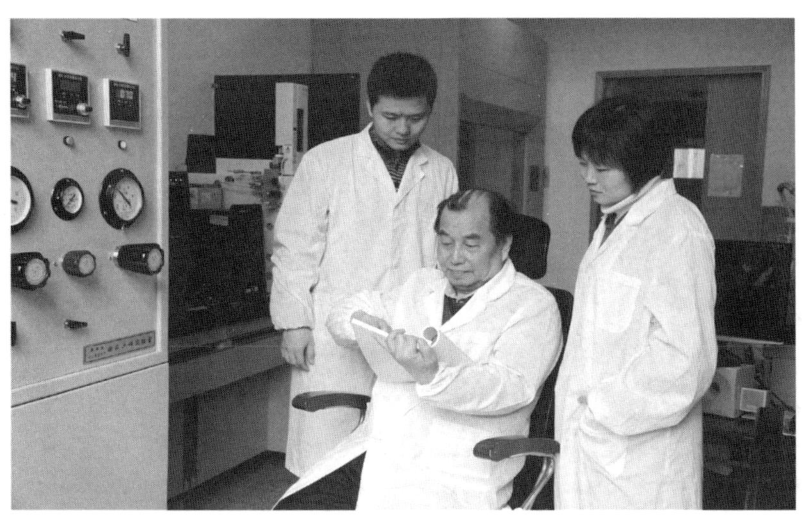

图 7-16　张鸿斌教授指导学生

电化学技术教育部工程研究中心为满足国家和福建省经济发展需要，致力于电化学高新技术研究成果的快速转化和产业化，形成了一批技术比较成熟、可供转让的项目，如动力电池电极材料及其生产技术，高容量锂离子电池电极材料及其生产技术，多种金属和合金的电镀、化学镀和复合镀工艺及技术，钛合金阳极氧化彩色着色技术，线路板孔金属化工艺及技术，微流控芯片四路程控高压电泳电源、微流控芯片 PMT 荧光检测系统、微区电化学方法及测量系统、扫描复合型微探针、阵列电极微探针、钢筋混凝土结构腐蚀传感器及监测系统等。2008 年 11 月福建省人事厅批准该工程中心纳入省级继续教育基地，开展对电镀、表面处理、电池、仪器仪表、化工、医药等行业工程技术人员的培训工作。

醇醚酯化工清洁生产国家工程实验室隶属于国家发改委，定位上相当于隶属国家科技部的国家重点实验室，其建设目标和任务是：围绕醇醚酯化工清洁生产技术，以绿色催化剂和清洁制备工艺为研发重点，建立有效的产学研合作体系，针对急需解决的关键科学技术问题，开展应用研究、工业开发、设计验证、标准研究、技术推广以及人才培养和国际交流合作等工作，为进一步提升我国煤基醇醚酯化工清洁生产行业的整体自主创新能力、促进行业技术进步、提高国际竞争力提供强有力的技术支撑。国家工程实验室总投资 5000 万元，建设周期两年半。

图 7-17　醇醚酯化工清洁生产国家工程实验室(厦门大学)2010 年会领导专家暨教师合影

国家工程实验室“边建设，边运行”，两年多来，积极承担国家技术攻关项目，开展产学研合作。已完成基础研发部的整合及 3000 平方米实验室的修缮工作，5000 平方米的工程研发大楼正在建设之中。新增国家和地方政府研发课题立项 27 项，经费合计 3562 万元，其中“973”子课题 4 项。先后与大唐国际、兖矿集团、新疆库车新成化工、重庆紫光、烟台万华、福建三化、山东天力等大型企业建立了产学研合作关系，新增横向科研项目 20 项，经费合计 1550 万元，拉动企业投资数千万元。此外，与欧洲 SOLVAY 公司、SHELL 公司，日本 KFC 公司开展项目合作。

国家工程实验室致力于研发成果的产业化，初步取得较好的社会效益和经济效益，实现了项目建设的阶段性目标。申请发明专利 64 项，获得发明专利授权 26 项，发表研究论文 97 篇。若干具有自主知识产权的科技成果完成中试，进行产业化。甲硫醇催化剂于 2009 年 12 月完成中试工作，2010 年 2 月完成吨级工业化生产；2010 年 6 月在重庆紫光化工 1 万吨蛋氨醇厂应用，催化剂的各项性能优于法国进口的同型催化剂。2010 年 10 月多壁碳纳米管在新疆库车新成化工有限公司试产成功，年产量可达数吨，性能指标国际领先，与国际卖家洽谈供货协议。钴钼 CO 变换催化剂在福建三明化工厂应用，其中 XH-2 型(含钾)催化剂各项指标优于德国进口的 K8-11 催化剂。2009 年初受大唐国际委托开发的钴钼 CO 变换催化剂是合成氨、合成甲醇和制氢行业普遍需要的新型全低变催化剂,2009 年开展甲醇合成催化剂的研发,经过中试,指标优于德国南方化学 C79-7GL 催化剂。合成气制低碳醇醚已完成实验室小试和中试,2011 年上半年在新疆库车新成化工有限公司开展侧流试验。二氧化碳加氢合成甲醇催化剂已完成实验室模试,进行 500 h 的实验室操作稳定性试验和百克级催化剂制备技术放大。

五、办学迈向国际化

进入新世纪,学院拓展对外交流,加速国际化进程。化学"国际化试点班"是学校首批试点单位,启动化学拔尖人才培养模式改革。除继续招收培养外籍本科生外,2007 年开始招收国际硕士生,朝着国际化的办学目标迈出新的一步。2007—2010 年 4 年间先后有来自 8 个国家的 27 名学生来校攻读硕士学位,其中 19 人顺利毕业,毕业后有的回国任教,有的选择留在厦门大学或申请国外其他高校继续深造,攻读博士学位。坚持"请进来"和"走出去"相结合,继续拓宽与美、加、英、法等国高校或科研院所的交流合作范围,邀请国外名家来校讲学。新聘名誉教授 6 人、客座教授 10 人。在国家留学基金支持下,派出 15 位青年骨干教师和 62 名研究生赴国际著名大学和研究机构进修或开展合作研究,他们在国外勤奋学习,并在科研中取得优异成绩。2009 年成功举办全国电化学研究生暑期学校,2010 年又与英国南安普敦大学、武汉大学联合举办首届国际生物燃料电池和微型能源装置暑期学校,来自全国各地的优秀研究生参加这些学习活动。

图 7-18 2006 年校庆期间，诺贝尔化学奖获得者柯尔教授（右二）来校讲学，与蔡启瑞教授（右三）交流

化工系是学校较早举办海外留学生学历教育的单位之一。2000 年开始招收 6 名来自沙特阿拉伯本科留学生。这些学生是沙特阿美石油公司专门从高中毕业生中挑选出来送到中国培养的，以期成为“中国通”。所以所有课程都是与中国学生一起用中文授课的，虽然他们在海外教育学院学了两年汉语，并通过了汉语水平考试，可要用汉语来学习化工本科的所有课程，无论在进度还是在知识吸收方面还是有较大的困难。为此系里专门成立了沙特学生工作小组，并为他们配备了学习指导教师；除了课堂教学外，还组织相关课程教师和青年教师对他们进行一对一的补课辅导，并且让同班的同学帮助他们。经过老师们辛勤的努力和沙特留学生的勤奋学习，他们全都顺利完成学业，回国经过一段培训和实践后，或者留在沙特阿美石油公司，或被派往福建联合石油化工有限公司工作。2006 年胡锦涛出访沙特期间，化工系 2005 届毕业留学生海森、穆罕德用流利的中文和娴熟的专业知识向胡主席介绍沙特阿美石油公司的情况，受到各方好评，扩大了厦门大学的影响。2007 年，化工系积极响应学校国际化办学的号召，在师资力量紧张的情况下，成为厦门大学首批全英文授课国际硕士研究生的六个单位之一。2007 年至 2010 年的四年间，先后有来自卢旺达、乌干达、加纳、贝宁、埃塞俄比亚、苏丹、肯尼亚和菲律宾等国家的 27 名学生来化工系攻读国际硕

士学位，李军、陈秉辉、刘庆林、王野、周朝晖、肖宗源、何宁、王世珍等老师为骨干，开设了全英语讲授的“分子热力学”“高等化学反应工程”“分离科学与技术”“传递现象”“生物工程”“环境生化技术”等课程，并随后在相关的实验室指导国际硕士生开展科学研究。

图 7-19　朱崇实校长、李清彪系主任与沙特阿拉伯留学生愉快交谈(2006 年)

十年来，学院主办或承办了一系列国际性、区域性和全国性学术会议。例如，2003 年的“表面纳米结构和相关纳米材料国际专题研讨会”；2004 年的“国际电化学会(ISE)春季会议”；2006 年的“第一届海峡两岸理论化学研讨会”“第十三届全国相图学术会议暨中日双边相图、材料设计及其应用研讨会”；2007 年的“第 17 届国际磷化学大会”“第 35 届国际光谱化学大会”“中日选择氧化催化会议”“中法先进化学及应用学术会议”“中国-北欧理论化学研讨会”“第一届纳米生物化学国际系列研讨会”；2008 年的“第十四届国际催化会议会前会”“表面纳米结构和纳米材料的化学物理性质国际研讨会——第二届中德青年化学家前沿论坛的卫星会”“第 12 届全国离子色谱学术报告会”“中日韩环境分析化学研讨会”；2009 年的“第五届国际华人理论与计算化学会议”“纳米电化学和谱学电化学国际研讨会”“国际电化学会 60 届年会卫星暨第三届中法纳米生物化学国际研讨会”“亚洲青年生化工程师研讨会”“中国化学会第六届全国化学生物学学术会议”；2010 年的英国皇家化学会期刊《化学会评论》编委会会议、“海峡两岸化学论坛”、“中国化学会第 27 届学术年会”等。

图 7-20　赵玉芬院士在第 17 届国际磷化学大会上致辞

图 7-21　黄本立院士在第 35 届国际光谱会议上

学院建院二十年来，得到广大海内外校友、友好人士及企事业单位的鼎力支持。他们秉承陈嘉庚校主爱国爱校、捐资兴学的精神，解囊相助，捐款捐物，为学院捐建教学科研设施设备，设立奖学奖教金和助学扶困金等，为人才培养和科学研究增添了办学实力，也成为激励教师献身科教事业、学生发愤学习成才的精神动力。截至 2010 年 12 月，学院设有各类奖学金、助学金 24 项，奖教金、助研金 7

项，累计奖励金额每年约 85 万元。

图 7-22　中国化学会第 27 届学术年会

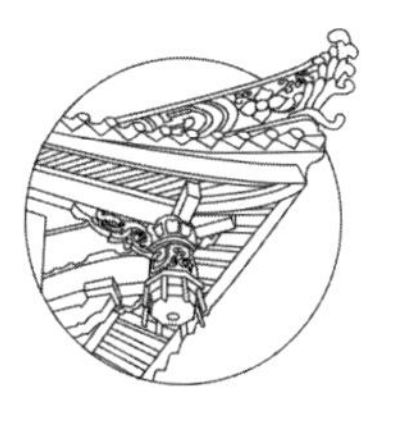

第八章 协同创新 力争上游 （2011—2015）

一、继往开来，科学谋划

2010 年 10 月，学院在全面总结“十一五”时期办学成就和发展经验的基础上，认真谋划制定了“十二五”发展规划和 2021 年远景蓝图，决心进一步贯彻落实科学发展观，坚持从实际出发，解放思想，改革创新。按照学校党委和行政提出的“入主流、有特色、高水平”的学科建设总体目标，学院党政班子紧紧围绕学院事业发展这个中心，践行科学发展，破解突出难题，建设一流强院。

经过反复讨论研究，学院确立了 2011—2020 年的总体发展目标，即通过“985 工程”(2011—2013 年)建设，建立一流的师资队伍，建立与国际接轨的管理、决策与评估体制，实现教学科研的协调发展，开展一流的科学研究，培养一流的人才。在保持传统优势学科的基础上，促进学院不同学科的均衡协调发展，关注薄弱学科的建设，努力提高学院的整体水平，使化学学科总体上达到国际先进水平、化工学科总体上达到国内先进水平。着眼于人才培养模式与机制的改革与创新，大胆探索推进教学改革，努力培养拔尖创新人才。促进基础理论研究和实际应用的协调发展，围绕国家和地方需求，多做大项目、大工程，把研究成果变成现实生产力，在“高水平、大贡献”上做文章。建立嘉庚化学国家实验室，或新的国家重点实验室；建立高场核磁共振研究中心，使之成为华东南地区的先进研究机构之一。抓住国家经济转型的良好机遇，努力搭建与企业、政府合作的平台基地，为学院的发展争取资源、创造条件。与此同时，针对国家和地方经济建设中对能源、低碳经济和节能减排等方面的重大需求，加强醇醚酯化工清洁生产国家工程实验室和电化学技术教育部工程研究中心等研发平台的建设，争取建立新的国家工程实验室(技术中心)。进一步加强与国内外重要学术机构的交流与合作，通过培养现有人员和引进重点人才，形成高水平的研究团队，增强从源头上解决重大基础科学问题和关键应用技术问题的能力。

在总体目标的指引下，化学化工学院认真制定了学院“十二五”规划。学院明确了发展思路：紧紧围绕学校的“两个百年”“厦门大学建校 100 周年和厦大化学学科创建 100 周年”战略总目标和总体部署，坚持以教书育人为使命，持续深化教育教学改革，进一步加强化学与化工学科交叉，促进化学化工一体化建设，构建学科、科研、人才三位一体的协同发展体系，形成从基础研究到应用开发研究的完整创新链条，促使学院各项事业发展呈现良好态势。

2011 年 4 月 7 日上午 9 时，厦大化学学科创建 90 年暨化工系创办 20 年庆祝大会隆重举行，化学报告厅张灯结彩，鲜花锦簇，嘉宾云集。中国化学会理事长、国家自然科学基金委副主任、中科院院士姚建年，1986 年诺贝尔化学奖得主李远哲，2001 年诺贝尔化学奖得主 K.Barry Sharpless，台湾大学原副校长彭旭明，英国皇家化学会出版总监 Emma Wilson 博士，中科院院士、中国科学技术大学校长侯建国，中科院院士、清华大学化学系系主任张希，中科院院士、厦门大学化学化工学院田昭武、黄本立、田中群，厦门大学校长朱崇实、副校长孙世刚，以及兄弟高校代表和校友代表等共约 500 人参加了庆祝大会。抗战时期化学系主任刘椽教授的女儿、北京外国语大学教授刘芳本，全国人大常委会香港特别行政区基本法起草委员会原副主任、化学系 1941 级系友黄保欣，天津大学化工学院教授、化学系 1955 级系友王榕树，全国政协副秘书长、九三学社中央委员会原常务副主席、1959 级校友陈抗甫也专程赶来参会，深情回忆自己与学校、学院的深厚情缘。

在庆祝化学学科创建 90 周年和化工系创办 20 周年期间，开展了一系列活动。为缅怀刘树杞先生创办厦门大学化学学科的历史功绩，在刘树杞教授 120 周年诞辰之际，学院筹备发起的厦门大学化学化工学院刘树杞教育发展基金正式启动，得到了海内外校友以及热心学院事业发展的团体和个人的大力支持与帮助。该基金用于奖励和资助学院优秀学生、优秀教职工，资助学院教学、科研事业发展。

图 8-1　厦大化学学科创建 90 年暨化工系创办 20 年庆祝大会主会场

卢嘉锡先生毕生奉献于国家科教事业，对厦门大学做出了巨大贡献，为了表达对他的深切缅怀和永恒思念，为卢嘉锡先生树立了一尊铜像，并举行了纪念卢嘉锡先生逝世 10 周年座谈会。卢先生铜像坐落在化学报告厅外的花圃，其神态自然，定格在先生讲课的一瞬间，令人耳边仿佛响起卢先生的谆谆教诲。

图 8-2　姚建年院士与校党委书记朱之文为卢嘉锡铜像揭幕

90 周年庆典期间，学院特别邀请了多位知名学者来校召开讲座，其中包括

2001 年诺贝尔化学奖得主、美国斯克利普斯研究院 K. Barry Sharpless 教授，2010 年诺贝尔化学奖得主、美国特拉华大学化学与生物化学系名誉教授 Richard F. Heck，国际著名期刊 *Nature* 旗下网络版杂志 *Nature China* 编辑 Felix Cheung 博士，以及台湾"中研院"林圣贤先生等。

90 周年校庆前后，学院还主办或联办了化学生物学国际学术会议(International Workshop on Chemical Biology)、全国高校化学与化工院长(系主任)发展论坛、北海道大学催化研究中心-厦门大学固体表面物理化学国家重点实验室第三届双边会议(The Third Joint Symposium of CRC-Hokkaido Univ. & PCOSS-Xiamen Univ.)等多场高水平学术会议，共同探讨学科发展和未来，研讨教学和科研工作，拓展合作研究领域。

《中国科学:化学》也为庆祝厦大化学学科创建 90 周年暨化工系创办二十年出版一期专刊，收录了学院师生及校友的研究及综述论文 18 篇。同时，厦门大学学报(自然科学版)的校庆专辑收录学院师生研究论文 9 篇。

二、构建一流特色学科体系

以"985 工程"建设为契机，学院提升优势学科影响，充实基础学科内涵，注重学科交叉，加速新兴学科发展，构建了一流的特色学科体系。化学一级学科的整体实力得到显著提升，对学校材料、工科等学科排名也做出了重大贡献。根据 Thomson Reuters "Web of Science"等检索统计，化学学科已进入全球化学前 1‰的研究机构，且排名逐年上升。

2011 年，化学工程与技术一级学科获批博士学位授权点;2012 年，化学工程与技术博士后科研流动站获批建设，化学博士后科研流动站连续三次评估优秀，物理化学学科优势地位继续保持;无机化学、分析化学逐渐成为优势学科;有机化学、化学生物学学科建设也取得新进展，在推动传统学科发展的基础上，促进化学各分支学科、化学与化工、其他学科之间的交叉融合。2012 年，校学位评定委员会审议通过新增能源化学目录外二级学科。

在学科影响力方面，厦门大学化学学科在 *Science*、*Nature* 及其子刊上发表的论文数位居全国高校化学学科前列，2011 年，*Nature* 出版集团将厦大化学列为“中国化学的领跑者”(Tsinghua University, USTC, Nanjing University and Xiamen University, for example, have respectively become leaders in structural biology, physics, materials and chemistry.)。厦门大学在自然出版指数(NPI)2013 排名中名列中国高校前两位,且居亚太地区科研机构第六,这其中,化学学科可以说功不可没。

2012 年,教育部学位与研究生教育发展中心启动了全国第三轮学科评估工作,按照国务院学位委员会和教育部 2011 年新颁布的《学位授予和人才培养学科目录》进行一级学科整体水平评估。学院及系所三级机构高度重视,全面组织发动,客观收集填报材料,把学科评估作为对学院一、二级学科建设一次全面的总结评价。厦门大学共有 24 个一级学科参加了本次评估工作,其中化学、教育学、理论经济学等 11 个学科进入了全国前 10 名。

三、建立多元化、高层次的人才培养模式

学院于 2010 年底入选国家“基础学科拔尖学生培养试验计划”。根据教育部基础学科拔尖学生培养试验计划实施办法,结合厦门大学化学学科的优势和特色,学院明确了“厦门大学化学学科拔尖学生培养试验计划”的目标与定位,即贯彻实施人才强国战略,遵循拔尖人才成长规律,发挥化学学科优势,充分利用国内外优质教育资源,以一流的资源配置,实现优质的个性化培养,造就一批热爱祖国、崇尚科学,具有高度社会责任感、良好科学文化素养的化学及相关学科科学研究领域的科学家和领军人物,并逐步跻身国际一流科学家行列,促进我国基础科学研究水平整体提升,为实现国家科技强国、人才强国的战略做贡献。

经过几年的建设,“化学学科拔尖学生培养试验计划”完成了包含生源遴选、课程教学、科研学术活动、国际交流、学籍管理、导师队伍建设等在内的各项管理制度建设,形成了较为完善的优秀生源选拔遴选程序,逐步形成了包含导师(组)指导、个性化培养方案、多元化课程组织、多元化科研学术活动、国际化等元素的、突出个性化培养的拔尖学生培养体系。化学拔尖计划对学生一对一配备全程育人导师,实行个性化培养方案,个性化培养方案由导师与学生共同制定,包含培养目标、课程计划、本科交流计划、科研计划、其他环节、本科后计划等。其

教学过程实行多元化的课程组织：(1)基础课与低年级专业基础课配备院士、“杰青”、国家教学名师奖获得者等优秀教师担任主讲，同时配以小班讨论课；(2)化学实验课设立小班独立上课，并在短学期开设强化实验课，加强实验技能训练。

2013年，厦门大学入选教育部“卓越工程师培养计划”，同年启动化学工程与工艺专业卓越工程师教育培养计划。该计划采取双导师制(校内导师与企业导师)校企联合培养人才的教学模式(校内3年＋企业1年)，通过创建面向工程的课程新体系，压缩课内学时，提高实践学时比重，强化学生工程实践、工程设计与工程创新能力，要求学生参与企业的技术创新和工程开发，引导学生树立正确的工程价值观、工程系统观、工程生态观及工程社会观。同时通过提升教师工程能力、多渠道实现工程教育国际化等举措，培养具备化学工程与工艺专业领域的知识和设计研究能力的宽基础、高素质、具有创新精神和实践能力的高级工程技术和管理人才。

同时，学院继续面向本科生实施“育苗基金”项目，培养学生创新能力。2011—2015年，组织人才基地“育苗基金”项目立项315项、化工系“育苗基金”项目69项、化学人才基地创新基金项目立项20项、拔尖计划创新科研基金项目立项62项、“大学生创新创业训练计划”立项128项，获得学校“基础科研基金(本科生)项目”13项。

学院在为拔尖学生创造高层次、广阔的成才空间的同时，探索本科生“研究型、应用型、复合型”多元化人才培养模式。2015年，学院以优异成绩通过了教育部本科教学工作审核评估。

2014年9月4日，郭祥群教授、朱亚先教授、夏海平教授、黄培强教授、张洪奎教授、袁友珠教授、任斌教授作为主要完成人的“多元化、高层次化学创新人才培养模式研究与实践”成果获得2014年国家级教学成果二等奖。该成果着眼于高层次化学创新人才培养，立足于学生兴趣、能力趋向、发展潜质的多元化，为每个学生，尤其拔尖学生创新特质的张扬，提供更高更大的平台，建立质量与制度保障体系，对培养模式、资源建设、质量控制、制度创新进行了系统研究与实践，取得了显著的教学建设与人才培养效益，在全国高校教学改革和人才培养方面产生了积极的影响。该成果主要贡献为：(1)形成了关注学生兴趣与能力趋向、激活创新潜质的多元化培养模式；(2)建成了融合国际化优质教学资源的多元化教学体系；(3)构建了项目与质量控制为一体的多元化科研训练体系；(4)建设了资源共享的教学运行与质量管理体系。成果项目获得 39 项部省级教改立项,本科生参与科研训练发表论文 229 篇、国家发明专利 10 项,学科竞赛 6 人、课外科技活动 18 项获得国家或国际奖励。国家级教学成果奖是我国教育领域中唯一的一项国家级奖励,代表当前我国教育教学领域的最高水平。

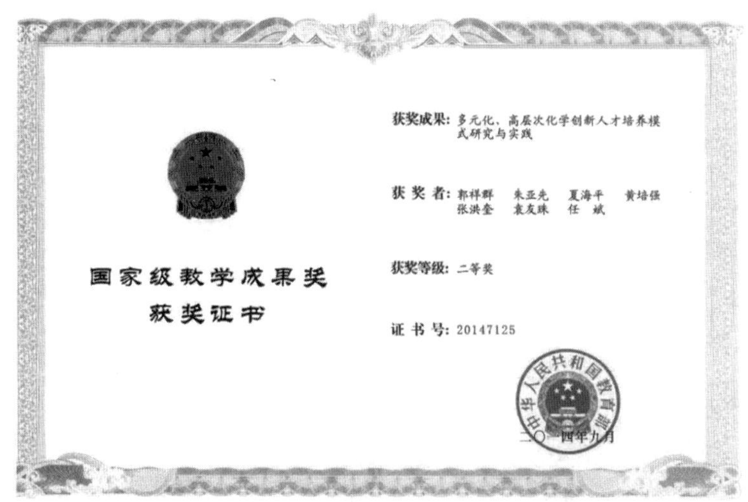

图 8-3 “多元化、高层次化学创新人才培养模式研究与实践”成果获国家级教学成果二等奖

“越是名教授越要上讲台”的教学文化受到社会的广泛关注,《中国教育报》(2011 年 5 月 28 日第 2 版)对此进行专题报道。由院士、国家高层次人才、国家杰出青年基金获得者、特聘教授等组成的顶尖教师团队坚持给本科生上课,学院六大化学基础课也均是院士与名教授作为教学骨干参与教学,自始至终,勤勤恳恳,兢兢业业。名师给本科生上课在化学化工学院已形成一种传统和文化。

厦大化学化工学院院士、知名教授坚持给本科生上课

越是名教授越要上讲台

■本报记者 谭南周 通讯员 李静

“今天郑兰荪老师给我们上无机化学课。”日前，记者来到厦门大学漳州校区，化学化工学院大一新生小朱自豪地告诉记者。

郑兰荪，是厦门大学化学化工学院教授，是中科院院士、著名化学家。在外人看来，院士给本科生上课已属少见，给大一新生上基础课，就更是稀罕事了。

“在化院，大家认为名师给本科生上课是天经地义的事。”厦大化学化工学院党委书记金能明介绍说，多年来，名师给本科生上课在学院已形成一种传统和文化。这个由院士、长江学者、国家杰出青年基金获得者、特聘教授组成的顶尖教师团队坚持给本科生上课，即使学校一、二年级学生在漳州校区上课以来也从未间断或松懈过，自始至终、勤勤恳恳、兢兢业业。

记者在该院教务系统上看到，本学期，郑兰荪院士给大一学生讲授“无机化学”，一周两次，听课学生有60多人；田中群院士给大三学生讲授“物理化学”，一周三节课，听课学生有80多人。

不仅如此，长期以来，黄本立、万惠霖、赵玉芬、郑兰荪、田中群等一批中科院院士和名师名家坚持为大一、大二学生开“院士论坛”、“学科入门指导”等各类讲座，深受学生欢迎。一些没有给本科生上课的院士，也会通过学院的育苗基金、拔尖计划等项目将本科生选进自己的课题组做科研。据介绍，现在化院的六大化学基础课均由院士与名教授为教学骨干参与教学。

金能明说，院士等名师给本科生上课为学院教学带来了一股“清新”之风。“他们不仅在课堂讲授中融入了科研和科技发展的最新知识、理论和方法，使得课程内容和知识体系不断得到更新、完善，更重要的是，这些名师的人生境界及对科学的执著追求也在深深地感染并激励着学生。”

说起院士给自己上课，该院本科生闫凌表示这是身为厦大化院学生的一大幸事。“科研经验丰富的教授讲课往往能高屋建瓴，让人一下明白了所学知识在‘化学大楼’中的基石作用，更重要的是教授的为人处世方式，也在潜移默化中影响自己。”她说，“田中群院士‘低调做人、高调做事’的风格就让我受益匪浅。”

有收获的不仅是学生，名师们也认为给本科生上课亦能获益，其最重要的便是教学相长，促进自身教学科研水平的提升。金能明说，本科阶段的学生求知欲旺盛，当名师面对本科生时，必须首先准备好接受他们各式各样的提问，这种交流有时甚至会激发教师的某些科研灵感。

图 8-4　《中国教育报》(2011 年 5 月 28 日第 2 版)专题报道学院教学文化

图 8-5　郑兰荪院士在为本科生上课

学院同时推动研究生培养模式革新，2014 年 3 月，学院制定了学术型研究生培养方案，修订了专业学位硕士研究生培养方案。新方案突出硕博通修，优化课程分类，减少学分，精简课程；加强管理，注重培养环节，训练博士生独立立项和开展科学研究的能力，研究生培养质量得到显著提升。孙世刚教授指导的田娜博士(2010)、郑兰荪院士指导的谭元植博士(2013)、田中群院士指导的李剑锋博士(2013)3 篇学位论文入选全国百篇优秀博士学位论文。2014 年以研究生为第一作者在 JCR 一区刊物发表论文的数量约占学科总数的 85%，在化学国际顶

级学术刊物《美国化学会会志》和《德国应用化学》上发表的大多数论文，研究生也是主要贡献者(第一或第二作者)。2011—2015 年，获国家留学基金委公派研究生项目资助 94 人，其中攻读博士学位 37 人，攻读硕士学位 1 人，联合培养 56 人。此外，15 位博士生获教育部、国务院学位委员会“博士研究生学术新人奖”；3 人获得唐敖庆奖学金(2013—2015)，3 人获得卢嘉锡奖学金(2013—2015)，58 位博士和 60 名硕士获国家奖学金，2 人被评为省级三好，1 人被评为省级优干，1 人被评为省暑期社会实践先进个人。

由于科研上表现出色，在 2014 年 4 月 6 日举行的厦门大学建校 93 周年庆祝大会上，化学系 2010 级博士生朱从青同学从杨振斌书记和朱崇实校长手中接过厦门大学“嘉庚奖章”，受到大会公开嘉奖和表扬。8 月，朱从青同学在北京人民大会堂金色大厅领取第九届“中国青少年科技创新奖”，11 月又获得 2014 年度卢嘉锡优秀研究生奖。

2015 年，全院在校生 2281 人，其中本科生、硕士生和博士生分别为 1086 人、787 人和 380 人，其中学历留学生 28 人(包括国际硕士 17 人，国际博士 11 人)，招生人数稳中有升，生源质量也较往年有所提高。

2015 年 12 月，人力资源和社会保障部、全国博士后管理委员会对全国 2012 年以前设立的 298 家评估等级为优秀的博士后科研流动站给予通报表扬，厦门大学化学博士后科研流动站再度榜上有名，连续三次评估优秀。厦门大学化学博士后科研流动站成立于中国博士后制度建立之初的 1985 年，是全国高校科研流动站首批建站单位之一。经过厦大化学人 30 年的共同努力与辛勤耕耘，化学博士后流动站以其突出的人才培养成绩于 2005 年荣膺“全国优秀博士后科研流动站”称号，并于 2010 年再次获评全国优秀博士后科研流动站。截至 2015 年，化学博士后流动站已招收逾 200 名博士后，其中海外博士 24 名，外籍博士后 15 名，留校工作的博士后 38 名，已出站博士后 158 名。出站博士后中郑兰荪、田中群和孙世刚当选为中科院院士，2 人入选长江学者特聘教授，2 人为“973”首席科学家，4 人获国家杰出青年基金，1 人入选中科院“百人计划”，2 人获得中国优秀博士后奖，大部分出站博士后已成长为所在单位的学术带头人、教授，或成为国内外高校的优秀师资人才，在学术界中发挥着重要作用。

“十二五”期间，学院入选国家“十二五规划教材”共 4 部，获国家级精品资源共享课程 2 门，教育部精品视频公开课程 1 门，国家级教学成果奖二等奖 1 项、福建省特等奖1项、福建省二等奖1项。“化学人才基地科研训练及科研能力提高项目”获国家立项资助，并获批福建省本科高校“专业综合改革试点”项目。“化学工程与技术实验教学示范中心”被批准为省级示范中心。2011—2015年，发表教学论文共46篇。本科生学业竞赛成绩突出，获各类奖项共计52项，其中，获得全国“挑战杯”大学生课外学术科技作品竞赛特等奖1项，全国“挑战杯”创业计划大赛金奖1项，国际遗传工程机器设计竞赛(iGEM)世锦赛金奖4项、银奖2项，国际生物分子设计大赛(BIOMOD)金奖1项、银奖1项，“三井杯”全国大学生化工设计竞赛一等奖4项，全国大学生化学实验邀请赛一等奖3项，全国高校环保科技创意设计大赛金奖1项。本科生参与科研工作，在国内外学术刊物上发表论文369篇，其中影响因子在5.0以上94篇，国家发明专利15项。

四、壮大师资队伍

2014年，田中群院士入选发展中国家科学院院士。2015年，孙世刚教授当选中国科学院院士，学院在职两院院士人数上升至9人。赵金保教授(2011年)入选第六批海外高层次引进人才名单长期项目。谢兆雄教授(2015年)被聘为“长江学者计划”特聘教授。王泉明教授(2011年)、颜晓梅教授(2012年)、杨朝勇教授与陶军教授(2013年)先后获得国家杰出青年科学基金。截至2015年底，全院教职工总数329人，其中专任教师178人。专任教师中，中国科学院院士9人，教授89人，副教授77人，其中博士生导师76人，海外高层次人才引进计划入选者11人(长期项目1人、短期项目3人、青年项目7人)，长江学者特聘教授6人，国家杰出青年基金获得者19人，“973计划”专家顾问1人、领域专家1人，“973计划”能源科学领域专家咨询组成员1人，“973计划”首席科学家3人，国家自然科学基金委重大研究计划专家组组长1人，先进能源技术领域节能与储能技术主题专家组专家1人，入选教育部跨世纪人才计划4人，国家级教学名师2人，入选教育部新世纪优秀人才支持计划17人，1人入选国际电化学会会士，4人入选英国皇家化学会会士。学院师资队伍总体呈现人才梯队健全、年龄结构合理、学缘分布优化、竞争活力明显的特点。

图 8-6　田中群院士在工作中

图 8-7　孙世刚院士在工作中

图 8-8 王泉明(左上)、颜晓梅(右上)、杨朝勇(左下)、陶军(右下)教授在工作中

“十二五”期间,一大批教师获得重大奖励:中国科学院院士蔡启瑞教授、田昭武教授、张乾二教授、黄本立教授分别获得厦门大学最高荣誉——“南强杰出贡献奖”;国际电化学会 Jacques Tacussel 奖 1 人(田中群,2013),国际电池材料协会 Technology Award 1 人(杨勇,2014),中法化学讲座奖 1 人(孙世刚,2014),国际电池材料联合会技术成就奖 1 人(杨勇,2014),中美化学与化学生物学教授协会杰出教授奖 1 人(杨勇,2012),全国模范教师称号 1 人(孙世刚,2014),宝钢优秀教师奖 4 人(朱亚先,2011;李军,2012;谢兆雄,2014;郑南峰,2015),卢嘉锡优秀导师奖 3 人(龙腊生,2012;孙世刚,2013;万惠霖,2015),中国化学会青年化学奖 3 人(郑南峰,2011;孔祥建,2014;高锦豪,2014),“中国化学会-阿克苏诺贝尔化学奖”1 人(谢素原,2012),中国化学会-英国皇家化学会青年化学奖 1 人(郑南峰,2014),霍英东教育基金会高等院校青年教师奖二等奖 1 人(郑南峰,2012),“全国石油和化工优秀科技工作者”1 人(李清彪,2013),福建省运盛青年科技奖 3 人(罗正鸿,2011;杨朝勇,2013;周志有,2014),福建省五四奖章标兵 1 人(高锦豪,2015),福建省五四青年奖章 2 人(田娜,2011;杨朝勇,

2012),福建省高校教学名师1人(谢兆雄,2011),厦门市劳动模范1人(颜晓梅,2013),厦门市优秀教师1人(袁友珠,2013),厦门市三八红旗手2人(毛秉伟,2011;朱亚先,2015)。此外还有1人入选首届中国女分析化学家(颜晓梅,2015),1人入选首届中国青年分析化学家(2015,杨朝勇)。

图8-9 诺贝尔化学奖得主Jean-Marie Lehn教授受聘厦门大学名誉教授

此外,学院还积极引入国际知名学者,进一步提升学院及学科的国际知名度。诺贝尔化学奖得主Jean-Marie Lehn教授、康斯坦丁·诺沃肖洛夫教授、加州大学伯克利分校杨培东教授、美国佐治亚理工学院王中林教授、澳大利亚新南威尔士大学Neil R. Foster教授等国际知名学者先后受聘厦门大学名誉教授。英国杜克大学David Lilley教授、台湾清华大学余靖教授受聘厦门大学双聘教授。中国科学院城市环境研究所所长、国家杰出青年基金获得者朱永官研究员受聘厦门大学兼职教授。美国密歇根大学莫亦荣教授受聘闽江学者讲座教授。

图 8-10 加州大学伯克利分校杨培东教授从院党委书记金能明手中接过厦门大学名誉教授聘书

还有一批教师还在国际电化学会、英国皇家化学会等国际学术组织，在*Chemistry-An Asian Journal*、*Heteroatom Chemistry*、*Chemical Society Reviews*、*Journal Power Sources* 等国际重要学术期刊担任主编或编委等要职。例如，在 IUPAC ICAS 2011 国际分析科学大会上，黄本立院士当选日本分析化学会名誉会员，是继梁树权院士、汪尔康院士之后，我国第三位获此殊荣的分析化学家。2011 年，Royal Society of Chemistry（英国皇家化学会）宣布，田中群院士任化学领域顶级综述期刊《化学会评论》（*Chemical Society Reviews*）副主编，成为该刊三位副主编之一，是亚洲地区出任副主编的首位化学家。

校友也喜报频传，2011 年 2 月，学院 1978 级化学系校友、新加坡国立大学曾华淳教授入选汤森路透（Thomson Reuters）发布的 2000—2010 年全球顶尖一百化学家榜单（TOP 100 CHEMISTS, 2000—2010），名列榜单第 49 位。2013 年 12 月，学院 1984 级化学系校友、中国科学技术大学化学与材料科学学院谢毅教授当选中国科学院院士，次年 12 月，又获"十佳全国优秀科技工作者"殊荣。2015 年 12 月，学院 1979 级化学系校友、北京大学化学与分子工程学院席振峰教授当选为中国科学院院士。

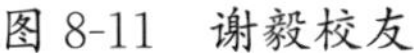

图 8-11　谢毅校友　　图 8-12　席振峰校友

五、优化科研组织体系

“十二五”期间，学院秉承“顶天立地创一流”的理念，坚持基础研究与应用研究并重，在基础研究方面瞄准世界科技前沿，面向国家战略需求，提升原始创新能力；在应用研究方面立足国民经济建设和社会发展主战场，着力解决关键技术难题。出台了《关于建立课题组制度及科研团队建设的实施方案》，组建和培育创新团队，顺利实施教研室转研究所的改革；建立健全课题组制度，提高科技创新能力；组建横向科技开发专家组，建立学科方向科技开发负责人体系，成立企业产学研合作工作站。形成院系—研究所—科研团队、课题组(项目组)的科研组织体系，共建立无机化学与功能材料、有机化学、高分子科学、分析科学、电化学科学与工程、催化科学与工程、理论与计算化学、结构化学、化学工程、工业催化与能源化工和生物化工 11 个研究所，全院组建 83 个课题组，每年度举行课题组科研工作报告会，在重大科研项目、重大科研成果、重大科研平台等方面为学校的学科建设和科研工作做出重要贡献。

(一)承担一批重大科研项目

2011 年以来，共获批各类纵向科研项目 480 项(千万以上科研项目 8 项)，立项纵向项目经费 6.84 亿元，到位科研经费总额 8.43 亿元。其中，获“973 计划”(重大科学研究计划)项目 2 项(首席科学家)，课题 11 项，科技部国际科技合作重点项目 1 项;国家自然科学基金 270 项,包括重大项目 1 项,重大研究计划集成项目 1 项,重大科研仪器设备研制专项(含自由申请)2 项,重大非共识项目 1 项,创新研究群体 2 项,重点项目 9 项,重点国际(地区)合作研究项目 2 项,重大项目课题 3 项,杰出青年基金 4 项,优秀青年基金 5 项,仪器专项 4 项,重大研究计划重点支持项目 1 项,海峡基金 2 项等。

(二)产出一批重大科研成果

2011 年以来,发表于 SCI 源刊物的论文数量年均逾 400 篇,在 JCR 一区和二区学术期刊上发表高质量论文的数量逐年增长,形成了化学学科绝大部分分支学科均能于化学一级学科 SCI 前 5% 刊物发表论文的良好态势。其中 *Science* 1 篇,*Nature Nanotechnology* 1 篇,*Nature Chemistry* 1 篇,*Nature Protocols* 1 篇,*Nature Communications* 7 篇。JCR 一区论文年均约 90 篇,影响因子大于 10 的论文年均 20 余篇。在化学学科两个核心权威刊物《德国应用化学》和《美国化学会杂志》(影响因子均大于 10)上发表论文 100 余篇。诸多创新性成果被 *Science*、*Nature*、*Nature Chem.*、*Nature China*、*Nature Mater.*、*Nature Nanotech.*、*Nature Asia Mater.*、*Chem. Eng. News*、*Chem. World* 等刊物作为研究亮点评介。

2011 年 3 月,中国科学院科学数据库纳米研究专业数据库公布了“十一五期间公开发表的中国大陆纳米研究最有影响的 10 篇论文”,孙世刚教授 2007 年发表于 *Science* 的研究论文“Synthesis of tetrahexahedral platinum nanocrystals with high-index facets and high electro-oxidation activity”以超过 410 次的引用次数位列于 10 篇之首(数据库统计时间截至 2011 年 3 月)。2012 年 12 月,在科技部中国科学技术信息研究所发布的“2011 年中国百篇最具影响国际学术论文”中,郑南峰教授课题组研究成果[*Nature Nanotechnology*, 2011, 6(1)]名列其中。

郑南峰教授课题组在铂纳米复合催化剂的制备、表征及催化反应的过程机理方面的研究取得重要进展,相关研究成果(Interfacial Effects in Iron-Nickel Hydroxide-Platinum Nanoparticles Enhance Catalytic Oxidation)于 2014 年 5 月 2 日在《科学》杂志上发表 (*Science*, 2014, 344, 495-499)。该研究工作在郑南峰教授的领导下,由校内外、国内外多个课题组共同努力,历时三年协作完成。

其中,郑南峰、傅钢、陈明树等三个课题组紧密协作负责催化剂的合成、表征、性能测试以及催化机理研究,中国科学院物理研究所谷林研究员主要负责纳米颗粒的亚埃级球差校正高分辨透射电子显微研究,加拿大达尔豪斯大学化学系的张鹏教授课题组和台湾同步辐射研究中心李志甫研究员等参与催化剂的同步辐射X射线吸收光谱研究。值得一提的是,该研究工作的第一作者(陈光需)、第二作者(赵云)均为厦门大学博士生。

(三)荣获一批重要科研奖项

2011年以来,学院相关科研成果获各项奖项23项,其中国家自然科学奖二等奖2项,国际科学技术合作奖(合作者)1项,高等学校科学研究优秀成果自然科学奖一等奖1项、二等奖3项,高等学校十大科技进展1项,福建省科学技术奖自然科学奖一等奖1项,科技进步奖(技术发明奖)二等奖4项、三等奖1项,厦门市科学技术奖科技进步奖二等奖1项,第五届中国侨界贡献奖3项,中国腐蚀与防护学会科学技术奖技术发明奖一等奖1项,中国石油和化学工业联合会科学技术奖科技进步奖三等奖1项、技术发明奖三等奖1项,第十届福建省自然科学优秀学术论文一等奖1项。

孙世刚教授课题组研究成果"电催化剂的表面结构效应、设计合成和反应机理研究"获得2013年国家自然科学奖二等奖。课题组二十多年来通过系统研究原子排列结构可控的单晶电极,揭示了电催化剂的构效规律,提出椅式活性位模型;通过建立先进的电化学界面研究方法,阐明了电催化反应机理,进而创建高指数晶面/高表面能金属纳米晶结构控制合成的电化学方法,制备出具有高活性密度的铂二十四面体等一系列高表面能纳米晶,实现纳米催化剂的设计合成和性能调控,被《科学》杂志专文评价为"纳米催化剂合成的重大突破"。相关成果曾入选"中国高等学校十大科技进展""中国基础研究十大新闻"。

图 8-13　孙世刚教授课题组研究成果获 2013 年国家自然科学奖二等奖

“新型富勒烯的合成”研究成果荣获 2015 年国家自然科学奖二等奖、教育部 2012 年度高等学校自然科学一等奖，完成人员为学院谢素原、谭元植、郑兰荪、吕鑫、黄荣彬等。该成果找到了合成新型富勒烯的通用方法——笼外衍生法，并用这一方法合成了最具代表性的一系列新型富勒烯。成果的代表性论文发表在国际知名刊物上，被国际同行评价为“开辟了研究这些不寻常的、含相邻五边形的富勒烯化学反应、光学、电子性质及其实际应用的新道路”。

图 8-14　谢素原课题组研究成果获 2015 年国家自然科学奖二等奖

学院夏海平教授团队的“过渡金属导致物质从反芳香性向芳香性的突变”入选 2013 年度“高校十大科技进展”。芳香性物质因其结构稳定而广泛应用于日常生活和高科技领域，而反芳香性物质极不稳定，不易成功分离。夏海平团队成功突破了将物质从反芳香性转变到芳香性的科学难题。

受聘为固体表面物理化学国家重点实验室国际顾问的王中林教授，是国际纳米科技领域著名科学家，中国科学院外籍院士和欧洲科学院院士。2006 年起，王中林与厦门大学固体表面物理化学国家重点实验室逐步建立起密切的科研合作关系，双方共同培养人才，共同承担科技部国际重大合作专项等项目，合作发表论文 15 篇(包括《科学》1 篇和《自然》1 篇)。王中林教授以厦门大学为第一合作单位获得 2013 年度国际科学技术合作奖。

(四)构建一批重大科研平台

新增各类科研平台 6 个，其中“2011 协同创新中心” 1 个(能源材料化学协同创新中心)，国家地方联合工程实验室 1 个(新能源汽车动力电源技术国家地方联合工程实验室)，教育部重点实验室 1 个(谱学分析与仪器教育部重点实验室)，福建省发改委工程实验室 1 个(新能源汽车动力电池及储能关键材料工程实验室），福建省行业技术开发基地1个（精细化工产业技术开发基地），厦门市重点实验室1个（合成生物技术重点实验室），校级平台4个（厦门大学-蓝恒达精细化工联合实验室、厦门大学磷科学与工程技术研究中心、厦门大学-湖北尧治河磷工程技术中心、厦门大学-厦门万润佳润滑剂有限公司联合研发实验室）。此外，固体表面物理化学国家重点实验室继续保持在全国的领先地位，连续五次进入优秀实验室行列；醇醚酯化工清洁生产国家工程实验室顺利通过国家发改委验收；谱学分析与仪器教育部重点实验室获批重建并通过验收；福建省化学生物学重点实验室以优秀的成绩通过建成验收，两次被评为优秀重点实验室。

2012年5月起正式实施的“高等学校创新能力提升计划”（简称“2011计划”），是继“211工程”“985工程”之后，我国在高等教育系统启动的第三项国家工程。实施该项目是推进高等教育内涵式发展的现实需要，也是深化科技体制改革的重大行动。“2011计划”的重要目标是全面提升创新能力，工作重点是建立健全协同创新机制，本质要求是不断深化体制改革。根据“2011计划”重大需求的划分，2011协同创新中心分为面向科学前沿、面向文化传承创新、面向行业产业和面向区域发展四种类型。

厦门大学化学化工学院紧紧抓住这一历史机遇，继续深化机制改革，依靠学术带头人和学术骨干，启动协同创新工程，扎实推进协同创新。自2011年10月召开“2011计划”首次讨论会以来，确定协同厦门大学、复旦大学、中国科学技术大学三校化学学科的优势力量，选择碳资源优化利用、化学储能与转化和太阳能转化化学三个主攻方向，以合成制备、理论模拟、仪器方法作为源头创新的基础支撑，组建培育“能源材料化学协同创新中心”。2011年12月，学院邀请各级特聘教授及院系相关负责人共同研讨“2011计划”组织实施思路与可行性方案。2012年9月，由厦门大学、复旦大学、中国科学技术大学共建的“能源材料化学协同创新中心”在厦门大学召开培育建设工作会。此后，学院与复旦大学、中国科技大学化学、材料相关学科院系先后在厦门、上海和合肥三地召开四次三方校院联席会议，研讨2011协同创新中心筹建事宜。2013年8月，能源材料化学协同创新中心共建协议签约仪式在厦门大学举行，中国科学院大连化学物理研究所正式以核心单位身份加入协创中心。

图 8-15　能源材料化学协创中心共建协议签约仪式

协同中心由厦大、复旦、中科大和大连化物所组成核心层，中国科学院福建物质结构研究所、清华大学、牛津大学、加州大学伯克利分校等能源材料化学领域杰出人才团队组成外围层。中心已汇聚的国外杰出学者包括美国艺术与科学院院士、JACS 副主编杨培东(位列国际权威引文机构 Thomson Reuters 发布的2000—2010 年全球"顶尖百名材料学家"榜首和"顶尖百名化学家"第 10 位)，林文斌(位列"顶尖百名化学家"第 54 位)，E. Tsang(牛津大学 Wolfson 催化中心主任)，E. S. Yeung(美国能源部 Ames 国家实验室高级科学家)和王勇(华盛顿州立大学杰出教授)、刘俊(美国西北太平洋国家实验室 Fellow)等领军人才；国内学者有洪茂椿院士(来自结构和材料化学研究实力雄厚的福建物构所)、江雷院士(中科院化学所，北京航空航天大学化学与环境学院)和帅志刚教授(欧洲科学院外籍院士，清华大学长江学者)等杰出学者。

协同中心拥有 15 个实力雄厚的国家级科研平台。例如，"固体表面物理化学国家重点实验室(厦门大学)"在全国化学化工类国家重点实验室评估中，是唯一连续四次(20 年)均被评为优秀的国家重点实验室。在 2009 年评估中，该实验室与同属协同中心的"催化基础国家重点实验室(大连化物所)"和"分子反应动力学国家重点实验室(大连化物所)"不仅囊括了物理化学所有的优秀实验室，而且占据了化学化工所有学科的六个"优秀"实验室中的三席。这表明协同中心不仅在物理化学而且在整个化学化工领域影响显著。三校一所近年来在

Science、*Nature* 及其子刊等顶尖期刊发表的论文数均列全国高校化学学科前茅；中心成员多人次在国际重要刊物如 *Chemical Society Reviews*、*Journal of the American Chemical Society*、*Nano Today*、*Energy Environmental Science*、*Journal of Material Chemistry* 等担任主编、副主编、顾问编委、编委；多人作为主要负责人主办了国际材料化学大会、国际能源大会、国际催化大会、国际电化学会大会等相关领域国际顶级的系列会议；多人次获得国际重要奖项，如国际介观结构协会成就奖、天然气转化杰出成就奖、国际电化学会 Jacques Tacussel 奖、国际催化奖、国际电化学会 Brian Conway 奖、英国皇家学会（电化学）法拉第奖章、国际电池材料协会 2014 Technology 奖、世界杰出女科学家奖、国际 IUPAC 化学化工杰出女性奖、中法化学讲座奖、美国化学会无机杰出青年科学家奖等。中心成员有 10 人次获得英国皇家化学会 Fellow 称号。

协同中心以在能源领域满足国家重大战略需求和在化学基础学科领域冲击世界一流为导向，充分协同三校一所优势资源协同创新体，延揽国内外杰出人才，瞄准碳资源优化利用、化学储能与转化和太阳能转化化学 3 个主攻方向中的核心科学与技术难题，以合成制备、理论模拟和仪器方法为基础和支撑，注重交叉前沿研究和前瞻性、非共识性探索及大学科交叉研究，通过构建协同创新的新模式和新机制，以化学为基础，材料为载体，能源为目标，努力将中心建设成为探索高校转变创新发展方式的“特区”。

2014 年 10 月，教育部、财政部联合发文公布了 2014 年度“2011 协同创新中心”认定结果。由厦门大学牵头的“能源材料化学协同创新中心”和“两岸关系和平发展协同创新中心”获得认定，成功跻身国家队的“协同创新中心”。与厦门大学一并正式入选本年度“2011 计划”的牵头单位还有清华大学、南京大学、上海交通大学、浙江大学等 18 所高校。它们将以“国家队”的身份，做“国家急需、世界一流”的大事，最终成为国家智库。

（五）固体表面物理化学国家重点实验室连续 5 次获评优秀实验室

2014 年 12 月，科技部发布了《关于发布 2014 年化学领域国家重点实验室评估报告的通知》，依托厦门大学的固体表面物理化学国家重点实验室（简称“化学国重”）再次获评为优秀实验室。至此，该实验室在建室以来的所有五次（25 年）评估中均获评优秀。

化学国重于1986年通过论证,1987年获准建设,1990年建成验收,向国内外开放。实验室秉承长期凝聚形成的“敢为先、重细节、合为贵”科研文化,在科学研究、人才培养和开放交流等方面取得显著成绩,在建室以来五次国家重点实验室评估(1994、1999、2004、2009和2014年)中均获评优秀实验室,在国家重点实验室建设十周年(1994年)和二十周年(2004年)总结表彰会上均被授予先进集体称号,荣膺“金牛奖”。化学国重已成为具有国际影响的固体表面物理化学研究和人才培养基地。田昭武院士、万惠霖院士、田中群院士和谢兆雄教授先后担任实验室主任,蔡启瑞院士、张乾二院士和万惠霖院士先后担任学术委员会主任。2015年7月,教育部聘任王野教授为新一届实验室主任,孙世刚教授为实验室学术委员会主任,学校聘任任斌、谢素原、赵仪为实验室副主任,王敏续任实验室副主任。

(六)谱学分析与仪器教育部重点实验室获批重建并通过验收

分析化学学科1995年获国家教委批准首批设立“材料和生命过程分析化学开放实验室”,1999年更名为“现代分析科学教育部重点实验室”。进入21世纪后,面临分析化学学科发展的新机遇新挑战,实验室在人才队伍建设和研究方向整合以及在实验室空间扩展和仪器设备更新等方面存在一定的滞后,遗憾地自2008年不再列入教育部重点实验室名单。此后五年,分析化学学科主动凝练学科方向,整合学术团队,培养和引进人才,活跃学术交流,改善学科环境,在分析化学基础研究特别是创新谱学分析方法学与仪器装置等方面取得了新的显著发展。实验室拥有了一支包括1名中科院院士、1位国家教学名师、4位国家杰出青年基金获得者和10位闽江特聘教授/厦门大学特聘教授的年富力强、协作融合的研究团队;获得国家“973”“863”和自然科学基金重点项目等研究课题148项,研究经费近1亿元人民币;在国际重要的主流学术期刊上发表论文500多篇(其中包括在分析化学专业国际顶级学术期刊*Analytical Chemistry*上发表论文28篇),92人次被邀请在国际国内重要学术会议上做大会报告和特邀报告,9次承办大型国际和国内学术会议,整体学术水平和学术影响显著提升。2013年4月21日,召开厦门大学分析化学学科发展高层专家研讨会,与会专家听取汇报和讨论后,充分肯定分析化学学科五年来所取得的显著进展,并对学科未来发展战略和思路提出了建设性意见:厦门大学化学及相关学科长期积淀的学术优势以及几代人学科发展的积累，使得厦门大学分析化学学科高度地交叉融合，在以“谱学分析与仪器”为核心的研究领域取得了国际水准的研究成果；凝练的光谱质谱分析、微纳尺度分析、多模成像分析和创新仪器与装置四个研究方向明确具体，充分体现了厦门大学分析化学学科在国内外分析科学领域的学术地位和显著影响力，尤其在创新谱学分析方法和仪器装置研制方面特色鲜明。建议教育部论证重建厦门大学原“现代分析科学教育部重点实验室”为“谱学分析与仪器教育部重点实验室”。2013 年 9 月，教育部依据专家评审结果批准厦门大学重新组建“谱学分析与仪器教育部重点实验室”。

2015 年 1 月，教育部科技司组织专家组对学院“谱学分析与仪器教育部重点实验室”建设项目进行验收。经验收专家组仔细讨论，认为厦门大学谱学分析与仪器教育部重点实验室在学科方向凝练、人才队伍建设、创新团队建设、科研平台水准提升、前沿学术交流、完善创新管理机制以及实验室规模建设和配套支持等方面取得了显著进展，超额完成了实验室建设计划任务书的各项任务指标。与会专家成员一致同意通过建设项目验收，并正式纳入教育部重点实验室建设序列，同时建议在今后的工作中，进一步加强建设，促进实验室向更高的层次发展。

图 8-16 “谱学分析与仪器教育部重点实验室”建设项目通过验收

(七)建设高场核磁共振中心

为加快建设国际高水平综合性大学的进程,厦门大学建设高场核磁共振中心。中心购置三台液态高场核磁共振谱仪(850 兆、600 兆、500 兆)等仪器设备,可为厦门大学各相关学科开展核磁共振技术在化学、生物、医学、药学、材料、物理、环境和海洋等领域的应用研究工作提供国际先进水平的技术平台,成为华东南地区的先进研究机构之一。

图 8-17　850 兆核磁共振谱仪落户仪式

(八)新能源汽车动力电源技术国家地方联合工程实验室获批建设

2015 年 4 月,国家发展改革委员会发布《关于 2014 年度国家地方联合工程研究中心(工程实验室)的批复》(发改高技〔2015〕581 号),赵金保教授牵头申报的"新能源汽车动力电源技术国家地方联合工程实验室"获批启动建设。这是学院在国家级科技创新平台建设上取得的又一重要进展,将为提升新能源汽车动力电池领域的自主创新能力提供重要平台基础。该实验室是在福建省发改委的"福建省新能源汽车动力电池及储能关键材料工程实验室"的基础上,以厦门大学化学化工学院、能源学院、物理与机电学院、固体表面物理化学国家重点实验室和电化学技术教育部工程研究中心为重要支撑,结合国家新能源产业的长期发展规划，以大力发展新能源汽车动力电源为主要目标，加强产学研合作来进行申报建设的。特别值得一提的是，作为该国家级平台建设基础的“福建省新能源汽车动力电池及储能关键材料工程实验室”，自 2011 年立项获批以来，与中航工业集团、通用汽车、TDK、国泰华容、猛狮科技等十多家国内外知名企业进行了多方面的深度合作，累计承担了国家“973”计划、国家“863”计划、国家自然科学基金、福建省和厦门市等各类科研项目 20 余项，产出了多项世界水平的科技成果，为国家及福建省储能技术的发展做出了积极贡献。

图 8-18 赵金保教授与课题组成员在讨论科研工作

实验室代表性的研究成果“高安全性锂离子动力电池用功能隔膜”，在国家“863”计划的支持下，通过与中航锂电（洛阳）的合作，于 2015 年 4 月 10 日通过国家科技部高技术中心组织的技术验收，相关产品的技术指标达到甚至超过国际领先水平。陶瓷功能隔膜的成功开发为国内动力电池行业的进一步发展奠定了技术基础，打破了该领域关键技术长期由日韩掌控的局面。陶瓷涂覆功能隔膜在锂离子电池中的使用已成为行业的共识。

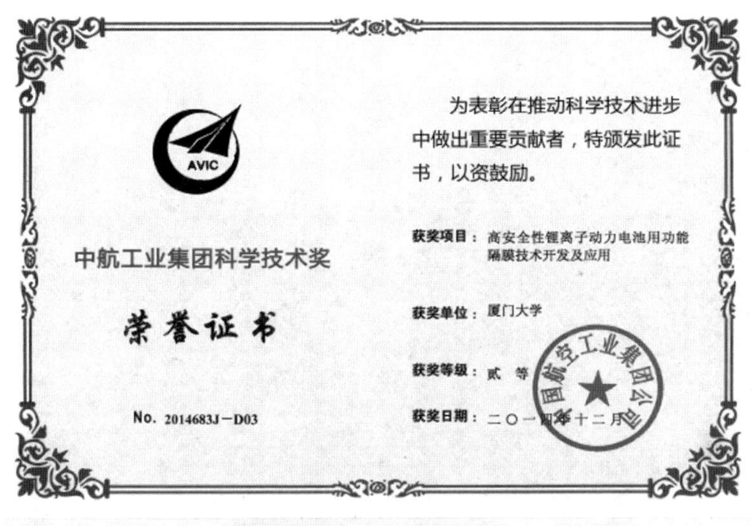

中航工业集团科学技术奖

荣誉证书

No. 2014683J－D03

为表彰在推动科学技术进步中做出重要贡献者，特颁发此证书，以资鼓励。

获奖项目：高安全性锂离子动力电池用功能隔膜技术开发及应用

获奖单位：厦门大学

获奖等级：贰　等

获奖日期：二〇一四年十二月

图 8-19　“高安全性锂离子动力电池用功能隔膜技术开发及应用”项目获“中航工业集团科学技术二等奖”

(九)石墨烯工业技术研究院落地厦门大学

2014 年 5 月 9 日，由厦门大学与英国 BGT 材料公司和福建辉锐材料科技有限公司联合共建的石墨烯工业技术研究院(以下简称“研究院”)正式签署合作协议。两个共建方均为开展石墨烯技术研究的知名企业，前者是全球最早一批专业开展石墨烯技术基础和应用研究的知名企业，后者则是目前世界上唯一掌握平方米级单原子层石墨烯制备和转移技术等石墨烯产业化中关键高难核心技术的企业。根据协议，研究院引进代表石墨烯领域世界最高技术水平的 2010 年诺奖得主康斯坦丁・诺沃肖洛夫教授及一批国际一流的科研人才，建立“国际顶级专家-优势高校-引领型企业-发达城市”多方协同的建设模式，以美国“硅谷”为目标，打造具有国际影响力的“碳谷”。

图 8-20　石墨烯工业技术研究院合作共建协议签约仪式

六、积极开展对外学术交流

学院坚持国际化发展战略，全方位开展对外交流合作。积极探索和拓展国际合作培养途径，鼓励师生出国深造或开展合作研究，进一步帮助师生提高创新能力，拓展学术视野。“十二五”期间，共有 1027 人次教师、418 人次学生出国、出境参加国际会议或开展合作研究，对提升学院国际竞争力和学术影响力具有重要作用。其中，依托国家留学基金的支持，13 位中青年教师到美国芝加哥大学、莱斯大学等高校及研究所进修，通过国家留学基金和校级、院级交流项目的支持，共派出 39 名研究生赴加拿大阿尔伯塔大学、美国佐治亚理工学院、英国剑桥大学等国际著名大学和研究机构进修或开展合作研究，拓宽国际视野，提高学术水平。为鼓励研究生参与多层次、高水平国际学术交流机会，还推行了“研究生出国出境参加学术会议资助”和“研究生国外短期访学计划项目”等措施，助力学生收获 “国际体验”，拓展国际视野。

为提高学院办学水平以及国际化程度，学院鼓励教师积极邀请国内外名家来访讲学与交流合作，先后于 2010 年 11 月设立“卢嘉锡讲座”(学院最高级别、最高荣誉的学术交流平台)，于 2012 年 11 月设立“嘉庚化学讲座”(学院高层次学术交流平台)，并延请 Ada Yonath、K. B. Sharpless、Richard F. Heck、Ei-ichi Negishi、Jean-Marie Lehn、Konstantin Novoselov、李远哲等诺贝尔化学奖得主，以及姚建年院士、万立骏院士、周其林院士等数十位国内外顶尖学者来校交流。

图 8-21　诺贝尔化学奖得主来校交流(从上至下，从左至右：Ada Yonath、K. B. Sharpless、Richard F. Heck、Ei-ichi Negishi)

图 8-22　多位院士做客“厦门大学南强学术讲座”“卢嘉锡讲座”

（从上至下，从左至右：姚建年、江雷、赵进才、田禾、丁奎岭、万立骏、黄乃正、张玉奎、周其林）

图 8-23 学生出国出境交流

“十二五”期间,共主办或协办 35 场高水平学术会议。主要有第 176 届国际法拉第讨论会、第十届国际华人无机有机研讨会、21 世纪中的化学键理论研讨会、蔡启瑞院士百岁生日暨厦门大学催化学科创立 55 周年庆祝大会、第三届亚洲光谱会议、第9届厦门表面化学系列会议——第8届国际扫描电化学显微镜研讨会暨第66届国际电化学年会卫星会、第六届亚太冬季等离子体光谱化学国际会议、第三届全国微纳尺度生物分离分析学术会议暨第五届国际微化学与微系统学术会议、第三届等离激元光子学前沿国际会议、2014年催化与传感环境国际会议(CASE 2014)学术研讨会等。

为弘扬著名物理化学家、我国催化化学的重要开拓者和奠基人蔡启瑞院士爱国爱党、精诚奉献的高尚精神，2013年12月2—3日，学院隆重举行了庆祝蔡启瑞院士百岁寿诞暨厦门大学催化学科创立55周年庆祝大会，会上还正式设立了“蔡启瑞教育发展基金”。截至大会开始时，基金得到社会各界捐赠金额350万元，并在此后持续受到社会广泛关注与支持。

图8-24　蔡启瑞院士百岁生日暨厦门大学催化学科创立55周年庆祝大会上设立“蔡启瑞教育发展基金”

活动期间，还举行了催化学科创立55周年学术报告会，会议邀请活跃在国内催化界的院士和优秀年轻学者，围绕国家和社会需求，就能源、环境等相关的光催化、纳米催化、新材料等领域的国际前沿、国际热点的问题进行研讨。

2014年10月27日，由英国皇家化学会和厦门大学能源材料化学协同创新中心联合主办的第176届国际法拉第学术讨论会在科学艺术中心音乐厅隆重开幕。本届讨论会是一百多年来法拉第讨论会首次在亚洲国家举行，来自 14 个国家的 300 余名代表参加了本次会议。本届讨论会的主要议题是如何将不同尺度的单个功能组件有效地集成到下一代能源材料中，并通过集成而优化每个组件的功能，甚至创造新的协同效应。

图 8-25　第 176 届国际法拉第讨论会

法拉第学术讨论会自从 1907 年在英国伦敦举办第一届主题为“渗透压”的讨论会以来，已经拥有一百多年的历史，旨在汇聚全球最顶尖、最具影响力的化学家、物理学家和材料学家等，深入讨论物理化学、化学物理以及生物物理化学有关的多学科交叉前沿科学问题，在欧洲乃至国际上具有广泛的影响。2015 年 6 月，由学院、固体表面物理化学国家重点实验室、能源材料化学协同创新中心联合主办的“The Chemical Bonds at the 21st Century”(21 世纪中的化学键理论研讨会)在厦门大学召开，共有来自 18 个国家与地区约 160 位代表参加，其中美国科学院院士 Martin Head-Gordon、世界理论与计算化学家联合会(WATOC)薛定谔奖获得者 Gernot Frenking、Sason Shaik 等 22 位国际学界顶尖专家学者作邀请报告。与此同时，会议还召开了第二届 XMVB 价键程序专题培训。XMVB 价键程序是厦门大学理论化学学科发展的从头算价键程序，具独立自主知识产权，广泛应用于价键计算领域。第一届培训于 2012 年 7 月份在巴黎成功举行，第二届培训于会议期间在厦门大学举行。此后，该培训班分别于 2017 年德国、2018 年法国举办，在国际学术界产生了重大影响。

七、助企援疆

学院积极服务国家和区域地方经济社会发展，推进科研成果转化及产业化。2012年3月4日，万惠霖院士率课题组伊晓东、陈洪斌博士等成员，与江苏德峰药业有限公司在江苏省如皋市举行的“教授博士柔性进企业活动暨项目签约仪式”上，签署“共建院士工作站”和科技开发项目合作协议。根据协议，双方将在治疗高血压和高血脂沙坦类药物关键中间体的合成、催化剂的开发等方面开展广泛深入的产学研合作。

2013年7月，以学院为主体，学校和湖北尧治河化工股份有限公司共建厦门大学磷科学与工程技术研究中心，该中心源于2011年赵玉芬院士团队与尧治河集团共建院士专家工作站。该中心以厦门大学已有平台开展项目研发，以尧治河化工股份有限公司等为成果转化基础，以创新创业园为小试研发以及中试放大验证平台，旨在通过三方协作创新，实现现有生产技术的优化升级，完成小试到工业化生产的成果转化，助推化工产业转型升级。

2013年，学院赵金保教授课题组与中航锂电（洛阳）有限公司合作取得了重大进展，企业一次性支付2000万元作为项目研发经费。双方联合承担国家高技术研究发展计划（“863计划”）支持的“高安全性动力电池用功能隔膜的技术开发”项目，建成一条年产300万平方米陶瓷功能隔膜试验线，在此基础上完成相关配方固化、合浆、涂布、分切工艺技术开发，形成生产能力，并进行陶瓷隔膜电池设计、试制与测试。该项目的实施，对完善和补充我国锂离子动力电池产业链缺失的关键一环，提高锂离子动力电池生产和应用的安全性具有至关重要的作用。该项目以推动动力锂离子电池用安全性功能隔膜的发展，推进相关技术及材料的工程化，开发高安全性锂离子电池用功能隔膜生产技术，实现功能隔膜产品的高性能与低成本以满足实际应用需求为目标。采用基材膜表面处理技术与无机陶瓷粉体分散技术，优化陶瓷粉体的涂布效果，建立涂层厚度、陶瓷种类、粒径、表面特性等与电池性能的量效关系，总结陶瓷隔膜技术参数的规律，研制的隔膜同时具有Shutdown功能和高耐热性能，技术指标达到世界先进水平。

2013年11月8日，厦门大学与江西蓝恒达化工有限公司共建精细化工联合实验室正式签约。根据协议，双方将依托厦门大学化学化工学院，共同建设精细化工联合实验室，实验室将瞄准国家和地区战略需求，在多晶硅、氯碱精细化工等技术领域的自主创新研究及成果转化方面开展积极合作。

福建省自1999年开始援疆工作，为落实学校援疆工作部署，学院依托“醇醚酯化工清洁生产国家工程实验室”，与新疆昌吉学院或联合新疆大型企业共建了4个研究中心和1个研究院。联合江苏煤化工程研究设计院、新疆库车新成化工有限公司三方实验基地，合作开展洁净先进煤和天然气转化技术研发及产业化。“十二五”期间，已开展2个燃料化工开发项目。其中多壁碳纳米管生成装置所生产多壁碳纳米管的性能指标达到国际先进水平。2015年4月22日，李克强总理视察厦门大学时，充分肯定了学院与新疆在能源领域的合作成果。

图8-26　新疆洁净能源化工联合研究院揭牌

“十二五”期间，学院共承担各地企事业单位横向课题项目260项，建立校企共建平台30个(含延续)，合同经费约2亿元，合同经费逾百万元项目57项，逾千万元项目3项。获授权专利324项，其中转让或实施许可29项专利或专利申请权。

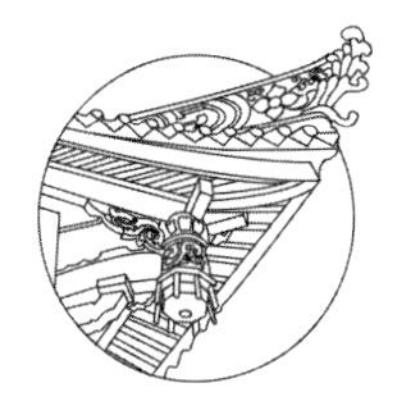

第九章
筑梦百年
建设一流
(2016—2019)

2016 年，厦门大学步入了“十三五”时期，学院牢牢抓住国家“统筹支持一流大学与一流学科建设”和高等学校创新能力提升计划（2011 计划）协同创新中心建设的历史性机遇，以立德树人为根本，以学科发展为主线，以科技兴国为己任，“建设一流学科，培养一流人才，打造一流队伍，开展一流科研，推动一流交流，做出一流贡献”。

一、学科发展迎来新机遇

“十三五”时期，学院加强学科布局的顶层设计和战略规划，重点建设国际一流的优势学科和领域，充分发挥基础研究优势，全面提升高水平科学研究能力，原有物理化学、分析化学、无机团簇化学等优势方向的国际学术影响力进一步提升，在团簇化学、合成化学、表征测量、能源材料等研究领域逐步位列国际学术前沿；持续推进有机化学、化学生物学学科建设快速发展。在推动传统学科创新发展的基础上，促进化学各分支学科之间，化学与化工、化生及其他学科之间的交叉融合，化学一级学科的整体实力得到显著提升，化工一级学科也得到快速发展，对学校材料、工科等的学科排名做出了重大贡献。截至 2019 年底，学院拥有 1 个国家一级重点学科（化学）、1 个“双一流”建设学科（化学）、1 个福建省重点学科（工业催化）和 2 个一级学科博士点（化学、化学工程与技术）。

化学学科入选“双一流”建设学科名单。建设世界一流大学和一流学科（简称“双一流”）是中共中央、国务院作出的重大决策，是中国高等教育领域继“211 工程”“985 工程”之后的又一国家战略。2017 年 9 月，教育部、财政部、国家发展和改革委员会联合发布《关于公布世界一流大学和一流学科建设高校及建设学科名单的通知》，正式公布世界一流大学和一流学科建设高校及建设学科名单，厦门大学化学、海洋科学、生物学、生态学、统计学等学科入选重点建设双一流学科，位列首批世界一流大学建设高校 A 类 36 所之一。化学学科入选“双一流”建设学科是学院经过数十年沉淀积累的结果，也是新时代砥砺发展的鞭策。在 2016 年教育部第四轮学科评估中，化学学科获评 A，进入 ESI(Essential Science Indicators，国际基本科学指标数据库)前 1‰，厦门大学化学学科事实上已经跻身世界一流。

化工专业通过中国工程教育认证。在 2016 年的第四轮学科评估中，“化学工程与技术”一级学科获评 B+。为了融入全球工程教育体系，化工系从 2016 年开始组织化学工程与工艺专业的中国工程教育专业认证。专业负责人李军教授率领全系老师对标中国工程教育体系认证的要求和标准，全方位梳理和总结学生情况、培育目标、课程体系、毕业要求、师资队伍、支持改进等，建立了科学的课程质量评价机制和毕业要求达成的评价机制。经过不懈努力，化学工程与工艺专业于 2019 年 1 月成功通过中国工程教育认证，为今后化工专业培养出高质量的工程技术人才奠定了良好的基础。

学位授权点通过合格评估。根据国务院学位委员会、教育部开展 2014—2019 年学位授权点合格评估工作的要求，在校研究生院的指导下，化学化工学院于 2016 年 11 月和 12 月分别接受了化学工程与技术一级学科学位授权点、工程硕士(化学工程)专业学位授权点和化学一级学科学位授权点校外专家现场评估。三个现场评估工作专家组分别由浙江大学任其龙教授、陈子辰教授和湖南大学谭蔚泓院士领衔担任组长，率多位国内知名化学、化工领域专家学者组成。专家组在分别听取了学位授权点概况历史、培养目标、建设标准、师资队伍、团队平台、科学研究、招生选拔、过程管理、奖助体系、培养质量、就业发展以及问题思考等方面的汇报和交流质询后，又进行实地考察和组织师生座谈，全面深入了解学位授权点各个方面情况。经审议，专家组充分肯定了厦门大学化学一级学科、化学工程与技术一级学科和工程硕士(化学工程)专业学位授权点的建设成绩，高度评价了化学学科为国家培养大批高素质创新人才，为增强我国化学学科的国际竞争力所做出的重要贡献，表示厦门大学化工学科发展势头良好，学生培养方面独具特色，三个学位授权点评估均获评合格。

图 9-1　化学一级学科学位授权点合格评估专家合影

图 9-2　化学工程与技术一级学科学位授权点、工程硕士（化学工程）专业学位授权点合格评估专家合影

首创并在国内率先设立“能源化学”本科专业。能源科学是研究能源在勘探、开采、输运、转化、存储和利用中的基本规律及其应用的科学。化学与能源的交叉则更加关注材料的表、界面及活性位点的控制，以及化学过程的高效、低耗

和结晶过程研究，更加注重支撑社会可持续发展与能源相关的化学及过程问题。2014 年 6 月，中央财经领导小组会议研究我国能源安全战略，强调能源安全是关系国家经济社会发展的全局性、战略性问题，对国家繁荣发展、人民生活改善、社会长治久安至关重要。面对能源供需格局新变化、国际能源发展新趋势，为保障国家能源安全，必须推动能源生产和消费革命。推动能源生产和消费革命是长期战略，必须从当前做起，加快实施重点任务和重大举措。基于“瞄准国家重大需求，强化学科主流特色，培养一流人才”的办学理念，厦门大学早在 2013 年 6 月就批准在化学化工学院设立“能源化学”博士点。同时，按照“边申请，边建设”的思路，学院从 2014 年开始设置面向“能源化学方向”的本科专业模块，共 13 门课程，合计 22 学分，分别由田中群院士、赵金保教授、谢素原教授、能源学院李宁教授、材料学院刘运权教授、物理与机电工程学院蔡伟伟教授等共同担纲授课。学生们普遍反映教学效果良好，从化学的角度加深了对能源问题和能源科学技术的理解和认识。以此为基础，能源材料化学协同创新中心进一步运用“*i*ChEM 特色”协同机制，在三校一所精选师资力量，汇聚优势，精心打造本研通修的核心课程“高等能源化学”。课程邀请诺贝尔奖得主和中国科学院院士到厦授课，为学生提供面对面的高端互动平台。2016 年 2 月，教育部发布《关于公布 2015 年度普通高等学校本科专业备案和审批结果的通知》(教高函〔2016〕2 号)，厦门大学提交申请的“能源化学”二级学科通过审批，列入 2015 年度教育部新增审批本科专业。能源化学专业隶属理学大类，代码为 070305T，学制四年。该专业的设立开创性地从化学等交叉学科的角度为能源科学的发展提供持久的原动力，填补了 ESI 学科收录空白，在相关领域已占得先机；同时也标志着在“2011 计划”支持下，能源材料化学协同创新中心已经具备实现本—硕—博一体化培养的良好基础，在学科建设和人才培养上取得标志性重大进展。

化学、化学工程与工艺专业入选“双万计划”，获首批国家级一流本科专业建设点。进入新时期，为全面振兴本科教育，提高高校人才培养能力，实现高等教育内涵式发展，教育部于 2019 年 4 月发布《关于实施一流本科专业建设“双万计划”的通知》，启动一流本科专业建设“双万计划”。学院化学专业和化工两个专业，始终坚持以人才培养为核心，立德树人，一贯重视本科教学，中科院院士、国家教学名师、杰青等一批优秀教授几十年来坚持为本科生讲授基础课；长期坚持科教融合原则，以高水平科研带动教学内容更新，教学促进科研基础发展，形成了科教相长的和谐氛围，在建设“化学专业理科基础科学研究和教学人才培养基地”和“基础学科拔尖学生培养试验计划”的基础上，形成国际一流的化学、化工教学与科研基地；突出协同创新素质培养，注重国际视野下的开放、交叉、联合指导，形成了适应国际科技竞争的“本—硕—博”一体化人才培养新模式。基于此，学院化学、化工专业双双提交了“双万计划”申请并通过认定，列入首批国家级一流本科专业建设点。

二、夯实本科教育，提高研究生培养质量

继续实施完善国家“基础学科拔尖学生培养试验计划”和教育部“卓越工程师培养计划”，探索“中心科学”教学体系，创造一流人才成长空间。学院化学学科拔尖学生培养试验计划（以下简称“化学拔尖计划”）于 2010 年启动，经过多年持续实施建设以及各项管理制度完善，形成了包含导师（组）指导、个性化培养方案、多元化课程组织、多元化科研学术活动、国际化等质量元素的、突出个性化培养的拔尖学生培养体系。截至 2019 年，共培养 132 名拔尖班毕业生，均选择继续深造攻读研究生。目前“化学拔尖计划”已进入 2.0 版时代，在完善工作机制的基础上，强化过程管理和激励机制，稳步提升培养质量，加强内涵建设。化学工程与工艺专业卓越工程师教育培养计划（以下简称“化工卓越计划”）于 2013 年启动。经过几年实践，不断提升项目管理运行机制和培养模式，推进师资队伍、教学课程体系、校外实践基地的建设，“化工卓越计划”建设初见成效，截至 2019 年，共培养 39 名学员。

同时，学院为适应现代科学与技术研究发展中对基础扎实、眼界开阔、能跨界合作的创新型人才的需求，探索构筑全新的“中心科学”教学体系，设置“中心科学”实验班，牵头组建跨学院公共课课程组，以学生未来发展需求为导向推动大学数学、物理、英语和化学等公共课知识架构与教学模式的改革，2019 级 63 名学员入选首期数学实验班，其中 23 人入选数物化实验班。另外，2016—2019 年，组织人才基地“育苗基金”项目立项 197 项、化工系“育苗基金”项目 44 项、化学人才基地创新基金项目立项 21 项、拔尖计划创新科研基金项目立项 93 项；“大学生创新创业训练计划” 413 项立项，其中国家级 79 项、省级 35 项；获得“校

长基金”支持立项 3 项。

教学实践获得国家级教学成果奖。“能源化学研究型人才协同创新培养模式的创建与实践”项目以培养能源化学高端研究型人才为目标、以“协同创新”为手段，在国内首创了能源化学二级学科、博士点、本科专业，并建立了系统的人才培养方案；通过建设一流师资队伍，构建教学质量保障体系、能源化学课程群、优质资源共享机制、多元化过程管理制度等，形成了本研协同、多学科协同、校内校外协同、国内国外协同、师生协同等多元化的人才培养模式。经过 5 年多实践，解决了能源化学本科与研究生教学体系缺失问题，促进了人才、学科、科研三位一体协同发展，在人才培养方面取得了显著效果。2018 年 12 月 21 日，教育部公布 2018 年国家级教学成果奖获奖项目，以郑南峰教授、田中群教授、孙世刚教授、江云宝教授、夏海平教授、朱亚先教授、王野教授、任斌教授作为主要完成人的“能源化学研究型人才协同创新培养模式的创建与实践”成果获得国家级教学成果二等奖。国家级教学成果奖是我国教育领域中唯一的一项国家级奖励，代表当前我国教育教学领域的最高水平。此前，作为该国家级教学成果奖项目基础的“协同创新培养能源化学研究型人才”成果，于 2017 年 9 月获得福建省第八届高等教育教学成果特等奖。“协同创新培养能源化学研究型人才”教学成果是以培养能源化学高端研究型人才为目标，建立了“三位一体”协同创新培养模式，以高水平的科学研究带动高素质人才培养，解决了能源化学教学体系缺失以及人才培养模式、优质教学资源协同共享、体制机制建设等教学问题，同时解决了能源化学研究型人才培养的系统性和科学性的问题。该成果主要贡献为：(1)敢为先——创建“能源化学”二级学科与本科专业；(2)本研协同——突破割裂式培养；(3)多学科协同——培养高素质交叉学科人才；(4)校内外、国内外协同——共享优质教学资源、拓宽学生国际视野；(5)师生协同——提升自主学习能力。成果项目依托重大科研项目，针对能源化学重大科学问题，培养学生从事能源化学及相关研究的能力，取得初步成效，学生发表论文、专利共 140 篇，其中以第一作者在高水平期刊发表论文 24 篇，8 人次在学科竞赛中获得省部级以上奖励，13 项课外科技活动获得国家或国际奖励。

本研学生在学术竞赛与各类评比中多次获奖。中国“互联网+”大学生创新创业大赛由教育部、中央网络安全和信息化领导小组办公室、国家发展和改革委员会、工业和信息化部、人力资源和社会保障部、国家知识产权局、中国科学院、中国工程院、共青团中央和承办地人民政府共同主办，是全国最高层次、参与面最高的“双创”大赛。2017 年起，学院成立工作组，广泛宣传，积极动员，多渠道挖掘、遴选优秀项目，当年推选出 21 个项目参加厦门大学“互联网＋”大学生创新创业大赛，获得校赛 2 金 1 银 3 铜的好成绩，总成绩位列全校第一名。在备战第三届中国“互联网＋”大学生创新创业大赛全国总决赛期间，学院多次组织模拟训练，邀请了卫生检验、仪器研发、创业教育、就业管理等方面的专家给予指导，并配合校团委开展集训，为取得佳绩奠定了坚实基础。2017 年 9 月 15—18 日，第三届中国“互联网＋”大学生创新创业大赛全国总决赛在西安电子科技大学举行。2016 级硕士生任明星担任负责人的“溯源：国内首创呼吸道病原拉曼检测仪”团队，从进入国内赛道的 600 支队伍中脱颖而出勇夺金奖，田中群院士、李剑锋教授、黄木河老师 3 位指导教师获评“优秀创新创业导师奖”。2018 年 11 月，在第四届中国“互联网＋”大学生创新创业大赛全国总决赛中，化院学子发挥主场优势，2016 届博士李柱担任负责人的诺康得团队的项目“诺康得：全球首创 CECT-NK 疗法战胜白血病”荣获金奖，2017 级硕士生陈思瑞担任负责人的荒漠绿洲团队的项目“荒漠绿洲——水溶性生物基材料的创制和应用”荣获银奖。

图 9-3　学院学子在第三届中国“互联网＋”大学生创新创业大赛决赛勇夺金奖，张荣校长（中）与参赛团队合影

国际遗传工程机器大赛（简称 iGEM）由美国麻省理工学院创办，是合成生

物学领域的顶级国际竞赛，参赛团队需要利用标准生物模块（Biobricks）来构建基因回路，建立有效的数学模型，实现对精致复杂人工生物系统（artificial bio-system）的预测、操纵和测量，并以社会调研、实践、现场答辩和墙报展示等以完成比赛。美国东部时间 2019 年 11 月 4 日，2019 年大赛在波士顿海因斯会议中心落下帷幕。共有来自全世界的 344 支队伍参赛，由学院方柏山教授担任指导教师，由来自化学化工学院、生命科学学院、软件学院、药学院、公共卫生学院、能源学院、艺术学院、数学科学学院、环境生态学院等不同院系的 20 余名本科生组成的厦门大学 iGEM 团队“XMU-China”第九次获得金奖。

图 9-4　厦门大学学生团队再次斩获国际遗传工程机器大赛（iGEM）金奖

全国大学生化学实验邀请赛是由教育部高等学校化学教育研究中心主办，国家自然科学基金委支持的中国高等院校实验教学的交流盛会，是我国高等学校化学学科面向本科生进行的最高级别的比赛，每两年举办一次。大赛旨在检验我国高等学校化学实验教学改革的成果，推动化学实验教学模式、教学内容、教学方法的改革，探索培养创新型化学人才的思路、途径和方法。2016 年 7 月，在高等学校化学教育研究中心主办、南京大学承办的“第十届全国大学生化学实验邀请赛”中，学院学生与来自清华、北大、复旦等 43 所高校的 129 名学生以及特邀的美国密歇根大学和英国谢菲尔德大学的 6 名学生激烈角逐，学院化学系

2013 级本科生冯敏和李根脱颖而出，获得一等奖。2018 年 7 月，在福州大学举行的第十一届“全国大学生化学实验邀请赛”中，2015 级化学生物学专业胡芸芸同学再次荣获一等奖，并应组委会邀请代表获奖选手在颁奖典礼上发言。

在全国大学生化工设计竞赛中，化工系学生同样表现优异。2016 年 8 月，化学工程与工艺专业 2013 级本科生兰洲、傅俊超、扶雅文、蔡吟天、陈琼同学组成的 Re.action 团队，荣获第十届“东华科技-陕鼓杯”全国大学生化工设计竞赛全国总决赛一等奖。此后连续两年，学生团队作品“中化泉州石化年处理 7.1 万吨硫化氢”项目和“中化泉州石化年产 10 万吨甲基丙烯酸甲酯”项目，又在第十一届和第十二届“东华科技-陕鼓杯”全国大学生化工设计竞赛全国总决赛蝉联一等奖。此外，在全国大学生化工实验大赛中，学院学生获得首届（2017）“特等奖”、第二届（2018）二等奖和第三届（2019）一等奖的好成绩。

2016 年 7 月，厦门大学决定给予学院博士研究生刘朋昕、赵云二人通令嘉奖，以表彰其在学术研究领域取得优异成绩，为学校赢得了荣誉，彰显了厦大学子良好的精神风貌和意志品质。刘朋昕（导师郑南峰教授）以第一作者身份在《科学》上发表 1 篇学术文章，另外在就读博士研究生期间，还发表了 6 篇学术文章，取得 2 项发明专利授权，受到学校通令嘉奖，同时授予嘉庚奖章。赵云（导师吕鑫教授）以第二作者在《科学》上发表了 1 篇学术文章，就读博士研究生期间，还发表了 7 篇学术文章，受到学校通报表扬。同年 11 月，刘朋昕同学又获得 2016 年度卢嘉锡优秀研究生奖。

持续举办优秀大中学生夏令营等活动，扩大学院影响力。学院从 2011 年开始举办全国优秀大学生夏令营，是厦门大学最早举办优秀大学生夏令营的单位。“十三五”期间，学院联合能源材料化学协同创新中心举办了 4 届全国优秀大学生夏令营活动，吸引了来自武汉大学、湖南大学、哈尔滨工业大学等全国“985”“211”高校的大学生参加，每年还拓展到全国重点中学的高中生参加。夏令营活动内容丰富多彩，营员们通过开营式、墙报展示、名师讲座、面试交流、歌舞晚会等活动，促进了全国高校化学学科优秀大学生之间的交流和学习，增进了大中学生对厦大化院的了解和认识，感受厦大化院的国际化教学科研氛围。化学化工学院优秀大中学生暑期夏令营是学院扩大招生宣传的品牌活动，已连续举办十年以上，具有良好的口碑和广泛的影响。

以学院教师为主体，依托福建省化学会，长期致力于为社会普及科学知识，提高学生学习科学的兴趣,指导高中学生参加化学竞赛,每年举办“化学竞赛夏令营”“化学竞赛教师研讨班”,组织全国各地的优秀高中生及指导教师集中开展培训。曾成功承办1988年、1999年、2011年全国高中生化学竞赛决赛暨冬令营,承办1999年、2011年国家队选拔赛并承担国家队的集训任务。截至目前,学院已培养超过10000名学员,多位选手获得国际、全国金牌,其中包括1987年中国第一块国际化学奥赛金牌获得者苏朝晖,部分选手后来进入学院学习,并成长为骨干教师。

为扩大学科影响力,提升学生培养质量,2019年7月19—26日,再次举办厦门大学“电化学研究方法”暑期学校。此次暑期学校,由厦门大学化学化工学院、固体表面物理化学国家重点实验室(厦门大学)、能源材料化学协同创新中心和厦门大学研究生院共同主办。暑期学校汇聚了全国电化学界最优秀的师资力量,吸引了来自国内外99所高等院校和科研院所的青年教师、博士后及研究生共200名学员参加学习。在为期一周的时间里,安排了内容丰富的课程:理论学习部分涵盖基础电化学、电化学研究方法、原位谱学电化学方法、扫描探针电化学方法、电催化原理和研究方法、化学电源原理和研究方法以及光电催化原理研究方法的讲授;系列电化学实验教学内容包括铂电极上水的解离吸附、玻碳电极循环伏安法、超微电极伏安法、电化学交流阻抗技术、原位拉曼光谱技术、原位红外光谱技术、电化学扫描隧道显微镜、电化学原子力显微镜、扫描电化学显微镜以及太阳能电池、锂离子电池和燃料电池性能测试等。暑期学校邀请了田中群院士和孙世刚院士讲授电化学前沿,还邀请厦门大学台湾研究院的李非教授和新闻传播学院的邹振东教授分别做“中美博弈、世界变局与大国崛起”和“弱传播:规律与工具”的时事报告和知识讲座;为促进学员间的交流,暑期学校还安排了学术墙报展示、海滨课外活动、文艺联欢晚会等丰富多彩的课余活动。

从2018年起,学院特别设立院长奖学金,奖励品学兼优的本科新生。在全国中学生(数学、物理、化学、生物学、信息学)奥林匹克全国决赛中获二等奖以上或高考成绩高于所在省份厦大理工类最低录取线50分的学生有望获得此项奖学金,并进入化学拔尖学生培养试验计划或卓越工程师教育培养计划,且在入学后配备院士、国家高层次人才为导师,并可根据个人意愿推荐和资助去国际顶级校院继续深造。截至2019年底,全院在校生2631人,其中本科生、硕士生和博士生分别为996人、954人和656人,学历留学生25人,研究生与本科生比例约为1.6∶1，具备了世界一流研究性大学的基本特征。

承办化学、化工专业高校教指委会议。2016年12月15—17日，厦门大学化学化工学院承办了中国教育部高等学校化工类专业教学指导委员会“第二届化学工程与工艺专业实验教学研讨会”。本次实验教学研讨会就国内外化学工程与工艺专业实验教学情况以及未来的发展方向、化工基础实验和化工专业实验课程体系建设以及创新能力培养等内容展开研讨，充分交流了化工实验教学等方面的先进经验，进一步明确了化工实验教学发展和改革方向。化学化工学院李军教授做了题为“基于创新能力培养的化工实验教学示范中心教学资源平台建设”的报告。

2019年10月18—20日，“2018—2022年教育部高等学校化学类专业教学指导委员会第二次全体会议”在厦门大学召开。主任委员、学院教授郑兰荪院士及44位委员出席了本次会议。会议充分阐述了教育部开展一流专业建设，引导高校实现四个回归、优化专业结构、引导四新建设以及建设质量文化的主旨，探讨了下一步工作，对学院本科教学多有启示。

完善学术型研究生培养方案，修订专业学位硕士研究生培养方案。发挥研究生指导小组的作用，加强中期分流培养，严格研究生毕业水平要求，提高研究生整体培养质量。积极探索工科研究生的多渠道培养方案，充分发挥企业导师、企业项目、工程实践在工科研究生培养中的作用。探索建立适应国际科技竞争的本—硕—博一体化人才培养新模式。通过一系列改革措施，研究生培养质量得到显著提升。2016—2019年，共有15篇论文获得福建省优秀博士学位论文，13篇论文获得福建省优秀学术型硕士学位论文，3篇论文获得福建省优秀专业学位硕士学位论文。

组织博士生研究生学术论坛。为加强研究生学术活动，构建良性的学术氛围，促进各研究所和课题组间交流，拓展化学、化工及相关交叉学科间的合作和交流，提高博士研究生学术表达能力和交流能力，学院利用“双一流”建设机遇，组织开展博士生研究生学术论坛。第一届博士生研究生学术论坛于2019年1月11日举行，吸引了化学系、化工系70多位博士研究生参加。由于第一届论坛收到了良好反响，同年9月21日，厦门大学化学化工学院又联合能源材料化学协同创新中心举办了第二届博士研究生学术论坛，参会人员扩展到复旦大学、中国科学技术大学、大连化学物理研究所的博士研究生。博士生论坛搭建了不同学校、不同学科的博士研究生面对面的学术交流平台，有助于提升科研的协同创新和学生的综合素质。

图 9-5　厦门大学化学化工学院第一届博士生研究生学术论坛

此外，2015—2019 年，以孙世刚院士为带头人的物理与分析化学教学团队入选福建省本科教学团队（2018）。任斌、郑南峰、刘庆林领衔的学术导师团队入选福建省研究生导师团队（2018 年），程俊领衔的专业硕士导师团队入选福建省专业学位硕士生导师团队（2019 年）。学院获批福建省中青年教师教育科研项目 6 项（2015、2016、2017、2018），教育部“基础学科拔尖学生培养试验计划研究课题”3 项（2016、2018）。7 门课程获得学校“翻转课堂”教学改革研究项目立项（2017、2018），两门学术型研究生课程“高等合成化学”“高等热力学”入选厦门大学学术学位研究生试点课程，“高等合成化学”课程入选首批厦门大学研究生优秀示范建设课程特别优秀课程。化工虚拟仿真实验教学中心获学校立项建设（2015）。

三、汇聚英才，构筑人才高地

“十三五”期间，学院重视发挥党政联席会、聘委会、学术委员会和教授委员会在人才队伍建设上的主体作用,注重发挥学术带头人在队伍规划、人才引进中的关键作用,制定院长提名细则、教授委员会议事规则、教师与专业技术人员聘任程序、南强青年拔尖B类引进人才计划实施办法、学院延长部分教授退休年龄实施办法补充条例等,进一步规范人才遴选、引进和培养工作程序,优化组合现有科研队伍,实现学院内学科交叉互相渗透,走出海外进行招聘,创造条件帮助人才脱颖而出,逐步形成人才引得进、留得住、发展快的机制,师资结构优化,人才层次提升,学科分布日趋平衡,构建起化学化工学科的人才高地。

2017年,任斌教授被聘为"长江学者计划"特聘教授。2019年,李剑锋教授获得国家杰出青年科学基金资助。截至2019年底,学院共有专任教师179人,其中教授98人、副教授77人,博士生导师117人,中国科学院院士8人,入选"长江学者奖励计划"10人,入选国家"百千万人才工程"国家级人才8人,国家杰出青年科学基金获得者18人,国家自然科学基金优秀青年科学基金获得者10人,入选国家高层次人才特殊支持计划("万人计划")9人,国家级教学名师2人,教育部新世纪优秀人才支持计划18人,入选全国百篇优秀博士学位论文4篇,国家自然科学基金委创新研究群体5个,教育部创新团队4个。师资队伍总体呈现人才梯队健全、年龄结构合理、学缘分布优化、竞争活力明显的特点。

引进杰出学者和青年才俊,培育一流人才队伍。2014年2月,在能源化学材料协同创新中心主任田中群院士的推动下,诺贝尔奖获得者、英国曼彻斯特大学名誉物理学教授和英国皇家学会院士康斯坦丁·诺沃肖洛夫(Kostantin Novoselov)第一次走进厦门大学,参加石墨烯应用技术研讨会,分享了当时国际上最新的石墨烯应用研究进展,展望了未来石墨烯在电子信息、医药、光电等领域的应用前景。这次研讨会后,厦门大学力邀诺沃肖洛夫院士加盟,而诺沃肖洛夫院士也被厦大、厦门市乃至福建省的诚意所打动,被协创中心的研究实力和创新机制所吸引。2014年6月,诺沃肖洛夫院士与能源材料化学协同创新中心签署正式协议,以"*i*ChEM荣誉杰出教授"的身份加盟协创中心,开启了自己的厦大之旅。2015年,国家主席习近平参观英国曼彻斯特大学国家石墨烯研究院时,听取了诺沃肖洛夫教授关于石墨烯研究情况的介绍,指出中英在石墨烯研究领域完全可以实现"强强联合"。2016年3月,由诺沃肖洛夫教授与协创中心厦大成员合作研究并撰写的论文发表在国际顶级学术期刊*Nature Nanotechnology*上;另一二维材料热导性能方面的研究结果也发表在*2D Ma-*

terials 期刊上。2016 年 4 月 6 日校庆典礼上，厦门大学敦聘诺贝尔物理学奖得主康斯坦丁·诺沃肖洛夫院士为名誉教授。朱崇实校长亲自为诺沃肖洛夫院士颁发名誉教授聘任书，并佩戴校徽，同时颁发南强学术讲座纪念牌。诺沃肖洛夫院士表示，能来科研实力出众的厦门大学担任荣誉教授感到荣幸，他将全力促进厦门大学与英国曼彻斯特大学的科研合作和学生交流。

图 9-6　2010 年诺贝尔奖得主康斯坦丁·诺沃肖洛夫教授受聘厦门大学名誉教授，朱崇实校长颁发聘书

“十三五”期间，学院和能源材料化学协同创新中心走出国门，主动到海外招聘人才，在学校和学者之间搭建了双选平台，为海外学者提供“捷径”。美国当地时间 2017 年 8 月 24 日，在厦门大学美洲校友会的协助下，于麻省理工学院 Charles 会议室成功举办了厦门大学化学化工学院和能源材料化学协同创新中心美国波士顿招聘宣讲会。由于事先通过多种渠道加大宣传，建立了波士顿海归人才交流群，全球入群高达 97 人，其中有来自麻省理工学院和哈佛大学等高校的 10 余人实地参加招聘会，并有 5 人参加应聘。11 月，学院又赴格罗宁根、埃因霍温和阿姆斯特丹三地举行了荷兰招聘宣讲和海归人才职业发展交流活动。

图 9-7　厦门大学化学化工学院和能源材料化学协同创新中心美国波士顿招聘宣讲会，郑南峰教授介绍学院、学科情况

学科带头人多年耕耘，实至名归。2016 年 3 月，黄本立院士、孙世刚院士双双荣获“福建省第四届杰出人民教师”称号。6 月，在中国科学技术协会第九次全国代表大会上，郑兰荪院士、郑南峰教授当选中国科协新一届委员，谢素原教授以其出色成就荣获“全国优秀科技工作者”称号。“全国优秀科技工作者”为终身荣誉，在自然科学、技术科学、工程技术以及相关科学领域从事科研与开发、普及与推广、科技人才培养或促进科技与经济结合，并在一线工作的我国科技工作者中产生。

2017 年 2 月，因在表面增强拉曼光谱和谱学电化学的研究领域做出杰出贡献，田中群院士荣获美国化学会“光谱化学分析奖”（ACS Award in Spectrochemical Analysis）。“光谱化学分析奖”于 1987 年建立，旨在奖励在光谱化学分析和光学光谱法等领域具有国际重大影响并做出杰出贡献的科学家，每年只设一位获奖者。田中群院士是唯一获此殊荣的亚洲学者。这是国际光谱学界对田中群院士及其科研团队长期探索科学前沿和研制科学仪器所取得成就的认可，彰显了厦门大学光谱学研究的国际地位和影响力。2018 年 10 月，在第 20 届全国分子光谱学学术会议暨光谱 40 周年庆典上，田中群院士和孙世刚院士又荣获“中国光谱成就奖”，以表彰他们在开发和推动光谱技术发展方面做出的杰出贡献。

2016 年 4 月，作为国际磷化学界对其不遗余力地推动和发展磷化学工作的高度认可，赵玉芬院士荣获 2015 年有机磷化学领域的国际阿布佐夫奖。俄罗斯科学院院士 Oleg Sinyashin 教授代表评奖委员会专门发来贺信。

继孙世刚院士和林昌健教授分获第一届（2009 年）和第三届（2013 年）中国电化学贡献奖之后，2017 年 12 月，杨勇教授再获第五届中国电化学贡献奖。

此外，由于在科学技术方面的突出成就，黄本立院士荣获福建省科学技术重大贡献奖（2019），赵金保教授（2017）、吴玮教授（2020）获厦门市科学技术重大贡献奖，颜晓梅教授（2020）获厦门市科技进步一等奖。还有一批教师获得了重大奖励，主要有国际车用锂电池协会终身成就奖 1 人（孙世刚，2018），宝钢优秀教师奖 2 人（吕鑫，2017；王野，2018），卢嘉锡优秀导师奖 2 人（黄培强，2016；江云宝，2018），霍英东教育基金会高等院校青年教师奖二等奖 1 人（洪文晶，2020）、三等奖 1 人（高锦豪，2016），福建省运盛青年科技奖 1 人（孔祥建，2017），厦门市五一劳动奖章 1 人（李耀群，2016），厦门市优秀教师 1 人（吴玮，2016）。

青年一代快速成长，后起之秀渐成中坚力量。为了促进青年人才更快成长，学院大力支持青年教师“请进来”“走出去”，进行学术交流。2016 年 11 月，英国爱丁堡大学化学系分子材料学首席教授 Neil Robertson、无机化学首席教授 Jason Love 等一行 5 位专家学者来访，参与学院任斌、郑南峰、徐海超、程俊、叶龙武等多位教授和相关课题组共同主办的“可持续发展的化学：英国爱丁堡大学-厦门大学化学双边交流研讨会”，开展学术研讨。2017 年 9 月，英国卡迪夫大学化学系 Stefano Leoni 教授等七位专家学者来访，围绕催化化学、有机合成、化学生物学等学科方向，与学院吕鑫教授、袁友珠教授、程俊教授等多位学者以及相关课题组开展学术研讨。部分青年教师赴北京大学、清华大学、中国科技大学、南京大学等院校进行双边交流研讨，探索创新科研合作模式，助推跨单位重大项目联合申报，学院助力他们的成长与发展。

图 9-8　李剑锋（左）、侯旭（中）、黄小青（右）教授在工作中

图 9-9　英国爱丁堡大学-厦门大学化学双边交流研讨会双方专家代表合影

2019 年 9 月 20 日，腾讯 2019 年“科学探索奖”获奖名单正式公布，全国共 50 位青年科技工作者获得首届“科学探索奖”，化学系郑南峰教授荣膺其一。“科学探索奖”是 2018 年由腾讯公司马化腾，与北京大学饶毅，携手杨振宁、毛淑德、何华武、邬贺铨、李培根、陈十一、张益唐、施一公、高文、谢克昌、程泰宁、谢晓亮、潘建伟 14 位科学家联合发起，面向基础科学和前沿技术领域，支持在中国大陆全职工作、45 周岁及以下青年科技工作者的公益奖项。该奖项聚焦基础科学和前沿技术，直接资助“探索期”青年科技工作者，面向未来，奖励潜力。

2016 年 1 月，因建立了琼脂糖液滴微流控单拷贝扩增方法和超高通量单细胞分析平台，实现了仿生识别分子的高效筛选和大量正常细胞中痕量疾病细胞的高灵敏检测，化学生物学系杨朝勇教授荣获第五届中国化学会-英国皇家化学会青年化学奖。中国化学会青年化学奖是中国化学会设立最早的学术奖励，主要授予在化学科学某一学科、化学应用、化学教育领域能够创新、改进并独立完成工作，年龄不超过35周岁的优秀化学青年工作者。学院化学生物学系朱志教授，化学系徐海超教授和 *i*ChEM 邓德会研究员，化学系侯旭教授，化工系洪文晶教授相继在2016年、2017年、2018年、2019年获中国化学会青年化学奖。该奖每年评选不超过10人，历届获奖者大多已成长为本领域具有重要影响的学术带头人。2019年6月29日，包括化学系李剑锋教授在内的100位科技工作者获得第十五届中国青年科技奖。此前，学院江云宝教授、郑南峰教授也曾分别获得第五届中国青年科技奖、第十四届中国青年科技奖。2020年5月30日是第四个全国科技工作者日，侯旭教授在第二届全国创新争先奖表彰奖励大会上荣获全国创新争先奖，并受邀参加2020年"全国科技工作者日"有关活动。

部分教师在学术团体中担任重要职务。中国化学会第十一次会员代表大会2018年12月29日至30日在北京召开，来自全国高等院校、科研院所及相关企业的近三百位会员代表出席会议，会议选举产生了新一届监事会、理事会、理事长、副理事长及常务理事。厦门大学化学化工学院孙世刚、田中群、夏海平、谢兆雄4位教授当选为中国化学会第三十届理事会理事。在随后召开的中国化学会第三十届理事会第一次会议上，孙世刚院士当选为中国化学会第三十届理事会副理事长、常务理事。

2018年9月，经中国化工学会会士和有关单位提名、会士评选工作小组形式审查、会士评选委员会会议审议和无记名投票、常务理事会审议通过，化学工程与生物工程系教授、厦门大学特聘教授、集美大学校长李清彪教授当选中国化工学会会士。中国化工学会会士是学会会员的最高学术荣誉，为终身荣誉，主要授予在化工科学技术领域方面取得重大发明创造和重要研究成果，并有显著应用成效或在重大工程设计、研制、建造、运行、管理及工程技术应用中创造性地解决关键科学技术问题，做出重大贡献的中国化工学会专业会员。

此外，有多名教师在国际重要学术组织中担任要职，详见本章第六节。

杰出校友当选海外院士。2017年新春伊始，喜讯从大洋彼岸传来。当地时间2月8日，2016年美国工程院院士选举结果在华盛顿特区揭晓。厦门大学1977级化学系校友，Merck公司孙勇奎因发展绿色药物及新兴市场商业策略而当选为美国工程院院士。美国工程院院士称号旨在表彰在工程研究、实践或者教育领域做出杰出贡献的工程师，是美国工程师职业生涯的最高荣誉之一。孙勇奎毕业于厦门大学化学本科电化学班，获加州理工学院博士。曾获得 2005 年英国化学工程师协会阿斯利康绿色化学与工程优秀奖、2005 年和 2006 年美国总统绿色化学挑战奖（美国环境保护局，华盛顿）、2009 年托马斯·爱迪生专利奖（新泽西研发委员会）。由于在默克公司的贡献及领导能力，于 2006 年获默克实验室最高奖"The Presidential Fellows Award"。孙勇奎院士与田中群院士、孙世刚院士大学期间同住芙蓉一 215 宿舍，一间宿舍走出"院士三剑客"的故事在厦门大学学生中传为美谈，一直激励后来的莘莘学子刻苦攻读，奋发图强。

图 9-10　当选美国工程院院士的孙勇奎校友

2018 年 6 月，化学系 1978 级校友、Ballard 公司首席科学家叶思宇博士当选加拿大国家工程院院士。叶思宇 1978 年考入厦门大学化学系，1988 年在厦门大学获得电化学专业博士学位，师从田昭武院士和钱人元院士。毕业后赴德国杜伊斯堡大学和加拿大魁北克大学做博士后深造，2000 年受邀加入全球最顶尖的燃料电池研发和生产企业加拿大巴拉德动力系统公司（Ballard Power Systems Inc.）。因他在抗反极催化剂研发和其他领域的杰出贡献，2002 年被破格提拔为巴拉德公司首席科学家，也是在整个行业内这种级别少有的华裔顶尖专家之一。目前他是国际公认燃料电池电催化和膜电极的领军人物。

同年 9 月，化学系 1984 级本科校友、加拿大阿伯塔大学化学系教授徐云洁当选加拿大皇家科学院院士。徐云洁是化学系本科 1984 级校友。现为加拿大阿伯塔大学化学系教授，并担任加拿大 Chirality and Chirality Recognition 首席科学家，2016 年获邀担任厦门大学客座教授。徐云洁教授在手性表征与手性识别领域取得的研究成果居世界领先地位。

图 9-11 叶思宇校友当选加拿大工程院院士

图 9-12 当选加拿大皇家科学院院士的徐云洁校友

四、科学研究再创佳绩

学院坚持基础研究与应用研究并重。基础研究瞄准世界科技前沿,面向国家战略需求,提升原始创新能力;应用研究紧密结合社会经济发展进程,立足国民经济建设,着力解决关键技术难题。“十三五”期间,学院改革科研组织方式,在院系—研究所—科研团队、课题组(项目组)的科研组织体系支撑下,坚持以学科建设为龙头,以项目管理为主线,以平台建设为依托,强化科技项目立项与管理优势,在重大科研项目、重大科研成果、重大科研平台等方面取得了骄人成绩。

“十三五”期间,学院共获批各类科研项目逾 400 项(千万以上科研项目 9 项),纵向项目立项经费逾 5.3 亿元,到位科研经费总额近 10 亿元(含科研平台、人才计划、横向项目)。其中获重点研发计划项目 4 项(首席科学家,含青年项目 2 项,政府间国际科技创新合作重点专项 1 项),课题 14 项;国家自然科学基金 274 项,包括重大项目 1 项,重大研究计划集成项目 1 项,重大科研仪器设备研制专项(自由申请)5 项,创新研究群体 3 项(含延续 1 项),杰出青年科学基金 1 项,优秀青年科学基金 6 项,重点项目 13 项,重点国际(地区)合作研究项目 1 项,重大项目课题 5 项,重大研究计划重点支持项目 1 项,海峡基金 2 项等。

2016 年以来,发表于 SCI 源刊物的论文数量年均逾 450 篇,在 JCR 一区学术期刊上发表高质量论文的数量逐年增长，形成了化学学科绝大部分分支学科均能于化学一级学科 SCI 前 5%刊物发表论文的良好态势。其中 *Science* 2 篇，*Nature* 1 篇，*Nature Materials* 3 篇，*Nature Energy* 2 篇，*Nature Nanotechnology* 2 篇，*Nature Catalysis* 5 篇，*Nature Reviews Chemistry* 1 篇，*Nature Reviews Materials* 2 篇，*Nature Reviews Physics* 1 篇，*Nature Communications* 52 篇，*Science Advanced* 12 篇，*Chem* 10 篇，*Matter* 2 篇。JCR 一区论文年均逾 200 篇，影响因子大于 10 的论文年均 70 篇。在化学学科两个核心权威刊物《德国应用化学》和《美国化学会杂志》（影响因子均大于 10）上发表论文年均约 30 篇。诸多创新性成果被 *Nature*、*Nature Chem.*、*Nature China*、*Nature Mater.*、*Nature Nanotech.*、*JACS*、*Nature Asia Mater.*、*Chem. Eng. News*、*Chem. World* 等刊物作为研究亮点评介。

2016 年以来，学院相关科研成果获各项奖项约 30 项，其中国家自然科学奖二等奖 2 项，合作成果获国家科技进步奖一等奖 1 项；高等学校科学研究优秀成果自然科学奖二等奖 2 项、科技进步奖二等奖 1 项，合作成果获自然科学奖一等奖 1 项；福建省科学技术奖自然科学奖一等奖 1 项、二等奖 1 项、三等奖 2 项，科技进步奖（技术发明奖）二等奖 3 项；中国专利奖优秀奖 1 项；厦门市科技进步奖一等奖 1 项、二等奖 1 项；中国侨界贡献奖（创新成果）2 项。一大批科研成果获得国家省市奖励：2019 年 1 月 8 日，2018 年度国家科学技术奖励大会在北京隆重举行。学院郑南峰教授课题组研究成果“金属纳米材料的表面配位化学”获国家自然科学二等奖，该项成果由黄小青教授、傅钢教授、陈光需博士、杨华艳博士共同完成。该项目属配位化学、无机合成化学和纳米化学等学科交叉领域。如何在纳米尺度下精准调控无机功能材料的表界面结构并优化其性能一直是无机合成化学的重要挑战。该项目以金属纳米材料为主要研究对象，从配位化学角度系统地研究了金属纳米晶体、纳米团簇的表界面结构调控及其构效关系，并将认识应用于实际材料体系的性能优化，发展了利用表面配位化学调控贵金属纳米晶的表面结构/形貌的普适方法，并以金属纳米团簇为模型体系，解析了系列金属纳米颗粒的表面配位结构，通过典型纳米催化材料的构筑与界面配位结构表征，在分子水平上深化了对多相催化中复杂金属-载体界面效应的认识。该项目研究成果在 *Science*、*Nature Nanotech.*、*Nature Commun.*、*J. Am. Chem. Soc.*（9 篇）、*Angew. Chem. Int. Ed.*（2 篇）、*Adv. Mater.*（3 篇）等期刊上发表论文37篇，多次被 *Nature*、*Nature China*、*Chem.& Eng.News* 等亮点报道，形成重要国际影响力。项目所发展的金属纳米晶体表面结构/形貌方法被国际同行广泛采用，提出的纳米表面配位化学概念得到了同行的高度认可。其中，所发展的超薄钯纳米片（"钯蓝"）已被公认是二维纳米金属材料的重要代表，并被认为是一类重要的肿瘤光热疗试剂；所解析的首个硫醇保护银纳米颗粒的分子结构被相关领域国际知名学者频频引用；所发展的贵金属-金属（氢）氧化物模型纳米催化剂的方法也被认为是研究金属催化剂载体效应的重要范例。

图9-13　郑南峰教授、傅钢教授、黄小青教授领取2018年度国家自然科学二等奖合影

2020年1月10日上午，中共中央、国务院在北京隆重举行2019年度国家科学技术奖励大会。学院田中群院士领衔，任斌教授、李剑锋教授、吴德印教授、环境与生态学院刘国坤副教授等完成的"电化学表面增强拉曼光谱学研究"项目荣获国家自然科学奖二等奖。表面增强拉曼光谱（SERS）是基于表面等离激元共振（SPR）效应且具超高表面检测灵敏度的分子光谱。21世纪前，学术界主流观点认为仅有金、银等少数金属的粗糙表面和纳米粒子体系具有SERS效应，因而该技术无法被广泛应用，导致SERS研究一度陷入低潮。该项目团队迎难而上，系统发展非传统SERS和电化学拉曼光谱实验和理论方法，显著拓展SERS方法普适性，推进其应用和产业化，取得如下国际领先水平的创新成果：(1)从实

验和理论上系统证实过渡金属体系存在 SERS 效应。在具有重大(电)催化应用背景的一系列铂族和铁族等过渡金属体系实现了 SERS 效应，证明电磁场增强(特别是“避雷针效应”)为主要增强机理；发现了紫外光激发的 SERS 效应；首次利用 EC-SERS 深入研究与电催化过程密切关联的氢等弱拉曼信号分子体系的吸附行为；发展以金为内核、铂等过渡金属为壳层的核壳纳米粒子，实现了更具挑战性的过渡金属电极界面水结构的表征，奠定了我国在国际 EC-SERS 领域的长期领先优势，于 2002 年获中国高校科学技术一等奖。(2)发明壳层隔绝纳米粒子增强拉曼光谱(SHINERS)新技术，全面突破长期限制 SERS 发展的材料和形貌普适性差的瓶颈，应用领域涉及电化学、催化、能源、材料、生命科学等。该技术被国际同行誉为“下一代先进谱学技术”，“开辟了光谱分析的新方向”。该“借力”策略和相关实验技术可被进一步拓展至表面增强荧光和非线性光学等谱学技术。自主研发以 SERS 为核心技术的便携式拉曼光谱快检系统成功实现了在食品和公共安全等领域的实际应用，为 2017 年厦门金砖会晤等国家级重大事件的食品安全工作提供重要技术支撑。

图 9-14　“电化学表面增强拉曼光谱学研究”项目荣获 2019 年度国家自然科学奖二等奖

此前，在2016年度国家科技奖励大会上，厦门大学为该成果第二完成单位、学院林昌健教授作为第四完成人，与中国人民解放军总医院联合申报的“严重战创伤多器官障碍与损伤修复的创新理论及关键技术”项目荣获国家科学技术进步奖一等奖。该项目首次采用超疏水医用材料表面修饰及纳米药物控释技术，研制成功兼具抑菌和抗菌双重性能的医用内固定物，为开放骨折一期内固定保肢治疗提供了新的治疗方法。为解决严重（战）创伤以多器官、多系统、复杂性损伤为主，致死率、致残率高，临床救治极其困难这一国际医学难题提供方案。该项目成果在军内外1000余家单位推广，受益患者50余万人，取得了良好效果。尤其在汶川、玉树、雅安等地震灾害救援中得到广泛应用，对提高严重（战）创伤救治整体水平、提高部队战斗力具有重大意义。

2019年12月24日，教育部公布了2019年度高等学校科学研究优秀成果奖（科学技术）奖励决定，江云宝教授课题组完成的“基于动态超分子聚集体的化学传感”项目（主要完成人：江云宝、黎朝、严小胜）荣获自然科学奖二等奖。该项目发展了使用动态超分子聚集体进行化学传感的全新途径，不仅为新型高灵敏识别传感模式和手性分析方法的发展提供了全新的概念和研究思路，也为分析物的精准测量、生物识别分子的高通量筛选和多层次手性物质的精准构筑奠定了可靠的物理和合成化学基础。研究成果发表于*J. Am. Chem. Soc.*、*Chem. Sci.*、*Chem.Commun.*、*Chem. Eur. J.*、*Langmuir*、*ChemPlusChem*等学术期刊。

2019年2月，赵金保教授课题组与中航锂电（洛阳）有限公司合作发明的专利“一种锂离子电池陶瓷隔膜黏结剂的选择方法”（专利号ZL201410327092.4）荣获第二十届中国专利优秀奖。

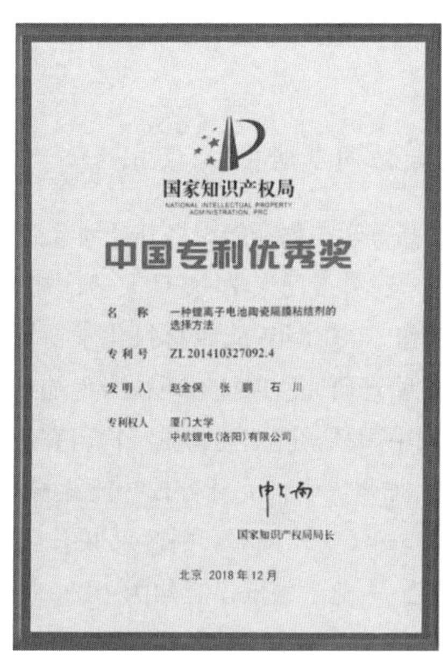
国家知识产权局
NATIONAL INTELLECTUAL PROPERTY ADMINISTRATION, PRC

中国专利优秀奖

名　称　一种锂离子电池陶瓷隔膜粘结剂的选择方法

专利号　ZL201410327092.4

发明人　赵金保　张　鹏　石　川

专利权人　厦门大学
中航锂电（洛阳）有限公司

国家知识产权局局长

北京 2018 年 12 月

图 9-15　赵金保教授课题组荣获第二十届中国专利优秀奖

此外，还有一批项目获得省市级科学技术奖励。2018 年 12 月，林昌健教授课题组与广州市本原纳米仪器有限公司、厦门乐钢材料科技有限公司完成的技术成果“空间分辨腐蚀电化学仪器方法及应用”，尹应武教授课题组与北京紫光英力化工技术有限公司、内蒙古泰兴泰丰化工有限公司完成的技术成果“天然气化工清洁技术研发及靛蓝等特色产业链的构建”，均荣获 2017 年度福建省科学技术奖技术发明奖二等奖。黄培强教授（第四完成人）与药学院张晓坤教授等完成的“抗肿瘤药物新靶点 tRXRα 的发现与应用研究”荣获自然科学奖二等奖，高锦豪教授（第五完成人）和电子科学与技术学院陈忠教授等完成的“磁共振分子影像新技术及其在医学诊断中应用”荣获科技进步奖三等奖。2019 年 10 月，夏海平教授等完成的“碳链与金属的螯合化学”和杨朝勇教授等完成的“基于仿生识别体系的生物传感”分别荣获 2018 年度福建省科学技术奖自然科学奖一等奖、三等奖。2020 年 3 月 6 日，颜晓梅教授等完成的科技成果“纳米流式检测技术的研发、应用及产业化”荣获 2019 年度厦门市科学技术奖科技进步一等奖。

五、平台建设再上新台阶

(一)能源材料化学协同创新中心(*i*ChEM)

2011年,学院抓住“高等学校创新能力提升计划”(简称“2011计划”)的历史机遇,由田中群院士牵头,联合厦门大学、复旦大学、中国科学技术大学,启动协同创新中心组织筹建工作。2013年,能源材料化学协同创新中心正式签约共建,中国科学院大连化学物理研究所以核心单位身份加入中心,“三校一所”组成核心层。与此同时,协同中国科学院福建物质结构研究所、中国科学院化学研究所、清华大学、牛津大学、加州大学伯克利分校等能源材料化学领域杰出人才团队组成中心外围层。2014年,获教育部和财政部联合认证正式晋级国家队,成为我国在能源化学领域唯一、化学领域仅有的两个“2011中心”之一。中心实行理事会领导、国际顾问委员会和学术委员会共同指导下的中心主任负责制,聘请美国科学院院士 Richard N. Zare 教授为国际顾问委员会主任,中科院院士、中科院大连化物所杨学明研究员为学术委员会主任;聘请中科院院士田中群(厦大)、中科院院士赵东元(复旦)、中科院院士李灿(大连化物所、中国科大)为中心主任。

图 9-16 中心主任(从左到右:中心联合主任赵东元院士、主任田中群院士、联合主任李灿院士)

图 9-17 能源材料化学协同创新中心一年一度的国际顾问委员会暨咨询委员会合影（委员：前排左一至二为崔屹教授、Michel Che 院士，左四至十一为王中林院士、Richard N. Zare 院士、Christian Amatore 院士、Galen D. Stucky 院士、Peter Bruce 院士、Klaus Mullen 院士、杨培东院士、宋春山教授，左十三为 Hans-Joachim Freund 院士，左十五至十六为 Taeghwan Hyeon 教授、麻生明院士）

近年来，中心以化学为基础、材料为载体、能源为核心，集中我国在能源材料化学领域的优势力量，全面开展我国能源领域人才、学科、科研三位一体的协同创新，取得了喜人成效。2015 年 12 月，*Nature* 刊文报道中心协同创新指数位居国内第三，在第二批“2011 计划”中心中排名第一（*Nature*，2015，527：80-82，DOI：10.1038/527S80a）。

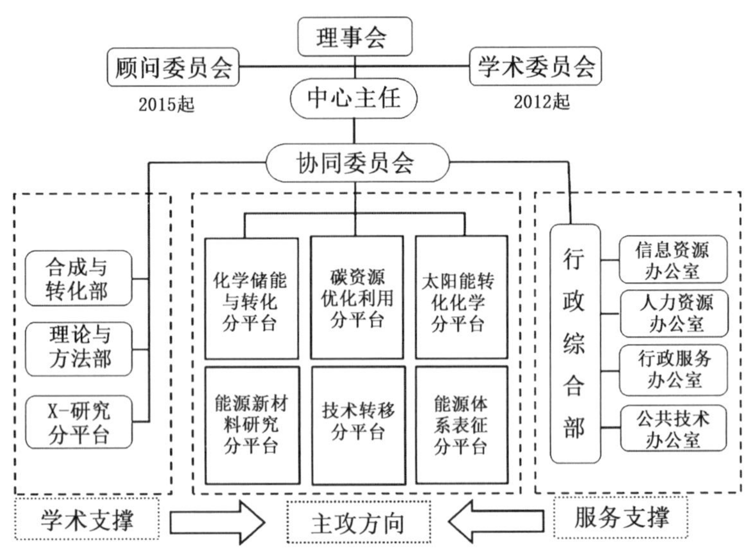

图 9-18　能源材料化学协同创新中心组织机构与主攻方向

中心创设“*i*ChEM 流动-协同增效机制体系”（包括“*i*ChEM 学者”制度、“*i*ChEM 科研分平台”模式、“*i*ChEM 学生”培养制度、“*i*ChEM 全员服务”制度、“*i*ChEM 学科”建设制度、“*i*ChEM 讲座”模式），面向国家战略布局，以培养高端创新型人才为目标，以“协同创新”为手段，首创并获批教育部能源化学二级学科，构建了从本科生到博士生的完整人才培养体系，填补了国际基本科学指标数据库学科收录的空白。“能源化学研究型人才协同创新培养模式的创建与实践”教学成果分别于 2017 年、2018 年获得福建省教学成果特等奖、国家级教学成果二等奖。

中心还持续打造高水平国际交流合作平台，着力提升学科的国际引领能力。发起举办五届能源化学与材料国际研讨会，在国际能源领域产生重要影响。此外，积极推进多个有关国际会议首次落地国内，吸引包括诺奖得主 Konstantin Novoselov 教授及 20 余位院士在内的近百位国际顶级学者来厦开展实质性合作。

中心联合中科院大连化物所发起并主持国家自然科学基金委员会-中国科学院学科发展战略研究合作项目“能源化学学科发展战略研究”，编撰《中国学科发展战略·能源化学》一书，成为政府在能源领域决策的重要参考。2018 年 11 月 27 日，中心接受教育部委托的科技部评估中心的现场考察评估，成绩名列前茅，协同成效获得专家组及教育部科技司有关领导的充分肯定。

（二）固体表面物理化学国家重点实验室

实验室在1986年通过论证，1987年获准建设，1990年建成开放。在迄今为止的五次国家重点实验室评估（1994、1999、2004、2009免评、2014）中，固体表面物理化学国家重点实验室全部获评优秀；在已举办的两次总结表彰会（国家重点实验室建设10周年和20周年）上均被授予先进集体称号，荣膺“金牛奖”。田昭武院士、万惠霖院士、田中群院士、谢兆雄教授和王野教授先后担任实验室主任，蔡启瑞院士、张乾二院士、万惠霖院士和孙世刚院士先后担任学术委员会主任。在老一辈科学家引领和感召下，实验室逐渐凝练形成“敢为先、重细节、合为贵”的科研文化，并发展成为具有国际影响的固体表面物理化学科学研究、人才培养和学术交流基地。

图9-19　固体表面物理化学国家重点实验室在国家重点实验室建设十周年和二十周年总结表彰会上均被授予先进集体称号，荣膺“金牛奖”

实验室现有固定人员94人，其中研究人员81人，技术与管理人员13人，包括5位中科院院士，19位国家杰出青年科学基金获得者，12位其他高层次人才计划获得者，30位四青人才获得者，5个国家自然科学基金委创新研究群体，2个教育部创新团队。实验室以固体表面、固/气和固/液界面的结构与功能为主要研究对象，致力于发展有独自特色的实验及理论研究方法和体系，在催化化学、电化学、结构化学、理论化学及相关学科交叉融合的基础上，着重从原子、分子水平和纳米尺度上，研究表面和界面的结构与反应机理，设计和合成有关催化剂和电极材料以及纳米结构体系，进而探索解决与能源、化工、材料、生命、信息和环境等领域关系密切的重大科学技术问题。

图 9-20　固体表面物理化学国家重点实验室第五届学术委员会第一次会议合影(2016 年)

(委员：前排左起一至六谢毅、田中群、万立骏、万惠霖、吴新涛、姚建年，前排右起一至七王野、帅志刚、陈小明、孙世刚、庄林、张涛、何鸣元，中排左一、左二、左四：方维海、杨金龙、赵宇亮)

2016 年至今，固体表面物理化学国家重点实验室贯彻执行“开放、流动、联合、竞争”的运行机制，着重面向高效能源存储与转化、碳资源优化利用和关键电子(信息)器件制造等国家重大战略需求，建立和发展表界面研究的新理论、新方法和新仪器，在金属纳米材料的表面配位化学、电化学表面增强拉曼光谱学、碳基资源高效利用等领域取得突破，多项成果先后刊发在 *Science* 和 *Nature* 等学术刊物上，获 4 项国际学术重要奖项，2018—2020 年连续三年获国家自然科学奖二等奖；培养或引进 4 位国家杰出青年科学基金获得者、4 位其他高层次人才计划获得者、25 位“四青”人才，并新增 2 个国家自然科学基金委创新研究群体，实验室整体实力和国际竞争力进一步提升。

（三）醇醚酯化工清洁生产国家工程实验室

实验室于2008年获得国家发改委批准启动建设，2012年通过验收。实验室成立后，遵循“油煤气并举，醇醚酯为本，燃化塑结合，清洁化己任”指导方针，以国家能源化工的战略需求为导向，立足我国缺油、贫气、煤炭资源相对丰富的资源禀赋条件和产业特点，致力于煤基醇醚酯能源化工领域高效催化剂和清洁/绿色工艺等关键共性技术的自主创新，在非石油基碳资源制含氧化合物和大宗化学品，及甲醇、甲硫醇、乙醇、乙二醇和低碳混合醇等非石油基醇醚燃料/化学品的催化剂开发和清洁生产方面特色鲜明，优势明显。在进一步完善基础建设的同时，积极承担各级政府的科研项目，加强与行业内工业企业的产学研高效紧密合作，加快推进原创性科技成果的自主研发与工程技术成果转化，取得了显著成效。

图9-21　醇醚酯化工清洁生产国家工程实验室第三届理事会暨技术委员会2017年会合影

（理事会成员：前排左三至四为韩保平、邱伟杰，左七为田中群，左十二为胡迁林，左十四为王巧莉，左十六至十七为李清彪、诸慎。技术委员会成员：前排左一为张鸿斌，左五至六为赵玉芬、贺泓，左八为方德巍，左十一为万惠霖，左十五为冯孝庭，左十八为孙予罕）

2016年以来，实验室承担纵向研发项目70项，立项经费合计12273.6万元；来自企业的横向研发项目65项，立项经费合计11940.9万元。申报发明专利

136 项，获授权专利 147 项，发表研究论文 321 篇。实验室研发创新成果获国家奖和行业协会奖。实验室的防脱氯硝基加氢催化技术（包括噁草酮中间体防脱氯加氢技术）、VOCs 催化氧化技术以及劣质重油 NUEUU 沸腾床加氢技术均成功应用于工业装置。未来，实验室将着力于有重大需求的非石油基碳资源高效利用的清洁生产技术，同时注重非石油基碳资源制造精细和高端化学品技术研发；攻关节水减排高效的煤利用变革性技术，发展合成气、甲醇等 C_1 分子高效转化制大宗和精细化学品的煤化工新路线。

（四）新能源汽车动力电源技术国家地方联合工程实验室

实验室前身为福建省发改委 2011 年批准建设的“福建省新能源汽车动力电池及储能关键材料工程实验室”。2015 年 3 月，获国家发改委批准建设，成为国家级科技平台。实验室成立后，秉承“源头创新、目标明确、重点跨越、着眼未来”的发展战略，着重以锂离子动力电池、燃料电池等为代表的化学电源体系研发和工程化为主要发展方向，致力于突破化学电源在电动汽车应用的关键技术和瓶颈问题，持续为社会提供新产品、新技术，提升海西新能源汽车动力电源产业的核心竞争力。

图 9-22　新能源汽车动力电源技术国家地方联合工程实验室承办“交通领域前沿热点技术高端论坛”合影

2016年以来，实验室发表SCI论文超过500篇，获授权发明专利50余项，承担国家自然科学基金、国家重点研发计划以及福建省、厦门市等各类项目30余项，企业项目10余项，累计到账经费超过1.2亿元，并与国内外超过20家知名企业建立密切合作关系。多位平台成员荣获国家自然科学奖二等奖、国际车用锂电池协会终身成就奖、美国化学会光谱化学分析奖、中国光谱成就奖、中国专利优秀奖、厦门市科技重大贡献奖等系列重要科技奖项，并在国际、国家、省、市、行业协会等担任重要职务。实验室在“卡脖子”关键材料攻关和国产化方面取得的突出代表性成果有：一是在国内率先研发并量产了多种高安全功能隔膜产品，并率先在国内动力锂电池中全面推广应用，显著提高新能源汽车的安全性。基于耐高温超薄层立体再修饰技术开发的新一代功能隔膜产品实现了200 ℃以上的温度零收缩。二是成功开发锂电产业中唯一没有完全国产化的关键材料——铝塑膜制备的全部核心技术，实现成果转化，有望实现对日本产品的替代。

（五）纳米材料制备技术国家地方联合工程研究中心

2010年，厦门大学与晋大纳米科技（厦门）有限公司、龙岩高岭土有限公司三方共建成立福建省纳米制备技术工程研究中心。后由学院郑兰荪院士牵头，在福建省纳米制备技术工程研究中心的基础上，申报建设“纳米制备技术国家地方联合工程研究中心”，并于2017年获得国家发改委批准。

图9-23 中化国际、扬农集团，海印实业集团分别来访纳米材料制备技术国家地方联合工程研究中心洽谈校企合作

自2017年12月成立以来，中心以“架设连接纳米科技基础研究和纳米材料

产业应用的桥梁，打造国内外纳米材料制备及应用技术的重要研发基地”为目标，加快纳米原创研究的产业化步伐，重点建设催化剂制备技术、粉体微纳米技术、纳米生物技术三大技术研发平台及柔性中试生产线，取得了显著成效。中心主要成员郑南峰教授获得首届科学探索奖，中心研究成果获国家自然科学奖二等奖等多个重要奖项；发表 SCI 论文 150 篇，获授权国家发明专利 42 件，承担国家重点研发计划、基金委重大项目等科研项目 41 项，企业研发项目 20 项，累计到账科研经费 9000 余万元；在节能环保、精细化工绿色过程以及石墨烯等新型二维纳米材料领域取得了一批极具产业化价值的科技成果，攻克了若干关乎企业生存的技术“痛点”。成功将表面配位纳米催化技术的基础成果应用于开发系列高选择性的防脱氯加氢纳米催化剂及其工业应用技术，解决了含氯硝基芳烃加氢领域品质、成本和“三废”难以兼顾的共性难题，实现了噁草酮(稻田除草剂)关键中间体的绿色高效合成，打破了德国拜尔公司的长期技术垄断，并成功拓展于一系列关系国计民生的重要精细化工品，为精细化工企业淘汰传统高污染技术、完成转型升级起到关键的推动作用。此外，成功开发绿色、低成本石墨烯导电油墨技术，解决了长期以来制约石墨烯粉体下游应用所遇到的不易分散的共性关键难题，并在高效安全电发热、环保型电镀、纺织等领域进行成果应用。其中，开发的石墨烯远红外添加剂可直接应用于传统涂层或印花浆料中，性能和价格均显著优于已产业应用的陶瓷材料，并与安踏集团等纺织服装类公司合作开发高端产品，助力传统产业升级。

(六)嘉庚创新实验室

实验室全称为“中国福建能源材料科学与技术创新实验室”。早在 2016 年，厦门大学就与福建省、厦门市启动共建“能源与石墨烯创新平台”，为创建嘉庚创新实验室奠定了坚实基础。2019 年 9 月，嘉庚创新实验室获得福建省委、省政府批准成立，成为福建首批省创新实验室之一。2020 年 5 月，厦门大学与厦门市人民政府正式签署共建“嘉庚创新实验室”协议，共同打造市校深化合作的“特区式大平台”，加快培育国家战略科技力量。实验室作为厦门大学与厦门市政府共同举办的二类事业单位，第一期规划投入 30 亿元，以能源材料领域的国家顶级实验室为目标开展建设。

图 9-24 2019 年，福建省委书记于伟国为嘉庚创新实验室授牌启动建设

实验室采取理事会领导下的实验室主任负责制，由田中群院士担任主任，围绕重大科技项目布局，以双聘双跨、项目合作等多元机制汇聚国内外创新人才 220 余人，其中院士、“杰青”、产业领军人才等高层次人才 40 余人。建设总面积逾 7 万平方米的能源材料大楼作为主要研发基地，以“国际领先、产业急需”为标准，联合省市龙头企业共同搭建公共支撑平台，无噪音精密加工和表征实验室、微纳加工平台、谱学及纳米成像平台、原位电子显微平台、超级干燥室等子平台将逐步向社会开放，服务于省市企业的研发需求。其中，无噪音精密加工和表征实验室是亚洲首座无噪音实验室，可提供当前全球极限精度的加工与表征条件。

图 9-25　厦门市-厦门大学签约共建嘉庚创新实验室

嘉庚创新实验室自 2016 年培育以来，围绕福建省的新能源、电子信息、化纤等优势产业，聚焦国家战略需求和地方产业发展，布局高效能源存储、未来显示技术、石墨烯等先进材料等研发方向，与天马微电子、厦门钨业、宁德时代等 60 余家省内外龙头企业、创新型企业广泛开展合作，自主孵化创办了奇楷锂材料、普识纳米、超新芯、光际科技、晞和科技等一批高技术企业，已形成石墨烯导电油墨、原位电镜芯片、电子学智能测量系统等 20 余类共 60 余项已上市/拟上市高新技术成果。2019 年相关应用产品带动产值预估达 30 亿元。2020 年 5 月 8 日，嘉庚创新实验室推动市校联合申报“国家检验检测高技术服务业集聚区”，建设检验检测、标准、计量、认证认可一体化发展的公共技术平台，助力科技基础设施等“新基建”建设，促进高技术产业高质量发展，为省市千亿产业群提供科技创新要素保障。

(七)谱学分析与仪器教育部重点实验室

1995 年，学院分析化学学科获国家教委批准首批设立“材料和生命过程分析化学开放实验室”，1999 年更名为“现代分析科学教育部重点实验室”。2008 年，不再列入教育部重点实验室名单，此后通过努力，主动凝练学科方向，整合学术团队，培养和引进人才，活跃学术交流，改善学科环境，于 2013 年经教育部专家评审后获批重建。长期以来，实验室秉承“发展新技术新方法，构建新仪器”的学科宗旨，坚持“开放、流动、竞争、协作”的原则，以“谱学分析与仪器”为核心，包括光谱质谱分析、分子识别与传感、微纳分析与成像、创新仪器与装置四个重要研究方向，瞄准谱学分析灵敏度、选择性和时空分辨等问题，开展谱学分析基础理论和应用研究。实验室现有在职固定人员 36 名，由 22 位教授（其中 20 位为博士生导师）、9 位副教授（其中 3 位为博士生导师）、4 位工程技术人员和 1 位管理人员组成，包括 1 位中国科学院院士、1 位国家教学名师、6 位国家杰出青年基金获得者、1 位长江学者特聘教授。

图 9-26　厦门大学谱学分析与仪器教育部重点实验室揭牌仪式

（左三、四、六、七为张玉奎院士、陈洪渊院士、江桂斌院士、杨秀荣院士）

2016 年以来，实验室共承担各类科研任务 142 项，项目经费 1.58 亿元。其中新增科研任务 95 项，项目经费 0.90 亿元。实验室成员承担了国家重点研发计划课题 3 项、国家自然科学基金重点重大项目 7 项、国家自然科学基金重大科研仪器研制项目 2 项、国家自然科学基金创新研究群体科学基金 1 项、国家自然科学面上项目 30 项、国家自然科学基金优秀青年科学基金项目 4 项等。实验室成员在国内外 SCI 收录期刊上发表了研究论文 431 篇，其中 IF＞10 的论文 52 篇。参与编写专著 6 部。获得授权国家发明专利 57 项，实用新型专利 4 项。先后获得 2016 年国家科技进步二等奖、2017 年第十四届“福建青年五四奖章集体”、2018 年国家级教学成果奖二等奖等重要奖项或荣誉称号。2019 年 9 月至

11 月，在教育部科技司组织实施的化学化工领域和交叉领域教育部重点实验室五年定期评估中，实验室评估结果为良好，稳步迈入下一个五年建设期。

（八）化学国家级实验教学示范中心

2006 年，学院在原来化学化工学院实验教学中心和厦门大学化学实验教学中心的基础上，经教育部批准，建设首批国家级实验教学示范中心。

历经 20 年的建设与发展，中心取得了一系列显著成绩，步入了以提高教学质量为核心，以培养拔尖创新人才为目的的“内涵式”发展阶段。近年来，中心先后在国家级出版社出版《基础化学实验（一）》等五部教材，新编《基础化学实验（一）强化实验》等多部“动态”教材；承担各类教改项目 40 多项，在《大学化学》等发表教学研究论文 50 多篇。中心老师连续 14 年指导学生参加全国大学生化学实验竞赛，竞赛成绩在全国高校名列前茅。中心秉承着安全、规范、高效服务实验教学的实验室细化建设与管理理念，在全国创造性地将二维码灵活应用于实验教学和实验仪器管理以及学术报告中，并率先建立化学试剂“动态”管理平台，进一步推进实验室化学试剂管理的规范化和精细化。中心还积极为中小学生开展奥赛培训、研学实践和科普宣传教育活动。2017 年 9 月“厦门会晤”期间，实验中心快速高效建设化学危险品分析检测-样品预处理实验室，积极组织有关专业技术人员接受培训和专业技能学习，为会晤顺利举行提供保障。以女性职工为代表的实验中心凭借出色的工作成绩，荣获“福建省三八红旗集体”荣誉称号。

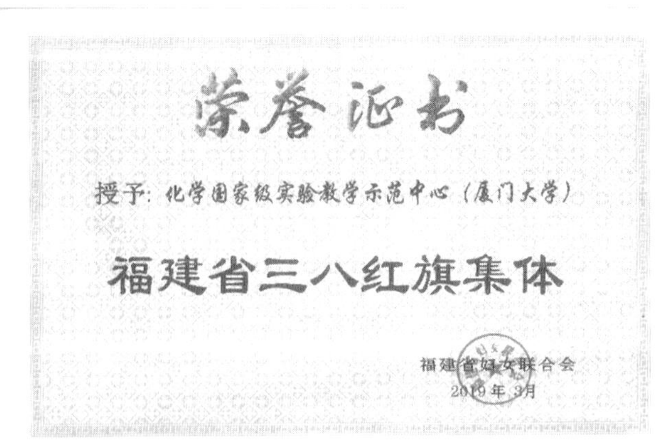
荣誉证书

授予：化学国家级实验教学示范中心（厦门大学）

福建省三八红旗集体

福建省妇女联合会

2019 年 3月

图 9-27　化学国家级实验教学示范中心获“福建省三八红旗集体”荣誉称号

此外，电化学技术教育部工程研究中心、福建省化学生物学重点实验室、福建省理论与计算化学重点实验室、福建省电化学工程技术研究中心、福建省纳米制备技术工程研究中心、福建省新能源汽车动力电池及储能关键材料工程实验室、福建省高校化石能源化学与化工重点实验室、福建省高校无机化学与功能材料重点实验室、福建省电镀及表面处理行业技术开发基地、福建省精细化工产业技术开发基地、福建省化学工程与技术实验教学示范中心、厦门市分子纳米技术与分析科学重点实验室、厦门市合成生物技术重点实验室等多个省部级、市级教学科研平台也在平台建设、队伍建设、人才培养、科研成果产出等方面取得了丰硕的成果。

六、全方位开展国际交流合作

（一）多位教师在重要国际学术组织中任职，获得重大国际奖项

2016年7月，国家自然科学基金委化学科学部发布消息，经国际电化学学会（International Society of Electrochemistry，简称ISE）全体会员的网络投票差额选举，中国科学院院士、学院田中群教授当选为国际电化学学会主席（President Elect，2017—2018年，President，2019—2020年）。这是继中国科学院院士、学院田昭武教授于20世纪90年代当选国际电化学学会副主席（任期1996—1999年）后，中国科学家再次在国际电化学学会担任重要职务，也是中国科学家首次当选为国际电化学学会主席一职，反映了我国电化学事业的长足发展和国际学术影响的显著提升。

截至2019年底，学院共有19人在13个重要国际学术组织任职，包括国际电化学会主席、国际拉曼光谱大学执行委员会委员和国际催化协会的理事等；29人在60多种国际学术期刊任职，包括 *Chem. Soc. Rev.*、*Anal. Chem.*、*ACS Catal.*、*J. Power Sources* 等国际学术刊物的（副）主编，*J.Am. Chem. Soc.* 等国际学术刊物的顾问编委或编委等。多位学者获得英国皇家化学会 Faraday 奖章、国际电化学会 Brian Conway 奖章、国际阿布佐夫奖、国际电池材料协会（IBA）2014 Technology Award、日本化学会 The Distinguished Lectureship Award等国际重要学术奖项，其中不乏为中国科学家首次获得。

表 9-1 学院部分老师国际学术组织任职情况(按姓氏笔画排序)

姓名	国际学术组织名称	职务
王野	国际催化协会理事会	理事
田中群	国际电化学学会(ISE)	主席
田中群	国际电化学学会(ISE)	会士
田中群	发展中国家科学院(TWAS)	院士
田中群	英国皇家化学会	资深会员
任斌	国际临床光谱学会	委员
任斌	国际拉曼光谱大会	执行委员
任斌	亚洲光谱大会	执行委员
江云宝	英国皇家化学会	会士
孙世刚	国际电化学会	会士
孙世刚	英国皇家化学会	会士
杨勇	国际电池材料学会(IBA)国际理事会	理事
杨勇	国际聚合物电解质电池与燃料电池(PBFC)会议学术委员会	委员
杨勇	国际锂电池会议(IMLB)学术委员会	委员
杨朝勇	英国皇家化学会	会士
赵玉芬	国际磷化学学会	理事
赵玉芬	国际生命起源学会	理事
黄培强	英国皇家化学会	会士

表 9-2 学院部分老师所获国际学术奖项(按姓氏笔画排序)

奖项名称	获奖人
英国皇家化学会 Faraday 奖章(2012)	田中群
国际电化学会 Prix Jacques Tacussel 奖(2013)	田中群
法中合作奖(2015)	田中群
美国化学会“光谱化学分析奖”(2017)	田中群
国际电化学会 Brian Conway 奖章(2010)	孙世刚
中法化学讲座奖(2015)	孙世刚

续表

奖项名称	获奖人
国际车用锂电池协会终身成就奖(2018)	孙世刚
国际电池材料协会(IBA)2014 Technology Award(2014)	杨勇
日本化学会 The Distinguished Lectureship Award(2011/2012)	郑南峰
日本东京大学 The Zasshi-Kai Lectureship(2013)	郑南峰
国际阿布佐夫奖(2016)	赵玉芬
日本化学会 The Distinguished Lectureship Award(2018)	徐海超
原子光谱分析终身成就奖(2010)	黄本立

近年来，更多国际知名学者担任学院荣誉杰出教授、客座教授等学术兼职。能源材料化学协同创新中心更是创立了“*i*ChEM 学者”制度，汇聚了国际众多知名学者。目前，已有来自德国、乌克兰等国的外籍高层次人才应聘学院全职教师岗位。

（二）学术创新成果走向国际应用

2019 年 12 月，厦门大学夏海平教授团队发现、创立并命名的具有中国标签的碳龙化学(Carbolong Chemistry)近期进入国际经典教科书。碳龙化学定义：一条平面共轭碳链通过至少三个碳-金属 σ 键螯合一个过渡金属的化学(Carbolong Chemistry: A Story of Carbon Chain Ligands and Transition Metals. Acc. Chem. Res., 2018, 51: 1691-1700)。龙是全球华人的精神纽带，“long”取自于“龙”的汉语拼音，Carbolong 是英文前缀与民族特征的汉语拼音组合成的一个新英文单词。碳龙化学创造并至今保持着两个世界纪录：(1)卡拜碳键角纪录(<130°)大幅度刷新了 17°；(2)在一个金属的赤道平面上同时拥有 5 个碳-金属键。该成果入选 2013 年度“中国高校十大科技进展”，是 2016 年度国家基金资助项目优秀成果，有 6 种碳龙试剂列入百灵威试剂目录面向全球销售。特别是 Carbolong Complexes、Carbolong Ligands 和 Osmapentalyne 三词条被收录在 2019 年 12 月出版的国际经典有机化学教科书 *March's Advanced Organic Chemistry* 第 8 版的第二章 Delocalized Chemical Bonding 中 Aromatic Systems with Electron Numbers Other Than Six 一节。

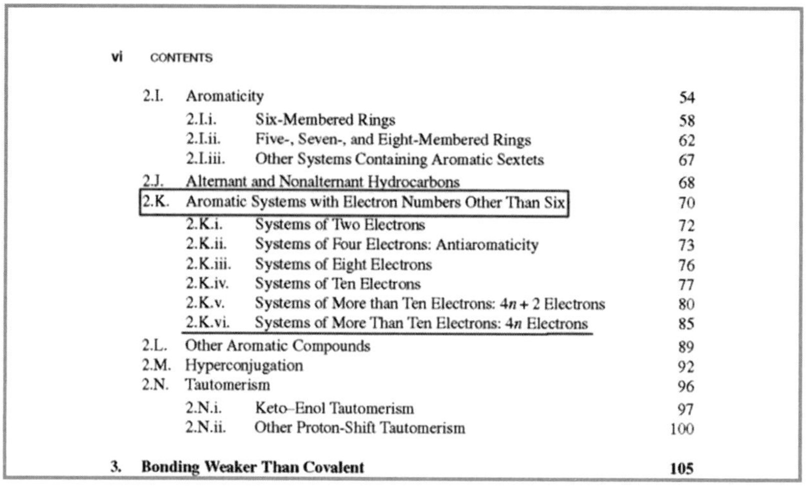

vi CONTENTS

图 9-28 *March's Advanced Organic Chemistry* 第 8 版目录中碳龙化学词条收录页

March's Advanced Organic Chemistry 1969 年发行第 1 版，目前已出至第 8 版。在国际上被广泛使用，在维基百科列出的化学领域重要书籍清单的八本有机化学书籍中，*March's Advanced Organic Chemistry* 位列第二。

2018 年 6 月在法国马赛举行的第十六届世界量子化学大会（16th ICQC）的卫星会议"Understanding Chemistry and Biochemistry with Conceptual Models"研讨会上，安排了为期 3 天的化学键研讨会和 3 天的价键研习班。吴玮教授团队开发的程序 XMVB 3.0 被作为价键研习班授课的主要软件平台之一，吴玮教授等人作为主要的授课与辅导老师，向与会代表讲授了近年来该团队发展的计算方法、XMVB 3.0 的发展历程以及使用方法，并指导与会代表上机学习 XMVB 3.0 程序，再次提升了厦门价键程序的国际影响力。

图 9-29　XMVB 3.0 被作为价键研习班授课的主要软件平台

经过多年不懈的努力，由香港中文大学黄乃正院士作序，学院黄培强教授领衔、与南京大学姚祝军教授和美国威斯康星大学 R. P. Hsung 教授共同编著的英文学术专著 *Efficiency in Natural Product Total Synthesis*（《天然产物全合成中的效率》）2018 年 9 月由 Wiley 出版公司（John Wiley & Sons ）正式出版。该书通过对天然产物全合成近二百年发展历程的回顾，特别是对比其作为主导学科领域的辉煌时代与近四十年的起伏，凝练出天然产物全合成效率这一制约学科发展的关键科学问题。围绕发展高效全合成方法学这一主题，黄培强教授邀请美国威斯康星大学 R. P. Hsung 教授、兰州大学/北京大学深圳研究生院翟宏斌教授、巴黎高等物理化学学院/伦敦玛丽王后大学 S. Arseniyadis 博士、中科院上海有机所赵刚研究员、香港中文大学/日本庆应义塾大学成功明教授和南京大学姚祝军教授参与撰写有关章节。Wiley 是国际著名的出版集团，除了学术专著，其出版的学术期刊如《德国应用化学》等在国际学术界享有盛誉。

由学院陈曦教授主编（第二主编）的英文学术专著 *Novel Nanomaterials for Biomedical, Environmental and Energy Applications* 2018 年 12 月由 Elsevier 出版公司正式出版。该书围绕过去十几年纳米材料在合成、性质及应用的发展历程进行了阐述，展望了纳米材料未来发展的新机遇与新挑战。主编厦门华厦学院王小如教授和学院陈曦教授邀请了复旦大学的杨芃原教授、王旭东教授，厦门大学杨朝勇教授、福州大学杨黄浩教授、美国辛辛那提大学时东陆教授、中山大学易长青教授等共同撰写。Elsevier 是国际著名的科技医学出版商和分析服务提供商，拥有包括《柳叶刀》《细胞》等顶尖医学期刊在内的 3 万多本图书和 2500 多本学术期刊，以及二次文献和引文数据库 Scopus，在国际学术界拥有重要影响力。

图 9-30　*Efficiency in Natural Product Total Synthesis* 封面

图 9-31　*Novel Nanomaterials for Biomedical, Environmental and Energy Applications* 封面

（三）“请进来、走出去”，支持师生互访交流

“能源材料化学中纳米表界面和团簇化学创新引智基地”入选教育部和国家外专局2017年新建高等学校学科创新引智计划（即“111计划”），获正式立项。学院通过“能源材料化学协同创新中心”、“国际联合研究中心”、两个“111创新引智基地”以及法国科研中心联合实验室等平台，与来自麻省理工学院、斯坦福大学和曼彻斯特大学等高校院所近70位海外顶级学者（含诺奖得主Novoselov、Stoddart等21位院士）开展实质性合作。

2016年8月18日，时任福建省省长于伟国在福州会见了2010年诺贝尔物理学奖获得者、石墨烯的发明者之一、英国曼彻斯特大学物理学教授、厦门大学名誉教授康斯坦汀·诺沃肖洛夫院士。于伟国省长表示，厦门大学积极开展高端国际科研合作，两年前便与诺沃肖洛夫院士建立密切的实质性合作关系，此举意义重大。

图9-32　2016年，福建省省长于伟国会见康斯坦汀·诺沃肖洛夫院士

2016年7月中旬至8月中旬，诺沃肖洛夫院士全程参与并指导厦门大学首批“2016年度校级石墨烯产业技术应用研发项目”的立项和评审环节，从来自化学化工学院、萨本栋微米纳米科学技术研究院、材料学院、物理科学与技术学院、信息科学与技术学院、航空航天学院和能源学院7个学院的43份申请书中，经

严格初筛和口头答辩遴选 15 个具有产业应用前景的项目予以资助。同时，为确保已通过的项目高质高效地顺利推进，诺沃肖洛夫院士和田中群院士专门对每一个项目进行细致深入的讨论和交流，提供宝贵建议，为校内跨方向合作的团队和个人牵线搭桥。

早在 2006 年，厦门大学就与法方组建了国际联合实验室，在十多年来的建设发展中取得了很多成绩。2016 年 7 月 20 日，厦门大学、法国国家科学研究中心(CNRS)、巴黎高等师范学院、法国雷恩第一大学以及武汉大学联合组建的“纳米生物催化电化学国际联合实验室”(LIA Nano-BioCat Echem)揭牌。

图 9-33　中法“纳米生物催化电化学国际联合实验室”揭牌仪式

“纳米生物催化电化学国际联合实验室”是由厦门大学固体表面物理化学国家重点实验室、武汉大学生物医学分析化学教育部重点实验室以及法国国家科研中心联合组建而成，主要目标是集合中法各单位在物理化学、电化学、单细胞电化学和纳米生物标记与成像领域的优秀科研人员，推动纳米科学、纳米催化和单细胞生物学等的创新研究。

“十三五”期间，学院积极邀请国际顶级学者来做厦门大学最高层次学术讲座“南强学术讲座”、学院最高荣誉学术讲座“卢嘉锡讲座”，并特别设立学院品牌讲座“名师讲座”，以推动更多高层次人才来学院讲学、做报告。大量高水平、多层次、内容丰富的学术讲座为师生带来了国际学术的前沿动态，提供了与学术名师面对面交流的机会，拓宽了学生的学术国际化视野。2016 年以来，包括数十名中外院士在内的众多国内外顶尖学者应邀来学院讲学交流，共举办“南强学术讲座”、“卢嘉锡讲座”、周五“名师讲座”及各平台举办的各类学术讲座和报告近 700 场，包括“南强学术讲座”43 场、“卢嘉锡讲座”34 场。

图 9-34 诺贝尔化学奖得主、中外院士、知名学者来校学术交流

（从上至下，从左至右：Eric Betzig、Peter J. Stang、Rodney S. Ruoff、David M. L. Lilley、George C. Schatz、何鸣元、朱道本、陈邦林、包信和、赵东元、杨金龙、谢在库）

学院坚持“国际化”发展战略，立足自身优势，充分利用多方面优质资源，主动开展富有成效的高水平国际交流合作，深入开展对外学术交流、国际合作。“十三五”期间在教师学生派出、国际访问交流、国际科研合作等方面均取得丰硕成果，对提升学院国际竞争力和学术影响力具有重要作用。2016 年以来，共有 780 余人次教师、434 人次学生出国、出境参加国际会议或开展合作研究。

图 9-35　学生赴境外交流学习

依托国家留学基金的支持，共派出 17 位中青年教师、47 名研究生赴加州大学伯克利分校、芝加哥大学、牛津大学等国际著名大学和研究机构进修或开展合作研究。学院还积极推行多层次的学生出访支持体系，通过拔尖计划出访项目、“研究生出国出境参加学术会议资助”以及“研究生国外短期访学计划项目”等制度措施，大力开展与英国爱丁堡大学、卡迪夫大学，美国加州大学伯克利分校和圣芭芭拉分校等一流大学境外知名高校联合培养与师生互访交流项目，鼓励学生参与多层次、高水平国际学术交流，开拓国际视野，提高参与国际学术交流能力。

除了定向培养沙特阿拉伯学生之外，学院开始招收国际本科留学生。研究生层次的国际留学生也越来越多,截至 2019 年底,已有国际硕士 13 人,国际博士 12 人。

(四)举办多场国内外高层次学术会议

“十三五”期间,学院共主办或协办 130 余场学术会议,其中国际/两岸学术会议 37 场。主办多场具有重要国际国内影响的学术会议,极大提升学院国际学术影响力以及国际化办学水平。

2016 年,以庆祝 95 周年校庆为契机,6 月 3—6 日,2016 年国际分析化学前沿研讨会暨第三届中美分析化学合作研讨会在厦门大学隆重举行,田中群院士和江云宝教授为会议主席。这一国际化学术交流活动受到了中美分析化学界的极大关注,包括美国科学院院士、中国科学院外籍院士 Richard N. Zare 教授,美国艺术与科学院院士 R. Graham Cooks 教授,湖南大学谭蔚泓院士,厦门大学黄本立院士、田中群院士等近 20 位国际顶级专家学者(*Annual Review of Analytical Chemistry*、*Analytical Chemistry*、*Analyst* 等国际顶尖期刊主编、编委),60 余位国家杰出青年基金、国家优秀青年基金获得者在内的近 300 人参加会议,共设 10 个大会报告,46 个特邀报告,会议期间还召开了第三届中美分析化学合作研讨会、*Annual Review of Analytical Chemistry* 编委会和及全国分析化学优秀青年论坛,会议规格和专家层次达到了新高度。为奖掖学研优秀的青年学子,大会还从专门设置的青年学者墙报中评选出 10 名“优秀报展奖”。

图 9-36 2016 年国际分析化学前沿研讨会暨第三届中美分析化学合作研讨会参会学者合影

由能源材料化学协同创新中心、厦门大学和斯坦福大学共同主办,易成新能源股份有限公司承办的第二届能源转化与存储国际研讨会(the 2nd International Symposium on Energy Conversion and Storage)于2016年6月15—17日在厦门大学举行。会议由厦门大学郑南峰教授和斯坦福大学崔屹教授共同担任主席,采纳国际知名戈登会议部分风格,邀请到来自中国、美国、澳大利亚、新加坡等四个国家的18位中外能源转化与存储领域的专家和学者做大会报告和邀请报告,分享相关研究领域的最新进展,并就能源转化与存储未来发展可能存在的热点和难点问题进行深入探讨。

2016年7月10—12日,由固体表面物理化学国家重点实验室、能源材料化学协同创新中心和化学化工学院共同承办的第16届国际催化大会(16th ICC)卫星会——能源相关分子的催化活化和选择转化国际研讨会在厦门大学顺利召开。会议为相关领域的专家、学者、工程师、企业家提供了国际交流平台。固体表面物理化学国家重点实验室主任王野教授担任会议主席,主持了开幕式,来自美国、法国、英国、荷兰、日本等国及我国的知名催化领域专家等与会,共计150人左右出席。其间,欧洲科学院院士 Krijn P. de Jong、*ACS Catalysis* 期刊主编 Christopher W. Jones、法国科学院院士 Phillippe Sautet、日本北海道大学催化研究所所长 Kiyotaka Asakura、美国明尼苏达大学 Mattew Neurock 教授、荷兰代尔夫特理工大学 Freek Kapteijn 教授和日本大阪大学 Tetsuro Majima 教授等世界顶尖催化科学家给大家带来了7场精彩的能源催化最新进展的大会报告。本次会议主题反映了现代催化前沿和热点——能源相关分子的催化活化和选择转化,与当今世界能源、环境保护和化工等领域的科学与技术进步有着直接的关联。

2017年4月7—10日,由中国材料研究学会纳米材料与器件分会、中国科学院前沿科学与教育局主办,厦门大学化学化工学院、固体表面物理化学国家重点实验室和能源材料化学协同创新中心承办的“第三届全国纳米科技前沿论坛”隆重召开。该会议作为厦门大学96周年系列学术活动之一,中国材料研究会纳米材料与器件分会主席、中科院院士江雷教授担任本次大会主席。国家自然科学基金委副主任姚建年院士,复旦大学常务副校长包信和院士,赵东元院士,李玉良院士,韩布兴院士,谢毅院士,俞大鹏院士,刘云圻院士,沈保根院士,田中群院士,薛其坤院士,方维海院士,张泽院士,李永舫院士,唐本忠院士,谭蔚泓院士等17名院士以及来自全国各地活跃在纳米科技第一线的国家杰出青年基金获得者、长江学者、优秀青年基金获得者等相关科技工作者 165 人参加了本次论坛。

图 9-37　第 16 届国际催化大会(ICC)卫星会议在厦门大学顺利召开

图 9-38　第六届中法双边理论化学研讨会参会学者合影

2017 年 5 月 7 日至 12 日，“第六届中法双边理论化学研讨会”(6th Chinese-French Workshop in Theoretical Chemistry)在厦门大学化学化工学院举行，吴玮教授任会议主席。“中法双边理论化学研讨会”是中法两国理论化学界约每

18 个月举办一届的具有国际水准的学术会议。议题涵盖了理论化学的所有重要前沿领域，包括电子结构理论、量子动力学、分子光谱、统计力学、纳米团簇、非均相催化和酶催化等。中法双方学者交流了两国在理论与计算化学前沿领域的最新进展，为中法双方科研合作打下基础。

2017 年 12 月 6 日上午，来自 20 多个国家与地区的 500 多名专家和学者在欣赏了中国民族音乐《梁祝》《鼓浪屿之波》之后，共同拉开了表面增强拉曼光谱国际会议(2017 International Conference on Surface-Enhanced Raman Spectroscopy)的帷幕。大会由固体表面物理化学国家重点实验室、能源材料化学协同创新中心、厦门大学化学化工学院共同主办，田中群院士担任大会荣誉主席，李剑锋教授担任大会主席。表面增强拉曼光谱领域的先驱与权威 Martin Moskovits、Andreas Otto、Stefan A. Maier、Jürgen Popp、董振超、田中群等国内外著名教授分别做大会报告。大会讨论了过去 40 多年来表面增强拉曼光谱在实验与理论方面的发展及其应用，议题不仅涵盖了表面增强拉曼光谱及其在电化学、生命科学、分析科学、催化化学、能源和材料等领域的应用，同时还包括了针尖增强光谱(TERS)、壳层隔绝纳米粒子增强拉曼光谱(SHINERS)、等离激元及其增强红外/荧光/和频等光谱技术。

图 9-39　表面增强拉曼光谱国际会议参会学者合影

2018 年 12 月 10 日，由英国皇家化学会(RSC)与厦门大学联合主办的可持续能源研讨会(Chemical Science Symposium on Sustainable Energy)在厦门大学化学报告厅举行。本次研讨会邀请了包括 *Chemical Science* 期刊副主编等来自国内外能源化学研究的知名学者，通过邀请报告和 Flash Talks 的形式分享最新前沿研究成果和精彩观点,与参会者进行了深入的交流和讨论。本次会议围绕可再生及可持续能源的研究进展,复旦大学赵东元院士、法国格勒诺布尔大学Vincent Artero教授、日本东京大学Kazunari Domen(堂免一成)教授、美国密歇根州立大学James McCusker教授、伦敦大学玛丽皇后学院Magdalena Titirici教授、中国科学技术大学俞书宏教授、厦门大学任斌教授、清华大学张强教授、中科院大连化物所范峰滔教授等能源化学领域的著名专家带来了精彩报告,主题包括能源新材料、太阳能利用与转换、电化学储能、能源化学过程表征等能源领域热点。加州大学圣芭芭拉分校Galen Stucky教授、法国皮埃尔·玛丽居里大学Michel Che教授等及国内200余位师生和研究人员参加。

为争取持续引领能源化学领域的前瞻方向,能源材料化学协同创新中心主办的"能源化学与材料国际研讨会"已分别在复旦大学、中国科学技术大学、中国科学院大连化学物理研究所成功举办三届。2018年12月10日至12日,第四届能源化学与材料国际研讨会在厦门大学召开,来自国内外专家和学者近700人参加了会议。为加强能源化学领域的深入交流,本次研讨会前,能源材料化学协同创新中心还分别与细胞出版社和英国皇家化学会合作主办了能源论坛与Chemical Science论坛。本次研讨会特邀包括牛津大学Peter Bruce教授、格拉斯哥大学Leroy Cronin教授、加州大学伯克利分校杨培东教授、佐治亚理工大学王中林教授、吉林大学于吉红教授、加拿大西安大略大学孙学良教授、斯坦福大学崔屹教授等数十余位国际顶尖专家,对能源化学与材料领域的最前沿技术和科研进展进行交流讨论。此外,斯坦福大学Richard Zare教授、加州大学圣芭芭拉分校Galen Stucky教授、法国皮埃尔·玛丽居里大学Michel Che教授、法国巴黎高师Christian Amatore教授等国际资深专家学者应邀出席大会。

2019年9月24—26日,由厦门大学化学化工学院、能源材料化学协同创新中心、固体表面物理化学国家重点实验室、纳米材料制备技术国家地方联合工程研究中心联合主办的"第六届单层保护团簇国际研讨会"(ISMPC)在学院成功举办。本届ISMPC是该系列研讨会在中国举办的首届会议,共有来自50多所国内外高等院校近200位学者参加。此次论坛旨在提供金属纳米团簇化学领域的多元化高端学术交流平台,对金属纳米团簇的最新进展进行交流与讨论。

第七届针尖增强拉曼光谱国际会议(The 7th International Conference on Tip-enhanced Raman Spectroscopy, TERS 7)于2019年11月9—12日在厦门

大学举行。第一届 TERS 会议于 2009 年由英国国家物理实验室(National Physical Laboratory, NPL)主办,此后陆续在英国(2011)、瑞士(2013)、巴西(2014)、日本(2015)、美国(2017)召开。这是该系列会首次在中国召开,由厦门大学化学化工学院、固体表面物理化学国家重点实验室和能源材料化学协同创新中心共同主办。针尖增强拉曼光谱是扫描探针显微镜(SPM)技术和拉曼光谱(Raman spectroscopy)技术的联用。TERS 技术可以同时获得样品表面的形貌信息和化学信息,因具有亚纳米尺度的空间分辨率和低至单分子的检测灵敏度,近年来在表面界面研究、材料、生物和电化学等领域得到广泛应用。近年,研究人员在超高真空超低温条件下,通过 TERS 实现了单个分子内不同振动模式的光谱成像,获得了亚分子级别的空间分辨率,进一步体现出 TERS 技术在纳米尺度到分子尺度化学分析的独特优势。本次会议上,来自 14 个国家的 84 位会议代表,汇集了物理、化学和材料等相关学科领域顶尖科学家,从不同学科视角,探讨 TERS 技术发展的前沿。本会议还特别邀请 TERS 相关领域的纳米红外和电致发光等专家与会,探讨纳米光谱领域未来融合发展的可能。本次会议组织和学术水平得到了会议代表的高度评价。为促进能源材料化学领域的国内外学者的深入交流与协作,能源材料化学协同创新中心(*i*ChEM)努力打造高端的国际学术交流与合作平台。

2019 年 11 月 17—19 日,由 Cell Press(细胞出版社)和 *i*ChEM 联合主办,厦门大学化学化工学院和固体表面物理化学国家重点实验室承办了"新一代能源应用材料国际研讨会"(Cell Symposium: Next-Generation Materials for Energy Applications)。近 300 位来自美国、中国、瑞士、加拿大、意大利、韩国等国家的专家学者与会,围绕新型太阳能电池、电化学储能、能源催化、能源材料等前沿方向的科学和技术问题进行深入探讨。报告人包括哈佛大学 Daniel G. Nocera 教授、加州大学洛杉矶分校杨阳教授、麻省理工学院 Tonio Buonassisi 教授等全球能源界顶尖科学家。*i*ChEM 通过举办这次会议,为国内外能源材料领域的学者提供了交流的平台,促进交叉学科的合作,以推进新一代能源技术的发展,进而在全球范围内实施可持续能源的解决方案。

七、为国家和地方发展做出新贡献

（一）服务国家需要：攻克“卡脖子”难题，助力“中国智造”

2018年，美国悍然发动贸易战，《科技日报》专题报道了我国35项“卡脖子”技术。在锂离子电池四大核心材料中，正负极材料、电解液都已实现了国产化，唯独高端隔膜仍是短板，依然大量依赖进口。作为锂离子电池产业中唯一没有实现国产化的材料，铝塑膜长期被日本企业垄断。赵金保教授课题组团队通过多年的研究，成功开发了高安全性、低成本的动力电池用陶瓷隔膜材料，打破了该领域关键技术长期由日韩垄断的局面，率先完成第一条完全采用国产技术的水基单面涂布陶瓷隔膜生产线，实现大规模量产。

科技日報

SCIENCE AND TECHNOLOGY DAILY

我学者首次构建出锯齿型碳纳米管片段

斥帮派怪象：学界不是江湖

是什么卡了我们的脖子——

一层隔膜两重天，国产锂电池尚需拨云见日

科学精神容不得“圈子文化”

国家自然科学基金委八届一次全委会在京召开

新时代科学基金改革路径确立

三位图灵奖得主、两位中外院士开启“群聊”模式——

中国需要什么样的人工智能人才

图9-40　科技日报专题报道锂离子电池高端隔膜“卡脖子”难题

2016年11月10日，陕西煤业化工技术研究院闵小建院长率队到访厦门大学，与王野教授课题组等商谈合作。2017年8月，王野团队和北京大学马丁团队/中国科学院山西煤炭化学研究所樊卫斌团队“背靠背”同步发表了合成气一步法制备芳烃的相关成果，几乎同时分别以低碳烯烃和甲醇作为中间体，从不同路径实现了从合成气到芳烃的高效制备。王野教授此项成果发展煤化工变革性技术路线，有望为我国改变“富煤贫油”国情开辟新路，并快速推进产业化应用进程，为全球第二大煤炭企业陕西煤业化工集团开发“合成气一步法制备大宗化学品成套技术”。

图 9-41 陕西煤业化工技术研究院来院洽谈合作

国家自然科学奖二等奖项目“金属纳米材料的表面配位化学”成果成功应用于开发系列高选择性的防脱氯加氢纳米催化剂及其工业应用技术，实现了噁草酮(农药稻田芽前除草剂)关键中间体的绿色高效合成，打破了德国拜尔公司的长期技术垄断。表面配位纳米催化技术还被成功拓展于重要精细化工品(如麦田除草剂麦草畏、稻田除草剂二氯喹啉酸、高档颜料 83 号等)中间体的绿色生产，该技术已在江苏、河北、山东等地实现工业应用，成就了国内外唯一一家有能力生产品质稳定高档颜料 83 号黄中间体(4-氯-2,5-二甲氧基苯胺)的企业，2017 年以来为企业累计新增产值超 3 亿元，并从源头上减排高危固废物超 6000 吨、废水 1 万吨，为精细化工企业淘汰传统高污染技术、完成转型升级起到关键的推动作用。

发挥自主研发仪器优势并积极推进产业化，近年来学院共主持国家各部委重大科学仪器研发项目 10 项。孙世刚院士领衔、联合国内高校和科研院所，共同建设国际上首台面向能源化学的可调谐红外自由电子激光大型科学装置，解决了能源材料化学研究中的瓶颈问题。郑兰荪院士首创针对金属配合物软电离源质谱仪器，同步提升质量范围和质量分辨率，深刻揭示纳米团簇构效关系。田中群院士基于原创的壳层隔绝纳米粒子增强拉曼光谱技术，研发出等离激元增强拉曼光谱（PERS）系列仪器设备，在我国食品安全、毒品检测和公共健康领域产生巨大效益，并作为高灵敏食品安全检测仪为2017年厦门金砖会议的顺利举办保驾护航。颜晓梅教授研制的纳米流式检测仪远销国内外顶尖科研机构，如美国德州大学安德森癌症中心、美国国立卫生研究院癌症研究中心等，基金委官网以“国家自然科学基金助推科学仪器的‘中国智造’——纳米流式检测技术的研发及其仪器产业化”刊文予以高度评价。

学院在制定行业标准，为国家科技发展提供决策咨询方面发挥积极作用。多次为国家科技发展、重大科研攻关项目建言献策，牵头撰写的国家标准《俄歇电子能谱仪检定方法》（GB/T 35158—2017）已获颁布实施，并参与撰写或牵头组织制定国家标准《拉曼光谱仪通用规范》、福建省标准《便携式拉曼光谱快速检测仪技术要求》、《福建省石墨烯产业发展规划（2017—2025年）》等国家省市能源、新材料领域行业科技产业发展规范标准。

（二）深化校地合作与校企合作：聚焦国家战略打造创新高地

1.搭建“智力援疆”新平台

近年来，学院贯彻落实厦门大学援疆工作部署，深化产学研合作，积极搭建“科技援疆、智力援疆”平台，开展长效共建共研发展合作。

为了促进新疆地区洁净能源化工技术相关领域的发展，厦门大学和昌吉学院联合新疆本地区中泰化学、特变电工等企业，深入开展合作，于2015年7月成立“厦门大学-昌吉学院新疆洁净能源化工联合研究院”，2016年4月成立“新疆化石资源加工与新能源技术工程中心”。联合研究院和工程中心的相继成立，是厦门大学和昌吉学院推进交流合作的成果，体现了福建省科技援疆的魄力与决心。工程中心致力于现代煤化工原创性技术、关键共性技术和瓶颈核心技术的研发，对优化新疆煤化工产业布局，提升技术水平，实现产业升级和发展模式转变具有重要的现实意义和战略意义，也是实现“一带一路”战略构想的重要科技力量。在校外设立分部开创了厦门大学国家级科研平台之先河，也是化学化工学院科研管理体制创新的成功尝试。

图 9-42　昌吉州产业发展研究交流会
（台上左二起王野教授、田中群院士、陈秉辉教授、袁友珠教授）

2016 年 4 月 28 日，学院陈秉辉教授、王野教授、李军教授和江青茵教授受聘为新疆维吾尔自治区“天山学者”，展现了学院教授队伍为国家建设出力的使命担当。“天山学者”计划是自治区党委组织部人才工作领导小组在区属本科高校内启动实施的高层次人才特聘计划，昌吉学院以学院化学系为依托，聘请陈秉辉教授为特聘教授、王野教授为讲座教授、李军教授和江青茵教授为主讲教授，组建洁净煤基能源化工天山学者团队。

2017 年 7 月 18 日至 20 日，中国科学院院士、学院田中群教授领衔的福建省 11 位院士专家前往昌吉州，共同为昌吉自治州经济转型升级和企业科技创新出谋划策，搭建“智力援疆”新平台。专家深入昌吉州各县市、园区和企事业单位开展调研对接，为昌吉州提供战略规划、决策咨询和技术诊断。此次活动助推昌吉州社会稳定和长治久安，对建立闽昌两地高层次人才交流合作长效机制，推动福建省援疆工作取得新成效具有重要意义。

学院长年选派优秀青年教师前往新疆挂职工作。2017 年 7 月，学院、醇醚酯化工清洁生产国家工程实验室派出的援疆干部李建辉博士还被评为“第八批中央和国家机关、中央企业优秀援疆干部人才”。

图 9-43　"天山学者"团队签约仪式

2.积极融入粤港澳大湾区建设

2017 年 4 月 23 日，学院与汕头市龙湖区建立全面合作关系，签署了科技合作框架协议，共同建设产业技术创新中心，推进技术成果转化、社会服务和人才培养。

2019 年 1 月 10 日上午，化学与精细化工广东省实验室挂牌，全国人大常委会委员、中国化学会理事长、中国科学院姚建年院士为该实验室主任。厦门大学成为该实验室第一届理事会理事单位，江云宝教授为第一届理事会理事。学院和化学与精细化工广东省实验室签订合作协议，将积极参与该实验室的建设，在与汕头相关企业多年合作的基础上开展一系列从基础到产业化应用的项目合作，实现互利共赢，并为厦门大学进一步融入粤港澳大湾区发展打下基础。

2019 年 6 月 4 日上午，化学与精细化工广东省实验室总部与综合管理基地举行揭牌仪式，并宣布中国科学院化学研究所姚建年院士团队与厦门大学江云宝副校长代表的厦门大学团队作为首批科研核心团队正式入驻。实验室主任姚建年院士与副校长江云宝教授代表双方签署了合作项目协议。同时，学院李军副院长与汕头市拉芳家化股份有限公司签署了合作战略协议。

图 9-44 化学与精细化工广东省实验室与厦门大学签署合作项目协议

3.主动技术帮扶,智力扶贫,率先做好闽宁协作

学院作为厦门大学与宁夏大学 2013 年签署合作交流框架协议中的依托单位,于 2015 年分别通过固体表面物理化学国家重点实验室、醇醚酯化工清洁生产国家工程实验室与宁夏大学省部共建煤炭高效利用与绿色化工国家重点实验室签订了伙伴实验室合作协议、方向性合作框架协议。双方在学科建设、平台建设、人员交流、资源信息共享、人才培养、产业化项目/社会服务等方面开展了广泛合作。

图 9-45 厦门大学与宁夏大学签订伙伴实验室合作协议

2016 年，宁夏大学省部共建煤炭高效利用与绿色化工国家重点实验室聘任固体表面物理化学国家重点实验室主任王野教授为实验室学术委员会副主任；2018 年，厦门大学醇醚酯化工清洁生产国家工程实验室聘任省部共建煤炭高效利用与绿色化工国家重点实验室郭庆杰教授为技术委员会委员，搭建了两校学院、实验室之间协作的桥梁。

从 2017 年起，固体表面物理化学国家重点实验室和宁夏大学省部共建煤炭高效利用与绿色化工国家重点实验室专门设立专项课题，加强双方研究人员开展合作科研，并开放使用大型科研仪器设备。固体表面物理化学国重室和省部共建煤炭高效利用与绿色化工国重室第一批互设合作课题 4 项，合计金额为 200 万元。2018 年 7 月 12 日，厦门大学-宁夏大学-神华宁煤集团产学研合作基地揭牌成立，标志着厦门大学与宁夏大学的科研合作进入新阶段。学院尹应武教授团队还与宁夏大学农学院、化工学院、生物学院、葡萄学院以及宁夏大学西北土地退化与生态恢复国家重点实验室培育基地深入合作，共同开发和推广生物基磺酸盐创新工艺产品和“龙卷风”技术成果。2017 年承担“科技支宁”东西部合作项目“水溶性生物高分子及多功能新型肥料系列研发”，取得良好成效。

打赢脱贫攻坚战是以习近平同志为核心的党中央向国内外做出的庄严承诺。2020 年更是脱贫攻坚战决胜之年。为进一步做好定点扶贫工作、推进产业扶贫，推进厦门大学援建的宁夏隆德县康业扶贫产业园发展，学院积极响应学校号召，动员全院老师捐献仪器，隆德县挑选了 7 台分析测试仪器，原值共 120 余万元。2020 年 3 月仪器顺利送达隆德县黄土地农业食品有限公司，用以援建质量安全控制检测中心。

图 9-46　学院向隆德县捐赠 7 台分析测试仪器

4.积极深化政校企合作,与地方政府、龙头企业形成合力

学院积极响应习近平总书记号召,科技为地方经济服务、为企业服务,促进成果转化落地,深化校企合作,把产教融合作为高质量发展的突破口。

与龙净环保股份有限公司签订校企合作协议。2018 年 7 月 26 日,学院与龙净环保股份有限公司在龙净环保厦门基地签订校企战略合作协议。龙净环保是我国环保产业的领军企业,希望通过此次校企合作,为中国的环保产业、环境治理带来新的突破。双方将根据企业目标及地方发展需求,开展环保行业技术上关键核心技术问题联合攻关,实现成熟技术对接转化,用科技创新为生态文明建设贡献力量。

牵头与宁德时代新能源科技股份有限公司开展战略合作。面对国家实施创新驱动发展战略和建设新工科的良好机遇,厦门大学发挥综合学科优势与宁德时代新能源科技股份有限公司(简称宁德时代)进行深度合作。通过双方紧密的合作形成事业上的“命运共同体”，努力在厦门大学-宁德时代（XMU-CATL）联合实验室建设、研发技术合作项目开展、人才培养与交流等方面取得实效，为福建省经济社会发展、国家新能源产业的发展开创新局面。

2018 年 7 月 31 日下午，厦门大学-宁德时代战略合作协议签约仪式在翔安校区德旺图书馆举行。张荣校长、宁德时代曾毓群董事长参加活动，宁德时代梁成都副总裁与厦门大学叶世满副校长代表双方签署《厦门大学-宁德时代新能源科技股份有限公司战略合作协议》。根据协议，厦门大学与宁德时代将发挥各自优势，通过紧密合作，加速锂电池基础科学研究成果的转移转化，促进新能源汽车与储能产业发展，完善锂电池产品标准。

图 9-47　厦门大学-宁德时代新能源科技股份有限公司战略合作协议签约仪式

与江苏沛县、徐州天裕集团共建科研平台。2019 年 10 月 8—9 日，学院党委宋毅书记带队前往江苏省徐州市，与沛县县政府、江苏天裕能源科技集团有限公司签订了三方战略合作协议，开展政产学研对接，共建新型研究院。该研究院是徐州市委市政府支持的政产学研相结合的首批新型研究院之一。

2019 年 12 月 17 日，“徐州天裕南强能化新材料工业研究院有限公司-厦门大学化学化工学院科技创新与孵化中心”签约仪式在卢嘉锡楼 215 会议室隆重举行，该合同签约金额达 2000 万元。这一研究平台的成立，是学院在新时期推动政产学研深度融合的又一实践。校企双方拟根据企业目标需求，就目前成熟的一些技术进行对接，推动基础研究向应用开发转化；就目前化工环保行业技术上存在的一些“卡脖子”的问题，进行联合攻关。与江苏天裕集团共建科技创新与孵化中心，对促进地方经济发展和人才引进、提高天裕集团核心竞争力、推动高校科技成果的转化具有重要推动作用。

图 9-48　“徐州天裕南强能化新材料工业研究院有限公司-厦门大学化学化工学院科技创新与孵化中心”签约仪式

八、从严治党，协调各方，凝心聚力，共促发展

学院党组织有光荣历史传统。早在 1948 年 6 月，化学系学生刘正坤就加入中国共产党，并在新中国成立之前负责闽西南地下党厦大党总支直属党小组工作，1953 年化学系党支部成立后任书记。早年化学系党组织吸收了卢嘉锡、蔡启瑞、陈国珍等高级知识分子入党，并在“文革”时期保护了很多教师，对化学系的长远发展做出了不可磨灭的重大贡献。改革开放后，厦大化学学科老一辈献身科学为祖国，年轻群体茁壮成长，长征接力有来人，国内同行曾发出这样的赞叹：“21 世纪中国化学看厦大。”在这个群体身后，是一个团结勤政廉政、群众信任、凝聚人心的先进党组织，这成为他们强有力的依托与精神凝聚点。化学系党总支全心全意为人民服务，为教学科研服务，切实关心师生员工的工作、学习和

生活，帮助他们解决各种各样的困难，把群众的冷暖挂在心上，而不论是在岗职工，还是离退休的同志，或者出国人员的家属，甚至已故教师的遗属，都一视同仁。党组织不仅承担了系里的“家务”，还注意协调好“家庭关系”，并且秉承一个好传统：只做不说，多做少说。1997 年 10 月，厦门市委宣传部组织市主要媒体集中三天时间集体采访化学系，在《厦门日报》等媒体上做系列报道，部分文章还刊发在《福建日报》上。

厦门日报

为顺利完成三峡第二期工程移民而努力

献身科学为祖国

共创平安幸福的明天

厦门日报

江泽民同叶利钦举行会谈

长征接力有来人

厦门日报

李鹏总理抵日与桥本首相会谈

中俄发表联合声明

真诚服务暖人心

多出精品 多出人才

图 9-49 厦门日报对厦门大学化学学科群体进行系列报道

图 9-50 学院现任党政班子

图 9-51 学院党委组织院系老领导看望刘正坤老书记合影(2014 年)
(左二至九:林辉、黄如彬、蔡维平、许书楷、刘正坤、王火、林永生、潘宝柱)

图 9-52 举行 90 周年院庆纪念册首发式暨学院成果展示厅开馆仪式

新时期以来,在学校党委一贯的关心、指导与支持下,化学化工学院党委坚持全面从严治党,聚焦党建主责,坚持立德树人,加强党建和思想政治工作,引领和保障学院各项事业发展。

（一）党政协同，引领事业发展

近十年来，学校和学院特别重视领导班子建设，建立和健全了党政联席会议制度。党委着重"凝心聚力，破解难题"，行政着重"谋事成事，落实责任"，党政同频共振，协同推进。历届党委书记和院长作为本单位党政主要负责人，皆做到相互尊重、相互信任、相互理解、相互支持，及时交流沟通工作，大事共商，急事共议，难事共谋，团结协作，维护大局，共同承担学院改革发展稳定的重要责任。学院坚决贯彻民主集中制和"三重一大"制度，形成了党委集体领导、党政分工合作、议事规则清晰规范的工作机制。凡属学院的重大问题，都按照"集体领导、民主集中、个别酝酿、会议决定"的原则，由党政联席会议集体讨论，做出决定。

2019 年 6 月，进一步完善了党委会议事规则。明确了党委会议事范围，涉及办学方向、教师队伍建设、师生员工切身利益等重大事项，和有关教师引进、职称评聘、考核聘任、课程建设、教材选用、学术活动等重大问题，由党委会研究讨论，形成意见或进行政治把关后，再提交学院党政联席会议决定。

学院党委每年召开学院发展务虚会，凝聚教职工的共识，统筹谋划学院各项事业科学发展，把全院师生思想和行动统一到推动学院建设上来。2018 年 5 月，学院第四次党员代表大会胜利召开，提出了"建设中国特色、厦大风格、化院品质的世界一流强院"的奋斗目标。宋毅同志当选为学院党委书记。同时，作为学校试点，选举产生了学院纪律检查委员会，张昌胜同志当选为第一届纪委书记。

坚持党管干部、党管人才，在干部选任和人才引进上持续发力，并严把政治关口。2019 年，党委书记宋毅带领教授团出访英国牛津大学、剑桥大学，洽谈学生联合培养和科研合作，并举行海外人才交流恳谈会；组织学科带头人前往美国波士顿，荷兰格罗宁根、埃因霍温、阿姆斯特丹等海外地区召开人才招聘宣讲会，探索一流人才引培结合机制。

学院党委积极联系民主党派和无党派知识分子，以及非党员干部教职工。学院民主党派人士多，共有 47 个民主党派党员，涉及 8 个民主党派。学院党委注意工作方式方法，用沟通、协商、谈心等方式，与他们交朋友、心连心。经常就工作决策中的有关问题主动征求教授会、青委会等的意见和建议，充分发挥他们的聪明智慧，欢迎他们提出批评，让他们与学院党委同心，与学院事业发展同向。

1997年，由老教师、老干部组成的学院关心下一代工作委员会(简称“关工委”)成立。历任关工委主要成员有潘容华、杨孙楷、安丽思、李庆水、李健康、王尊本、吴辉煌、胡荣宗、林华水、许炳雄、潘宝柱、郭祥群等。二十多年来，学院关工委老同志忠诚于党的教育事业，围绕学校和学院党委的中心工作，与学生口、教学口积极配合，关爱后代，主动作为，无私奉献。关工委老师积极参与党建和思想政治工作，老党员经常与新党员谈话。王尊本等老师每年都为新生做厦门大学“四种精神”的精彩报告，讲述老一辈科学家事迹，传承学院优良传统。关工委老师们与辅导员、班主任、任课老师互相配合，关心学生成长成才。潘宝柱老师多年来都是“课堂上的常客”，成为很多学生的“忘年交”。他们帮助解决学生成长过程中的学业和心理方面的实际问题。安丽思老师爱生如子，被学生尊称为“爱心妈妈”。他们积极关心青年教师和辅导员的成长，参与学院各项重大活动，并给予热情指导。

图9-53　校关工委主任陈力文(左二)、常务副主任黄如彬(左三)指导学院关工委工作

学院党委还注重发挥工会、妇委会、团委、学生会、研究生会作用，支持他们开展喜闻乐见、丰富多彩的师生文化活动。截至2020年6月，学院有离退休教职工逾二百人，其中80岁以上达百人。历届党委高度重视离退休工作，认为老同志是学院的功臣，是学院的“宝”。学院成立离退休工作领导小组，并设有3个

退休教工党支部，逢年过节（七一、敬老节、春节等），学院组织慰问离退休教职工，每年举办春节团拜会、茶话会等活动，向老同志们通报学校及学院的发展情况，让老同志在政治上有荣誉感、组织上有归属感。此外，高度重视校友工作，在广东、上海、厦门、深圳、北京五地成立化学化工学院校友会，为广大校友联络感情、互帮互助、联系母院、回馈母院搭建了有益平台。近年来，大批校友慷慨解囊，踊跃捐赠，积极助力母院建设发展，为学院攀登世界一流高峰提供了重要支持。

图 9-54　广东校友会化学化工分会联谊活动（2014 年）

图 9-55　上海校友会化学化工分会成立大会（2016 年）

图 9-56　深圳校友会化学化工分会成立大会(2016 年)

图 9-57　厦门校友会化学化工分会成立大会(2017 年)

学院党委重视安全稳定,特别是实验室安全问题。从硬件设施和软件管理两方面大力推进,不断健全实验室安全管理体系。新出台《实验室安全事故认定及处罚办法(试行)》,设立《科研实验室研究生安全员实施办法(试行)》等制度,并与原有规章制度汇编成册。将实验室安全管理纳入教职工年度考核工作量,并新设立"祥华安全管理奖"进行奖励。建设科研大楼人脸识别、智能门锁和化学品智能盘点管理系统。将思想政治教育与实验室安全教育相融合,所有新进师生必须接受安全教育第一课。每年组织消防演练,不断加强安全宣传教育,与厦门消防、大学路派出所、学校保卫处、实验室与设备管理处等部门建立工作联动。2020 年 1 月，面对突如其来的新冠肺炎疫情，学院特别制定了《化学化工学院实验室防控新冠肺炎疫情的工作方案》，在实验室有限开放、人员准入管控、环境卫生、危化品管理、安全巡检、应急预案等方面，全力做好疫情防控和复学复课工作。

（二）从严治党，抓党风带师风学风

学院党委在党的思想建设上常抓不懈。2013 年，深入开展党的群众路线教育实践活动，认真查摆和整改"四风"存在的问题，党员干部的宗旨意识、群众观念明显增强。2015 年，扎实开展"三严三实"专题教育，引导领导干部加强党性修养，强化责任担当，出实策、鼓实劲、办实事，进一步深化了作风建设。2016 年，学院开展"两学一做"学习教育，2017 年推进"两学一做"学习教育常态化、制度化，使党内教育从"关键少数"向广大党员拓展，从集中性教育向经常性教育延伸，把全面从严治党落实到每个支部、每名党员。2019 年底至 2020 年初，集中开展"不忘初心，牢记使命"主题教育，全院党员干部在学习教育、调查研究中悟初心、明使命，在检视问题、整改落实中践初心、担使命，在理论学习中不断坚定政治信仰，在解决学院实际问题中锤炼忠诚干净担当的政治品格。主题教育以来，学院在党的建设、立德树人、改革发展、安全稳定等方面取得了扎扎实实的成效。在党内教育和师生思想建设中，学院党委创新理论学习形式，推进学习常态化制度化。完善中心组学习机制，举办"先锋讲坛""化院故事"讲座和党校各类培训班，多种形式加强党的创新理论武装。例如，连续十年举办"化院梦飞扬·青春正能量"学生红剧大赛，坚持红色、正能量，坚持以党建带团建，共建育人，坚持以话剧形式，寓教于乐，把革命历史、厦大传统、化院故事、校园生活搬上舞台。该红剧大赛已经成为化院学生党建和思想政治教育的有效形式，曾获得厦门大学首届校园文化建设优秀成果一等奖和福建省 2016—2018 学年高校党支部工作"立项活动"优秀成果三等奖。

图 9-58　田昭武院士在学院党委“先锋讲坛”为师生作报告

图 9-59　田中群院士(左)、赵金保教授(中)、孙世刚院士(右)参加“两学一做”学习教育主题活动

图 9-60　连续十年举办“化院梦飞扬·青春正能量”红剧大赛

学院党委坚持不懈抓基层党支部建设，新时期以来，把党支部建在系所、研究机构和重大平台上，落实党支部书记“双带头人”制度。选齐配强基层党支部书记，实施教师党支部“头雁”工程和学生党支部书记“扬才计划”。教师党支部书记中，“优青”“闽江学者”等学术骨干教师占到三分之二以上。中科院院士、教育部长江特聘教授等党员教授通过“先锋讲坛”“教授 Office time”等形式，经常与青年师生开展互动交流，实现支部建设与教师发展双促进。党委班子成员联系重点发展对象，党员学术带头人担任学术骨干中入党积极分子的联系人和介绍人，发挥“学术导师”和“政治导师”的双带头作用。每年举办党支部书记培训班、党支部书记述职会、党支部书记任职荣誉致谢仪式。先后获批学校首批党建工作示范点、福建省标杆院系、福建省样板支部创建，电化学党支部书记获批挂牌福建省党支部书记工作室。学院基层党支部组织力和战斗力不断提升，焕发出新活力，呈现出“七个有力”新气象。

图 9-61 举办暑期党员干部培训班

图 9-62 组织退休党员同志集体过组织生活

图 9-63　组织退休党员同志参观厦门经济特区纪念馆

同时，在严肃党内政治生活和加强基层党支部标准化、规范化建设上下功夫，严格执行支部党员大会、支委会、党小组会和党课即“三会一课”的制度。把师生党员定期参加组织生活、党课学习情况划入考核体系，把“三会一课”与“固定党日活动”、“双周政治理论学习”、民主评议党员等活动紧密结合起来，充实和规范支部组织生活。各党支部创造性开展形式内容丰富多样的党支部立项活动，利用假期组织党员师生到长汀、瑞金、上海等革命圣地开展红色教育；开展支部共建，助力精准扶贫，赴宁夏隆德县张树村慰问贫困家庭；组织优秀学生党员成立“社会实践博士团”，到浙江永宁企业股份公司等单位开展暑期社会实践，收到了良好效果。

为加强在中青年骨干教师中发展党员工作，学院建立了党委委员联系各基层支部和青年教师的制度。第三次党代会以来，学院共发展教师党员 7 名，其中，教授 1 人，副教授 2 人，高级工程师 1 人，行政后勤 3 人。洪文晶是厦大化工系 2007 届优秀毕业生，后在清华大学和瑞士伯尔尼大学分别取得硕士和博士学位，2015 年 11 月回国后，回到母校化学工程与生物工程系担任教授。洪文晶一回国，时任学院党委书记林辉书记就与他建立联系，经常在生活上关心他，在事业上支持他的发展。正是在党组织关心支持的感召下,洪文晶在回校工作两年之际成为一名共产党员。现在洪文晶已经成长为高层次青年人才、闽江学者特聘教授、博士生导师,同时兼任支部书记和学院副院长,成为又红又专的"双带头人"。

图 9-64 校党委书记张彦出席指导学院本科生第一党支部专题学习交流会

学院党委大力宣传弘扬学院老一辈优秀教师的高尚风范,出版《一代鸿儒——记化学家蔡启瑞》,举办纪念陈国珍先生一百周年诞辰座谈会暨光谱分析学术研讨会,举办第七届化学创新与发展论坛暨田昭武院士九十华诞庆祝活动,举办2018年催化前沿论坛暨庆祝万惠霖院士从教五十五周年学术研讨会,组织"院士回家",讲好"化院故事",相约"教授 Office time",定期召集院长午餐会,送新教师上讲台,举办退休教师荣退仪式,赓续立德树人、传道授业的优秀传统。

图 9-65　《一代鸿儒——记化学家蔡启瑞》新书发布会

图 9-66　纪念陈国珍先生一百周年诞辰座谈会暨光谱分析学术研讨会合影

图 9-67　第七届化学的创新与发展论坛暨田昭武院士九十华诞庆祝活动

图 9-68　庆祝万惠霖院士从教五十五周年学术研讨会

学院狠抓学风建设，对学生严管加厚爱。充分发挥课程、科研、实践、文化、服务、网络、心理、管理、资助、组织等方面的育人功能，建立学生口与教学口的工作联动机制，构建辅导员、班主任、导师、任课老师、关工委老师“五位一体”育人体系，形成全员育人、全过程育人、全方位育人的“大思政”格局。针对新时期大学生特点，为新生开设“行前课”，实施“氢氧课堂”，开展本科新生集中晚自习计划和学霸辅导计划以帮扶学困生。持续进行考试纪律和学术诚信教育，加大违纪处理和退学力度。开设职业生涯规划和就业创业指导课程，每年举办化学化工材料专业专场招聘会，学生就业率屡创新高。邀请席振峰等“院士回家”与学生交流；邀请黄培强等教授做客“先锋讲坛”，讲述化院故事，解析我辈担当；邀请赵立平等杰出校友做客“校友讲座”，与学弟学妹分享成长故事。设置各类院级奖学金、助学金，2020 年学院各类奖助学金 33 项，资助总额近 100 万元。

学院多次荣获厦门大学先进基层党组织、学生工作先进学院、离退休工作先进集体、工会先进集体、校友工作先进单位、五四红旗团委、体育先进学院、科创工作先进集体等各类表彰。

（相关数据统计截至 2019 年 12 月 31 日）

附录一 机构沿革

一、理科机构沿革与行政负责人

(一)师范部理科(1921 年 2 月)

刘树杞(化学,1921 年)

(二)理学部(1921 年 8 月)

刘树杞(化学,1921 年)

(三)理科(1923 年 4 月)

刘树杞(1924 年代理,1926 年)

余泽兰(1924 年)

胡刚复(物理学,1927 年)

钟心煊(植物学,1928 年代理)

(四)理学院(1930 年 2 月)

张资珙(化学,1930 年)

陈子英(生物学,1931 年代理)

张希陆(数学,1934 年)

刘　椽(化学,1935 年)

蔡镏生(化学,1937 年)

谢玉铭(物理学,1939 年)

(五)理工学院(1940 年 9 月)

谢玉铭(物理学,1940 年)

傅　鹰(化学,1942 年)

汪德耀(生物,1943 年)

黄巷林(物理、航空,1944 年)

(六)理学院(1948 年 7 月)

黄巷林(物理、航空,1948 年 6 月)

崔九卿(物理,1948 年 7 月)

古文捷(数理,1949 年兼)

卢嘉锡(化学,1949 年)

(七)1952 年撤销学院建制。

(八)1980 年代开始,学校陆续恢复、组建理科学院建制。

二、化学相关组织沿革与行政负责人

<table>
<tr><th>时间及机构名称</th><th>主任(任职时间)</th></tr>
<tr><td>1921 年 2 月理科(化学门)</td><td>刘树杞(1921 年)</td></tr>
<tr><td rowspan="6">1924 年 6 月理科化学系</td><td>刘树杞(1924 年)</td></tr>
<tr><td>王　箴(1927 年)</td></tr>
<tr><td>刘树杞(1928 年)</td></tr>
<tr><td>张子高(1928 年,主持工作)</td></tr>
<tr><td>邱宗岳(1928 年)</td></tr>
<tr><td>纪育沣(1930 年)</td></tr>
<tr><td rowspan="6">1930 年 2 月理学院化学系</td><td>张资珙(1930 年)</td></tr>
<tr><td>区嘉炜(1931 年)</td></tr>
<tr><td>方锡畴(1934 年代理)</td></tr>
<tr><td>张怀朴(1935 年)</td></tr>
<tr><td>蔡镏生(1937 年)</td></tr>
<tr><td>刘　椽(1937 年)</td></tr>
<tr><td rowspan="3">1940 年 9 月理工学院化学系</td><td>刘　椽(1940 年)</td></tr>
<tr><td>陈允敦(1945 年暂代)</td></tr>
<tr><td>卢嘉锡(1946 年)</td></tr>
<tr><td rowspan="2">1948 年 7 月理学院化学系</td><td>卢嘉锡(1949 年)</td></tr>
<tr><td>陈国珍(1951 年)</td></tr>
<tr><td rowspan="2">1952 年化学系</td><td>陈国珍(1952 年)</td></tr>
<tr><td>顾学民(1960 年)</td></tr>
</table>

续表

时间及机构名称	主任(任职时间)
1969年撤销系行政,成立化学系革命领导小组	纪全兴(军)(组长)
1973年恢复系行政,化学系	刘正坤(1973年)
	周绍民(1978年)
	顾学民(1979年)
	张乾二(1984年)
1991年5月化学化工学院化学系	万惠霖(1991—1996)
	孙世刚(1996—1999)
	黄培强(1999—2003)
	袁友珠(2003—2008)(2008—2013)
	吕　鑫(2013—2018)
	温庭斌(2018—)
化学化工学院化学工程与生物工程系	林国栋(1991—1993副主任,主持工作)(1993—1996)(1996—1998)
	李清彪(1998—2004)(2004—2008)
	卢英华(2008—2009)
	陈晓东(2010—2013)
	李　军(2010—2013主持系行政日常工作)
	陈秉辉(2013—2018)
	洪文晶(2018—)
化学化工学院材料科学与工程系	林昌健(1997—2001)
	张　颖(2001—2004)
	刘兴军(2004—2007)
化学化工学院化学生物学系	颜晓梅(2006,筹建负责人)
	颜晓梅(2008—2018)
	高锦豪(2018—)

三、学院机构沿革与行政负责人

1991 年 5 月成立化学化工学院。

<table>
<tr><th>院长(任期)</th><th>副院长(任期)</th></tr>
<tr><td rowspan="3">张乾二(1991—1996)</td><td>万惠霖(1991—1996)</td></tr>
<tr><td>王　火(1991)</td></tr>
<tr><td>许书楷(1991—1996)</td></tr>
<tr><td>万惠霖(1996—1999)</td><td>王南钦(1996—1999)</td></tr>
<tr><td rowspan="7">万惠霖(1999—2003)</td><td>李健康(1996—1999)</td></tr>
<tr><td>谢兆雄(院长助理,1996—1999)</td></tr>
<tr><td>林昌健(1999—2001)</td></tr>
<tr><td>黄培强(1999—2003)</td></tr>
<tr><td>郭祥群(1999—2003)</td></tr>
<tr><td>穆纪千(1999—2003)</td></tr>
<tr><td>廖代伟(2001—2003)</td></tr>
<tr><td rowspan="7">黄培强(2003—2008)(2008—2012)</td><td>夏海平(2003—2008)(2008—2012)</td></tr>
<tr><td>江云宝(2003—2008)(2008—2012)</td></tr>
<tr><td>方维平(2003—2008)</td></tr>
<tr><td>潘宝柱(2003—2008)</td></tr>
<tr><td>李清彪(2008—2009)</td></tr>
<tr><td>张昌胜(2008—2012)</td></tr>
<tr><td>卢英华(2009—2012)</td></tr>
<tr><td rowspan="4">江云宝(2012—2018)</td><td>袁友珠(2012—2017)</td></tr>
<tr><td>朱亚先(2012—2017)</td></tr>
<tr><td>李　军(2012—2017)</td></tr>
<tr><td>张昌胜(2012—2017)</td></tr>
<tr><td rowspan="5">谢兆雄(2018—)</td><td>吕　鑫(2017—)</td></tr>
<tr><td>任　斌(2018—)</td></tr>
<tr><td>李　军(2017—2019)</td></tr>
<tr><td>张昌胜(2017—)</td></tr>
<tr><td>洪文晶(2020—)</td></tr>
</table>

四、化学相关党组织设置沿革与历任负责人

<table>
<tr><th>时间</th><th>党组织名称</th><th>历任书记及任职时间</th><th>副书记及任职时间</th></tr>
<tr><td>1953年9月建立</td><td>化学系党支部</td><td>刘正坤(1953年9月—1956年4月)</td><td></td></tr>
<tr><td>1956年4月建立</td><td>化学系党总支</td><td>刘正坤(1956年4月—1969年底)</td><td rowspan="3">林仲柔(1958年1月—1973年10月)</td></tr>
<tr><td>1969年底改为化学系革命领导小组</td><td>化学系革命领导小组</td><td>纪全兴(军代表,组长)(1969年底—1970年)</td></tr>
<tr><td>1970年恢复化学系党支部</td><td>化学系党支部</td><td>纪全兴(军代表,1970—1972年下半年)(组长)</td></tr>
<tr><td>1972年恢复化学系党总支</td><td>化学系党总支</td><td>纪全兴(军代表,1972下半年—1973年9月)
林仲柔(1973年10月—1977年11月)
刘正坤(1977年11月—1981年5月)
王火(1984年11月—1991年5月)</td><td>陈国金(1978年8月—1985年8月)
王　火(1981年5月—1984年11月,主持工作)
许书楷(1984年11月—1987年3月)(1987年3月—1991年5月)
黄如彬(1984年11月—1991年5月)</td></tr>
<tr><td rowspan="2">1991年5月,成立化学化工学院和化学工程系,同时成立化工系党总支</td><td>化学系党总支</td><td>黄如彬(1991年5月—1996年12月)
蔡维平(1997年11月—1999年4月)</td><td>蔡维平(1991年5月—1996年12月)
蔡维平(1996年12月—1997年11月,主持工作)
潘宝柱(1992年9月—1999年4月)
林永生(1997年1月—1999年4月)</td></tr>
<tr><td>化工系党总支</td><td>许书楷(1991年5月—1991年12月)
庄栋良(1991年12月—1996年9月)</td><td>郭金全(1991年5月—1996年1月)
严　健(1996年1月—1996年10月)
严　健(1996年10月—1998年5月,主持工作)
刘元庆(1998年5月—1999年4月,主持工作)</td></tr>
</table>

续表

时间	党组织名称	历任书记及任职时间	副书记及任职时间
1997年3月成立材料系，同时成立材料系直属党支部	材料系直属党支部	戴李宗（1997年3月—1999年4月）	
1999年4月校院二级管理体制改革，成立学院党总支，撤销化学系党总支、化工系党总支和材料系直属党支部	化学化工学院党总支	林永生（1999年4月—2003年9月）	潘宝柱（1999年4月—2003年9月） 刘元庆（1999年4月—2001年4月） 张昌胜（2001年4月—2003年9月）
2003年6月校党委对学院的党组织设置进行调整，设立化学化工学院党委	化学化工学院党委	林永生（2003年9月—2007年8月） 金能明（2007年8月—2013年2月） 林　辉（2013年2月—2017年11月） 宋　毅（2017年11月—）	潘宝柱（2003年9月—2003年12月） 张昌胜（2003年9月—2004年8月） 李　昱（2004年3月—2007年11月） 周朝晖（2005年3月—2014年3月） 潘宝柱（2008年3月—2011年8月） 宋友良（2011年8月—2013年7月） 李芬芬（2013年7月—） 刘俊杰（2014年3月—） 江云宝（2017年9月—2018年4月） 谢兆雄（2018年4月—）

附录二 教学科研与党政工作成就概览

一、教学成果获奖情况(1980—2019)

序号	时间	奖项名称及等级	项目名称	主要完成者(合作者)
1	1980	福建省普通高校优秀教学成果一等奖	无机化学教学组	
2	1989	福建省优秀教学成果一等奖	教学与科研紧密结合 促进高学术水平人才的成长	张乾二
3	1993	福建省普通高校优秀教学成果二等奖	教学科研结合 培养高质量的博士生	许金钩、陈国珍、黄贤智、王尊本、郑朱梓
4	1993	福建省普通高等学校优秀课程	分析化学课程	
5	1993	福建省普通高等学校优秀课程	无机化学课程	
6	1996	福建省普通高等学校优秀课程	物理化学课程	
7	1996	福建省普通高等学校优秀课程	有机化学课程	
8	1996	福建省普通高等学校优秀课程	结构化学课程	
9	1997	福建省教学成果二等奖	创造条件 强化指导 培养高质量的博士生	万惠霖、郑兰荪、田中群、孙世刚
10	1997	福建省优秀教学成果二等奖(集体奖)	“建立材料化学新专业”的思考与实践	丁马太、曾文臻、夏海平、董炎明、赵景泰
11	1997	获华东地区大学出版社第三届优秀教材学术专著一等奖	《物理化学》教材(厦门大学出版社出版,1996)	黄启巽、吴金添、魏光等编著
12	1997	福建省普通高等学校优秀课程	仪器分析课程	

续表

序号	时间	奖项名称及等级	项目名称	主要完成者(合作者)
13	1997	福建省普通高等学校优秀课程	化工工艺学	林国栋、李清彪
14	1997	国家普通高等学校优秀教学成果奖二等奖	多功能综合性高等化学试题库的研制和应用(仪器分析部分 DOS 版)	苏循荣
15	1998	教育部科技进步奖三等奖(教材类)	《材料化学导论》教材	丁马太
16	1999	教育部科技进步奖三等奖(教材类)	《仪器分析实验》教材	林竹光、苏循荣、杨孙楷
17	2000	福建省网络课程与多媒体课件一等奖	化工过程控制仿真系统	江青茵
18	2000	福建省网络课程与多媒体课件二等奖	无机材料晶体结构	宓锦校
19	2000	福建省网络课程与多媒体课件三等奖	气相色谱实验 CAI	赵一兵
20	2001	国家级教学成果一等奖 福建省教学成果特等奖	发挥学科优势　培养创新人才	万惠霖、王尊本、孙世刚、郭祥群、朱亚先
21	2001	福建省教学成果二等奖	《综合化学实验》改革实践	王尊本、胡荣宗、程大典、阮源萍、陈安齐
22	2004	国家级精品课程	分析化学	郭祥群等
23	2004	国家级精品课程	结构化学	谢兆雄等
24	2005	国家级精品课程	物理化学	孙世刚等
25	2005	国家级精品课程	无机化学	郑兰荪等
26	2005	国家级教学成果二等奖 福建省教学成果一等奖	高素质化学人才培养的实践教学建设	郭祥群、胡荣宗、朱亚先、潘宝柱、袁友珠
27	2005	福建省教学成果二等奖	化学学科立体化网络教学平台建设	朱亚先、陈明旦、林梦海、陈毅辉、郭祥群
28	2005	福建省教学成果二等奖(教材)	《无机材料化学》(教材)	曾人杰
29	2006	国家级精品课程	综合化学实验	阮源萍等
30	2006	福建省精品课程	有机化学	黄培强等

续表

序号	时间	奖项名称及等级	项目名称	主要完成者(合作者)
31	2007	国家级精品课程	材料化学导论	何旭敏(董炎明)
32	2007	福建省精品课程	仪器分析	江云宝等
33	2007	福建省精品课程	化工过程控制	江青茵
34	2007	入选新闻出版总署“三个一百原创图书”	固体表面物理化学若干研究前沿	万惠霖等
35	2008	福建省精品课程	基础化学实验(二)	张洪奎等
36	2009	福建省教学成果二等奖	以师资队伍为保障　构筑化学创新人才培育平台	朱亚先、郑兰荪、郭祥群、夏海平、袁友珠、张洪奎
37	2009	国家级教学成果二等奖 福建省教学成果一等奖	跨学科本研一体化理科实践教学体系的建设与实践	研究生院、化学化工学院、教务处、生命科学学院、物理机电学院 完成人:郭祥群、施芝元、夏海平、陈小麟、郑爱榕、吴正云、薛成龙、朱亚先、张洪奎、沈明山、骆万发、苏国珍、蔡加法、王辅明
38	2009	福建省优秀图书奖	《物理化学》	孙世刚等
39	2014	国家级教学成果二等奖 福建省教学成果特等奖	多元化、高层次化学创新人才培养模式研究与实践	郭祥群、朱亚先、夏海平、黄培强、张洪奎、袁友珠、任斌
40	2014	福建省教学成果二等奖	基于国际遗传工程机器设计竞赛(iGEM)的大学生主动实践创新能力培养	方柏山、吴意珣、王兆守、王世珍、彭雅娟
41	2014	教育部精品视频公开课程	磷与生活	赵玉芬
42	2016	国家级精品资源共享课程	无机化学	郑兰荪
43	2016	国家级精品资源共享课程	结构化学	谢兆雄
44	2016	福建省精品资源共享课程	生物工程专业实验	邵文尧

续表

序号	时间	奖项名称及等级	项目名称	主要完成者(合作者)
45	2017	福建省教学成果特等奖	协同创新培养能源化学研究型人才	郑南峰、田中群、孙世刚、江云宝、夏海平、朱亚先、王野、任斌
46	2018	国家级教学成果二等奖	能源化学研究型人才协同创新培养模式的创建与实践	郑南峰、田中群、孙世刚、江云宝、夏海平、朱亚先、王野、任斌
47	2018	中国石油和化学工业优秀出版物教材奖一等奖	《化学信息学》(第三版)	谭凯
48	2018	中国石油和化学工业优秀出版物图书奖一等奖	《固态电化学》	杨勇
49	2019	福建省精品在线开放课程	无机化学——原理Ⅰ	郑兰荪
50	2019	福建省精品在线开放课程	无机化学——原理Ⅱ	朱亚先
51	2019	福建省一流本科课程(线下)	生物工程专业实验	邵文尧

二、出版教材与学术专著(1975—2019)

序号	出版年度	教材或专著名称	作者	出版单位
1	1975	《荧光分析法》	陈国珍、黄贤智、郑朱梓、许金钩、王尊本	科学出版社
2	1980	《氨合成催化剂》	李庆水、翁玉攀、黄开辉	化学工业出版社
3	1980	《大一化学(原理部分)》	顾学民	
4	1981	《休克尔矩阵图形方法》	张乾二、林连堂、王南钦	科学出版社
5	1983	《催化原理》	黄开辉、万惠霖	科学出版社
6	1983	《海水痕量元素分析》	陈国珍	海洋出版社

续表

序号	出版年度	教材或专著名称	作者	出版单位
7	1983	《电化学式分析仪器》	杨孙楷	机械工业出版社
8	1984	《电化学研究方法》	田昭武	科学出版社
9	1983、1987	《紫外-可见光分光光度法》(上、下册)	陈国珍、黄贤智、刘文远、郑朱梓、王尊本	原子能出版社
10	1987	《配位化学》	徐志固	化学工业出版社
11	1987	《金属电沉积——机理和研究方法》	周绍民等	上海科学技术出版社
12	1987	《多面体分子轨道》	张乾二	科学出版社
13	1988	《电化学研究方法新进展》	田昭武、周绍民、林祖赓	厦门大学出版社
14	1988	《大学化学疑难辅导丛书》	田昭武、周绍民	福建科学技术出版社
15	1989	《原子结构》	施彼得、林连堂	福建科学技术出版社
16	1989	《分子结构》	施彼得、林连堂	福建科学技术出版社
17	1990	“无机化学丛书”(第二卷)	顾学民、曾文臻、李志贤等	科学出版社
18	1990	《电化学中的光学方法》	林仲华等	科学出版社
19	1990	《荧光分析法》(第二版)	陈国珍、黄贤智、郑朱梓、许金钩、王尊本	科学出版社
20	1990	《海水痕量元素分析》	陈国珍	海洋出版社
21	1990	《仿生化学》	郭奇珍、陈明德	化学工业出版社
22	1991	《有机酸碱原理》	郭奇珍、陈安齐	厦门大学出版社
23	1991	《角动量理论与原子结构》	张乾二、王银桂	厦门大学出版社
24	1991	《系综原理》	苏文煅	厦门大学出版社
25	1991	《电极学原理》	吴辉煌	厦门大学出版社
26	1991	《生命化学基础——化学与健康》	王光国	厦门大学出版社

续表

序号	出版年度	教材或专著名称	作者	出版单位
27	1991	《荧光分析进展》	陈国珍、黄贤智、许金钩	厦门大学出版社
28	1992	《简明化学原理》	姚士冰、陈再鸿、安丽思	厦门大学出版社
29	1993	《实验电化学》	陈体衔	厦门大学出版社
30	1993	*Photochemical and Photoelectrochemical Conversion and Storage of Solar Energy*	田昭武	International Academic Publishers
31	1993	《催化展望》	熊国兴、陈德安译	北京大学出版社
32	1994	《电化学工程导论》	吴辉煌、许书楷	厦门大学出版社
33	1995	《碳一化学中的催化作用》	蔡启瑞、彭少逸	化学工业出版社
34	1995	《材料化学导论》	丁马太	厦门大学出版社
35	1996	《羰基合成化学》	袁友珠、杨意泉、林国栋、张鸿斌、蔡启瑞	化学工业出版社
36	1996	《仪器分析实验》	杨孙楷、苏循荣、林竹光等	厦门大学出版社
37	1996	《物理化学》(上、下册)	黄启巽、魏光、吴金添	厦门大学出版社
38	1997	《高分子材料实用剖析技术》	董炎明	中国石化出版社
39	1997	《金属有机与催化》	高景星	化学工业出版社
40	1997	《材料化学导论》	丁马太	高等教育出版社
41	1998	《无机化学实验》	陈坚固、杨森根等	厦门大学出版社
42	1998	《分析化学基础实验》	欧阳耀国、郭祥群、蔡维平	厦门大学出版社
43	1998	《海峡两岸材料腐蚀与防护研究进展》	林昌健等	厦门大学出版社
44	1999	《新编物理化学实验》	黄泰山、韩国彬、吴金添、陈良坦	厦门大学出版社
45	2001	《无机材料研究方法》	熊兆贤等	厦门大学出版社
46	2001	《材料物理导论》	熊兆贤	科学出版社

续表

序号	出版年度	教材或专著名称	作者	出版单位
47	2002	《中药材 GAP 实施过程中的关键分析技术》	黎先春、王小如	厦门大学出版社
48	2004	《有机合成》	黄培强、靳立人、陈安齐	高等教育出版社
49	2004	《量子化学计算方法与应用》	林梦海	科学出版社
50	2004	《结构化学》	林梦海、林银钟、张乾二	科学出版社
51	2004	《基础化学实验》(一)	蔡维平等	科学出版社
52	2004	《电化学》	吴辉煌	化学工业出版社
53	2004	《高分子分析手册》	董炎明	中国石化出版社
54	2004	《高分子科学教程》	董炎明	科学出版社
55	2004	《无机材料化学》(上)	曾人杰	厦门大学出版社
56	2004	《综合化学实验》	王尊本等	科学出版社
57	2005	《磷与生命化学》	赵玉芬、赵国辉、麻远	清华大学出版社
58	2005	《生物有机质谱》	赵玉芬	郑州大学出版社
59	2005	《高分子物理学习指导》	董炎明	科学出版社
60	2005	《化学信息学》	陈明旦	化学工业出版社
61	2005	《量子化学简明教程》	林梦海	化学工业出版社
62	2005	《无机元素化学》(厦门大学新世纪教材大系)	刘新锦、朱亚先、高飞	科学出版社
63	2006	《固体表面物理化学若干研究前沿》(国家“十五”规划重点图书)	万惠霖等	厦门大学出版社
64	2006	《催化科学导论》	廖代伟	化学工业出版社
65	2006	《应用电化学基础》(厦门大学南强丛书第四辑)	吴辉煌	厦门大学出版社
66	2006	《荧光分析法》(第三版)	许金钩、王尊本	科学出版社

续表

序号	出版年度	教材或专著名称	作者	出版单位
67	2007	《综合化学实验》(第二版)	王尊本等	厦门大学出版社
68	2007	《化工过程控制》	江青茵	高等教育出版社
69	2007	《高分子化学学习指导》	何旭敏	科学出版社
70	2007	《田昭武院士论著选集——拓宽视野的电化学》	田昭武	厦门大学出版社
71	2008	《物理化学》(上)("十一五"国家级规划教材)	孙世刚等	厦门大学出版社
72	2008	《配位化学——原理与应用》	章慧	化学工业出版社
73	2008	《结构化学》(第二版)	林梦海、谢兆雄	科学出版社
74	2008	《电化学工程基础》(2008年)	吴辉煌	化学工业出版社
75	2008	《有机人名反应、试剂与规则》	黄培强	化学工业出版社
76	2008	《多面体分子轨道》(第二版)	张乾二	科学出版社
77	2008	《磷与生活》	赵玉芬	郑州大学出版社
78	2008	《张乾二院士论文选集》	张乾二	科学出版社
79	2008	《物理化学》(下)("十一五"国家级规划教材)	孙世刚等	厦门大学出版社
80	2009	《物理化学学习指导》	陈良坦	厦门大学出版社
81	2009	《数值分析》	姚传义	轻工业出版社
82	2010	《无机元素化学》(第二版)("十一五"国家级规划教材、国家精品课程配套教材)	刘新锦、朱亚先、高飞	科学出版社

续表

序号	出版年度	教材或专著名称	作者	出版单位
83	2010	《小量—半微量—微量有机化学实验》(“十一五”国家级规划教材)	林敏、周金梅、阮永红	高等教育出版社
84	2010	《黄本立院士选集》	黄本立	厦门大学出版社
85	2010	《物理化学实验》	韩国彬等	厦门大学出版社
86	2010	《物理化学学习指导》(“十一五”国家级规划教材配套教材)	陈良坦、方智敏	厦门大学出版社
87	2011	《无机元素化学学习指导》(“十一五”国家级规划教材配套教材)	朱亚先、林丽榕、刘新锦	科学出版社
88	2011	《化学信息学》	谭凯、周朝晖、李耀群	化学工业出版社
89	2011	《化工分离前言》	李军、卢英华	厦门大学出版社
90	2011	《广义相变》	方维平、陈秉辉	厦门大学出版社
91	2013	《物理化学》(上)(第二版)(“十二五”规划教材)	孙世刚	厦门大学出版社
92	2013	《电催化》	孙世刚、陈胜利	化学工业出版社
93	2013	《物理化学》(下)(第二版)(“十二五”规划教材)	孙世刚	厦门大学出版社
94	2013	《蔡启瑞院士论文选集》	《蔡启瑞院士论文选集》编辑小组	厦门大学出版社
95	2014	《结构化学》(第三版)(“十一五”规划教材)	厦门大学化学系物构组编,林梦海、谢兆雄等执笔	科学出版社
96	2014	《我国磷科技发展关键问题与对策咨询报告》	赵玉芬等	郑州大学出版社
97	2016	《从乙炔制取精细化学品》	黎四芳	厦门大学出版社

续表

序号	出版年度	教材或专著名称	作者	出版单位
98	2016	*Design, Fabrication, Properties and Applications of Smart and Advanced Materials*（《智能先进材料的设计、制备、性能及应用》）	侯旭	CRC Press
99	2017	《固态电化学》	杨勇	化学工业出版社
100	2017	《弄潮儿向涛头立——张乾二传》	林梦海、黄宗实、郭晓音	中国科学技术出版社
101	2017	《化学信息学》(第三版)	谭凯	化学工业出版社
102	2018	《中国学科发展战略能源化学》	田中群、王野、郑南峰、程俊、张庆红、詹东平等参编(国家基金委、中科院编)	科学出版社
103	2018	《有限群理论基础及其在物理与化学中的应用》	张乾二、曹泽星、吴玮、林梦海编著	科学出版社
104	2018	《电催化纳米材料》	孙世刚	化学工业出版社
105	2018	*Efficiency in Natural Product Total Synthesis*（《天然产物全合成中的效率》）	黄培强、Zhu-Jun Yao、Richard P. Hsung	Wiley 出版公司
106	2018	*Novel Nanomaterials for Biomedical, Environmental and Energy Applications*	王小如、陈曦	Elsevier 出版公司
107	2019	《结构化学》(第四版)(“十一五”规划教材再版)	林梦海、吕鑫、谢兆雄等	科学出版社
108	2019	《富勒烯:从基础到应用》	谢素原、杨上峰、李姝慧编著	科学出版社
109	2019	《有机人名反应、试剂与规则》(第二版)	黄培强	化学工业出版社

续表

序号	出版年度	教材或专著名称	作者	出版单位
110	2019	《物理化学实验》(第二版)(“十一五”规划教材再版)	韩国彬、夏文生	厦门大学出版社

三、科研成果获奖情况(1978—2019)

序号	获奖时间	奖励名称等级	获奖项目	完成人员
1	1978	全国科学大会奖	络合催化理论与化学模拟生物固氮	蔡启瑞等
2	1978	全国科学大会奖	石油化学中新型催化剂的研究	肖漳龄、陈德安、蔡启瑞等
3	1978	全国科学大会奖	乙炔催化加合聚合新型催化剂的研究	付金印、林国栋、蔡启瑞等
4	1978	全国科学大会奖	DHZ-1 型电化学综合测试仪	田昭武等
5	1978	全国科学大会奖	电化学测试仪器及电化学研究方法	田昭武等
6	1978	全国科学大会奖	电极过程和等效电路的理论研究	田昭武等
7	1979	福建省科学大会奖	络合催化理论的研究	蔡启瑞等
8	1979	福建省科学大会奖	乙炔合成苯氧化铌催化剂的研究	蔡启瑞、张藩贤、陈祖炳等
9	1979	福建省科学大会奖	乙炔气相水合制乙醛氧化锌催化剂的研究	蔡启瑞、付金印、林国栋、曾金龙、王仲权等
10	1979	福建省科学大会奖	放射性基准镭原子量冷室模拟测定的研究	蔡维平、刘金桂、黄展胜、黄贤智、刘文远等
11	1979	福建省科技成果奖二等奖	化学模拟生物固氮的研究	蔡启瑞等
12	1980	第四机械工业部科技成果一等奖	DD-1 型电镀参数测定仪	田昭武、蔡加勒、邱贞花、朱海坤等
13	1981	国家发明奖四等奖、福建省高教厅科技成果奖三等奖	SY-1 型海水溶解氧测定仪	张荣坤、罗颖华

续表

序号	获奖时间	奖励名称等级	获奖项目	完成人员
14	1981	国家教委科技进步奖二等奖	络合催化理论的研究	蔡启瑞等
15	1981	福建省科学技术奖二等奖	乙苯脱氢制苯乙烯无铬210催化剂	肖漳龄、祝以湘、何淡云、林仁存、蔡庆叠
16	1982	国家自然科学奖三等奖	络合催化理论的研究	蔡启瑞、万惠霖、王仲权、李庆水、陈守正、陈祖炳、陈德东、肖漳龄、林国栋、张鸿斌、张藩贤、周泰锦、翁玉攀、黄开辉、黄铁钢、曹守镜等30人
17	1982	福建省科学技术奖三等奖	75-4B型快速极谱仪	黄会良、杨孙楷
18	1982	福建省科学技术奖三等奖	ZP-2型单聚焦质谱计	季欧、庄道英、颜章昆、倪可信、冯文瑶、黄应生
19	1982	国家自然科学奖一等奖(非第一单位)	配位场理论方法	唐敖庆、张乾二等
20	1984	福建省高教厅科技成果奖一等奖	休克儿矩阵图形方法	张乾二、林连堂、王南钦
21	1984	福建省高教厅科技成果奖二等奖	DHZ-1型电化学综合测试仪	田昭武、林仲华、陈体衔、穆纪千
22	1984	福建省高教厅科技成果奖二等奖	电化学问题中计算技术的研究	田昭武、叶明库、王斯成、尹维平、丁明照、林祖赓、林华水
23	1984	福建省高教厅科技成果奖二等奖	金属电沉积机理及研究方法	周绍民、张瀛洲、许书楷、姚士冰、蔡加勒、许家园、苏文煅、陈秉彝等
24	1984	福建省高教厅科技成果奖二等奖	乙苯脱氢制苯乙烯催化剂	何淡云、肖漳龄、徐志固、祝以湘、姚静珊等
25	1984	福建省高教厅科技成果奖二等奖	氨合成铁催化剂活性中心模型、反应机理和动力学方程	黄开辉、李基涛、曾晓鸣、赖伍江

续表

序号	获奖时间	奖励名称等级	获奖项目	完成人员
26	1984	福建省高教厅科技成果奖三等奖	YF-1 型荧光分光光度计	黄贤智、朱海坤、许金钩、周灼标
27	1985	国家教委科技进步奖优秀奖	金属镀层及其转化膜的结构与性能关系	周绍民、张瀛洲、许书楷、姚士冰、陈秉彝、吴辉煌、周牧易、黄泰山、杨华惠
28	1985	福建省科学技术奖四等奖	JL-1 接枝型氯丁胶黏剂	潘容华、邹友思、黄俊辉
29	1986	国家教委科技进步奖二等奖	在固氮酶作用下和铁催化剂作用下固氮成氨的研究	蔡启瑞、张鸿斌、万惠霖、林国栋
30	1986	国家教委科技进步奖二等奖	多面体分子轨道理论	张乾二、林连堂、王南钦、余亚雄等
31	1986	国家教委科技进步奖二等奖	从蜂蜡中制取正三十烷醇及三十烷醇在农业生产中的应用	郭奇珍、翁杰、林秀仙、林金土、王再生
32	1986	国家教委科技进步奖二等奖	无铬 XH-02 乙苯脱氢制苯乙烯催化剂的研制及生产试用	肖漳龄、蔡庆叠、林仁存、祝以湘、何淡云
33	1986	国家教委科技进步奖优秀奖	金属镀层及其转化膜的结构与性能关系研究	周绍民、张瀛洲、许书楷、姚士冰、陈秉彝、吴辉煌、周牧易、黄泰山、杨华惠
34	1986	国家教委科技进步奖优秀奖	乙苯脱氢制苯乙烯无铬210 催化剂	肖漳龄、祝以湘、何淡云、林仁存、蔡庆叠
35	1986	福建省科学技术奖二等奖	电镀添加剂的作用机理研究	周绍民、张瀛洲、蔡加勒、许家园、苏文煅、吴辉煌
36	1986	福建省科学技术奖三等奖	提高锦纶-6 单丝透明度与柔软度	余乃梅、李德娥、林剑清、袁肇华
37	1986	厦门市科技进步奖一等奖	提高锦纶-6 单丝透明度与柔软度	张志伟
38	1987	国家自然科学奖三等奖	在固氮酶作用下和铁催化剂作用下固氮成氨的研究	蔡启瑞、张鸿斌、万惠霖、林国栋
39	1987	国家自然科学奖三等奖	电极过程动力学研究	田昭武、林祖赓、林仲华、陈衍珍

续表

序号	获奖时间	奖励名称等级	获奖项目	完成人员
40	1987	国家教委科技进步奖一等奖	电极过程——动力学和研究方法	田昭武、林祖赓、林仲华、陈衍珍
41	1987	国家教委科技进步奖二等奖	金属表面微区电位和电流密度分布测量系统	田昭武、林昌健、卓向东
42	1987	国家教委科技进步奖二等奖	量子化学中的群论新方法	张乾二、林连堂、王南钦、余亚雄、李湘柱、王银桂
43	1987	国家教委科技进步奖二等奖	氧化铁系催化剂上乙苯脱氢反应动力学机理及催化剂晶格氧作用研究	何淡云、陈惠贞、陈建平、祝以湘、肖漳龄
44	1987	厦门市科技进步奖二等奖(第二完成单位)	pH差示比色法测定玫瑰茄冲剂红色素含量及玫瑰茄冲剂色泽稳定性的初步研究	郭美雅、杨意泉、贺彩真、陈鸿博、傅碧琴
45	1988	国家教委科技进步奖二等奖	金属电沉积理论研究	周绍民、许书楷、吴辉煌、姚士冰、蔡加勒、张瀛洲、许家园、陈秉彝
46	1988	厦门市科技进步奖表扬奖	HF-1型智能化学发光测定仪	王尊本、何君式、吴明辉、王惠琴
47	1988	福建省科学技术奖三等奖(第二完成单位)	三十烷醇对茉莉花和瓠瓜增产效果及生理效应的研究	郭奇珍(第二完成人)
48	1988	福建省科学技术奖三等奖(第二完成单位)	pH差示比色法测定玫瑰茄冲剂红色素含量及玫瑰茄冲剂色泽稳定性的初步研究	郭美雅、杨意泉、贺彩真、陈鸿博、傅碧琴
49	1989	国家自然科学奖二等奖	群论方法在量子化学中的新应用	张乾二、林连堂、王南钦、余亚雄、李湘柱
50	1989	国家教委科学进步奖二等奖	XYZ-1型离子色谱抑制器	田昭武、胡荣宗、林华水、吴金添
51	1990	国家发明奖三等奖、福建省王丹萍科学技术奖三等奖	离子色谱抑制柱	田昭武、胡荣宗、林华水、吴金添

续表

序号	获奖时间	奖励名称等级	获奖项目	完成人员
52	1990	国家教委科技进步奖二等奖	分子发光分析系统研究	黄贤智、许金钩、王尊本、郑朱梓
53	1991	中国科学院自然科学奖一等奖（非第一单位）	过渡金属原子簇化合物的合成化学与结构化学	卢嘉锡、黄健全、庄伯涛、黄锦顺、刘春万、陈志达、吴新涛、康北笙、卢绍芳、黄金陵、刘秋田、庄鸿辉、程文旦、张乾二
54	1992	国家教委科技进步奖二等奖	光学光谱电化学	林仲华、田中群、孙世刚、罗瑾、林文锋
55	1992	国家教委科技进步奖三等奖	多效唑（PP333）的制造方法	廖联安、张洪奎、郭奇珍、陈明德等 11 人
56	1992	福建省专利奖一等奖	离子色谱抑制柱	田昭武、胡荣宗、林华水、吴金添
57	1992	福建省专利奖二等奖	不锈钢表面耐腐蚀性处理方法	林昌健、田昭武
58	1992	福建省专利奖二等奖	测试微区腐蚀电位电流分布的扫描装置	田昭武、林昌健、卓向东
59	1992	福建省专利奖二等奖	多效唑（PP333）的制造方法	廖联安、张洪奎、郭奇珍
60	1992	福建省专利奖二等奖	高辣度辣椒树脂油的制取方法	吴明光、钟灿兴、林秀香
61	1993	国家教委科技进步奖三等奖	激光等离子体源飞行时间质谱计	郑兰荪、黄荣彬、周牧易、王光国、朱海坤
62	1993	国家商检局优秀科技论文三等奖	论文《稀土氧化物的 ICP-AES 半智能直接测定》	黄本立
63	1993	国家自然科学奖二等奖、王丹萍科学技术奖二等奖(非第一单位)	钼、铁、硫等原子簇化合物的合成化学与结构化学	张乾二等
64	1993	中科院长春分院自然科学奖三等奖(非第一单位)	ICP 进样方法及其过程的研究	黄本立等

续表

序号	获奖时间	奖励名称等级	获奖项目	完成人员
65	1994	国家教委科技进步奖一等奖	合成气制乙醇催化反应机理的研究	蔡启瑞、汪海有、刘金波、傅锦坤、周朝晖、高景星、张鸿斌、万惠霖、陈德安
66	1994	国家教委科技进步奖二等奖	群表示约化的方法、程序与应用	周泰锦、王南钦、万惠霖、张鸿斌、刘爱民、张乾二、蔡启瑞
67	1994	国家教委科技进步奖三等奖	部分主族原子簇粒子的激光产生与结构研究	郑兰荪、黄荣彬、张乾二
68	1994	国家教委科技进步奖三等奖	流动注射(FI)在原子光谱分析中应用的新技术、新方法	王小如、袁东星、杨芃原、庄峙厦、黄本立
69	1994	福建省科学技术奖三等奖	DDC-2 型电镀参数测试仪	蔡加勒、朱海坤
70	1994	厦门市科技进步奖二等奖	3-MF-4.1 小型阀控式密封铅酸蓄电池产品研究	陈体衔、郑君铣、张振汉、陈孟海、梁作文
71	1995	国家自然科学奖三等奖	合成气制乙醇催化机理的研究	蔡启瑞、汪海有、刘金波、傅锦坤、周朝晖、高景星、张鸿斌、万惠霖、陈德安
72	1995	国家教委科技进步奖一等奖	XH 系列乙苯脱氢制苯乙烯催化剂	祝以湘、林仁存、蔡庆叠、何淡云、肖漳龄、余家良、林金土、朱朝贤、郭忠平
73	1995	福建省王丹萍科学技术奖三等奖	合成气制乙醇催化反应机理的研究	蔡启瑞
74	1995	厦门市科技进步奖一等奖	不锈钢表面耐蚀处理新方法	林昌健、田昭武、穆纪千、张金柳、苏文瑞
75	1995	厦门市科技进步奖三等奖	聚醚型软质聚氨酯泡沫塑料阻燃技术	郭金泉、陈铭和、林剑清、叶文珠
76	1996	国家教委科技进步奖二等奖	激光扫描光电化学显微方法及应用研究	林祖赓、杨勇、尤金跨、卓向东
77	1996	国家教委科技进步奖二等奖	金属单晶表面电化学催化基础与理论模型	孙世刚、田昭武、林文锋、陈声培、卢国强、陈爱成

续表

序号	获奖时间	奖励名称等级	获奖项目	完成人员
78	1996	国家教委科技进步奖三等奖	同步荧光分析法及相关技术的系统研究	李耀群、黄贤智、许金钩、陈国珍
79	1996	国家教委科技进步奖三等奖	有序介质宏观及微观性质的荧光探针法研究	江云宝、许金钩、黄贤智、陈国珍
80	1996	福建省科学技术奖三等奖	反相高效液相色谱无机物分离分析研究	刘文远、蓝元英、阮源萍
81	1997	国家教委科技进步奖二等奖	NC208 型甲醇合成催化剂	杨意泉、潘章文、车长针、董远群、张鸿斌，龚鑫荣、张强、林国栋、蔡启瑞
82	1997	厦门市科技进步奖一等奖	NC208 型甲醇合成催化剂	杨意泉、车长针、潘章文、张鸿斌、林国栋、董远群、蔡启瑞
83	1998	教育部科技进步奖一等奖	甲烷氧化偶联含氟稀土基催化剂的研究	万惠霖、晁自胜、翁维正、张伟德、蔡启瑞、陈明树、蔡俊修
84	1998	教育部科技进步奖二等奖	智能原子光谱分析理论与技术	杨芃原、应海、庄峙厦、王小如、黄本立、谷胜、倪哲明、李冰
85	1998	教育部科技进步奖三等奖	光化学荧光分析的研究及应用	郭祥群、许金钩、蔡维平、欧阳耀国、赵一兵、陈国珍
86	1998	教育部科技进步奖三等奖	铁催化剂上的合成氨反应机理研究	廖代伟、蔡启瑞、陈鸿博、黑美军、林贻基
87	1998	中国发明协会国家发明专利金奖	NC208 型甲醇合成催化剂	杨意泉、张鸿斌，林国栋、蔡启瑞
88	1998	厦门市科技进步奖二等奖	转盘-填料复合萃取塔用于糠醛精制润滑油中试研究	高浩其、陈瑞治、赵金文、卢振旭、宋建华、章琦、周昭明、李薇、普志凯、苏玉忠
89	1999	教育部科技进步奖三等奖	不含“三苯”高性能鞋用胶黏剂研制及工业化实施	戴李宗、吴灿辉、周善康、傅暄、林剑青、詹赐发

续表

序号	获奖时间	奖励名称等级	获奖项目	完成人员
90	2000	中国高校自然科学奖一等奖	价键理论新方法及其应用	吴玮、张乾二、莫亦荣、曹泽星、林梦海、宋凌春
91	2000	中国高校自然科学奖二等奖	碳原子团簇的形成研究	郑兰荪、黄荣彬、谢素原、陈立华、谢兆雄
92	2000	中国高校自然科学奖二等奖	烯烃氢甲酰化负载型铑配合物催化剂的研究	袁友珠、张鸿斌、张宇、杨意泉、蔡启瑞
93	2000	福建省科技进步奖一等奖	微秒强脉冲辉光放电及其在质谱/光谱材料分析中的应用	黄本立、杨芃原、王小如、苏永选、杭纬
94	2000	福建省自然科学优秀学术论文奖二等奖	全氯代苯并苊烯及其他富勒烯碎片的辉光放电合成及其分子结构	谢素原、黄荣彬等
95	2000	厦门市科技进步奖二等奖	基于膜分离过程的6-APA生产技术	蓝伟光、夏海平、何旭敏、胡建华、蓝新光
96	2001	中国高校科技进步奖一等奖	过渡金属电极体系的表面增强拉曼光谱研究和应用	田中群、任斌、毛秉伟、吴德印、姚建林
97	2001	中国高校科技进步奖二等奖	新手性配体、新手性催化剂的分子设计与在不对称催化中的应用	高景星、许翩翩、伊晓东、章慧、李岩云、万惠霖
98	2001	福建省科技进步奖一等奖	金属元素及复杂形态分析联用新技术与新方法	王小如、庄峙厦、杨芃原、胡广林、朱尔一
99	2001	福建省科技进步奖二等奖	基于膜分离过程的6-APA生产技术	夏海平、胡建华、何旭敏、蓝新光、张全华
100	2001	福建省科技进步奖三等奖	环境与生命物质流动体系的电致化学发光研究	陈曦、王小如、李梅金、钟振明、李真
101	2001	福建省科技进步奖三等奖	铜基甲醇合成催化剂各组分的协同催化作用机理研究	陈鸿博、蔡启瑞、张鸿斌、廖代伟、于腊佳
102	2001	福建省王丹萍科学技术奖三等奖	微秒强脉冲辉光放电及其在质谱/光谱材料分析中的应用	黄本立
103	2002	福建省科技进步奖三等奖	甲壳素液晶的研究	董炎明、汪剑炜、袁清、吴玉松、阮永红、王勉

续表

序号	获奖时间	奖励名称等级	获奖项目	完成人员
104	2002	福建省王丹萍科学技术奖三等奖	金属元素及复杂形态分析联用新技术与新方法	王小如
105	2002	中国人民解放军总装备部军队科技进步奖二等奖(非第一单位)	HX-1 涂层耐蚀性能快速测试仪	林昌健(第二完成人)
106	2003	教育部科学技术奖二等奖	涂层下金属腐蚀测试新技术	林昌健、卓向东、杜荣归、周陈亮、谭建光、胡融刚、田昭武
107	2003	福建省科学技术奖三等奖	原子团簇结构与性质的理论研究	陈明旦、林梦海、谭凯
108	2004	福建省科技发明奖二等奖	不锈钢表面高耐蚀处理新方法及其在化纤设备防腐中的应用	林昌健、杜荣归、胡融刚、穆纪千、谭建光、胡艳玲、田昭武
109	2004	福建省科技进步奖三等奖	高性能膨胀型钢结构防火涂料研制	戴李宗、宋晓晖、许一婷、阳范文、黄晓平
110	2004	厦门市科技进步奖三等奖	高分辨率电喷雾离子源-垂直引入反射式飞行时间质谱仪	何坚、杨芃原、王小如、庄峙厦、周振、魏俊飞、顾诚、于文佳、杨小东
111	2004	厦门市科技进步奖三等奖	锂锰材料聚合物锂离子电池	董全峰、林祖赓、郑明森、金明钢、尤金跨、蔡惠群
112	2004	厦门市科技进步奖三等奖	渗透蒸发和渗透蒸发与化学反应耦合过程研究	刘庆林、陈洪钫、张志炳、肖剑、程振峰、周国波、黄宇
113	2004	厦门市科技进步奖三等奖	新型活性炭材料的开发与应用	张会平、叶李艺、李广源、杨立春、刘会基、李祥珍
114	2004	福建省科学技术奖二等奖(第三单位)	基于先进分离技术的维生素 C 生产新工艺	蓝伟光、孔太、夏海平、季伟雯、刘杰、黄松青、何旭敏
115	2004	厦门市科技进步奖一等奖(第三单位)	基于先进分离技术的维生素 C 生产新工艺	蓝伟光、孔太、夏海平、季伟雯、刘杰、黄松青、何旭敏

续表

序号	获奖时间	奖励名称等级	获奖项目	完成人员
116	2005	厦门市科技进步奖三等奖(第二单位)	Point 可再分散聚合物粉末的研制及性能研究	蔡永太、邱聪、董炎明、汪剑炜、麻秀星、周焰煌、姚琪钦、林祥毅、陈惠玉、黄汉东
117	2005	福建省科技进步奖一等奖(第三单位)	蔬菜中农药、硝酸盐、亚硝酸盐和重金属残留的快速低成本检测仪器和方法研究	陈国南、谢增鸿、黄文风、陈曦、庄峙厦、吴刚、蔡琪、黄敏、郭良洽、林旭聪
118	2006	国家自然科学奖二等奖	碳原子团簇的形成研究	郑兰荪、黄荣彬、谢素原、吕鑫、高飞
119	2006	福建省科学技术奖三等奖	CAD 在膜工程中的应用研究	徐方成、吴顺祥、夏海平、洪华生、陈建辉、何旭敏、熊小京、曹志凯、江青茵、沈亮
120	2006	福建省科学技术奖三等奖	新型活性炭材料的开发与应用	张会平、叶李艺、李广源、杨立春、刘会基、李祥珍
121	2007	中国高等学校十大科技进展	二十四面体铂纳米晶体催化剂	孙世刚、田娜、周志有、王中林
122	2007	福建省科学技术奖二等奖	纳米矿物元素饲料添加剂的研制与营养生理效应研究	廖代伟、周安国、况应谷、陈炳钿、林敬东、王之盛、肖学奎、谢翠兰
123	2007	福建省科学技术奖三等奖	光化学传感检测方法研究	陈曦、辛玲玲、蒋亚琪、庄峙厦、王小如
124	2007	厦门市科技进步奖三等奖	XH 系组合式耐硫一氧化碳变换催化剂	杨意泉、方维平、李一农、连奕新、王会芳
125	2008	高等学校科学研究优秀成果奖自然科学奖一等奖	电催化表面结构效应和反应机理研究	孙世刚、周志有、田娜、陈声培、姜艳霞
126	2008	中国基础研究十大新闻	合成出具有高电氧化催化活性的二十四面体铂纳米晶体	孙世刚等
127	2008	福建省科学技术奖三等奖	聚乙烯吡咯烷酮	黎四芳

续表

序号	获奖时间	奖励名称等级	获奖项目	完成人员
128	2008	福建省科学技术奖三等奖	酞菁和花菁类化合物的合成及其在分析科学中的应用	许金钩、李东辉、郑洪、陈秋影、陈小兰
129	2009	福建省科学技术奖二等奖	工业环管反应器中丙烯均聚体系的多尺度结构及其工程模拟	罗正鸿、陈东雄、王庆明、苏清林、郑屹、温少桦、王炜
130	2009	福建省科技进步奖二等奖	纳-微米有序结构的医用高生物活性 CaP 硬组织材料	林昌健、胡仁、王卉、陈菲、庄燕燕
131	2009	厦门市科技进步奖二等奖	循环流化床锅炉燃烧过程优化控制系统	江青茵、曹志凯、师佳、陈柳章、周华
132	2009	厦门市科技进步奖二等奖	医用高生物活性复合型 HAP 硬组织材料的研发	林昌健、胡仁、王卉、陈菲、赖跃坤、林理文、孙岚、杜荣归、谭建光
133	2010	中国分析测试协会科学技术奖(CAIA 奖)一等奖	高功率密度激光电离飞行时间质谱仪的研制及其应用	杭纬
134	2011	高等学校科学研究优秀成果奖自然科学奖二等奖	新型荧光探针的设计、合成和性能研究	江云宝、赵一兵、郭祥群、李顺华、郑洪
135	2011	福建省科技进步奖二等奖	聚合物锂离子电池	董全峰、郑明森、蔡亨江、王晶良、林祖赓
136	2011	福建省科技进步奖二等奖	循环流化床(CFB)锅炉燃烧过程优化控制系统	江青茵、曹志凯、师佳、周华
137	2011	福建省技术发明奖二等奖	防污自清洁氟硅高分子树脂的可控制备关键技术及工业应用	罗正鸿、何腾云、于海江、徐伟、关成梅
138	2011	福建省科技进步奖三等奖	PTA 氧化残渣的资源化关键技术研发及应用	李清彪、陈少岳、郑艳梅、黄双能、黄加乐、刘剑明、孙道华、邓佳旭、刘洪城、林文爽
139	2012	高等学校科学研究优秀成果奖自然科学奖一等奖	新型富勒烯的合成	谢素原、谭元植、郑兰荪、吕鑫、黄荣彬

续表

序号	获奖时间	奖励名称等级	获奖项目	完成人员
140	2012	福建省自然科学优秀学术论文奖一等奖	对巯基苯胺吸附在银纳米表面结构上的表面催化偶联反应响应到异常的SERS谱:DFT研究	吴德印等
141	2013	国家自然科学奖二等奖	电催化剂的表面结构效应、设计合成和反应机理研究	孙世刚、周志有、田娜、陈声培、姜艳霞
142	2013	高等学校科学研究优秀成果奖自然科学奖二等奖	贵/重金属离子的生物吸附与生物还原的过程原理	李清彪、黄加乐、孙道华、林种玉、邓旭
143	2013	中国高等学校十大科技进展	过渡金属导致物质从反芳香性向芳香性的突变	夏海平
144	2014	福建省科技进步奖二等奖	高密度培养裂殖壶菌发酵生产二十二碳六烯酸(DHA)	卢英华、黄建忠、敬科举、江贤章、钟惠昌、陈水荣、王宝贝
145	2014	中国侨界贡献奖(创新团队)	电化学催化团队	孙世刚
146	2014	中国侨界贡献奖(创新成果)	新型富勒烯的合成	谢素原
147	2014	中国侨界贡献奖(创新成果)	电动车用高安全性陶瓷隔膜的产业化	赵金保
148	2014	中国腐蚀与防护学会技术发明奖一等奖	扫描隧道显微镜辅助微区腐蚀电化学工作站的研制及应用	林昌健
149	2014	中国石油和化学工业联合会科学技术奖技术发明奖三等奖	生物絮凝剂的高效生产与应用研究	何宁、王远鹏、李清彪、卢英华、沈亮、彭雅娟
150	2014	中航工业集团科学技术奖二等奖(第三单位)	高安全性锂离子动力电池用功能隔膜技术开发及应用	赵金保、怀永建、肖亚洲、王海文、张鹏、张海峰、张国军、白莉、张洁、李利森、郭建峰、杨娉婷、石川、陈丽肖
151	2015	国家自然科学奖二等奖	新型富勒烯的合成	谢素原、谭元植、郑兰荪、吕鑫、黄荣彬

续表

序号	获奖时间	奖励名称等级	获奖项目	完成人员
152	2015	高等学校科学研究优秀成果奖自然科学奖二等奖	一维结构纳米二氧化钛可控构筑、构效关系及性能优化	林昌健、孙岚、赖跃坤、叶美丹、杜荣归、郭文熹、王梦晔、黄巧玲
153	2015	福建省自然科学奖一等奖	化学键本质中的理论方法与应用	吴玮、曹泽星、苏培峰、陈振华、应富鸣
154	2015	厦门市科技进步奖二等奖	基于仿生识别技术的微纳可视化检测体系及其应用	杨朝勇、朱志、徐敦明、冷雪飞、张伟云、闫凌、宋彦龄、官志超
155	2015	中国石油和化学工业联合会科学技术奖科技进步奖三等奖(第二单位)	电催化	孙世刚、陈胜利、魏子栋、庄林、成荣霞
156	2016	中国侨界贡献奖(创新成果)	电化学技术创新及工程化应用	林昌健
157	2016	中国侨界贡献奖(创新成果)	高密度培养裂殖壶菌发酵生产 DHA	卢英华
158	2016	中国国际高新技术成果交易会优秀产品奖	高速离心雾化及模拟“龙卷风”技术的高效节能装备产业化	尹应武
159	2016	国家科技进步奖一等奖(第二单位)	严重战创伤多器官障碍与损伤修复的创新理论及关键技术	林昌健(第四完成人)
160	2016	梁希林业科学技术奖二等奖(第四单位)	重要森林叶蜂生态学及综合调控技术	黄培强(第五完成人)
161	2017	高等学校科学研究优秀成果奖自然科学奖二等奖	手性酰胺的高选择性合成与高效转化及其应用	黄培强、肖开炯、郑啸、王爱娥、阮源萍
162	2017	高等学校科学研究优秀成果奖科技进步奖二等奖	电解电容器用高性能铝箔纳米布孔/异形波变频腐蚀技术及产业化	林昌健、谭帼英、陈宇峰、王文宝、钱国庆、成顾强、孙岚、程永刚、卓向东、谭惠忠、秦力、全振浪
163	2017	福建省科技进步奖二等奖	高安全陶瓷隔膜及其在动力锂离子电池中的应用	赵金保、肖亚洲、怀永建、张鹏、潘芳芳、王静、王海文

续表

序号	获奖时间	奖励名称等级	获奖项目	完成人员
164	2017	福建省自然科学奖二等奖	高性能渗透汽化膜的设计与合成	刘庆林、张秋根、陈建华、熊鹰、吴建洋
165	2017	福建省自然科学奖三等奖	纳间隙结构的表面增强拉曼效应及表征新技术	吴德印、任斌、田中群、黄逸凡、赵刘斌
166	2017	厦门市科技进步奖二等奖	磁共振分子影像新技术及其在医学诊断中应用	高锦豪(第五完成人)
167	2017	厦门市科技进步奖三等奖	抗肿瘤药物新靶点 tRXRα 的发现与应用研究	黄培强(第四完成人)
168	2018	国家自然科学奖二等奖	金属纳米材料的表面配位化学	郑南峰、黄小青、傅钢、陈光需、杨华艳
169	2018	中国专利奖优秀奖	一种锂离子电池陶瓷隔膜黏结剂的选择方法	赵金保、张鹏、石川
170	2018	福建省技术发明奖二等奖	空间分辨腐蚀电化学仪器方法及应用	林昌健、卓向东、吴浚瀚、林理文、杜荣归
171	2018	福建省技术发明奖二等奖	天然气化工清洁技术研发及靛蓝等特色产业链的构建	尹应武、张正西、毛永生、师雪琴、栾敏红
172	2018	福建省自然科学优秀学术论文奖一等奖	智能门控多尺度孔道薄膜的研究	侯旭
173	2018	福建省自然科学优秀学术论文奖一等奖	锌催化炔烃串联氧化/C—H官能团化反应：高选择性地合成异喹啉酮和 β-咔啉酮	李龙(叶龙武课题组)
174	2018	福建省自然科学优秀学术论文奖二等奖	基于分子识别转化为压力信号的快速、灵敏、便携式生物医学分析	杨朝勇
175	2018	福建省自然科学优秀学术论文奖二等奖	通过金催化的叠氮与炔酰胺的分子间反应途径产生 α-亚胺金卡宾	舒超(叶龙武课题组)
176	2018	厦门市专利奖二等奖	一种全合成培养基及其制备方法和用于培养裂殖壶菌的方法	卢英华、倪洁、周林、陈丽珠、敬科举、乔兴忠
177	2018	中国石油和化学工业优秀出版物图书奖一等奖	《固态电化学》	杨勇主编

续表

序号	获奖时间	奖励名称等级	获奖项目	完成人员
178	2018	中国石油和化学工业优秀出版物教材奖一等奖	《化学信息学》(第三版)	谭凯主编
179	2018	中国产学研合作促进会产学研合作创新与促进奖	电化学技术创新及工程应用	林昌健
180	2018	中国商业联合会科学技术奖三等奖	N-乙烯基吡咯烷酮生产技术	黎四芳
181	2018	福建省科技进步奖三等奖	磁共振分子影像新技术及其在医学诊断中应用	高锦豪(第五完成人)
182	2018	福建省自然科学奖二等奖	抗肿瘤药物新靶点 tRXRα 的发现与应用研究	黄培强(第四完成人)
183	2019	国家自然科学奖二等奖	电化学表面增强拉曼光谱学研究	田中群、任斌、李剑锋、吴德印、刘国坤
184	2019	高等学校科学研究优秀成果奖自然科学奖二等奖	基于动态超分子聚集体的化学传感	江云宝、黎朝、严小胜
185	2019	福建省自然科学奖一等奖	碳链与金属的螯合化学	夏海平、张弘、朱军、朱从青、王铜道
186	2019	福建省自然科学奖三等奖	基于仿生识别体系的生物传感	杨朝勇、朱志、宋彦龄、官志超、柯国梁
187	2019	厦门市科技进步奖一等奖	纳米流式检测技术的研发、应用及产业化	颜晓梅、朱少彬、马玲、田野、杨玲玲、王硕、陈超翔、吴丽娜
188	2019	高等学校科学研究优秀成果奖自然科学奖一等奖(第二单位)	密度泛函理论新进展	徐昕、张颖、苏乃强、吴剑鸣、饶立
189	2019	福建省科技进步奖二等奖(非第一单位)	一类糖靶向制剂应用于术中肿瘤微小病灶定位显像和光热治疗	韩守法(第二完成人)
190	2019	中国石油和化学工业联合会科技进步奖三等奖(第二单位)	NUEUU 沸腾床技术在劣质重油加氢领域的研究及应用	韩保平、连奕新、王野等 15 人

四、历年科研项目列表(1987—2019)

序号	立项年度	项目负责人	项目类型	项目名称
1	1987	蔡启瑞	国家自然科学基金重大课题	C1-化学基础研究
2	1987	张乾二	国家教委自然科学基金重大课题	固体表面态量子化学
3	1987	田昭武	国家计划委员会	固体表面物理化学国家重点实验室建设经费
4	1988	郑兰荪	霍英东青年教师基金	金属原子簇的激光产生与离解
5	1989	田昭武	国家科委高技术司	过渡金属电极的吸附及嵌入过程的研究
6	1989	田昭武	国家自然科学基金重点项目	应用于电化学体系的扫描隧道显微技术
7	1991	王南钦	国家自然科学基金重大项目课题	原子簇化学键与化学吸附的簇模型研究
8	1991	张乾二	国家自然科学基金重大项目课题	价键法的酉群理论研究
9	1992	田昭武	国家自然科学基金重点项目	电化学现场(in situ)分子水平信息的检测与理论
10	1992	黄本立	国家自然科学基金重点项目	等离子体离子荧光光谱和光学多道图像检测及联用技术
11	1992	黄本立	国家自然科学基金重点项目	光谱分析联用技术的理论、新技术和新方法的研究
12	1992	林仲华	国家自然科学基金重点项目	电化学现场时间分辨紫外可见光谱研究
13	1992	田中群	国家自然科学基金重点项目	电化学现场时间分辨拉曼光谱和傅立叶变换红外光谱研究
14	1992	吴辉煌	国家自然科学基金重点项目	酶电极基础研究
15	1992	杨芃原	国家自然科学基金重点项目	ICP-AES 联用和联机技术及 GD 作为 AES 及 MS 离子源的应用
16	1992	黄培强	霍英东青年教师基金	含四氢吡咯环生物碱的不对称合成
17	1993	田昭武	国家自然科学基金专项基金	纳米级立体图像复制刻蚀新技术的刻蚀剂研究

续表

序号	立项年度	项目负责人	项目类型	项目名称
18	1994	郑兰荪	国家自然科学基金杰出青年科学基金	物理化学
19	1995	孙世刚	国家自然科学基金杰出青年科学基金	物理化学
20	1995	林昌健	国家自然科学基金杰出青年科学基金	物理化学
21	1995	张乾二	国家自然科学基金专项基金	界面化学结构与性能的表征、控制:理论和设计
22	1996	田中群	国家自然科学基金杰出青年科学基金	物理化学
23	1996	黄培强	国家自然科学基金杰出青年科学基金	有机化学
24	1997	万惠霖	攀登计划预选项目和培植项目	甲烷、低碳烷烃及合成气转化的催化基础,课题:C_2～C_3 等烷烃氧化脱氢和选择氧化新催化剂和新反应过程的研究
25	1997	翁维正	攀登计划预选项目	甲烷、低碳烷烃及合成气转化的催化基础,课题:甲烷和低碳烷烃活化催化剂表面吸附态和表面动态结构
26	1997	杨勇	863 计划	锂离子电池正负极材料研究
27	1997	袁友珠	国家自然科学基金重大项目	丙烯氢甲酰化新型水溶性配合物催化剂的设计和研究
28	1997	王小如	国家自然科学基金重点项目	元素复杂形态分析联用新技术和新方法的基础研究
29	1998	王小如	95 攻关项目	光纤传导 CCD 小型多功能
30	1998	蓝伟光 夏海平	95 攻关专题	β-内酰胺类抗生素生产新工艺
31	1998	陈曦	863 计划	海洋污染要素自动探测技术
32	1998	张乾二	国家自然科学基金重大项目	固体表面理论化学及其应用
33	1998	郑兰荪	国家自然科学基金重大项目	原子团簇的形成和宏量合成研究
34	1998	田昭武	国家自然科学基金重点项目	微系统的新型化学加工技术与微流量系统的基础研究

续表

序号	立项年度	项目负责人	项目类型	项目名称
35	1998	林仲华	国家自然科学基金重点项目	电化学体系的界面结构和性能
36	1998	黄培强	国家自然科学基金重点项目	小分子的识别与选择性反应
37	1998	徐昕	霍英东青年教师基金	量子表面理论及其在催化中的应用
38	1999	万惠霖	973 计划课题	催化反应的中间体鉴定和微观机理
39	1999	张鸿斌	973 计划	甲烷芳构化
40	1999	蔡俊修	973 计划	甲烷催化燃烧
41	1999	王小如	863 计划	海洋生态环境污染监测光纤生物传感器
42	1999	庄峙厦	863 计划	海洋监测技术
43	1999	田昭武	国家自然科学基金专项基金	逆流聚焦电泳仪的研制(H.类别)
44	1999	杨勇	国家自然科学基金杰出青年科学基金	物理化学
45	1999	黄培强	国家自然科学基金杰出青年科学基金(追加)	有机化学
46	1999	林昌健	国家自然科学基金杰出青年科学基金(追加)	物理化学
47	1999	孙世刚	国家自然科学基金杰出青年科学基金(追加)	物理化学
48	1999	田中群	国家自然科学基金杰出青年科学基金(追加)	物理化学
49	1999	郑兰荪	国家自然科学基金杰出青年科学基金(追加)	无机化学
50	1999	王尊本	国家自然科学基金人才基地	化学
51	2000	杨勇	973 计划	高比容量电极材料
52	2000	袁友珠	973 计划	浆态化水溶性铑膦络合物催化烯烃氢甲酰化反应
53	2000	李伟	863 计划	海洋环境监测的光纤 pH 和温度
54	2000	庄峙厦	863 计划	海洋环境光纤生物传感器

续表

序号	立项年度	项目负责人	项目类型	项目名称
55	2000	孙大海	95 攻关项目	中药现代化生产中重金属测定的标准化及质量控制
56	2000	田中群	国家自然科学基金创新研究群体科学基金	固体表面纳米结构和相关纳米材料的物理化学
57	2000	万惠霖	国家自然科学基金专项基金	固体表面和有关纳米体系的物理化学问题
58	2000	赵景泰	国家自然科学基金杰出青年科学基金	无机化学
59	2000	王尊本	国家自然科学基金人才基地	化学
60	2000	杨勇	霍英东青年教师基金	全固态聚合物锂离子电池
61	2000	王小如	福建省基金重大项目	重要现代化生产中相关成分测定的标准化及质量控制
62	2000	田昭武	厦门市科技局	新型聚焦毛细管电泳芯片(国际合作,中德)
63	2001	田中群	973 计划	纳电子材料的可控结构生长和表面构件
64	2001	陈曦	863 计划	基于氧光导检测
65	2001	李伟	863 计划	海洋石油污染物现场实时监测的光纤近红外传感仪器系统
66	2001	庄峙厦	863 计划	海洋环境制定菌检测免疫蛋白阵列船载系统
67	2001	江云宝	科技部国际合作项目	基于 N,N-二取代-1-萘胺内转换和分子内电荷转移的分子识别与化学传感(中德)
68	2001	王小如	科技部国际合作项目	基于氧光导检测的环境污染光纤生物传感器的研究(香港合作)
69	2001	林昌健	十五重点项目	舰船涂料海洋环境与实验室加速试验相关性研究
70	2001	林昌健	国家自然科学基金专项基金	扫描电化学微探针/扫描隧道显微镜联用系统的研制
71	2001	郭祥群	国家自然科学基金人才基地	化学
72	2001	张鸿斌	福建省重大科技项目	碳纳米管的研制

续表

序号	立项年度	项目负责人	项目类型	项目名称
73	2002	田昭武	科技部	控电位电化学监测系统的换代升级技术开发
74	2002	万惠霖	973计划	天然气、煤层气优化利用的催化基础:催化反应的中间体鉴定和微观机理
75	2002	孙世刚	973计划	电池反应中两极间相互影响的规律
76	2002	田中群	863计划	新型三维加工技术
77	2002	孙大海	科技部火炬计划项目	《中国科技企业孵化器发展报告》出版基金
78	2002	张乾二	国家自然科学基金重大研究计划	低维纳米体系量子限域效应的理论研究
79	2002	孙世刚	国家自然科学基金重大研究计划	低维纳米材料表面体系的增强和异常光学效应及基础研究
80	2002	王小如	国家自然科学基金重点项目	中药药组分的指纹图谱分析方法研究
81	2002	吴玮	国家自然科学基金杰出青年科学基金	物理化学
82	2002	郭祥群	国家自然科学基金人才基地	化学
83	2002	吕鑫	霍英东青年教师基金	碳、硅、锗等半导体表面化学修饰与CVD过程的理论研究
84	2002	吴玮	教育部重点项目	复杂体系的理论化学组合方法研究
85	2002	高景星	福建省重大科技项目	新型手性催化剂
86	2002	张乾二	福建省重大科技项目	量子化学组合方法及其对复杂体系的理论研究
87	2002	赵玉芬	福建省重大科技项目	福建沙溪微生物资源在环境保护和药物开发中的应用
88	2002	林昌健	厦门市科技局	纳米TiO_2抗紫外纤维的制备技术研究
89	2003	郑兰荪	973前期研究专项	团簇材料的化学组装

续表

序号	立项年度	项目负责人	项目类型	项目名称
90	2003	王秋泉	973 前期研究专项	铜/镉/稀土元素污染土壤的生物修复
91	2003	程璇	863 计划	火箭推进剂用复合内囊
92	2003	林昌健	863 计划	纳米有序结构 HAP/高聚物复合硬组织生物材料
93	2003	孙世刚	科技部国际合作项目	燃料电池反应电催化剂的快速原位光谱——方法建立及机理研究(中德基金,燃料电池合作研究)
94	2003	陶农建	国家自然科学基金海外及港澳学者合作研究基金	电化学技术(合作者:田中群)
95	2003	谢素原	教育部科技重点项目	碳簇形成反应中间体的捕获与形成机理研究
96	2003	陈鸿博	福建省重大科技项目	纳米二氧化钛抗紫外纤维的产业化
97	2003	靳立人	福建省重大科技项目	抗艾滋病原料药及其手性中间体的研制
98	2003	林昌健	福建省重大科技项目	高生物活性 HAP/高聚物复合硬组织材料
99	2003	林昌健	福建省重大科技项目	医用高生物活性复合型 HAP 硬组织材料的研发(国际合作,香港大学)
100	2003	张立同	福建省重大科技项目	高性能碳化硅纤维的可工程化制备技术及其验证
101	2003	林祖赓	厦门市科技局	聚合物锂离子动力电池研发
102	2004	王野	973 计划课题	新结构高性能多孔催化材料创制的基础研究
103	2004	方维平	973 计划课题	重油高效转化与优化利用的基础研究——新型渣油加氢处理催化剂的设计与制备
104	2004	刘兴军	973 前期研究专项	自包裹型卵状复合粉体材料的生成机理及制备技术的研究
105	2004	毛少瑜	863 计划	高效医用稀土闪烁晶体的生长、结构与性能研究

续表

序号	立项年度	项目负责人	项目类型	项目名称
106	2004	王翠萍	科技部国际合作项目	微焊接材料、铜和钴基合金的热力学及动力学数据库的建立
107	2004	江云宝	国家自然科学基金杰出青年科学基金	分子发射光谱
108	2004	吕鑫	国家自然科学基金杰出青年科学基金	应用量子化学
109	2004	刘兴军	国家自然科学基金杰出青年科学基金	金属材料的合金设计原理
110	2004	田中群	国家自然科学基金重点项目	纳米电化学体系的构筑与应用研究
111	2004	王野	国家自然科学基金重点项目	低碳烷烃临氧催化活化和定向转化
112	2004	黄荣彬	国家自然科学基金科学仪器研究专项基金	囚禁原子团簇离子电子衍射仪研制及团簇离子结构测定
113	2004	田中群	国家自然科学基金优秀国重基金	物理化学在生命科学中的应用
114	2004	黄培强	教育部科技重点项目	产生手性原因的基本问题研究
115	2004	谢兆雄	霍英东青年教师基金	低维结构的电化学和相关方法制备与组装
116	2004	张颖	国家级纵向	材料研究
117	2005	万惠霖 翁维正	973计划课题	催化过程的微观机制和反应中间体鉴定
118	2005	吴玮	973计划课题	生命体系识别和调控过程中重要化学问题的基础研究：组合QM/MM计算方法及其在生物酶中的应用
119	2005	董全峰	973计划课题	绿色二次电池相关基础研究　本子项目：电池制备新工艺基础研究与相关环境评价
120	2005	孙大海	科技部火炬计划项目	中国科技企业孵化器几个热点问题研究
121	2005	谢素原	国家自然科学基金杰出青年科学基金	原子簇化学

续表

序号	立项年度	项目负责人	项目类型	项目名称
122	2005	徐昕	国家自然科学基金杰出青年科学基金	量子化学
123	2005	郑兰荪	国家自然科学基金重点项目	新型富勒烯的制备与功能化
124	2005	吴玮	国家自然科学基金重点项目	凝聚相体系的理论计算方法与应用
125	2005	陈立富	国家自然科学基金重点项目	聚碳硅烷先驱体法制备高性能化学计量 SiC 纤维的关键基础问题研究
126	2005	胡荣宗	国家自然科学基金科学仪器基础研究专项基金	新型微孔/毛细管离子色谱研究
127	2005	张鸿斌	国家自然科学基金重大项目	合成气高效合成低碳醇新催化剂及新过程研究
128	2005	朱亚先	国家自然科学基金人才基地	化学
129	2005	王翠萍	教育部科学技术研究重点项目	自包裹型卵状复合粉体材料的制备技术的研究
130	2005	曾人杰	福建省重大科技项目	“功能纳米材料”之“Ce 掺杂 YAG 陶瓷荧光粉研发”
131	2005	陈立富	福建省重大科技项目	“功能纳米材料”之“含铝高性能碳化硅纤维的研发”
132	2005	杭纬	福建省重大专项	新型材料分析仪的研制
133	2005	颜晓梅	福建省重大专项	疯牛病的早期诊断技术
134	2005	赵玉芬	厦门市政府专项	丙谷二肽原料药产业化
135	2006	杭纬	863 计划	矿石的无标样快速分析仪
136	2006	王秋泉	863 计划	大气中持久性有机污染物空间与时间分辨监测的树木表皮被动采样平台
137	2006	赵玉芬	科技部国际科技合作重点项目	基于高配位磷化学的蛋白激酶抑制剂
138	2006	王野	国家自然科学基金杰出青年科学基金	催化
139	2006	田中群	国家自然科学基金国际合作重大项目	发展研究芯片实验室和细胞的物理化学方法(中法)

续表

序号	立项年度	项目负责人	项目类型	项目名称
140	2006	朱亚先	国家自然科学基金委	厦门大学化学基地
141	2006	任斌	霍英东青年教师基金	针尖增强拉曼光谱方法、技术和应用
142	2006	袁友珠	教育部重点项目	表面和限域纳米孔内的不对称催化合成
143	2006	郑兰荪 谢兆雄	福建省科技重大专项	功能纳米材料的构筑、结构化学与应用
144	2006	董全峰	福建省科技创新平台	化学电源研发平台建设
145	2006	黄培强	福建省财政厅	重点实验室建设费
146	2006	杨勇	福建省科技创新平台	福建省电化学工程技术研究中心建设
147	2006	张颖	福建省科技厅条财处	特种先进材料福建省重点实验室
148	2007	郑兰荪	973计划项目(首席科学家)	物质性能的分子设计与结构调控
149	2007	谢素原	973计划课题	物质性能的分子设计与结构调控——特殊结构团簇的合成与功能化
150	2007	田中群 谢兆雄	973计划课题	物质性能的分子设计与结构调控——表面与界面结构的构筑与性能
151	2007	徐昕	973计划课题	复杂体系的化学动力学研究——化学动力学理论新方法
152	2007	杨勇	973计划课题	电动汽车用低成本、高密度蓄电(氢)体系基础科学问题研究——低成本蓄电体系电极材料及其作用机理研究
153	2007	任斌	973计划课题	生物单分子和单细胞的原位实时纳米检测与表征方法——增强拉曼光谱、电化学及其联用技术应用于单细胞的实时研究
154	2007	李清彪	863计划	贵金属纳米颗粒及其催化剂的生物还原制备技术
155	2007	王周成	国家支撑计划	高效、高精度加工用硬质合金刀具关键技术和设备的开发

续表

序号	立项年度	项目负责人	项目类型	项目名称
156	2007	林昌健	国家支撑计划	海洋工程结构腐蚀与防护的检/监测技术及工程应用
157	2007	田中群	科技部国际科技合作重点项目	生物物理化学与细胞电化学研究
158	2007	孙世刚	科技部国际合作项目	新型结构金属纳米粒子高性能电催化剂
159	2007	郑兰荪	国家自然科学基金创新研究群体科学基金	团簇化学
160	2007	谢兆雄	国家自然科学基金杰出青年科学基金	结构化学
161	2007	江云宝	国家自然科学基金杰出青年科学基金(追加)	分子发射光谱
162	2007	吕鑫	国家自然科学基金杰出青年科学基金(追加)	应用量子化学
163	2007	谢素原	国家自然科学基金杰出青年科学基金(追加)	原子簇化学
164	2007	徐昕	国家自然科学基金杰出青年科学基金(追加)	量子化学
165	2007	林昌健	国家自然科学基金重点项目	钢筋/混凝土界面、腐蚀机理及测试技术研究
166	2007	赵玉芬	国家自然科学基金重点项目	小分子与生物大分子之间的相互作用研究
167	2007	吴玮	教育部创新团队	复杂体系的计算化学
168	2007	方维平	教育部重大项目	再生式固体酸碱两步法制生物柴油
169	2007	陶军	教育部科学技术重点项目	以单分子磁体为基元的单链磁体的合成、性质与应用研究
170	2007	田中群	国家外国专家局、教育部	厦门大学表面物理化学与生物物理化学创新引智基地
171	2007	黄培强	福建省科技厅	福建省重点实验室创新药物研发与化学生物学平台建设
172	2008	孙世刚	973 计划课题	新型二次电池及相关能源材料基础研究——快速电极反应过程及相关材料

续表

序号	立项年度	项目负责人	项目类型	项目名称
173	2008	吴德印	973 计划课题	基于表面等离子体共振的新纳米结构体系和传感器——纳间隙结构的表面增强拉曼效应及表征新技术
174	2008	袁友珠	973 计划课题	化石资源转化用新型高效纳米催化材料与结构研究——载体纳米特性对催化性能影响及作用机理的研究
175	2008	方军	863 计划	碱性离子膜燃料电池膜电极的研究开发
176	2008	龙腊生	国家自然科学基金杰出青年科学基金	多金属团簇分子的合成、组装及性能研究
177	2008	任斌	国家自然科学基金杰出青年科学基金	针尖增强拉曼光谱和表面增强拉曼光谱
178	2008	孙世刚	国家自然科学基金重点项目	电化学红外和制备新技术及其对能源与生物电化学过程研究
179	2008	江云宝	国家自然科学基金重点项目	新一代触发型荧光放大分子探针的设计和应用
180	2008	赵仪	国家自然科学基金重点项目	复杂体系电子转移理论与有机功能材料迁移率预测
181	2008	任斌	国家自然科学基金科学仪器基础研究专项基金	适用于细胞生物、纳米间隔体系研究的透反两用多功能针尖增强拉曼仪器的研制
182	2008	郑南峰	教育部科学技术研究重点项目	功能性中空多孔纳米碳球及其催化应用
183	2008	董全峰	福建省科技重点项目	基于薄液层氧化还原偶的超级电容器的研发
184	2008	龙腊生	福建省自然科学基金	手性配位聚合物的绝对不对称合成
185	2008	田中群 杨防祖	福建省科技重点项目	无氰镀铜和三价铬电镀产业化关键技术研发
186	2008	黄培强	国家自然科学基金重点项目	重要生理活性天然产物的结构多样性合成研究

续表

序号	立项年度	项目负责人	项目类型	项目名称
187	2009	方维平	973计划课题	重油梯级分离与高效转化的基础研究:脱残渣油加氢处理催化剂与化学工程基础研究
188	2009	黄培强	973计划课题	具有重要生物活性的天然产物的化学合成——全新方法和策略的天然产物全合成
189	2009	王野	973计划课题	轻质烷烃催化转化中稀土的催化作用研究
190	2009	杨朝勇	973计划课题	仿生分子识别技术在生物医学应用的基础研究——核酸适体分子识别体系的设计与生物标志物甄定
191	2009	杨勇	973计划课题	高比能量锂基电池正极材料及其界面性能研究
192	2009	杜荣归	863计划纳米材料与器件专题	纳米 TiO_2 涂层光生阴极保护技术
193	2009	郑南峰	国家自然科学基金杰出青年科学基金	纳米团簇、颗粒及其超结构的化学构建与应用
194	2009	夏海平	国家自然科学基金杰出青年科学基金	金属杂芳香化合物的合成方法学、性能与应用研究
195	2009	董全峰	国家自然科学基金重点项目	基于薄液层氧化还原偶的新型超级电容器
196	2009	孙世刚	国家自然科学基金委与美国国家科学基金会组织间合作研究项目	基于燃料电池应用的纳米尺度单晶集成电催化
197	2009	孙世刚	国家自然科学基金委与香港研究资助局联合科研基金项目	一维纳米材料及其阵列的制备、表征及其在高比能锂离子电池中的应用
198	2009	万惠霖	国家自然科学基金专项基金——优秀国家重点实验室研究项目	能源领域中的物理化学基础研究和应用
199	2009	陈明树	教育部科学技术研究重大项目	氧化物载体上贵金属纳米簇/膜的物理化学和催化性能
200	2009	郑南峰	福建省自然科学基金杰青项目	内包活性纳米颗粒的无机纳米反应器的组装合成与应用

续表

序号	立项年度	项目负责人	项目类型	项目名称
201	2009	陶军	福建省自然科学基金杰青项目	双稳态分子基与纳米材料的合成与应用研究
202	2009	郑兰荪	福建省科技计划重大专项	用于控制利用一氧化碳的高效稳定纳米催化材料的研发
203	2009	杨勇	福建省科技计划重大专项课题二	新型锂电池材料及其产品的研发
204	2010	袁友珠	国家重大科学问题导向项目课题	贵金属高效利用与替代的纳米催化材料:面向贵金属催化剂高效利用与替代的关键纳米材料和相关技术基础
205	2010	曹泽星	973 计划课题	量子/经典力学组合方法和蛋白微环境中化学反应的计算模拟
206	2010	江云宝	973 计划课题	活体蛋白质功能的光学分子成像新技术、新方法研究:用于活体光学成像的分子探针与标记方法
207	2010	郑南峰	973 计划课题	特定形貌贵金属基纳米晶的控制合成及相关性能研究
208	2010	杭纬	863 计划专题课题(资源环境技术领域)	实用型矿石的无标样快速分析仪的研制
209	2010	田中群	科技部科技基础性工作专项	壳层隔绝纳米粒子增强拉曼光谱方法
210	2010	孙世刚	国家自然科学基金创新研究群体科学基金	界面电化学
211	2010	郑兰荪	国家自然科学基金创新研究群体科学基金	团簇化学
212	2010	万惠霖	国家自然科学基金重点项目	能源催化中小分子与生物质控制活化和选择转化的科学基础
213	2010	王秋泉	国家自然科学基金重点项目	多肽/蛋白质的原子光谱/元素质谱绝对定量分析方法学
214	2010	谢素原	国家自然科学基金重点项目	相邻五元环富勒烯的笼外衍生稳定化及其结构与性质
215	2010	李清彪	国家自然科学基金重点项目	生物质还原法制备贵金属纳米颗粒及其催化剂的化学与工程基础研究

续表

序号	立项年度	项目负责人	项目类型	项目名称
216	2010	毛秉伟	国家自然科学基金重点项目	离子液体表面电化学的微探针和激光-拉曼研究新方法
217	2010	杭纬	国家自然科学基金科学仪器基础研究专项基金	高功率密度皮秒级激光电离飞行时间质谱仪的研制
218	2010	颜晓梅	国家自然科学基金科学仪器基础研究专项基金	新型超高灵敏流式检测仪及纳米生物快速表征系统的研制
219	2010	任斌	国家自然科学基金委-美国国家科学基金会化学领域合作研究项目	纳米团簇催化剂的成核/生长及性能的 SECM 和 TERS 表征
220	2010	朱亚先	国家自然科学基金基础科学人才培养基金	厦门大学化学基地
221	2010	王野	教育部创新团队	碳资源高效利用的催化基础
222	2010	郑南峰	霍英东教育基金会青年教师基金基础性研究课题	金属纳米颗粒催化剂的稳定化研究
223	2010	杨朝勇	福建省自然科学基金杰青项目	肿瘤的早期诊断新方法研究
224	2010	方柏山	福建省科技计划重大项目(工业科技)	生物转化生物柴油副产物粗甘油生产 1,3-丙二醇的新技术开发
225	2010	贾立山	福建省科技计划重大项目(工业科技)	烟气中二氧化硫资源化与制取亚硫酸(氢)钠产业化实施
226	2010	卢英华	福建省科技计划重大专项专题项目(农业科技)	微藻提取 DHA 的技术开发
227	2010	郑兰荪	福建省发展和改革委员会产业技术开发专项	福建省纳米制备技术工程研究中心
228	2010	吴玮	福建省科技计划科技平台建设	福建省理论与计算化学重点实验室
229	2011	田中群	科技部国家重大科学仪器设备开发专项	等离激元增强拉曼光谱仪器研发与应用
230	2011	龙腊生	973 计划课题	有机分子基框架多孔材料的前沿研究:基于簇基元的金属-有机框架材料研究
231	2011	毛秉伟	973 计划课题	纳米结构材料在先进能源器件应用中的表界面问题研究:能量转换与存储过程中表界面结构的原位表征

续表

序号	立项年度	项目负责人	项目类型	项目名称
232	2011	黄令	863计划重大项目(现代交通技术领域)	电动汽车关键技术与系统集成(一期):高比能新型锂离子动力电池及其关键材料的研发
233	2011	赵金保	863计划重大项目(交通领域)	高安全性动力电池用功能隔膜的技术开发
234	2011	陈晓东	863计划专题	喷雾干燥的高效节能干燥新技术及装备研究
235	2011	王泉明	国家自然科学基金杰出青年科学基金	簇合物的设计、结构与性能
236	2011	曹泽星	国家自然科学基金重点项目	光敏有机分子和荧光蛋白光功能特性的调控及其相关无辐射过程的理论研究
237	2011	郑南峰	国家自然科学基金重点项目	贵金属催化材料的多级纳米结构调控与性能优化
238	2011	田中群	国家自然科学基金专项基金项目(重大非共识)	充氘(氢)凝聚相异常现象的实验和理论探索
239	2011	吴玮	国家自然科学基金重大国际(地区)合作研究项目	溶液和酶环境中化学反应性的组合QM/MM方法与价键理论模拟
240	2011	王野	国家自然科学基金委与法国国家科研署共同资助合作研究项目	生物质或煤基合成气转化制烯烃新催化材料和强化过程
241	2011	李耀群	国家自然科学基金科学仪器基础研究专项基金	带成像功能的多通道表面等离子体耦合定向发射荧光系统
242	2011	朱亚先	国家自然科学基金基础科学人才培养基金	厦门大学化学基地
243	2011	董全峰	工信部电子信息产业发展基金	锂离子动力电池用锰系正极材料研发及产业化
244	2011	赵金保	中航工业产学研专项项目	高安全性陶瓷隔膜材料的研发
245	2011	韩守法	福建省自然科学基金杰青项目	新型酶催化同型半胱氨酸的灵敏检测方法
246	2011	赵金保	福建省发改委重大产业化专项	福建省新能源汽车动力电池及储能关键材料工程实验室
247	2012	任斌	国家重大科学研究计划课题	适用于细胞和生物分子动态检测的高时空分辨拉曼光谱技术

续表

序号	立项年度	项目负责人	项目类型	项目名称
248	2012	陈明树	973 计划课题	碳资源优化利用的纳米催化基础
249	2012	高锦豪	973 计划课题	可控特性纳米材料的设计合成及其诱导自噬的相关性研究
250	2012	李清彪	973 计划课题	生物甲烷系统中若干过程高效转化的基础研究:副产物无害化与资源化的减排技术及评价
251	2012	赵玉芬	973 计划课题	退行性疾病相关重要蛋白质翻译后修饰的化学生物学研究:基于蛋白质翻译后修饰的小分子设计与调控
252	2012	颜晓梅	国家自然科学基金杰出青年科学基金	生化分析与生物传感
253	2012	高锦豪	国家自然科学基金优秀青年科学基金项目	生物功能无机纳米材料
254	2012	田娜	国家自然科学基金优秀青年科学基金项目	高指数晶面结构铂族金属纳米电催化剂
255	2012	童瑜晔	国家自然科学基金海外及港澳学者合作研究基金	电化学原位 NMR 和 FTIR 研究燃料电池纳米单晶集成催化剂(合作者:孙世刚)
256	2012	杨勇	国家自然科学基金重点项目	高比能二次锂电池的基础研究
257	2012	谢素原	国家自然科学基金-福建省人民政府促进海峡两岸科技合作联合基金重点支持项目	作为高效聚合物光伏受体材料新型富勒烯的开拓应用
258	2012	梁万珍	国家自然科学基金重大项目课题	分子聚集体中的激发态计算方法
259	2012	任斌	国家自然科学基金科学仪器基础研究专项基金	适用于高时空分辨原位电化学显微拉曼光谱仪的研制及其应用研究
260	2012	郑兰荪	国家自然科学基金科学仪器基础研究专项基金	针对金属配合物的软电离源质谱仪器的研制
261	2012	朱亚先	国家自然科学基金国家基础科学人才培养基金	厦门大学化学基地人才培养支撑条件建设项目
262	2012	黄培强	教育部创新团队	杂环化学

续表

序号	立项年度	项目负责人	项目类型	项目名称
263	2012	田中群	国家外国专家局、教育部	厦门大学表面物理化学与生物物理化学创新引智基地
264	2012	詹东平	福建省自然科学基金杰青项目	基于原子力反馈机制的约束刻蚀微纳米加工技术及其加工平台
265	2012	郑艳梅	福建省发展和改革委员会产业技术开发专项	PTA 氧化残渣生产环保型增塑剂二甘醇二苯甲酸酯(DEDB)的关键技术研发
266	2013	谢素原	973 计划项目(首席科学家)	团簇多级结构的构筑与功能调控
267	2013	谢素原	973 计划课题	新颖团簇结构的合成与功能化
268	2013	郑兰荪 谭元植	973 计划课题	光电团簇分子材料与器件
269	2013	王秋泉	973 计划课题	人工纳米材料环境效应的调控方法学研究
270	2013	孙世刚	国家自然科学基金国家重大科研仪器设备研制专项	基于可调谐红外激光的能源化学研究大型实验装置
271	2013	孙世刚	国家自然科学基金创新研究群体科学基金	界面电化学
272	2013	郑兰荪	国家自然科学基金重大项目	团簇体系的协同效应与作用机制
273	2013	郑兰荪	国家自然科学基金重大项目课题	非金属团簇的合成与光电性能
274	2013	杨朝勇	国家自然科学基金杰出青年科学基金	生物分析化学
275	2013	陶军	国家自然科学基金杰出青年科学基金	分子磁性调控
276	2013	谢兆雄	国家自然科学基金重点项目	微/纳米晶体表面结构的控制及其结构与性能关联的研究
277	2013	方柏山	国家自然科学基金重点项目	多酶生物分子机器的可控组装与制备药物的生物化工基础
278	2013	黄培强	国家自然科学基金重点项目	步骤经济型反应及其应用研究
279	2013	董全峰	国家自然科学基金-福建省人民政府促进海峡两岸科技合作联合基金重点支持项目	新型锂硫电池及关键材料研究

续表

序号	立项年度	项目负责人	项目类型	项目名称
280	2013	孙世刚	国家自然科学基金 IUPAC 合作研究项目	面向低温燃料电池燃料分子氧化反应的环境友好多功能非铂催化剂
281	2013	田中群	国家自然科学基金重大研究计划	可控自组装体系及其功能化
282	2013	詹东平	国家自然科学基金专项基金项目(仪器专项)	电化学微纳加工:仪器平台、理论和应用研究
283	2013	朱亚先	国家自然科学基金国家基础科学人才培养基金	厦门大学化学基地科研训练及能力提高项目
284	2013	江云宝	教育部创新团队	谱学分析
285	2013	高锦豪	福建省自然科学基金杰青项目	多功能智能纳米药物控释系统的基础研究
286	2013	田中群	厦门市科技计划(科技创新公共技术服务平台项目)	等离激元增强拉曼光谱仪器研发与产业化中心
287	2014	田中群	国家重大科学研究计划项目(首席科学家)	面向车用燃料电池的纳米-介观-宏观多级结构的电催化体系的研究
288	2014	田中群	国家重大科学研究计划课题	结构明确的高活性电催化剂纳米基元的合成
289	2014	董全峰	973 计划课题	新型高性能二次电池的基础研究——快速反应界面的原位构建与调控
290	2014	林昌健	科技部国际科技合作重点项目	绿色腐蚀保护及表面功能化技术的联合研发
291	2014	田中群	国家自然科学基金重大研究计划集成项目	催组装体系的设计、构建与研究
292	2014	杭纬	国家自然科学基金国家重大科研仪器研制项目(自由申请)	无孔针尖近场增强电离飞行时间质谱仪的研制
293	2014	龙腊生	国家自然科学基金重点项目	高核稀土、稀土-过渡金属簇合物的设计合成及其磁热效应研究
294	2014	江云宝	国家自然科学基金重点项目	具有折叠构象的多肽/蛋白基荧光分子信标
295	2014	王野	国家自然科学基金重点项目	合成气高选择性转化新催化体系设计及相关物理化学问题研究

续表

序号	立项年度	项目负责人	项目类型	项目名称
296	2014	郑南峰	国家自然科学基金重点国际(地区)合作与交流项目	大尺寸金属纳米团簇及其在研究金属纳米颗粒表界面化学中的应用
297	2014	夏海平	国家自然科学基金重大项目课题	基于三键的聚合物新功能和应用
298	2014	孔祥建	国家自然科学基金优秀青年科学基金项目	稀土-过渡金属纳米团簇
299	2014	朱志	国家自然科学基金优秀青年科学基金项目	生物分析化学
300	2014	高锦豪	霍英东教育基金会青年教师基金应用研究课题	纳米生物医用材料的肿瘤诊疗应用研究
301	2014	李军	福建省引进重大研发机构资助项目	厦门大学石墨烯工业技术研究院
302	2014	吴伟泰	福建省自然科学基金杰青项目	功能性高分子——无机杂化纳米凝胶的合成及物性研究
303	2014	杨勇	福建省科技重大专项	纯电动车用锂离子电池系统研发及产业化:动力电池安全性及其寿命模拟研究
304	2014	田中群 赵金保	厦门市重大科技计划(科技创新公共技术服务平台项目)	动力锂电池综合研发平台(项目执行人:赵金保)
305	2014	方柏山	厦门南方海洋研究中心项目	深海微生物氧化还原酶制备 *L*-叔亮氨酸
306	2014	贾立山	厦门市海洋经济发展专项资金	2吨/年盐藻与60千克/年食品级天然β-胡萝卜素技术开发
307	2015	江云宝	国家自然科学基金创新研究群体科学基金	谱学分析
308	2015	李清彪	国家自然科学基金重点项目	基于生物模板制备集成纳米贵金属催化剂的基础研究
309	2015	王秋泉	国家自然科学基金重点项目	元素编码的肿瘤细胞、致病细菌和病毒的元素质谱分析方法学
310	2015	吴德印	国家自然科学基金重点项目	表面等离激元研究和调控光电化学界面结构和过程
311	2015	王野	国家自然科学基金重大研究计划重点支持项目	生物质C—O和C—C键精准活化和选择转化的催化基础

续表

序号	立项年度	项目负责人	项目类型	项目名称
312	2015	李剑锋	国家自然科学基金优秀青年科学基金项目	表面拉曼分析
313	2015	夏海平	国家基金委与香港研究资助局联合科研基金项目	含主族杂原子锇/铱杂稠环的设计、合成与应用
314	2015	叶龙武	福建省自然科学基金杰青项目	过渡金属催化的基于炔酰胺的氧化和胺化反应
315	2015	陈曦	福建省海洋与渔业厅海洋高新产业发展专项项目	海洋中重金属离子在线检测仪器与系统的研制
316	2015	赵金保	福建省发展和改革委员会(平台建设)	新能源汽车动力电源技术国家地方联合工程实验室
317	2016	黄令	国家重点研发计划课题	高比能动力电池关键技术及基础理论研究:电极材料、电池界面过程和反应机理研究
318	2016	林东海	国家重点研发计划课题	病原菌核糖体调节因子的发现、鉴定及调控机制研究
319	2016	汪骋	国家重点研发计划课题	光电转换过程的多时间尺度光谱学研究
320	2016	杨勇	国家重点研发计划课题	高安全性、长寿命和低成本钠基储能电池的基础科学问题研究:原位表征技术及界面演化、热和循环稳定性机制分析
321	2016	孙世刚	国家自然科学基金创新研究群体科学基金	界面电化学
322	2016	颜晓梅	国家自然科学基金国家重大科研仪器研制项目(自由申请)	荧光/散射超高灵敏光谱流式检测系统的研制
323	2016	任斌	国家自然科学基金重点项目	电化学针尖增强拉曼光谱方法及催化剂表界面构效关系的原位纳米空间分辨研究
324	2016	王野	国家自然科学基金重大项目课题	纤维素/半纤维素等定向催化转化制备重要羟基酸和二元酸
325	2016	叶龙武	国家自然科学基金优秀青年科学基金项目	过渡金属催化的选择性控制与多样性合成
326	2016	孔祥建	霍英东教育基金会青年教师基金基础性研究课题	分子基磁制冷材料的合成与磁热效应

续表

序号	立项年度	项目负责人	项目类型	项目名称
327	2016	何宁	厦门南方海洋研究中心项目	利用代谢工程改造海洋微生物制备二十碳五烯酸(Eicosapentaenoic acid，EPA)
328	2017	郑南峰	国家重点研发计划项目(首席科学家)	面向精细化工绿色过程的纳米界面化学(纳米科技)
329	2017	郑南峰	国家重点研发计划课题	面向精细化工绿色过程的纳米界面化学课题二
330	2017	洪文晶	国家重点研发计划课题	单分子器件的精准制备和原位高灵敏测量技术——高灵敏度单分子电输运和拉曼光谱的原位同步表征
331	2017	姜艳霞	国家重点研发计划课题	碳基纳米电催化剂动态表征与结构稳定性
332	2017	王野	国家重点研发计划课题	煤经合成气直接制低碳烯烃
333	2017	袁友珠	国家重点研发计划课题	碳-氧键构建与重组催化剂的纳米结构设计和规模化制备新技术
334	2017	谢素原	国家自然科学基金创新研究群体科学基金	功能团簇材料
335	2017	田中群	国家自然科学基金国家重大科研仪器研制项目(自由申请)	液体环境纳米红外光谱和成像系统
336	2017	吴玮	国家自然科学基金重点项目	非绝热态势能面的精确计算方法及其应用
337	2017	郑南峰	国家自然科学基金重点项目	金属纳米表面配位化学及其在炔基化合物选择性加氢催化中的应用
338	2017	杨朝勇	国家自然科学基金重点项目	循环肿瘤细胞高效分型捕获与高通量单细胞转录组测序分析
339	2017	夏海平	国家自然科学基金——福建省人民政府促进海峡两岸科技合作联合基金重点支持项目	金属杂芳香体系-光能转化材料新基元的设计合成、性能调控及应用基础
340	2017	任斌	国家自然科学基金重大项目课题	局域场调控的电化学反应技术与精准测量
341	2017	曹晓宇	国家自然科学基金优秀青年科学基金项目	可控分子组装

续表

序号	立项年度	项目负责人	项目类型	项目名称
342	2017	洪文晶	国家自然科学基金优秀青年科学基金项目	基于裂结技术的单分子器件电输运测量和电化学门控研究
343	2017	杨勇	国家自然科学基金委与德国科学基金会合作研究项目	高比能锂离子电池的基础研究
344	2017	谢素原	国家外国专家局、教育部	能源材料化学中纳米表界面和团簇化学创新引智基地
345	2017	杨勇	国防科技创新特区	高比容量一次电池正极材料研究
346	2017	龚磊	福建省自然科学基金杰青项目	基于过渡金属中心手性的新型协同催化体系研究
347	2018	侯旭	国家重点研发计划青年项目	基于自焦耳热效应的碳纳米管抗腐蚀复合膜器件的海水淡化研究（纳米科技）
348	2018	吴德印	国家重点研发计划课题	基于新型纳米材料、荧光标记的高通量高灵敏快检方法研究
349	2018	郑兰荪	国家自然科学基金国家重大科研仪器研制项目(自由申请)	应用于金属纳米团簇配合物组分和特性研究的质谱仪器
350	2018	詹东平	国家自然科学基金国家重大科研仪器研制项目(自由申请)	纳米尺度电化学：仪器、原理和方法
351	2018	梁万珍	国家自然科学基金重点项目	复杂分子体系激发态电子结构和量子动力学理论计算方法的发展及应用
352	2018	郑南峰	国家自然科学基金重大项目课题	二维金属催化材料的表界面化学及选择性加氢催化应用
353	2018	江云宝	国家自然科学基金重点国际(地区)合作研究项目	基于折叠短肽的阴离子跨膜运输
354	2018	董全峰	国家自然科学基金-福建省人民政府促进海峡两岸科技合作联合基金重点支持项目	基于功能性多酸簇(POM)储能材料的电化学行为研究
355	2018	程俊	国家自然科学基金委与德国科学基金会合作研究项目	电化学界面的多尺度模拟：新方法发展及其在氧化钌表面的应用
356	2018	吴川六	国家自然科学基金优秀青年科学基金项目	生物分析化学
357	2018	洪文晶	国防科技创新特区	基于单分子器件的传感器阵列研发——原理性验证和初步集成

续表

序号	立项年度	项目负责人	项目类型	项目名称
358	2018	任斌	国防科技创新特区	纳米传感
359	2018	杨勇	国防科技创新特区	锂氟化碳电池用双功能电解液
360	2018	洪文晶	福建省高等学校科技创新团队	智能过程监测、控制与优化
361	2018	洪文晶	福建省自然科学基金杰青项目	面向可穿戴设备的石墨烯-分子热电器件研究
362	2018	侯旭	福建省自然科学基金杰青项目	动电效应纳米孔道能源转换材料的研究
363	2018	侯旭	福建省发改委产业技术研究开发项目	用于水处理中仿生石墨烯增强液体复合膜的制备与应用研究
364	2019	王斌举	国家重点研发计划青年项目	基于P450调控的自由基反应催化合成氮、硫杂环分子
365	2019	张庆红	国家重点研发计划政府间国际科技创新合作重点专项	二氧化碳催化转化制液体燃料和高值化学品的研究
366	2019	李剑锋	国家重点研发计划课题	水伏效应材料的构效表征与宏量可控制备
367	2019	杨朝勇	国家重点研发计划课题	高通量DNA生物合成微流控模块研发
368	2019	杨朝勇	国家重点研发计划课题(新冠)	新型冠状病毒(2019-nCoV)核酸现场快速检测设备及试剂的研发
369	2019	李剑锋	国家自然科学基金杰出青年科学基金	电化学拉曼光谱分析
370	2019	王帅	国家自然科学基金优秀青年科学基金项目	多相催化
371	2019	田中群	国家自然科学基金重大项目	催组装研究方法与理论基础
372	2019	田中群	国家自然科学基金重大项目课题	催组装的表征、计算和理论方法
373	2019	程俊	国家自然科学基金重大项目课题	电极/聚电解质界面结构与电化学行为研究
374	2019	王野	国家自然科学基金重大研究计划集成项目	合成气催化转化制乙醇等C_{2+}含氧化合物
375	2019	杨朝勇	国家自然科学基金国家重大科研仪器研制项目(自由申请)	自动化单细胞多组学分析系统

续表

序号	立项年度	项目负责人	项目类型	项目名称
376	2019	杨勇	国家自然科学基金重点项目	全固态锂电池的基础研究
377	2019	谢兆雄	国家自然科学基金重点项目	热力学亚稳态纳米晶的形成机制与可控合成——化学势的作用
378	2019	颜晓梅	国家自然科学基金重点项目	细胞外囊泡的单颗粒多参数定量分析技术及亚群分离鉴定
379	2019	曹泽星	国家自然科学基金重点项目	碳基小分子催化定向转化及外场与表界面效应的多尺度全程模拟研究
380	2019	黄培强	国家自然科学基金重点项目	含氮化合物高效高选择性合成方法学及其应用
381	2019	董全峰	JW科技委基础计划加强重点基础研究项目	材料研制
382	2019	赵金保	厦门市知识产权局高价值专利组合培育项目	化学储能电池
383	2019	郑南峰	厦门市知识产权局高价值专利组合培育项目	微纳米材料在环境友好、清洁能源领域中的产业运用

注：因篇幅所限，仅列出部分重要科研项目，包括科技部“973”、“863”、支撑计划、国际合作、重点研发计划项目/课题、国家基金创新群体、杰出青年科学基金、优秀青年科学基金、重大项目/课题、重点项目、重要国际合作项目，以及其他部委、省、市项目等。

五、历年科研经费资助情况(1991—2019)

序号	年度	到位总经费(万元)	纵向(万元)	横向(万元)
1	1991年	139	133	6
2	1992年	141	134	7
3	1993年	237	205	33
4	1994年	307	266	40
5	1995年	378	351	27
6	1996年	472	407	65
7	1997年	642	587	55
8	1998年	712	595	117
9	1999年	1336	1176	161

续表

序号	年度	到位总经费(万元)	纵向(万元)	横向(万元)
10	2000年	1521	1062	459
11	2001年	1429	957	472
12	2002年	2288	2141	146
13	2003年	2044	1653	391
14	2004年	2336	1979	357
15	2005年	3167	2726	441
16	2006年	3258	2509	749
17	2007年	4635	4070	565
18	2008年	7827	6934	893
19	2009年	7738	6330	1408
20	2010年	10232	8373	1859
21	2011年	13840	11773	2067
22	2012年	12242	10284	1958
23	2013年	14662	11001	3661
24	2014年	21390	19532	1858
25	2015年	22199	19957	2242
26	2016年	23810	21827	1983
27	2017年	28477	25449	3028
28	2018年	28244	26162	2082
29	2019年	23615	21540	2075

注:1991—2002年数据为立项项目经费数,2003—2019年为到位科研经费数。

六、个人、集体获奖列表(1977—2019)

序号	年度	姓名	集体/个人	名称
1	1977	蔡启瑞	个人	全国劳动模范
2	1978	蔡启瑞	个人	全国劳动模范
3	1979	蔡启瑞	个人	全国劳动模范
4	1982	万惠霖	个人	厦门市劳动模范
5	1983	黄如彬	个人	厦门市先进工作者

续表

序号	年度	姓名	集体/个人	名称
6	1985	化学系电化教研室	集体	福建省先进集体
7	1985	化学系分析教研室分析基础教学组	集体	福建省先进集体
8	1985	张乾二	个人	福建省先进教育工作者
9	1985	万惠霖	个人	福建省先进教育工作者
10	1985	化学系电化教研室	集体	厦门大学南强特等奖(首届)
11	1986	田昭武	个人	全国五一劳动奖章
12	1986	田昭武	个人	福建省劳动模范
13	1986	田昭武	个人	福建省五一劳动奖章
14	1986	田昭武	个人	厦门市劳动模范
15	1986	化学系电化教研室	集体	厦门市先进集体
16	1986	化学系无机教研室党支部	集体	厦门市先进党支部
17	1986	化学系物构教研室党支部	集体	厦门市先进党支部
18	1986	林国栋	个人	厦门市优秀共产党员
19	1986	潘容华	个人	厦门大学南强一等奖
20	1986	张乾二	个人	厦门大学南强一等奖
21	1987	化学系	集体	全国工业污染源普查先进单位
22	1987	化学系无机教研室	集体	厦门市社会主义精神文明先进单位
23	1987	化学系光电分析仪器研制组	集体	厦门大学南强一等奖
24	1987	周绍民	个人	厦门大学南强一等奖
25	1988	周绍民	个人	福建省劳动模范
26	1988	化学系工会	集体	福建省教育系统工会先进集体
27	1988	黄如彬	个人	厦门市文教系统治保积极分子
28	1988	区泽棠	个人	厦门大学南强一等奖
29	1989	张乾二	个人	全国教育系统劳动模范

续表

序号	年度	姓名	集体/个人	名称
30	1989	陈坚固	个人	中国化学会先进工作者
31	1989	郭奇珍	个人	厦门大学南强一等奖
32	1989	黄如彬	个人	福建省优秀教育工作者
33	1990	蔡启瑞	个人	国务院侨办和全国侨联表彰的先进个人
34	1990	田中群	个人	国家重点实验室先进工作者
35	1990	王小如	个人	福建省三八红旗手
36	1990	吴金添	个人	厦门市劳动模范
37	1990	王小如	个人	厦门市三八红旗手
38	1990	化学博士后科研流动站	集体	厦门大学南强特等奖
39	1991	张乾二	个人	福建省劳动模范
40	1991	欧阳耀国	个人	福建省优秀教师
41	1991	化学系党总支	集体	福建省先进基层党组织
42	1991	林昌健	个人	作出突出贡献的中国博士学位获得者
43	1991	郑兰荪	个人	厦门市十大杰出青年(首届)
44	1991	王　火	个人	厦门市十大杰出青年伯乐奖(首届)
45	1991	化学系党总支	集体	厦门市先进基层党组织
46	1991	王小如	个人	厦门市优秀共产党员
47	1991	黄本立	个人	厦门大学南强一等奖
48	1992	黄培强	个人	中国化学会青年学者奖
49	1992	郑兰荪	个人	厦门市劳动模范
50	1992	黄如彬	个人	厦门市先进工作者
51	1992	化学系学生工作组	集体	厦门大学南强一等奖
52	1993	万惠霖	个人	全国教育系统劳动模范
53	1993	郑兰荪	个人	福建省五一劳动奖章
54	1993	吴辉煌	个人	福建省优秀教师

续表

序号	年度	姓名	集体/个人	名称
55	1993	黄泰山	个人	福建省教育系统优秀教师
56	1993	廖联安	个人	福建省青年科技奖
57	1993	王小如	个人	福建省三八红旗手
58	1993	王小如	个人	福建省城镇妇女巾帼建功奖获得者
59	1993	化学系党总支	集体	福建省先进基层党组织
60	1993	吴辉煌	个人	福建省优秀党员
61	1993	化学系物构教研室	集体	厦门大学南强奖
62	1994	孙世刚	个人	国家重点实验室先进工作者(金牛奖)
63	1994	固体表面物理化学国家重点实验室	集体	国家重点实验室先进集体(金牛奖)
64	1994	廖联安	个人	福建省运盛青年科技奖(首届)
65	1994	许金钩	个人	中华全国归国华侨联合会表彰的先进个人,获爱国奉献奖
66	1994	郑兰荪	个人	霍英东青年教师奖
67	1994	孙世刚	个人	中国光华科技基金二等奖
68	1994	江云宝	个人	中国化学会青年学者奖
69	1994	孙世刚	个人	“国氏”博士后奖励基金
70	1994	田昭武	个人	厦门大学南强特等奖
71	1995	郑兰荪	个人	全国劳动模范(先进工作者)
72	1995	田中群	个人	福建省运盛青年科技奖
73	1995	熊兆贤	个人	福建省运盛青年科技提名奖
74	1995	蔡启瑞	个人	福建省集友科技成就奖(首届)
75	1995	化学系党总支	集体	福建省先进基层党组织
76	1995	徐　昕	个人	中国化学会青年学者奖
77	1995	化学系	集体	厦门市公民捐血先进单位
78	1995	化学系催化教研室	集体	厦门大学南强一等奖
79	1996	化学系党总支	集体	全国先进基层党组织

续表

序号	年度	姓名	集体/个人	名称
80	1996	黄培强	个人	福建省十大杰出青年提名奖
81	1996	黄培强	个人	福建省新长征突出手称号
82	1996	林永生	个人	福建省三育人先进个人
83	1996	黄荣彬	个人	中国化学会青年学者奖
84	1996	李庆水	个人	厦门市优秀工会积极分子
85	1997	黄培强	个人	香港求是科技基金杰出青年学者奖
86	1997	丁马太	个人	全国先进女职工之友
87	1997	江云宝	个人	中国青年科技奖
88	1997	汪海有	个人	中国化学会青年学者奖
89	1997	杨　勇	个人	中国化学会青年学者奖
90	1997	林清赞	个人	福建省工会先进工作者
91	1997	蔡维平	个人	厦门市优秀教师
92	1997	黄培强	个人	厦门市青年科技人才杰出奖
93	1997	严兴国	个人	厦门市双文明职工标兵
94	1998	黄本立	个人	全国优秀教师
95	1998	蔡加勒	个人	福建省五一劳动奖章
96	1998	孙世刚	个人	福建省优秀教师
97	1998	黄培强	个人	福建省青年五四奖章
98	1998	宋　毅	个人	福建省优秀团干
99	1998	刘新锦	个人	福建省三育人先进个人
100	1998	蔡启瑞	个人	福建省优秀归侨侨眷知识分子
101	1998	许金钩	个人	福建省优秀归侨侨眷知识分子
102	1998	林华水	个人	福建省优秀归侨侨眷知识分子
103	1998	孙世刚	个人	伊法达奖
104	1998	汪海有	个人	霍英东青年教师奖
105	1998	蔡加勒	个人	厦门市劳动模范

续表

序号	年度	姓名	集体/个人	名称
106	1999	蔡启瑞	个人	何梁何利基金科学与技术进步奖
107	1999	田中群	个人	香港求是科技基金杰出青年学者奖
108	1999	徐　昕	个人	教育部高校青年教师奖
109	1999	孙世刚	个人	福建省高等学校优秀共产党员
110	1999	化学化工学院党总支	集体	福建省基层党建带团建工作先进单位
111	1999	周朝晖	个人	中国化学会青年学者奖
112	1999	丁马太	个人	厦门市劳动模范
113	1999	林昌健	个人	厦门大学南强一等奖
114	1999	厦门市民用燃气网改造工程可行性研究项目组	集体	厦门大学南强一等奖
115	2000	田中群	个人	福建省劳动模范(先进工作者)
116	2000	晁自胜	个人	福建省运盛青年科技奖
117	2000	江云宝	个人	福建省运盛青年科技奖
118	2000	李庆水	个人	福建省科普工作先进个人
119	2000	化学化工学院	集体	福建省科普工作先进集体
120	2000	李庆水	个人	福建省青少年科技教育突出贡献奖科技辅导员
121	2000	朱亚先	个人	福建省三育人先进个人
122	2000	江云宝	个人	霍英东青年教师奖
123	2000	吕　鑫	个人	中国化学会青年学者奖
124	2000	陈　忠	个人	全国波谱学奖
125	2001	万惠霖	个人	全国五一劳动奖章
126	2001	吴辉煌	个人	全国模范教师
127	2001	张乾二	个人	何梁何利基金科学与技术进步奖
128	2001	江云宝	个人	教育部高校青年教师奖
129	2001	万惠霖	个人	福建省劳动模范

续表

序号	年度	姓名	集体/个人	名称
130	2001	郭祥群	个人	福建省优秀教师
131	2001	孙梓光	个人	福建省共青团先进工作者
132	2001	化学化工学院党总支	集体	福建省基层党建带团建工作先进单位
133	2001	林永生	个人	福建省优秀党务工作者
134	2001	林永生	个人	福建省教育系统优秀党务工作者
135	2001	潘宝柱	个人	福建省教育系统政治思想工作先进个人
136	2001	谢素原	个人	中国化学会青年化学家奖
137	2001	李清彪	个人	厦门市优秀教师
138	2001	林永生	个人	厦门市优秀党务工作者
139	2001	林永生	个人	厦门市退管先进工作者
140	2001	黄培强	个人	厦门市统一战线为两个文明建设服务先进个人
141	2001	黄荣彬	个人	厦门市统一战线为两个文明建设服务先进个人
142	2001	化学化工学院关工委	集体	厦门市教育系统关心下一代工作先进集体
143	2001	吴　玮	个人	厦门大学南强一等奖
144	2002	郭祥群	个人	教育部人才基地建设先进工作者
145	2002	杨　勇	个人	福建省青年五四奖章
146	2002	化学化工学院部门工会	集体	厦门市先进职工小家
147	2002	林永生	个人	厦门市离退休工作先进个人
148	2002	陈毅辉	个人	厦门市优秀工会积极分子
149	2002	谢翠兰	个人	厦门市万人献爱心组织奖
150	2002	谢素原	个人	厦门大学南强一等奖
151	2003	郭祥群	个人	全国高等学校教学名师(首届)

续表

序号	年度	姓名	集体/个人	名称
152	2003	郑兰荪	个人	教育部直属高校全国留学回国人员先进个人
153	2003	黄本立	个人	福建省劳动模范
154	2003	安丽思	个人	福建省关心下一代先进工作者
155	2003	化学化工学院部门工会	集体	福建省先进教育工会
156	2003	陈毅辉	个人	福建省优秀教育工会工作者
157	2003	靳立人	个人	厦门市科技重大贡献奖
158	2003	吕　鑫	个人	厦门大学南强一等奖
159	2004	固体表面物理化学国家重点实验室	集体	国家重点实验室先进集体(金牛奖)
160	2004	田昭武	个人	国家重点实验室先进工作者(金牛奖)
161	2004	赵玉芬	个人	国家第二届新世纪巾帼发明家
162	2004	田中群	个人	全国师德先进个人
163	2004	张乾二	个人	福建省杰出科技人员奖
164	2004	郑兰荪	个人	福建省杰出人民教师(首届)
165	2004	李清彪	个人	福建省优秀教师
166	2004	任　斌	个人	中国化学会青年学者奖
167	2004	蔡启瑞	个人	厦门市十佳教育之家
168	2004	古萍英	个人	厦门市万人献爱心组织奖
169	2004	谢翠兰	个人	厦门市万人献爱心组织奖
170	2004	靳立人	个人	厦门大学南强一等奖
171	2005	黄本立	个人	全国劳动模范(先进工作者)
172	2005	化学博士后科研流动站	集体	全国优秀博士后科研流动站
173	2005	孙世刚	个人	全国百名优秀博士后获得者
174	2005	郑兰荪	个人	全国百名优秀博士后获得者
175	2005	万惠霖	个人	卢嘉锡优秀导师奖

续表

序号	年度	姓名	集体/个人	名称
176	2005	李清彪	个人	厦门市劳动模范
177	2005	张昌胜	个人	厦门市万人献爱心组织奖
178	2005	谢翠兰	个人	厦门市万人献爱心组织奖
179	2005	原子团簇科学研究小组	集体	厦门大学南强一等奖
180	2006	田中群	个人	全国五一劳动奖章
181	2006	孙世刚	个人	全国高等学校教学名师
182	2006	蔡启瑞	个人	福建省科技重大贡献奖
183	2006	张乾二	个人	福建省科技重大贡献奖
184	2006	化学化工学院党委	集体	福建省高校先进基层党组织
185	2006	卢英华	个人	福建省高校优秀共产党员
186	2006	林永生	个人	福建省优秀党务工作者
187	2006	固体表面物理化学国家重点实验室	集体	厦门大学南强特等奖
188	2007	固体表面物理化学国家重点实验室	集体	全国教育系统先进集体
189	2007	田昭武	个人	福建省科技重大贡献奖
190	2007	谢素原	个人	福建省运盛青年科技奖
191	2007	王尊本	个人	福建省教育系统关心下一代工作先进个人
192	2007	化学化工学院关工委	集体	福建省教育系统关心下一代工作先进集体
193	2007	化学化工学院部门工会	集体	福建省先进教工小家
194	2007	田昭武	个人	卢嘉锡化学奖
195	2007	董炎明	个人	宝钢优秀教师奖
196	2007	孙世刚	个人	宝钢优秀教师特等奖
197	2007	黄培强	个人	有机合成创造奖

续表

序号	年度	姓名	集体/个人	名称
198	2007	谢兆雄	个人	厦门市优秀教师
199	2007	林昌健	个人	厦门大学南强一等奖
200	2008	孙世刚	个人	福建省劳动模范(先进工作者)
201	2008	谢素原	个人	福建省青年五四奖章
202	2008	李清彪	个人	福建省高等学校教学名师奖
203	2008	陈良坦	个人	福建省高校优秀党务工作者
204	2008	陈　夷	个人	福建省高校优秀思想政治工作者
205	2008	王尊本	个人	福建省关心下一代工作先进工作者
206	2008	化学本科教学团队	集体	福建省师德建设先进集体
207	2008	化学化工学院部门工会	集体	福建省宣传信息工作先进集体
208	2008	谢素原	个人	宝钢优秀教师奖
209	2008	化学化工学院科普教育基地	集体	厦门市十大优秀科普教育基地
210	2008	电化学催化课题组	集体	厦门大学南强特等奖
211	2008	化学本科基础课教学队伍	集体	厦门大学南强一等奖
212	2008	张鸿斌	个人	厦门大学南强一等奖
213	2009	郭祥群	个人	全国模范教师
214	2009	万惠霖	个人	福建省杰出人民教师
215	2009	任　斌	个人	福建省青年五四奖章
216	2009	张乾二	个人	卢嘉锡化学奖
217	2009	孙世刚	个人	中国电化学贡献奖(首届)
218	2009	郭祥群	个人	宝钢优秀教师奖
219	2009	黄培强	个人	2009年 Asian Core Program Lectureship Award
220	2009	郑南峰	个人	中国化学会-约翰·威立出版公司青年化学论文奖

续表

序号	年度	姓名	集体/个人	名称
221	2010	孙世刚	个人	全国劳动模范(先进工作者)
222	2010	化学博士后科研流动站	集体	全国优秀博士后科研流动站
223	2010	固体表面物理化学国家重点实验室	集体	“十一五”国家科技计划执行优秀团队
224	2010	田　娜	个人	全国百篇优秀博士论文获得者
225	2010	孙世刚	个人	国际电化学会 Brian Conway 奖
226	2010	黄本立	个人	原子光谱分析终身成就奖
227	2010	万惠霖	个人	中国催化成就奖
228	2010	王　野	个人	中国催化青年奖
229	2010	朱亚先	个人	福建省高等学校教学名师奖
230	2010	郑南峰	个人	福建省青年五四奖章
231	2010	匡　勤	个人	中国化学会青年化学奖
232	2010	黄培强	个人	中国化学会先进工作者
233	2010	王　野	个人	中国化学会先进工作者
234	2010	林　敏	个人	中国化学会先进工作者
235	2010	杨意泉	个人	全国化工优秀科技工作者
236	2010	张鸿斌	个人	全国化工优秀科技工作者
237	2010	谢兆雄	个人	卢嘉锡优秀导师奖
238	2010	李清彪	个人	宝钢优秀教师奖
239	2010	任　斌	个人	第十七届福建运盛青年科技奖
240	2010	李　军	个人	厦门市优秀教师
241	2010	化学化工学院	集体	厦门市优秀留学人员工作先进单位
242	2010	叶雅璇	个人	厦门市留学人员工作先进个人
243	2010	谢翠兰	个人	厦门市优秀工会积极分子
244	2010	夏海平	个人	厦门大学南强一等奖
245	2010	谢素原	个人	厦门大学南强一等奖

续表

序号	年度	姓名	集体/个人	名称
246	2011	郑兰荪	个人	何梁何利基金科学与技术进步奖
247	2011	朱亚先	个人	宝钢优秀教师奖
248	2011	郑南峰	个人	日本化学会 The Distinguished Lectureship Award
249	2011	郑南峰	个人	中国化学会青年化学奖(2010 年度)
250	2011	田　娜	个人	福建省五四青年奖章(第八届)
251	2011	中共厦门大学化学化工学院委员会	集体	福建省先进基层党组织
252	2011	夏文生	个人	福建省学校优秀党务工作者
253	2011	谢兆雄	个人	福建省第七届高等学校教学名师奖
254	2011	厦门大学化学化工学院	集体	福建省师德建设先进集体
255	2011	罗正鸿	个人	第十八届福建运盛青年科技奖
256	2011	罗正鸿	个人	中国石油和化学工业联合会青年科技突出贡献奖
257	2011	毛秉伟	个人	厦门市三八红旗手
258	2011	厦门大学化学化工学院办公室	集体	厦门市巾帼文明岗
259	2011	蔡启瑞	个人	厦门经济特区建设 30 周年杰出建设者
260	2011	“团簇化学”创新团队	集体	厦门大学南强特等奖
261	2011	卢英华	个人	厦门大学南强一等奖
262	2012	田中群	个人	英国皇家化学会 Faraday 奖章
263	2012	郑南峰	个人	霍英东教育基金会高等院校青年教师奖二等奖(第十三届)
264	2012	龙腊生	个人	卢嘉锡优秀导师奖
265	2012	李　军	个人	宝钢优秀教师奖
266	2012	谢素原	个人	第二届“中国化学会-阿克苏诺贝尔化学奖”

续表

序号	年度	姓名	集体/个人	名称
267	2012	杨朝勇	个人	中美化学与化学生物学教授协会杰出教授奖
268	2012	孔祥建	个人	中国化学会青年化学奖(2012 年度)
269	2012	杨朝勇	个人	福建省五四青年奖章(第九届)
270	2012	伍伟平	个人	福建省优秀共青团干部
271	2012	宋友良	个人	福建省优秀共青团干部
272	2012	郑南峰	个人	福建省高校青年教师教学竞赛理科组二等奖
273	2012	郑南峰	个人	日本化学会 The Distinguished Lectureship Award
274	2012	化学化工学院	集体	福建省留学人员工作先进单位
275	2012	分析化学荧光探针课题组(江云宝等)	集体	厦门大学南强一等奖
276	2013	田中群	个人	国际电化学会 Prix Jacques Tacussel 奖
277	2013	李清彪	个人	全国石油和化工优秀科技工作者
278	2013	孙世刚	个人	卢嘉锡优秀导师奖
279	2013	林昌健	个人	中国电化学贡献奖(第三届)
280	2013	郑南峰	个人	日本东京大学 The Zasshi-Kai Lectureship
281	2013	杨朝勇	个人	福建省第二十届运盛青年科技奖
282	2013	颜晓梅	个人	厦门市劳动模范(五一劳动奖章)
283	2013	袁友珠	个人	厦门市优秀教师
284	2013	电化学催化课题组	集体	厦门市"优秀班组(科室)"并被授予厦门市"五一先锋岗"
285	2013	孙世刚	个人	厦门市"优秀班组长"
286	2013	林昌健	个人	厦门市科技重大贡献奖
287	2013	蔡启瑞	个人	厦门大学南强杰出贡献奖(首届)

续表

序号	年度	姓名	集体/个人	名称
288	2014	杨　勇	个人	国际电池材料协会(IBA)2014 Technology Award
289	2014	孙世刚	个人	全国模范教师
290	2014	高锦豪	个人	霍英东青年教师基金(第十四届)
291	2014	谢兆雄	个人	宝钢优秀教师奖
292	2014	孙世刚	个人	全国优秀科技工作者(第六届)
293	2014	郑南峰	个人	第四届中国化学会-英国皇家化学会青年化学奖
294	2014	高锦豪	个人	中国化学会青年化学奖(2014 年度)
295	2014	林昌健	个人	中国腐蚀与防护学会腐蚀电化学及测试方法专业委员会杰出成就奖
296	2014	林志为团队	集体	中国分析测试协会科学技术奖青年奖
297	2014	谢翠兰	个人	福建省教科文卫体系统先进女教职工工作者
298	2014	颜晓梅	个人	福建青年科技奖(第十二届)
299	2014	赵金保	个人	福建省高校优秀共产党员
300	2014	孙世刚	个人	福建省优秀科技工作者
301	2014	周志有	个人	福建省第二十一届运盛青年科技奖
302	2014	赵金保	个人	厦门市优秀共产党员
303	2014	周绍民	个人	厦门市最美家庭
304	2014	田昭武	个人	厦门大学南强杰出贡献奖(第二届)
305	2015	孙世刚	个人	2015 年度中法化学讲座奖
306	2015	万惠霖	个人	卢嘉锡化学奖
307	2015	郑南峰	个人	宝钢优秀教师奖
308	2015	颜晓梅	个人	首届中国女分析化学家
309	2015	杨朝勇	个人	首届中国青年分析化学家奖
310	2015	周志有	个人	中国电化学青年奖

续表

序号	年度	姓名	集体/个人	名称
311	2015	杨朝勇	个人	第五届中国化学会-英国皇家化学会青年化学奖
312	2015	杨朝勇	个人	第十三届福建青年科技奖
313	2015	高锦豪	个人	福建青年五四奖章标兵
314	2015	王兆守	个人	第二届全国高校微课教学比赛福建赛区三等奖
315	2015	朱亚先	个人	厦门市三八红旗手
316	2015	张乾二	个人	厦门大学南强杰出贡献奖(第三届)
317	2015	黄本立	个人	厦门大学南强杰出贡献奖(第三届)
318	2016	赵玉芬	个人	2015 年有机磷化学领域的国际阿布佐夫奖
319	2016	田中群	个人	当选国际电化学学会主席(2017—2018 年,President Elect;2019—2020 年,President)
320	2016	杨朝勇	个人	《全民科学素质行动计划纲要》“十二五”实施工作先进个人
321	2016	高锦豪	个人	霍英东教育基金会高等院校青年教师奖三等奖(第十五届)
322	2016	孔祥建	个人	霍英东教育基金会高等院校青年教师基金(第十五届)
323	2016	郑南峰	个人	中国优秀青年科技人才
324	2016	郑南峰	个人	第十四届中国青年科技奖
325	2016	黄培强	个人	卢嘉锡优秀导师奖
326	2016	谢素原	个人	全国优秀科技工作者(第七届)
327	2016	夏海平	个人	黄耀曾金属有机化学奖(第七届)
328	2016	朱　志	个人	中国化学会青年化学奖
329	2016	黄本立	个人	福建省杰出人民教师(第四届)
330	2016	孙世刚	个人	福建省杰出人民教师(第四届)
331	2016	电催化研究团队(孙世刚等)	集体	入选福建省第一批企事业人才高地建设单位

续表

序号	年度	姓名	集体/个人	名称
332	2016	龚　磊	个人	福建省第三届高校青年教师教学竞赛自然科学基础学科组三等奖
333	2016	赵金保	个人	福建省优秀共产党员
334	2016	郑南峰	个人	福建留学人员先进个人
335	2016	李耀群	个人	厦门市五一劳动奖章
336	2016	吴　玮	个人	厦门市优秀教师
337	2016	万惠霖	个人	厦门大学南强杰出贡献奖(第四届)
338	2017	田中群	个人	美国化学会"光谱化学分析奖"
339	2017	谢兆雄	个人	国务院政府特殊津贴(2016年)
340	2017	郑南峰	个人	国务院政府特殊津贴(2016年)
341	2017	任　斌	个人	2016年度长江学者奖励计划特聘教授
342	2017	孔祥建	个人	2016年度长江学者奖励计划青年学者
343	2017	田中群	个人	第三届中国"互联网+"大学生创新创业大赛"优秀创新创业导师奖"
344	2017	田中群	个人	福建省"互联网+"大学生创新创业大赛优秀创新创业导师
345	2017	李剑锋	个人	第三届中国"互联网+"大学生创新创业大赛"优秀创新创业导师奖"
346	2017	黄木河	个人	第三届中国"互联网+"大学生创新创业大赛"优秀创新创业导师奖"
347	2017	黄木河	个人	福建省"互联网+"大学生创新创业大赛优秀创新创业导师
348	2017	郑南峰	个人	2017年度教育部高等学科科学研究优秀成果奖青年科学奖
349	2017	赵玉芬	个人	卢嘉锡化学奖
350	2017	吕　鑫	个人	宝钢优秀教师奖
351	2017	杨　勇	个人	中国电化学贡献奖(第五届)
352	2017	徐海超	个人	中国化学会青年化学奖(2017年度)

续表

序号	年度	姓名	集体/个人	名称
353	2017	邓德会	个人	中国化学会青年化学奖(2017 年度)
354	2017	郑南峰、田中群、孙世刚、江云宝、夏海平、朱亚先、王野、任斌	集体	福建省第八届高等教育教学成果特等奖
355	2017	孔祥建	个人	福建省第二十四届运盛青年科技奖
356	2017	卢增夫	个人	福建省金砖国家领导人厦门会晤筹备工作先进个人
357	2017	厦门大学谱学分析创新研究群体	集体	第十四届福建青年五四奖章集体
358	2017	李建辉	个人	第八批中央和国家机关、中央企业优秀援疆干部人才,记功一次
359	2017	赵金保	个人	厦门市科技重大贡献奖
360	2017	林祖赓	个人	厦门大学南强杰出贡献奖(第五届)
361	2018	孙世刚	个人	国际车用锂电池协会终身成就
362	2018	徐海超	个人	2018 年日本化学会 The Distinguished Lectureship Award
363	2018	江云宝	个人	卢嘉锡优秀导师奖
364	2018	王　野	个人	宝钢优秀教师奖
365	2018	孙世刚	个人	中国光谱成就奖
366	2018	田中群	个人	中国光谱成就奖
367	2018	侯　旭	个人	中国化学会青年化学奖
368	2018	林昌健	个人	第六届福建省优秀科技工作者
369	2018	曹晓宇	个人	第二十五届福建运盛青年科技奖
370	2018	田昭武	个人	福建省杰出人民教师(第五届)
371	2018	周绍民	个人	厦门大学南强杰出贡献奖(第六届)
372	2018	赵玉芬	个人	第四届中国“互联网+”大学生创新创业大赛“优秀创新创业导师奖”
373	2018	赵玉芬	个人	福建省“互联网+”大学生创新创业大赛青年红色筑梦之旅赛道优秀创新创业导师

续表

序号	年度	姓名	集体/个人	名称
374	2018	尹应武	个人	第四届中国“互联网+”大学生创新创业大赛“优秀创新创业导师奖”
375	2018	尹应武	个人	福建省“互联网+”大学生创新创业大赛青年红色筑梦之旅赛道优秀创新创业导师
376	2018	黄木河	个人	第四届中国“互联网+”大学生创新创业大赛“优秀创新创业导师奖”
377	2018	杨家麒	个人	第四届中国“互联网+”大学生创新创业大赛“优秀创新创业导师奖”
378	2019	谢兆雄	个人	2019 年“全球高被引科学家”
379	2019	郑南峰	个人	2019 年“全球高被引科学家”
380	2019	黄木河	个人	“第十一届高校辅导员年度人物”入围(中华人民共和国教育部)
381	2019	郑南峰	个人	腾讯 2019 年首届“科学探索奖”
382	2019	邵文尧	个人	第四届全国大学生生命科学创新创业大赛全国优秀指导老师
383	2019	李剑锋	个人	第十五届中国青年科技奖
384	2019	洪文晶	个人	2019 年度中国化学会青年化学奖
385	2019	化学国家级实验教学示范中心(厦门大学)	集体	福建省三八红旗集体
386	2019	黄本立	个人	2018 年度福建省科学技术重大贡献奖
387	2019	林昌健	个人	2015—2018 年度中国化学会先进工作者
388	2019	程　俊	个人	第七届中国电化学青年奖
389	2019	谢顺吉	个人	中国催化新秀奖
390	2019	厦门大学腐蚀电化学和材料电化学创新团队(林昌健)	集体	2019 年“中国腐蚀与防护学会四十年贡献奖——优秀科技团队”
391	2019	杜荣归	个人	2019 年“中国腐蚀与防护学会四十年贡献奖——优秀会员”

续表

序号	年度	姓名	集体/个人	名称
392	2019	刘恩恩	个人	福建省“向上向善·青马之光”领航工程之“向上向善育人工程基金”项目奖教金
393	2019	李竟菲	个人	2019年福建省大中专学生志愿者暑期“三下乡”社会实践活动先进工作者
394	2019	吴　玮	个人	厦门市科技重大贡献奖
395	2019	赵玉芬	个人	厦门大学南强杰出贡献奖(第七届)

注:由于篇幅所限,校级荣誉仅列出厦门大学南强奖、厦门大学南强杰出贡献奖获奖记录。

附录三　学习或工作过的中外院士名录

（以当选院士时间先后为序）

序号	姓名	当选院士类型	学术方向	当选年份	在院（系）学习时间	在院（系）工作时间
1	卢嘉锡	中国科学院学部委员（院士）	物理化学	1955	1930—1934	1934—1937、1945—1960
2	纪育沣	中国科学院学部委员（院士）	有机化学	1955		1930
3	傅鹰	中国科学院学部委员（院士）	物理化学	1955		1939—1944
4	刘思职	中国科学院学部委员（院士）	生物化学	1957	1921—1924（1924 年离开厦大，1925 年毕业于大夏大学）	
5	蔡镏生	中国科学院学部委员（院士）	物理化学	1957		1938
6	蔡启瑞	中国科学院学部委员（院士）	物理化学	1980	1931—1937（其间休学两年）	1937—1947、1956—2016
7	张存浩	中国科学院学部委员（院士）	物理化学	1980	1943—1944（1944 年转至重庆中央大学，1947 年毕业于南京中央大学）	
8	田昭武	中国科学院学部委员（院士）	物理化学	1980	1945—1949	1949 年至今
9	钱人元	中国科学院学部委员（院士）	高分子物理学	1980		1948—1949

续表

序号	姓名	当选院士类型	学术方向	当选年份	在院(系)学习时间	在院(系)工作时间
10	张乾二	中国科学院学部委员(院士)	物理化学	1991	1947—1954	1954—2020
11	蒋民华	中国科学院学部委员(院士)	晶体学	1991	1957(师从卢嘉锡教授进修)	
12	赵玉芬	中国科学院学部委员(院士)	有机化学	1991		2000年至今
13	邓从豪	中国科学院院士	物理化学	1993	1941—1945	
14	林尚安	中国科学院院士	高分子化学	1993	1942—1946	
15	梁敬魁	中国科学院院士	结构化学	1993	1951—1955	
16	黄本立	中国科学院院士	分析化学	1993		1986年至今
17	张立同	中国工程院院士	材料学	1995		2002—2007
18	万惠霖	中国科学院院士	物理化学	1997	1959—1966	1966年至今
19	吴新涛	中国科学院院士	结构化学	1999	1956—1960	
20	郑兰荪	中国科学院院士	无机化学	2001	1978—1982	1986年至今
21	田中群	中国科学院院士	物理化学	2005	1978—1982	1987年至今
22	谢毅	中国科学院院士	无机化学	2013	1984—1988	
23	孙世刚	中国科学院院士	物理化学	2015	1978—1982	1987年至今
24	席振峰	中国科学院院士	有机化学	2015	1979—1983	

续表

序号	姓名	当选院士类型	学术方向	当选年份	在院(系)学习时间	在院(系)工作时间
25	陈晓东	新西兰皇家科学院院士、澳大利亚工程院院士	化学工程学	2000、2007		2010—2012
26	孙勇奎	美国工程院院士	药物化学	2016	1978—1982	
27	叶思宇	加拿大国家工程院院士	电化学	2018	1978—1988	
28	徐云洁	加拿大皇家科学院院士	物理化学	2018	1984—1988	

附录四　全职教授/教授级高工名录

一、在职的全职教授/教授级高工名录(以姓氏笔画排序)

王　帅　王　野　王远鹏　王周成　王秋泉　王朝晖　王斌举　毛秉伟
方柏山　尹应武　孔祥建　龙腊生　卢英华　叶龙武　田　娜　田中群
匡　勤　吐　松　吕　鑫　朱　军　朱　志　朱亚先　朱红平　任　斌
任艳平　伊晓东　刘庆林　江云宝　江智渊　孙世刚　李　军　李剑锋
李耀群　杨　勇　杨　晔　杨士姚　杨朝勇　时　康　吴　玮　吴川六
吴伟泰　吴德印　何　宁　何旭敏　汪　骋　张　弘　张延东　张庆红
张洪良　陈　曦　陈明树　陈秉辉　林　敏　林东海　杭　纬　卓春祥
周志有　周勇亮　周朝晖　郑兰荪　郑建明　郑南峰　赵　仪　赵一兵
赵金保　胡　晟　侯　旭　姜　涛　姜艳霞　洪文晶　袁友珠　贾立山
夏文生　徐海超　翁文柱　翁维正　高锦豪　唐紫超　黄　令　黄小青
黄培强　曹　阳　曹泽星　曹晓宇　龚磊梁　万　珍　董全峰　韩守法
程　俊　傅　钢　温庭斌　谢兆雄　谢素原　詹东平　詹庄平　廖洪钢
谭元植　翟和生　熊海峰　黎四芳　颜佳伟　颜晓梅　霍浩华

二、曾经工作过的全职教授/教授级高工名录(以姓氏笔画排序)

Eric Meggers　丁马太　于腊佳　万　桢　万惠霖　王　箴　王小如
王水菊　王仲权　王宗和　王南钦　王泉明　王银桂　王尊本　王翠萍
区泽棠　区嘉炜　毛少瑜　方　乘　方维平　方锡畴　邓　旭　卢嘉锡
田昭武　冯祖德　庄启星　刘　椽　刘云甫　刘文远　刘兴军　刘树杞
江青茵　汤培平　许一婷　许书楷　许金钩　许家园　许翩翩　阮源萍
孙大海　孙令衔　纪育沣　苏文煅　杜荣归　李庆水　李志贤　李法西
李清彪　李博达　杨　伟　杨芃原　杨孙楷　杨意泉　时昭涵　吴金添

吴思敏　吴钦义　吴辉煌　邱宗岳　邱崇彦　何淡云　余乃梅　余兆菊
邹友思　宋文政　张　锦　张　颖　张子高　张立同　张怀朴　张荣坤
张洪奎　张资珙　张乾二　张鸿斌　张藩贤　陈　忠　陈文侃　陈允敦
陈立富　陈安齐　陈远志　陈声培　陈体衔　陈国珍　陈明旦　陈明德
陈笃慧　陈衍珍　陈晓东　陈象岩　陈鸿博　陈德安　林竹光　林仲华
林华水　林连堂　林国栋　林昌健　林祖赓　林梦海　林添明　欧阳耀
欧阳耀国卓向东　罗学涛　周绍民　周泰锦　周瑞仪　郑朱梓　宓锦校
赵玉芬　赵景泰　胡荣宗　胡盛志　胡嘉漠　洪满水　祝以湘　姚士冰
夏海平　顾学民　钱人元　徐　昕　徐　强　徐志固　翁鹭滨　高浩其
高景星　郭奇珍　郭金全　郭祥群　陶　军　黄开辉　黄本立　黄兰孙
黄传敬　黄贤智　黄荣彬　黄展胜　曹大为　章　慧　彭栋梁　董炎明
韩国彬　程　璇　傅　鹰　傅锦坤　曾人杰　曾金龙　靳立人　蓝伟光
赖伍江　詹梦熊　蔡加勒　蔡启瑞　蔡俊修　蔡维平　蔡镏生　廖代伟
熊兆贤　潘容华　戴李宗　魏　光

附录五　主要社会兼职情况

序号	姓名	社会兼职
1	蔡启瑞	第三、四、五届全国人大代表
		第二届全国政协特邀代表
		第一届国务院学位委员会学科评议组成员
2	顾学民	第十一届福建省政协常委
		第三届福建省人民委员会委员
		第三届民盟福建省委员
		第四、五、六届民盟福建省常委
3	卢嘉锡	第一、二届农工党福建省委委员
		第一、二届福建省人民委员会委员
4	陈国珍	第二届福建省人民委员会委员
5	黄本立	第六、七届福建省政协委员
6	田昭武	第六届全国政协委员
		第七、八、九届全国政协常委
		第一、二届国务院学位委员会化学评议组成员
		第三、四届中国科协全委会委员
		第三届福建省科协主席
		第二十二届中国化学会理事长
7	张乾二	第八、九届全国政协常委
		第十、十一、十二届农工党中央常委

续表

序号	姓名	社会兼职
8	黄启巽	第九届厦门市人大常委会副主任
		第二、三届厦门市台联会会长
9	林祖赓	第三届厦门市政协委员
10	赵玉芬	第十届全国政协委员
11	王小如	第八届全国人大代表
12	孙世刚	第三十届中国化学会副理事长
13	郑兰荪	第十、十一、十二、十三届全国政协常委
		第十、十一届福建省政协副主席
		第八届民盟中央委员
		第九、十、十一届民盟中央副主席
		第九届中科协全委会委员
		教育部化学与化工学科教学指导委员会副主任、化学类专业教学指导委员会主任
		第八、九届福建省科协主席
		第九届厦门市政协副主席
14	田中群	第十届全国政协委员
		第十一、十二届全国政协常委
		教育部国家重大科技基础设施专家委员会委员
		第七届教育部科学技术委员会委员
15	黄荣彬	第九、十、十一届民盟厦门市委常委
16	曹泽星	第十二届厦门市政协委员
		第十一、十二、十三届农工党厦门市委委员
		第十、十一、十二届农工党福建省委委员
17	黄培强	第十一、十二、十三、十四届九三学社中央委员
		第十二、十三届厦门市政协副主席
18	朱亚先	教育部高等学校教学指导委员会化学类专业教学指导委员会秘书长

续表

序号	姓名	社会兼职
19	赵金保	第十二届厦门市政协委员
20	江云宝	第八届厦门市科协主席
21	谢素原	第十三届厦门市政协委员
22	吕鑫	第十四届厦门市人大代表
		第十二、十三届厦门市政协常委
		第八届九三学社厦门市委委员
		教育部高等学校大学化学课程教学指导委员会委员
23	郑南峰	第九届中科协全委会委员

注：表中仅收录在厦门大学工作期间的主要社会兼职情况。卢嘉锡在1960年离开厦门大学后还曾任全国人大常委会副委员长、全国政协副主席、中国农工党中央主席、中国科学院院长、第三世界科学院副院长、中国科协副主席、中国化学会理事长、中国和平统一促进会会长、中科院福建物构所所长、福州大学副校长等职。陈国珍在离开厦门大学后还曾任第二机械工业部生产局总工程师、副局长，国[illegible]局副局长，第四、五、六、七届全国政协委员等职。黄本立来厦门大学工[illegible]吉林省第五届政协委员。赵玉芬来厦门大学工作前曾当选第七、八、[illegible]委员，全国青联副主席。

附录六 奖教、奖学、助学金一览表

一、设立学院奖教金一览表

序号	名称	设立者
1	六九/七〇校友奖教金	1969届、1970届化学系全体校友
2	蔡长质奖教金	1970级化学系校友蔡长质
3	宝龙奖教金	厦门宝龙集团
4	园丁奖教金	1978级化学系全体校友
5	金达威特聘教授	厦门金达威集团
6	金达威助研金	
7	金达威奖教金	
8	正坤奖教金	1973级化学系旅美校友陈国颖
9	赵玉芬-浙江永宁药业奖教金	赵玉芬、浙江永宁药业股份有限公司
10	赵玉芬-浙江永宁药业校企合作奖励金	
11	蔡启瑞教育发展基金特聘教授奖教金	蔡启瑞教育发展基金
12	张乾二奖教金	1989级化学系校友陈坚、洪剑斌
13	祥华特聘教授奖教金	1980级化学系校友高龙
14	祥华安全管理奖	
15	仁孝京博奖教金	山东京博控股股份有限公司
16	周绍民奖教金	周绍民
17	化学94奖教金	1994级化学系全体校友

二、设立校、院奖学金一览表

序号	名称	设立者
1	卢嘉锡奖学金(校级奖学金)	1941 届化学系校友庄汉卿 (1988 级化学系硕士校友王炜、翁晖岚伉俪,厦门金达威集团先后注资)
2	蔡启瑞奖学金(校级奖学金)	
3	傅鹰奖学金(校级奖学金)	
4	田昭武交叉学科奖励基金(校级奖学金)	田昭武院士、厦门华弘昌科技有限公司
5	清寒奖学金(校级奖学金)	田昭武教育发展基金会
6	重学奖学金	海洋系原系主任郑重教授、化学系原系主任顾学民教授伉俪 (郑兰荪、化学系 1985 级校友余荣清、化学系 1977 级校友陈文瑞先后注资)
7	吴思敏奖学金	化学系 1948 级旅港校友、化学系吴思敏教授之子吴伯龄,吴思敏教授女婿李陆大
8	尔汝达奖学金	尔汝达株式会社
9	宝龙奖学金	厦门宝龙集团
10	蔡长质奖学金	1970 级化学系校友蔡长质
11	大平奖学金	厦门大平工贸公司
12	朱沅奖学金	1943 级校友吴师摩
13	广东光华化学奖学金	广东光华化学厂有限公司
14	国家基础科学人才培养奖学金	化学系国家人才培养基地
15	黄本立奖学金	黄本立
16	陈国珍奖学金	厦门北大泰普科技有限公司
17	海堡奖学金	海堡(厦门)橡胶有限公司
18	联想计算化学奖学金	联想集团
19	龙岩高岭土奖学金	龙岩高岭土有限公司
20	和光长江奖学金	1994 级化学系校友许浩
21	鑫展旺奖学金	福建鑫展旺集团有限公司
22	立恒奖学金	福建立恒涂料有限公司
23	重庆紫光化工奖(助)学金	重庆紫光化工股份有限公司

续表

序号	名称	设立者
24	天瑞仪器奖学金	江苏天瑞仪器公司
25	三千联和奖学金	三千联和(厦门)环保科技有限公司
26	金达威奖学金	厦门金达威集团
27	万惠霖奖学金	1988级化学系硕士校友王炜
28	三达奖学金	蓝启林慈善教育基金会(1981级化学系校友蓝伟光及其胞弟为纪念先父蓝启林先生设立)
29	大化所奖学金	中国科学院大连化学物理研究所
30	快乐学习创新创业奖学金	1998级化学系校友张浩、郑薇薇伉俪
31	伊士曼奖学金	美国伊士曼化学公司
32	飞扬奖学金	上海浦景化工技术有限公司
33	正新奖学金	厦门正新橡胶有限公司
34	梁林奖学金 (原名杨梁林奖学金)	1961级化学系校友杨庆榕、梁俊祥、林民章
35	盛发天健奖学金	北京盛发天健投资管理有限公司
36	万润佳奖学金	厦门万润佳润滑剂有限公司
37	万润佳学科竞赛奖学金	厦门万润佳润滑剂有限公司
38	海西院立志奖学金	中国科学院福建物质结构研究所
39	隆昌萃智奖学金	江苏隆昌化工有限公司
40	瓯越专利奖学金	温州瓯越专利代理有限公司
41	过程所奖学金	中国科学院过程工程研究所
42	正坤奖学金	1973级化学系旅美院友陈国颖
43	陈至德杨淑月奖学金	1947届化学系校友陈至德、杨淑月伉俪
44	80级化学系校友奖学金	1980级化学系全体校友
45	龙湖科技奖学金	化学系1981级校友洪永顺
46	赵玉芬-浙江永宁药业奖学金	赵玉芬、浙江永宁药业股份有限公司
47	化学系81级院友奖学金	1981级化学系全体校友
48	张乾二奖学金	1989级化学系校友陈坚、洪剑斌

续表

序号	名称	设立者
49	广东化学化工校友励志奖学金	厦门大学广东校友会化学化工分会
50	晋大纳米奖学金	晋大纳米科技(厦门)有限公司
51	祥华奖学金	1980 级化学系校友高龙
52	比克动力奖学金	深圳市比克动力电池有限公司
53	仁孝京博奖学金	山东京博控股股份有限公司
54	HORIBA Scientific 奖学金	HORIBA 堀场(中国)贸易有限公司
55	天美-爱丁堡仪器奖学金	天美(中国)科学仪器有限公司
56	院士提名荣誉奖学金	1994 级化学系全体校友

三、设立学院助学金一览表

序号	名称	设立者
1	宝龙助学金	厦门宝龙集团
2	蔡长质奖助学金	1970 级化学系校友蔡长质
3	和光长江助学金	1994 级化学系校友许浩
4	立恒助学金	福建立恒涂料有限公司
5	重庆紫光化工助学金	重庆紫光化工股份有限公司
6	天瑞仪器助学金	江苏天瑞仪器公司
7	金达威助学金	厦门金达威集团
8	启林助学金	蓝启林慈善教育基金会(1981 级化学系校友蓝伟光及其胞弟为纪念先父蓝启林先生设立)
9	广东化学化工校友励志助学金	厦门大学广东校友会化学化工分会
10	浦江致远励学金	厦门大学上海校友会化学化工分会
11	瓯越专利助学金	温州瓯越专利代理有限公司
12	祥华助学金	1980 级化学系校友高龙
13	化雨助学金	化学系匿名校友

注:因历届校友和社会各界踊跃襄助,所设奖教、奖学、助学金数目众多,历时久远,若有遗漏,敬请海涵并予指正。

附录七　大事记

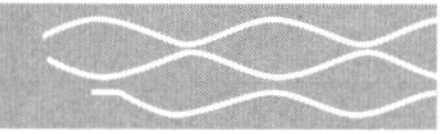

1921 年

·陈嘉庚先生捐资兴办厦门大学。

·化学门第一个学生刘思职入学。

·首任校长邓萃英提出辞职后，化学教授刘树杞代理校长直至林文庆校长到校视事。

1922 年

·成立化学系，刘树杞教授担任首任系主任。

1924 年

·教学机构调整，共设 3 科 14 系，其中化学系列入理科。

1928 年

·理化院大楼建成。

1930 年

·分析化学家张资珙教授担任理学院院长，兼任化学系主任。

·卢嘉锡改为“主系化学，辅系数学”。

1932 年

·化学系杨幼民教授代表私立厦门大学出席在南京召开的中国化学会筹建大会，同时出席的还有郑贞文、王箴、张资珙等。

1933 年

·厦门大学化学学会成立。

1934 年

·张怀朴教授、方锡畴教授来校任教。

·卢嘉锡毕业留校任教。

1935 年

·刘椽副教授兼任理学院院长(1935—1937)。

1936 年

·厦门大学理学院设立刘树杞奖学金。

1937 年

·私立厦门大学正式改为国立厦门大学,萨本栋任厦门大学校长。

·蔡镏生代理理学院院长。

·蔡启瑞毕业留校任教。

·抗日战争全面爆发,厦门大学师生迁至长汀办学。

1938 年

·陈国珍毕业留校任教。

1939 年

·胶体化学专家傅鹰来校任教。

1945 年

·卢嘉锡回国任教。

1946 年

·师生全部返回厦门上课。

1947 年

·蔡启端赴美留学。

1948 年

·陈国珍赴英留学,李法西赴美留学。

·钱人元回国到厦大化学系任教。

1949 年

·厦门解放。军代表接管厦门大学。

·田昭武毕业留校任教。

1950 年

·中央人民政府任命王亚南为厦门大学校长。

·设 5 院 4 系,卢嘉锡任理学院院长。化学系内分纯粹化学、工业化学、有机化学三个组。

·卢嘉锡创办以物质结构为主的化学研究所并任所长,并招收首批研究生。

1951 年

·厦门大学理、工学院师生迁移到闽西龙岩办学。

·卢嘉锡出任厦门大学副教务长兼理学院院长。

·陈国珍留学归国。

1952 年

·院系调整,取消学院建制,化学系分为分析化学和物理化学两个专门化。

·化学系搬入南安楼(俗称旧化学楼)。

1953 年

·化学系成立党支部,刘正坤任党支部书记。在刘正坤书记的争取、动员下,卢嘉锡、陈国珍、周绍民先后入党。

·教育部邀请厦门大学卢嘉锡和东北大学唐敖庆在青岛举办暑期物质结构讲习班。

1956 年

·卢嘉锡与蔡启瑞赴京参加为期三个月的全国十二年科学远景规划会议,提议以"结构与性能的关系"作为化学学科的中心课题。

·组成化学函授组,培养专科海外函授生。

·建立有机化学、无机化学专门化。

·蔡启瑞为了国家需要,从零开始研究催化科学。

1957 年

·周绍民从苏联学成归国。

1958 年

·建立催化化学、电化学、海洋化学三个专门化。

·建立中国高校中第一个催化教研室。

1960 年

·建立电化学教研室。

·抽调化学系教师卢嘉锡等 33 人支援新建福州大学和中科院物质结构研究所。

1961 年

·刘正坤任中共厦门大学党委常委。

1962 年

• 陈国珍调任第二机械工业部(后改称核工业部)生产局任部工程师。

1963 年

• 教育部决定将厦门大学定为全国重点大学,为教育部直属。

1964 年

• 蔡启瑞受教育部委托,在厦门大学举办全国性的催化研讨班。

1965 年

• 在李法西的建议和推动下,设立国家海洋局,改组第三海洋研究所。

• 国家给厦门大学下达重点研究任务:"建设以乙炔为基础的基本有机合成,解决合成橡胶单体生产的关键技术问题。"当时称为"国重项目"。

1966 年

• "文化大革命"开始,招生停止。

• 张藩贤等在厦门第三化工厂建成年产百吨级纯苯的实验车间。

1969 年

• 撤销系行政,成立化学系革命领导小组。

1970 年

• 海洋化学教研室参与组建海洋系。

• 厦大第一批工农兵学员试点班入学,化学系招收学员 52 人。

1972 年

• 蔡启瑞与唐敖庆、卢嘉锡三位教授联袂进行化学模拟生物固氮研究。

1973 年

• 厦门大学化学系承办燃化部在福建举办的石油化工培训班。

• 恢复系行政。

1976 年

• 蔡启瑞在《中国科学》上发表著名论文《固氮酶的活性中心模型和催化作用机理》,在国内外引起关注。

1977 年

• 关闭十年之久的高考大门重新开启,化学系择优录取 1977 级本科生 145 人。其后,又招收 1978 级研究生 14 人。

1978 年

·蔡启瑞任厦门大学副校长、校学术委员会主任。

1980 年

·无机化学、分析化学、有机化学和物理化学等专业被批准为硕士学位授权二级学科。

·蔡启瑞和田昭武当选中国科学院学部委员。

1982 年

·田昭武被国务院任命为厦门大学校长。

·物理化学专业被批准为全国首批博士学位授权二级学科，蔡启瑞、田昭武为全国首批博士生导师。

1983 年

·教育部批准成立厦门大学物理化学研究所，设催化化学、电化学及结构与量子化学等研究方向。首任所长为蔡启瑞，正式科研编制 90 名。

1984 年

·张乾二、周绍民被批准为全国第二批博士生导师。

·举办全国电化学研讨班。

1985 年

·化学楼（时称新化学楼）落成，时任中科院院长卢嘉锡先生亲笔书写楼名。

·作为国内首批建站单位之一，获准建立物理化学博士后科研流动站。

·设立“卢嘉锡·蔡启瑞奖学金”、“重学奖学金”和“吴思敏奖学金”。

1986 年

·分析化学专业被批准为博士学位授权二级学科，兼职教授陈国珍先生被批准为博士生导师。

·林祖赓任厦门大学副校长。

·郑兰荪第一个进入博士后流动站。

1987 年

·获准开设全国综合性大学中第一个材料化学本科专业。

·获准建设固体表面物理化学国家重点实验室。

·张乾二兼任中国科学院福建物质结构研究所所长。

·举办中日美第三届催化会议。

1988年

·物理化学专业被批准为首批高等学校重点学科。

·物理化学博士后科研流动站扩展为化学博士后科研流动站。

1989年

·田昭武出任中国化学会第二十届理事长。

·王豪杰任厦门大学党委副书记。

1990年

·筹建石油化工专业,并以化学系(含石油化工)专业招收40名新生,次年转入新成立的化工系。

·林祖赓任厦门大学校长。

·固体表面物理化学国家重点实验室建成通过验收,向国内外开放。

1991年

·化学系党总支获得"福建省先进基层党组织"荣誉称号。

·成立化学工程系。

·成立化学化工学院,由化学系、化学工程系、物理化学研究所和厦门大学化工厂组成。

·获准建立国家级的"化学专业理科基础科学研究和教学人才培养基地"(全国首批建立的三个化学人才培养基地之一)。

·改革课程体系,实行学分制,在化学专业本科生中设立"基地班"并实行"滚动式"管理。

·张乾二当选中国科学院院士。

·田昭武出任首届全国高校化学教学指导委员会主任。

·林连堂任厦门大学副校长。

1993年

·化学系党总支获得"福建省先进基层党组织"荣誉称号。

·黄本立当选中国科学院院士。

1994年

·石油加工专业调整为化工工艺专业。

·固体表面物理化学国家重点实验室获评A级(优秀)实验室。

·郑兰荪获国家杰出青年科学基金资助。

1995 年

· 化学系党总支获得“福建省先进基层党组织”荣誉称号。

· 孙世刚、林昌健获国家杰出青年科学基金资助。

· 获准建立材料与生命过程分析科学国家教委开放实验室。

· 举办第 46 届国际电化学会议，田昭武任大会主席。

1996 年

· 化学系党总支获得“全国优秀基层党组织”荣誉称号。

· 田昭武当选第三世界科学院院士，并担任国际电化学会副主席。

· 田中群、黄培强获国家杰出青年科学基金资助。

· 主办第八届全国催化学术会议。

1997 年

· 全面实施“211 工程”项目建设。“物理化学与应用化学”被列为学校重点建设的 8 个学科群之一。

· 成立材料科学与工程系。

· 万惠霖当选中国科学院院士。

1998 年

· 化工工艺专业更名为化学工程与工艺专业。

· 经教育部批准，化学一级学科成为博士学位一级学科授权点。

· 万惠霖院士当选中国科学院化学学部常委。

1999 年

· 实行校、院二级管理体制改革，撤销化学系党总支、化工系党总支和材料系直属党支部，建立化学化工学院党总支，统管全院的党建和思想政治工作。

· 分析化学学科被评为福建省重点学科。

· 黄本立当选中国化学会第二十五届理事长。

· 万惠霖任教育部科技委化学学部主任。

· 林祖赓任厦门大学党委书记。

· 孙世刚任厦门大学副校长。

· 杨勇获国家杰出青年科学基金资助。

· 固体表面物理化学国家重点实验室再次获评 A 级（优秀）实验室，名列化学化工类第一。

·材料与生命过程分析科学国家教委开放实验室获准升级为现代分析科学教育部重点实验室。

·“化学专业理科基础科学研究和教学人才培养基地”在教育部组织的验收中被评为优秀基地，名列全国化学人才培养基地的第 2 名、全国首批获准建立的 15 个人才培养基地中的第 4 名。

·举办第 5 届亚洲分析科学大会，黄本立担任主席。

2000 年

·分析化学首次被评为国家重点学科，物理化学再次被评为国家重点学科。

·物理化学青年研究群体入选国家自然科学基金委首批“创新研究群体”。

·中国科学院院士赵玉芬任职化学系教授。

·郑兰荪成为学院首位“长江学者计划”特聘教授（无机化学学科）。

·赵景泰获国家杰出青年科学基金资助。

·化学工程系开始招收国际学生。首批招收来自沙特阿拉伯的 6 名本科留学生。

·举办表面增强拉曼光谱进展——理论技术和应用国际研讨会（第七届国际拉曼光谱会议卫星会议）、第三届世界华人青年化学家学术大会、第七届全国高校化学工艺学术会议。

2001 年

·郑兰荪当选为中国科学院院士。

·田中群被聘为“长江学者计划”特聘教授。

2002 年

·化学工程系新增“生物工程”本科专业。

·中国工程院院士张立同教授应聘为厦门大学双聘院士。

·吴玮获国家杰出青年科学基金资助。

2003 年

·校党委决定学院党总支改为党委。

·本科新生在新启用的漳州校区报到。

·经教育部批准，率先在全国重点高校中增设“化学生物学”本科专业。

·化学工程系更名为化学工程与生物工程系。

·正式招收化学工程领域的工程专业硕士学位研究生。

·设立“育苗基金”。

·获准建立“福建省化学生物学重点实验室”。

2004 年

·经教育部批准，化学一级学科面向全国招收本科生直接攻读博士学位研究生。

·“理科化学专业基础科学研究和教学人才培养基地”在全国评估中再次获得优秀。

·张颖任厦门大学副校长。

·江云宝、吕鑫、刘兴军获国家杰出青年科学基金资助。

·固体表面物理化学国家重点实验室在科技部组织的评估中，连续第三次被评为 A 级，名列全国化学化工类第 2 名。

·郑兰荪课题组在 *Science* 上发表研究成果，被国际学术界誉为相关学科发展的里程碑，实现学院学者在最具影响力的国际期刊上发表研究成果的突破。

·举办国际电化学(ISE)春季会议。

2005 年

·“材料学”和“材料物理化学”2 个二级学科获批博士学位授权专业。

·田中群当选为中国科学院院士。

·郑兰荪和孙世刚入选全国 100 名优秀博士后。

·吴玮被聘为“长江学者计划”特聘教授。

·徐昕和谢素原获国家杰出青年科学基金资助。

·化学博士后科研流动站被授予全国“优秀博士后科研流动站”称号。

2006 年

·学院党委获得“福建省高校先进基层党组织”荣誉称号。

·新建化学化工大楼(卢嘉锡楼)落成并投入使用。

·获批组建化学生物学系。

·新增“化学工程与技术”硕士学位授权一级学科。

·化学实验教学中心成为首批六个之一的“国家级实验教学示范中心”。

·郑兰荪被推选为教育部化学与化工学科教学指导委员会副主任、化学类专业教学指导委员会主任。

·王野获国家杰出青年科学基金资助。

·举办第一届海峡两岸理论化学研讨会、第十三届全国相图学术会议暨中日双边相图、材料设计及其应用研讨会。

2007年

·学校组建成立材料学院,材料科学与工程系脱离化学化工学院。

·化学学科被评为国家重点一级学科。

·"团簇化学"团队入选国家基金委创新研究群体。

·"复杂体系的计算化学"研究团队入选教育部创新团队。

·谢兆雄获国家杰出青年科学基金资助。

·"碳原子团簇的形成研究"获2006年度国家科学技术奖自然科学奖二等奖。

·孙世刚课题组成果发表于*Science*上,入选2007年度"中国高等学校十大科技进展"和"中国基础研究十大新闻"。

·举办第17届国际磷化学大会(赵玉芬任主席)、第35届国际光谱化学大会、中日选择氧化催化会议、中法先进化学及应用学术会议、中国-北欧理论化研讨会、第一届纳米生物化学国际系列研讨会。

2008年

·化学专业被评为全国首批"第一类特色专业"。

·谢素原被聘为教育部"长江学者计划"特聘教授。

·龙腊生和任斌获国家杰出青年科学基金资助。

·"化学专业基础理论课程教学团队"获首批"国家级教学团队"。

·获准建立"醇醚酯化工清洁生产国家工程实验室"。

2009年

·郑南峰、夏海平获国家杰出青年科学基金资助,并被聘为教育部"长江学者计划"特聘教授。

·举办第五届国际华人理论与计算化学会议、纳米电化学和谱学电化学国际研讨会、国际电化学会60届年会卫星会暨第三届中法纳米生物化学国际研讨会、亚洲青年生化工程师研讨会、中国化学会第六届全国化学生物学学术会议。

2010年

·启动化学学科拔尖学生培养试验计划(简称"化学拔尖计划")。

·新西兰皇家科学院院士、澳大利亚工程院院士陈晓东受聘化学工程学科教授并担任化学工程与生物工程系主任。

• 成立“理论与计算化学福建省重点实验室”。

• 获准成立福建省纳米制备技术工程研究中心。

• 田中群课题组合作研究成果发表在 *Nature* 杂志上。

• 到位科研经费过亿元，实现历史性突破和跨越式发展。

• 举办英国皇家化学会期刊《化学会评论》编委会会议、海峡两岸化学论坛、中国化学会第 27 届学术年会。

2011 年

• 学院党委获得“福建省先进基层党组织”和“福建省师德建设先进集体”荣誉称号。

• 举办“厦门大学化学学科创建 90 年暨化工系创办 20 年”系列庆祝活动，设立卢嘉锡铜像与学院标志性雕塑“化学之门”，出版《任重道远 继往开来——纪念厦门大学化学学科创建 90 年暨化工系创办 20 年》纪念册，成立厦门大学化学化工学院刘树杞教育发展基金。

• “化学工程与技术”获批一级学科博士学位授予点。

• 海外高层次人才引进计划第五批入选者德籍教授 Eric Meggers 来校履职。

• 赵金保入选第六批海外高层次引进人才名单长期项目。

• 王泉明获国家自然科学基金委杰出青年科学基金资助。

• 学生作品在第十二届“挑战杯”全国大学生课外学术科技作品终审决赛获特等奖，实现了厦门大学理工类作品本赛事参赛历史上的突破。学生团队参加合成生物学领域的国际遗传工程机器设计竞赛(International Genetically Engineered Machine Competition，iGEM)及其世界锦标赛斩获金奖。

• 由中国化学会主办，学院与福建省化学会共同承办的全国高中学生化学竞赛暨冬令营在厦门国家会计学院举行。

• 学院和生命科学学院共同建设的福建省化学生物学重点实验室(厦门大学)被评为优秀类重点实验室。

• 承办化学生物学国际学术会议(International Workshop on Chemical Biology)、全国高校化学与化工院长(系主任)论坛、第三届亚洲光谱会议(The 3rd Asian Spectroscopy Conference, ASC 2011)、第十六届全国光散射学术大会和2011年全国化学博士后学术论坛。

2012年

• 学院新一届行政领导班子换届，江云宝任院长。

• 田中群担任 Royal Society of Chemistry（英国皇家化学会）的 *Chemical Society Reviews*（《化学会评论》）副主编，成为该刊三位副主编之一，是亚洲地区出任副主编的首位化学家。

• 黄培强当选政协第十二届厦门市委员会副主席。

• 金能明任厦门大学副校长。

• 颜晓梅获国家自然科学基金委杰出青年科学基金资助。

• “新型荧光探针的设计、合成和性能研究”获中国高等学校自然科学奖二等奖。

• 承办“纳米科学的挑战”——第九届化学科学前沿国际研讨会、第18届国际干燥会议。

2013年

• 化学工程与工艺专业入选教育部第三批“卓越工程师教育培养计划”。

• 郑兰荪、田中群当选为中国人民政治协商会议第十二届全国委员会常委。

• 学院成立第一届教授委员会。

• 海外高层次人才林文斌、王勇加盟学院。

• 陶军、杨朝勇获国家自然科学基金委杰出青年科学基金资助。

• “谱学分析”研究团队入选2013年度教育部“创新团队发展计划”。

• 化学系1984级校友谢毅当选中国科学院院士。

• 化学工程与技术实验教学中心获批福建省实验教学示范中心。

• “谱学分析与仪器教育部重点实验室”获教育部批准重新组建。

• 承办第五届国际微化学与微系统学术会议、第五届国际微化学与微系统学术会议。

2014年

• 学院召开中国共产党厦门大学化学化工学院第三次代表大会。

• 田中群当选发展中国家科学院院士。

• 谢兆雄入选长江学者特聘教授。

• 化学系2010级博士生朱从青荣获第九届“中国青少年科技创新奖”和

2014 年度卢嘉锡优秀研究生奖，被授予厦门大学最高荣誉“嘉庚奖章”。

· 能源材料化学协同创新中心入选国家“2011 计划”协同创新中心。

· 固体表面物理化学国家重点实验室再次获评优秀实验室，在实验室建室以来所有五次(25 年)评估中均获评优秀。

·“厦门大学石墨烯工业技术研究院”获批福建省引进重大研发机构，邀请诺贝尔奖得主 Novoselov 教授开展合作。

· 醇醚酯化工清洁生产国家工程实验室完成 1000 多平方米过程与工艺放大平台的基础工程建设。

· 全年到位科研经费突破 2 亿元。

· 郑南峰课题组在铂纳米复合催化剂的制备、表征及催化反应的过程机理方面的研究相关成果于 2014 年 5 月 2 日在 *Science* 杂志发表。

· 主办/联合主办第三届等离子激元光子学前沿国际会议、亚洲三国核酸圆桌会议、第 176 届国际法拉第讨论会、CASE2014 学术研讨会、第十三届国际华人有机研讨会暨第十届国际华人无机研讨会。

2015 年

· 通过教育部本科教学工作审核评估。

· 学校召开纪念卢嘉锡同志 100 周年诞辰座谈会。

· 孙世刚当选中国科学院院士。

· 化学系 1979 级校友席振峰当选中国科学院院士。

·“新能源汽车动力电源技术国家地方联合工程实验室”获批启动建设。

· 醇醚酯化工清洁生产国家工程实验室与新疆中泰化学股份有限公司、昌吉学院共建“新疆化石资源加工与新能源技术工程中心”，与昌吉学院共建“新疆洁净能源化工联合研究院”。

· 主办/联合主办第六届亚太冬季等离子体光谱化学国际会议、21 世纪中的化学键理论研讨会、第 8 届国际扫描电化学显微镜研讨会暨第 66 届国际电化学年会卫星会。

2016 年

·“能源化学”本科专业获得教育部批准，实现能源化学专业本硕博一体化培养体系。

· 学院化学一级学科学位授权点、化学工程与技术一级学科学位授权点、化学工程专业硕士学位授权点通过合格评估。

• 学院召开光谱分析学术研讨会暨纪念陈国珍先生 100 周年诞辰座谈会。

• 田中群当选为国际电化学学会主席(2017—2018 年,President Elect;2019—2020 年,President)。

• 1977 级化学系校友孙勇奎当选为美国工程院院士。

• 由固体表面物理化学国家重点实验室(厦门大学)、法国国家科学研究中心(CNRS)、巴黎高等师范学院、法国雷恩第一大学以及武汉大学联合组建的“纳米生物催化电化学国际联合实验室”(LIA Nano-BioCat Echem)在厦门大学揭牌。

• 郑南峰和傅钢课题组在单原子分散催化剂的制备和催化机理研究取得重要进展,研究成果发表于 *Science*。

• 厦门大学厦门校友会化学化工分会、上海校友会化学化工分会、深圳化学化工校友会成立。

• 主办北京论坛 2016:外场调控下的化学反应——纳米等离激元光学和纳米光谱国际研讨会、2016 年国际分析化学前沿研讨会暨第三届中美分析化学合作研讨会、第二届能源转化与存储国际研讨会、第 20 届国际凝聚态核科学会议(CMNS)——厦门卫星会议、可持续发展催化科学国际研讨会、表面化学反应与催化动力学过程国际研讨会;承办第 16 届国际催化大会(16th ICC)卫星会:能源相关分子的催化活化和选择转化国际研讨会。

2017 年

• 化学学科入选教育部“双一流”建设学科。

• 全国第四轮学科评估结果出炉,学院化学学科获评 A 级、化工学科获评 B+。

• 举办第七届化学的创新与发展论坛暨田昭武院士 90 华诞庆祝活动。

• 任斌入选 2016 年度长江学者奖励计划特聘教授。

• 学生团队获第三届“建行杯”中国互联网+大学生创新创业大赛金奖。

• “纳米材料制备技术国家地方联合工程研究中心”获批。

• 田中群团队研制的便携式拉曼食品安全检测仪,为“厦门金砖会晤”部分食安快检提供有力技术保障。

• 主办/承办第三届能源化学与材料国际研讨会暨 ACS 全球科技研讨会、第十届厦门表面科学系列会议——表面增强拉曼光谱国际研讨会、能源材料化学中纳米表界面和团簇化学国际研讨会、表面增强拉曼光谱国际会议。

2018 年

· 化学工程与工艺专业通过工程教育认证。

· 江云宝任厦门大学副校长。

· 孙世刚、田中群、夏海平、谢兆雄 4 位教授当选为中国化学会第三十届理事会理事，孙世刚当选为中国化学会第三十届理事会副理事长、常务理事。

· 李清彪当选 2018 年度“中国化工学会会士”。

· 郑兰荪、朱亚先分别担任教育部新一届（2018—2022 年）高等学校教学指导委员会化学类专业教学指导委员会主任委员、秘书长，吕鑫担任新一届（2018—2022 年）大学化学课程教学指导委员会委员。

· 物理与分析化学教学团队入选福建省 2018 年省级本科教学团队。任斌、郑南峰、刘庆林入选 2018 年福建省研究生导师团队。

· 学生团队在第四届中国“互联网+”大学生创新创业大赛全国总决赛分获金奖和银奖。

· 化学系 1978 级本科、1982 级硕士、1984 级博士校友，Ballard 公司首席科学家叶思宇当选为加拿大国家工程院院士。

· 化学系 1984 级校友徐云洁当选加拿大皇家科学院院士。

· 主办/联合主办 2018 催化前沿论坛暨庆祝万惠霖教授从教五十五周年学术研讨会、2018 年纳米流式检测技术及应用研讨会、人工智能与多肽新药开发国际研讨会、2018 Cell Press 能源学术交流论坛、可持续能源研讨会、第四届能源化学与材料国际研讨会、电化学能源技术前沿论坛（2018 年）。

2019 年

· 化学、化学工程与工艺专业获首批国家级一流本科专业建设点。

· 夏海平团队发现、创立并命名的具有中国标签的碳龙化学（Carbolong Chemistry）写入国际经典教科书。

· 李剑锋获国家杰出青年科学基金资助。

· 举办第五届分析化学 Open Seminar、有机化学前沿研讨会、第二届理论化学前沿青年学者会议、第六届单层保护团簇国际研讨会（ISMPC）、第七届针尖增强拉曼光谱国际会议、新一代能源应用材料国际研讨会、第 11 届厦门表面科学系列会议——复杂体系分子激发态电子结构和动力学理论国际研讨会。

参考文献

[1]厦大校史编委会，洪永宏.厦门大学校史(第一卷)1921—1949[M].厦门:厦门大学出版社,1990.

[2]黄宗实,郑文贞.厦门大学校史资料·第一辑:1921—1937[M].厦门:厦门大学出版社,1987.

[3]洪永宏.陈嘉庚新传[M].新加坡:八方文化企业公司,2003.

[4]陈国庆.回忆我的父亲陈嘉庚[M].北京:中央文献出版社,2001.

[5]张其华.陈嘉庚归来的岁月里[M].北京:中央文献出版社,2003.

[6]王豪杰.南强记忆——老厦大的故事[M].厦门:厦门大学出版社,2009.

[7]陈福郎.凤凰树下——我的厦大学生时代[M].厦门:厦门大学出版社,2006.

[8]王治浩.中国化学家与化学会[M].北京:北京大学出版社,2012.

[9]黄宗实,郑文贞.厦门大学校史资料·第二辑:1937—1949[M].厦门:厦门大学出版社,1988.

[10]高伟强,余启咏,何卓恩.民国时期著名大学校长(1912—1949)[M].武汉:湖北人民出版社,2007.

[11]石慧霞.抗战时期厦大校长萨本栋[M].郑州:河南大学出版社,2015.

[12]陈武元.萨本栋博士百年诞辰纪念文集[M].厦门:厦门大学出版社,2002。

[13]刘国生.从清华走出的教育家[M].呼和浩特:内蒙古文化出版社,2008.

[14]《卢嘉锡传》编写组.卢嘉锡传[M].北京:科学出版社,1995.

[15]万惠霖.一代鸿儒——记化学家蔡启瑞[M].厦门:厦门大学出版社,2018.

[16]陈炳三.厦门大学革命史画册[M].北京:中央文献出版社,2007.

[17]中国科学技术协会.中国科学技术专家传略(理学篇)[M].北京:中国科

学技术出版社,2008.

[18]郭保章.中国现代化学史略[M].南宁:广西教育出版社 ,1995。

[19]厦门大学化学化工学院.任重道远　继往开来[M].厦门:厦门大学出版社,2011.

[20]厦大校史编委会.厦门大学校史资料·第三辑:1949—1966[M].厦门:厦门大学出版社, 1989.

[21]厦门大学档案馆,校史研究室,未力工.厦门大学校史(第二卷)1949—1991[M].厦门:厦门大学出版社,2006.

[22]郑文贞,肖学信,贺秀明.厦门大学党史资料·第二辑[M].厦门:厦门大学出版社,1988.

[23]林华水,吴奕纯,郑启五.理念与情怀——田昭武院士传略[M].厦门:厦门大学出版社,2017.

[24]林梦海,黄宗实,郭晓音.弄潮儿向涛头立——张乾二传.北京、上海:中国科学技术出版社、上海交通大学出版社,2017.

[25]郭保章.中国化学史[M].南昌:江西教育出版社,2006.

[26]厦门大学学报(自然科学版)(1956—1976)[G].

[27]厦门大学科技处.厦门大学科学技术成果(1949—1980)[M].厦门:厦门大学出版社,1981.

[28]厦门大学校史编委会.厦门大学校史资料·第四辑:1966—1987[M].厦门:厦门大学出版社,1990.

[29]张静如.中华人民共和国史(第三卷)[M].青岛:青岛出版社,2002.

[30]唐有祺.中国科学技术专家传略——理学编化学卷 1[M].北京:中国科学出版社,1993.

[31]覃红霞,陶涛.厦门大学研究生教育发展史(1926—2016)[M].厦门:厦门大学出版社,2018.

(向提供信息的潘容华、郭奇珍、安丽思、詹梦熊、黄贤智、杨孙楷、陈德安、张藩贤、陈再生等老师致谢!)

后 记

本书是根据学校百年院系史编写组关于《厦门大学百年院系史编撰体例和有关要求》,结合化学化工学院的实际而编撰的。由金能明主编的《任重道远 继往开来——纪念厦门大学化学学科创建90年暨化工系创办20年》(厦门大学出版社,2011年)一书为我们完成此书的编撰工作提供了非常重要的基础。

吴辉煌教授和林梦海教授已退休多年,依然宝刀未老,热情不减,为两书的编撰贡献智慧,鼎力操刀,斐然成章,精神可敬可扬,是我们后辈学习的榜样。在此次编撰工作中,又得到郑兰荪、田中群、孙世刚、黄培强、林国栋、蔡维平、王尊本、程大典、林永生、潘宝柱、周朝晖等老师的热情指导并提供珍贵资料。

学校百年院系史编写组的同志,尤其是组长朱水涌教授对本书提出了宝贵的修改意见,使得本书的编撰完善了许多。原化学系党总支书记黄如彬慨然应邀,专门抽出时间,多次参与讨论,还亲自撰写修改部分章节内容,反复推敲雕琢,为本书增色不少。

我们对以上各位以及关心此书编撰的众多师友们表示由衷的感谢和深深的敬意!

在本书编撰过程中,我们不禁想起陈国珍先生的教导"著书必须要做'范本',要经得起时代的检验"。我们以此为目标而努力,编委会秘书组的所有成员广搜博采,小心求证,群策群力,精益求精,力求真实完整地展现百年办学历史,但限于我们的学识和笔力,以及受到所能收集资料的局限,难免有疏漏和不当之处,敬请学院师生、校友和广大读者批评指正,以期今后继续完善。

宗毅 谢兆雄

2020年12月11日